# 동아시아 근대의 형성과 역사학 ❷

−1930년대 중국 민족주의 역사학의 발흥

### 일러두기

• 이 책은 동북아역사재단 기획연구 수행 결과물임(NAHF-2018-기획연구-16, NAHF-2019-기획연구-28).

동북아역사재단
연구총서 127

동아시아 근대의

형성과 역사학 ❷

# 1930년대 중국 민족주의 역사학의 발흥

오병수 편

동북아역사재단
NORTHEAST ASIAN HISTORY FOUNDATION

## 책머리에

이 책은 『동아시아 근대의 형성과 역사학 1: 제국의 학술기획과 만주』의 후속편이다. 이 연구는 지역 현안 중 하나인 역사 갈등 문제를 근대 국가 건설에 수반하는 학술제도와 근대 이데올로기 차원에서 분석함으로써 바람직한 문제 해결 방향을 모색하기 위한 장기적 연구 프로젝트다. 이 책은 그 두 번째 연구결과로서 1930년대부터 본격적으로 발흥하여 오늘날까지 중국 역사 인식의 저류를 형성하고 있는 중국의 민족주의 역사학을 동아시아적 시각에서 살펴보았다. 특히 1930년대 민족주의 역사학의 등장을 중국의 역사학이 급격하게 정치화하는 계기로서 주목하고, 그것이 형성되는 배경과 제도화 과정 그리고 나아가 현재 중국이 시도하는 제국적 역사 인식과 연결되는 지점들을 다각도로 분석하였다.

20세기 초 량치차오(梁啓超)의 신사학에서 비롯된 중국의 근대 역사학은 천하체제를 대신한 현대 국가 건설 과정에 조응하여 발전해 왔다. 국민국가를 구성하는 근대 학술 제도와 규범을 바탕으로 국가의 주체인 민족사를 서술하고 해석하는 과정을 밟은 것이었다. 특히 근대 역사학의 수용 자체가 서구적 근대체제에 대한 학술적 대응이었던 만큼 여기에는 서구 학술제도를 수용하여 자국의 역사와 전통을 정리하고 국민적 정체성을 재구축하는 과정이 수반되었다. 기왕의 사학사 연구에서는 이러한 과정을 근대 역사학의 전문화 과정, 특히 그 핵심인 사료 처리 방식에 주목하여 사관학파(史觀學派)와 사료학파(史料學派)로 구분하거나 또는 '과학적 역사학', '민족주의 역사학', '마르크스주의 역사학' 등으로 갈래지어 이해하였다. 그렇지만 이 같은 역사학은 모두 민족주의, 과학주의, 진보적 역사관 등 근대 이데올로기를 공유한 것이었다. 근대 국가 건설에 필요한 민족주의를 과제로 하였다는 의미이다.

이러한 중국 근대 역사학의 발전 과정에서 1930년대는 매우 특징적인 시기였다. 우선 국민정부의 북벌 성공을 배경으로 국민국가 건설에 대한 열망과 함께 학술 민족주의가 어느 때보다 고조되었기 때문이다. 기왕의 대학체제와 함께 중앙연구원이 설립되고, 중국사학회와 같은 전국적 학회와 함께 전문잡지가 간행되는 등 학술의 제도화도 이루어졌다. 신사학을 실현할 수 있는 제도적 기반을 갖추었다고 할 수 있으니, 중앙연구원의 역사어언연구소(歷史語言硏究所)가 '과학적 동방학의 중심'을 자처하면서 새로운 중국학의 세계적 발신을 선언한 것 또한 이를 배경으로 한 것이었다.

그러나 1930년대 중국 역사학의 또 다른 특징은 이렇게 고조된 학술 민족주의가 대중 민족주의와 결합하면서 급격하게 정치화하였다는 것이다. 이는 내부적으로는 국가 건설을 둘러싼 정치세력 간의 갈등이 대중 동원 경쟁으로 표출되었기 때문이기도 하지만 무엇보다도 일제에 의한 만주 침략이 중국의 대중적 민족주의를 증폭시켰기 때문이다. 특히 '만주사변' 이후 폭발한 대중적 민족주의는 자국의 역사, 영토 및 문화적 정체성에 대한 관심을 야기하였고, 또 국민정부는 이를 부추기면서 '중국통사' 및 동양사를 대학의 필수과정으로 지정함으로써 역사학의 민족주의화 경향을 더욱 촉진하였다. 대중을 항전에 동원하기 위한 각종 통사가 출현한 것은 이를 뒷받침하는 현상이었다.

이 책에서는 이 같은 특징에 주목하여, 중국이 국민국가로 전환하는 과정에서 기획된 자국사 연구가 일제의 만주 침략이라는 위기에 대응하여 어떻게 민족과 강역 그리고 문화적 정체성을 재구성하는지, 또한 그것이 어떻게 현재까지 계승되고 있는지를 알아보고자 하였다. 이를 동아시아 지역사적인 맥락에서 파악하기 위해 연구의 방향을 크게 두 부분으로 나누었다. 첫 번째로는 1930년대 중국 민족주의 역사학이 발흥하는 배경으로서 일제의 침략적 역사 인식을 살펴보았다. 특히 '만주사변'을 전후로 일제가 침략을 정당화하기 위해 시도하는 제국적 역사 인식 문제를 '내선일체 역사학과 투란주의', '일본의 우월성 확보를 위한 지능검사', '만주 통사 서술'이라는 3가지 주제를 통해 파악하였다.

투란주의는 동유럽의 헝가리에서 동아시아의 일본까지를 하나의 투란 민족으로 파악하는 논리이다. 이는 일제가 제국 통합의 논리로 내세웠던 만선사나 내선일체론과 달리 학술적 형식도 갖추지 않은 채 대중적으로 유포했던 일종의 유사역사학과 같은 것이었다. 그렇지만 이는 만주, 조선, 일본 등 '퉁구스족'을 하나의 민족으로 전제하고, 나아가 동아시아를 기마민족과 한족(漢族) 간의 갈등 및 반서양주의로 이념화함으로써 '내선일체'의 논리를 큰 틀에서 지탱하는 역할을 하였다. 홍종욱은 식민지 조선의 지식인이었던 김성률의 저작 『사실로 본 내선일체』를 통해 이러한 일제의 논리가 중일전쟁 시기 조선에 대한 총동원체제하에서 어떻게 관철되고 또 균열하는지를 실증적으로 검토하였다. 김성률의 저술 자체는 일제의 논리가 대중 차원까지 확산되었음을 의미하지만, 자체 모순도 내포한 것이었다. 특히 투란주의는 내선일체와 결합하여 제국의 논리를 정당화하면서도 조선 우위의 내선일체나 조선의 고유성을 바탕으로 한 공동체론 등 그 논리를 균열시킬 수 있는 요소를 함께 내포하고 있었다는 것이다. 제국의 논리가 갖는 양면성을 잘 지적하고 있다.

또 일제가 지배지역을 확대하면서 이민족에 대한 지배를 위해 민족,

역사, 관습, 풍토병 등을 조사했음은 잘 알려진 일이다. 김인수는 1930년대 다나카 간이치(田中寬一)가 주도한 민족별지능검사가 어떻게 일제의 우월성을 논증하는 도구로 동원되었는지를 밝히고 있다. 조선, 타이완은 물론 화북과 만주, 몽골 지역에서 광범위하게 진행된 이 같은 민족 조사는 일제 제국정책의 기초로서 이루어진 것이지만, 그에 따른 차별과 배제는 제국의 통합과 유지를 위협할 수도 있는 것이었다.

한편 일제는 팽창을 거듭하면서 자국의 힘이 미치게 된 지역들의 역사를 제국 일본의 관점에서 기술하였고 이와 함께 일본 중심의 새로운 역사상을 제시하였다. 정상우는 1930년대 부쩍 증대하는 일제의 만주 관련 통사 서술을 분석하여 그 본질이 만주를 민족적·지리적으로 중국에서 분리시키는 데 있음을 밝혔다. 특히 '만주사변' 이후 일제는 애초 만주를 만주–몽고–중국(한족) 등 삼자가 경쟁하는 공간으로 서술하던 것에서 나아가, 한족과 대립하는 '만주민족'을 주체로 한 '만주국사'의 창출에 공을 들였다는 것이다. 만주에 대한 중국의 역사적 연고권을 부정하고, 일본 제국주의를 정당화하기 위한 이러한 일제식 만주사가 중국의 민족주의를 자극한 것은 당연한 일이었다.

두 번째로는 일제의 제국적 역사 기획에 자극받은 중국 민족주의 역사학의 발흥 과정을 살펴보았다. 먼저 린츠홍(林志宏)은 '만주사변'을 계기로 한 중국 역사학의 특징적 변화를 분석하였다. 애초 국민국가 건설 기획에서 출발한 중국의 '신사학'은 과학주의의 원칙에 따라 사료를 확충하고 해석의 영역을 넓히면서 자국 변경에 대한 연구를 발전시켜 왔다. 그렇지만, '만주사변' 이후 모든 역사 연구는 민족주의 정서와 결합하면서 '애국'이라는 겉옷으로 포장되어야만 했고, 결국 그것이 객관적·과학적 역사학을 단죄하는 걸림돌로 작용했다는 것이다. 동아시아 각국의 근대 역사학이 과학성과 객관성, 전문성을 추구하면서도 한편으로 민족주의에 복무할 수밖에 없는 이중성을 짚어냈다고 할 수 있다.

1930년대 중국 역사학의 정치화는 과학적 실증주의 역사학도 예외는 아니었다. 오병수는 민국 시기 푸쓰녠(傅斯年)의 역사학을 사례로 들어, 본디 역사학은 '사료학'임을 표방하고 일체의 통사적 역사 서술을 거부했던 푸쓰녠이 항전 이후 모든 과학을 동원하여 '중화민족'을 창출하고자 했음을 밝혀냈다. 특히 푸쓰녠은 체질인류학, 언어학, 통계학 등을 동원하여 중국의 제 민족을 '중화민족'이라는 단일민족으로 통합하되, 한족(漢族)과의 원근관계로 위계화하여 사실상 내부 식민화와 같은 방식의 제국적 통합을 구현하였다. 현재 중국의 제국적 역사 서술의 기원이라 할 수 있다.

한편, 구제강(顧頡剛)은 푸쓰녠과 과학적 역사학을 공유하면서도 민족에 대한 견해를 달리했다. 박장배는 고대사 연구자였던 구제강이 국민정부의 변강 정책 추진과 일제의 침략을 계기로 역사지리 연구 및 단일민족론을 동원하여 변강학을 창출하고, 서북과 서남 및 동북을 중화 제국으로 통합하는 과정을 학술사적인 시각에서 분석하였다. 아울러 구제강의 변강학은 옌징대학과 베이징대학, 그리고 우공학회(禹貢學會), 잡지『우공(禹貢)』등 학술 제도를 바탕으로 이루어진 것이었지만, 결국 청의 최대 판도를 자국의 역사 강역으로 획정하는 데 핵심이 있었다. 이 점은 지금까지 계승되고 있다.

1930년대 대공황과 뒤이어 발발한 중일전쟁은 중국의 문화 보수주의를 크게 자극하였다. 본래 문화 보수주의는 서구의 경험을 참고하여 근대를 기획하면서 자국의 역사와 문화를 자원으로 새로운 정체성을 재구성하려는 시도였다. 청 말 국수파와 접궤(接軌)하는 이러한 중국의 문화 보수주의는 1920년대 학형파(學衡派), 1930~1940년대 『국풍(國風)』, 『사상여시대(思想與時代)』를 거쳐 타이완으로 면면히 이어졌는데, 대륙에서는 1980년대 이후 '국학열(國學熱)'과 제도유학(制度儒學)으로 되살아났다. 전인갑은 동남국학(東南國學)의 사지지학(史地之學)의 주요 논리와 제도화 과정을 분석하면서 문화 보수주의가 '만주사변' 이후 국민정부의 지원에 힘입어 담론적 지위를 획득하였으며, 중화의 보편성 회복을 추구하는 항전을 거쳐 지금까지 지속되고 있음을 파악하였다. 오늘날 중국이 추구하는 역사 정책의 핵심을 새롭게 이해할 수 있는 시각을 제시한 셈이다.

마지막으로 설배환은 본래 이민족의 지배자였던 칭기즈칸과 원조(元朝)가 현대 중국에서 어떻게 정통성을 갖춘 민족 영웅 또는 역사 왕조로 통합되는지를 거시적으로 분석하였다. 원래 칭기즈칸과 원조가 대일통을 완성한 정통 왕조라는 인식은 일부 한족 지식인의 상상에 불과한 것이었으나 역사 서술을 통해 전통적인 것처럼 이어져 왔다는 것이다. 또 이러한 칭기즈칸은 근대 이후 중국의 민족 영웅으로 떠올랐는데, 그 배경에는 항일전쟁이 역사적 계기로서 작동했다. 설배환은 또 최근 중국 학계가 중국의 부상이라는 현실 변화를 반영하여 몽골 제국에 대한 새로운 인식을 시도하고 있으나, 이는 사실상 중국 정부가 주도하는 '애국주의' 역사학에 의해 제약을 받고 있음을 지적하였다. 현재 중국이 시도하는 제국사적인 역사 인식과 관련하여 시사하는 바가 크다.

이 책은 1930년대 일제의 침략으로 촉발된 중국 민족주의 역사학의 대응과 제국적 역사 인식의 창출 과정을 동아시아적 맥락에서 살펴보았다. 특히 1930년대 이후 중국의 민족주의 역사학은 매우 정치적이면서 현실 참여적인 성격으로 변화하였다. 중국의 현재 강역을 자국의 역사 강역으로 포괄하는 한편, 중화민족이라는 단일민족 내에 제 민족을 위계적으로 통합하되 문화 민족주의를 강화하는 방향으로 발전해온 것이다.

물론 이 책에서는 현재 중국에서 주류적 위치를 차지하고 있는 마르크스주의 역사학은 별도로 분석하지 않았다. 이후 분석하겠지만 1930년대 사회주의논전, 사회성질논전을 주도한 마르크스주의 역사학 역시 당시의 시대적 분위기를 배경으로 민족주의와 결합함으로써 강력한 정치 동원의 기능을 발휘하였다.

중국의 근대 역사학을 성찰하는 것은 어떤 의미를 가질 수 있을까? 사실 중국의 근대 역사학은 애초, 제국주의가 횡행하는 세계 질서에 대응하기 위한 일종의 문명사적인 기획의 일환으로서, 전통적인 왕조사 및 제왕사를 극복한 국가사, '국민사학'을 지향하면서 출발하였다. 따라서 그것은 서구의 역사학이 그러하였듯이, 국민국가에 조응하는 학술제도를 바탕으로 전문성과 과학성을 추구하는 한편, 국민국가 건설에 필요한 국민적 정체성 창출 작업을 수행하였다. 그렇지만 일제의 침략과 같은 위기에 대응하면서 역사학은 강력한 영토민족주의, 자민족문화의 우월성을 강조하는 대중 민족주의와 결합하면서 정치화하였다. 불행한 것은 이렇게 형성된 역사 인식이 여전히 현재를 규정하는 유산으로 작용하면서 지역 질서에 대한 위협으로 인식되고 있다는 점이다.

최근 변동 중인 세계체제 그리고 AI로 가시화된 지식구조의 변화 등은 새로운 문명사적인 전환을 요구하고 있다. 이러한 근대 역사학에 대한 성찰이 바람직한 지역질서와 새로운 문명적 패러다임을 전망하는 데 조금이나마 기여할 수 있기를 바랄 뿐이다.

2023년 8월

오병수 씀

# 차례

1부

# 제국의 논리와 중국

1장

# ‘내선일체 역사학’과 일선동조론

## 김성률의 『사실로 본 내선일체』를 중심으로

홍종욱 | 서울대학교 인문학연구원 부교수

# I. 머리말

중일전쟁기 조선총독부는 일본의 한국 통치를 합리화하기 위해 '내선일체(內鮮一體)'를 전면에 내세웠다. 내선일체를 논리적으로 뒷받침하기 위해 다양한 분야의 지식이 동원되었는데 역사학도 예외가 아니었다. 이 글에서는 내선일체를 정당화하기 위해 동원된 역사학을 '내선일체 역사학'이라고 부르겠다.[1] 1938년에 김성률(金聲律)은 『사실로 본 내선일체(史實より見たる內鮮一體)』라는 책을 낸다. 이 책은 미나미 지로(南次郎) 총독이 직접 제자(題字)를 부치는 등 내선일체 역사학의 대표적인 성과로 각광을 받았다.

내선일체는 말 그대로 민족 말살의 위협이었지만, 적어도 겉으로는 식민자와 피식민자를 동등하게 대우하겠다는 선전이었다. 일찍이 미야타 세쓰코(宮田節子)는 조선인이 내선일체 속에서 '차별으로부터의 탈출'의 측면을 보고자 한 사실에 주목해 중일전쟁기 조선 사회를 바라보는 새로운 관점을 제시했다.[2] 홍종욱은 조선인 사이에 내선일체의 해석을 둘러싸고 조선의 주체성을 지키고자 하는 '협화적 내선일체론'과 조건 없는 동화를 주장하는 '철저일체론'이라는 상반된 태도가 존재했음을 밝혔다.[3] 내선일체 역사학은 중일전쟁기의 이러한 사상적 지형 속에서 살필 필요가 있다.

김성률은 『사실로 본 내선일체』에서 '술이부작(述而不作)'을 표방하

---

1 '내선일체 역사학'은 분석의 편의를 위한 잠정적인 명명일 뿐, '마르크스주의 역사학'이나 '실증주의 역사학'과 같은 학문적 개념은 아니다.

2 宮田節子 저, 이형랑 역, 1997, 『조선 민중과 '황민화' 정책』, 일조각.

3 洪宗郁, 2011, 『戰時期朝鮮の転向者たち－帝國/植民地の統合と亀裂－』, 有志舍.

고, 옛 문헌과 다른 학자의 연구에서 내선일체를 뒷받침할만한 내용을 발췌한 뒤, 군데군데 자신의 의견을 덧붙이는 서술 방식을 취했다. 다만 이렇게 구성된 내선일체 역사학은 일선동조론(日鮮同祖論), 만선(滿鮮) 사관, 투란주의(turanism)가 뒤섞인 유사 역사학에 가까웠다.[4]

일본의 한국 통치를 합리화하는 데 이용된 일선동조론에 대해서는 많은 연구가 축적되어 있다. 심희찬은 일본 근대 역사학 형성기에 일선동조론이 지닌 보편주의 내지 아시아주의적 성격을 분석했고,[5] 미쓰이 다카시(三ツ井崇)는 일본 국체관이 강조되면서 일선동조론의 학문적 기반이 약해지는 모습을 그렸다.[6] 최우석은 도리이 류조(鳥居龍藏)의 일선동조론이 고대 조선을 일본보다 앞선 지역으로 설명한 점에 주목했다.[7] 장신은 일련의 연구를 통해 일선동조론이 일본의 한국 통치를 정당화하는 측면과 동시에, 일본의 우월성을 부인하고 한국의 주체성을 자극하는 측면을 지녔다는 중요한 지적을 했다.[8]

만선 사관에 대해서는 박준형이 실증주의를 내건 이케우치 히로시(池

---

4 유사 역사학에 대해서는 이문영, 2018, 『유사역사학 비판 – 『환단고기』와 일그러진 고대사 – 』, 역사비평사.

5 심희찬, 2019. 8, 「일선동조론의 계보학적 검토를 위한 시론 – 일본사의 탄생과 타자로서의 조선 – 」, 『한일관계사연구』 65.

6 三ツ井崇, 2004. 6, 「'일선동조론(日鮮同祖論)'의 학문적 기반에 관한 시론 – 한국병합 전후를 중심으로 – 」, 『한국문화』 33.

7 최우석, 2016. 9, 「도리이 류조[鳥居龍藏]의 식민지 조선 조사와 일선동조론」, 『동북아역사논총』 53.

8 장신, 2009. 4, 「일제하 日鮮同祖論의 대중적 확산과 素戔嗚尊 신화」, 『역사문제연구』 21; 장신, 2013. 12, 「1930년대 경성제국대학의 역사 교과서 비판과 조선총독부의 대응」, 『동북아역사논총』 42; 장신, 2014. 8, 「일제말기 동근동조론(同根同祖論)의 대두와 내선일체론의 균열」, 『인문과학』 54.

内宏)의 연구가 일본의 한국 및 만주 지배를 합리화한 측면을 밝혔다.[9] 정상우는 이나바 이와키치(稻葉岩吉)의 만선사 연구가 '근대 역사학'인 동시에 '식민주의 역사학'인 점을 밝혔다.[10] 채미하는 만선 사관과 일선 동조론이 얽혀 있는 모습을 그렸다.[11] 그리고 투란주의에 대해서는 조경달이 투란주의와 범퉁구스주의가 일본의 한국 통치와 대륙 침략을 합리화한 측면을 밝혔다.[12] 이형식은 조선에서 활약한 일본 군인 가네코 데이이치(金子定一)가 투란주의와 대아시아주의를 바탕으로 하여 '일선만몽 동조론'을 설파한 사실을 비판적으로 소개했다.[13]

아카데미즘 역사학의 주류였던 만선사 연구자들은 학문적 엄밀성을 내세워 일선동조론을 비판했다. 다만, 일본의 한국 통치 및 대륙 침략을 옹호한다는 점에서 둘 사이에 큰 차이는 없었다. 한편 만선 사관과 일선 동조론이 식민주의 역사학과 그 주변의 언설이었다면, 투란주의는 민간에서 횡행한 사이비 역사학이었다. 그러나 이러한 차이에도 불구하고 아카데미즘 역사학과 사이비 역사학은 서로 얽히면서 식민주의 이데올로기로 점철된 대중의 역사 인식을 만들어냈다.

---

9 박준형, 2018. 6, 「일본 동양사학의 계보와 '실증'주의의 스펙트럼-이케우치 히로시(池内宏)의 '滿鮮史' 연구를 중심으로-」, 『한국문화연구』 34.

10 정상우, 2016, 「'근대 역사학'으로서의 '만선사'-이나바 이와키치(稻葉岩吉)의 연구과정을 중심으로-」, 『식민주의 역사학과 제국-탈식민주의 역사학 연구를 위하여-』, 책과 함께.

11 채미하, 2019. 9, 「일제강점기 한국 고대 건국신화에 대한 이해와 인식-'滿鮮史'와 日鮮同祖論을 중심으로-」, 『동아시아고대학』 55.

12 趙景達, 2011. 12, 「パン·ツングーシズムと東アジア」, 『朝鮮奬學會 學術論文集集』 28.

13 이형식, 2017. 10, 「'조선군인' 가네코 데이이치(金子定一)와 대아시아주의운동」, 『역사와 담론』 84.

'내선일체 역사학'은 일본에 의한 한국병합 이래 여러 갈래로 전개된 식민주의 역사학의 합성물인 동시에 중일전쟁기 내선일체를 둘러싸고 분출된 여러 모순적인 입장의 절충물이었다. 이 글에서는 이러한 통시적 측면과 공시적 측면을 의식하면서 김성률의 저작 『사실로 본 내선일체』를 꼼꼼히 살핌으로써 내선일체 역사학이 지닌 의미를 밝히고자 한다.

## II. 일선동조론과 만선 사관, 그리고 투란주의

일본의 근대 역사학 성립 과정에서 일선동조론은 핵심적인 문제였다.[14] 『일본서기(日本書紀)』 등에 나타난 국가의 시원을 장식하는 신화 속에 국민사의 정초 자체를 일그러뜨리는 어떤 잡음으로서 조선 관련 기사들이 새겨져 있었기 때문이다. 제국대학의 역사학자 시게노 야스쓰구(重野安繹), 구메 구니타케(久米邦武), 호시노 히사시(星野恒)는 조선이라는 모순을 일본사의 황통(皇統) 안에 집어넣는 방법을 택한다. 바로 일선동조론이었다. 세 사람이 제국대학 국사학과의 교과서로 지은 『고본 국사안(稿本國史眼)』(1890)에서는 한국과 관계가 깊은 신으로 전해지는 스사노오(素戔嗚尊)를 서술하면서 한국을 어머니의 나라로 묘사했다.

호시노는 더 나아가 "그들의 인종 및 언어가 우리와 같다고 말하면 국체를 더럽히고 애국심이 없다"고 비판받는 풍조를 한탄하면서 진정한 애국자라면 '한토(韓土)'가 '우리의 옛 영토'라는 사실을 깨달아야 한다

---

14 일본 근대 역사학이 태동하는 과정에서 일선동조론이 지닌 의미에 대해서는 심희찬, 2019. 8, 앞의 글 참조.

고 주장했다.[15] 일선동조론이 지닌 왜곡된 보편주의 혹은 아시아주의적 측면이 일본의 한국 진출을 합리화하는 상황을 엿볼 수 있다. 구메는 1891년에 「신도는 제천의 고속(神道ハ祭天ノ古俗)」이라는 논문을 발표했다. 신도를 동아시아에 광범하게 나타나는 옛 풍속이라고 설명하고, 시대의 변화에 따라 이를 상실한 다른 나라와 달리 유일하게 이를 지켜온 일본의 위대함을 논한 글이었다. 그러나 국학자와 신도가로부터 일본의 신도 전통에 대한 모독이라는 강한 비판이 일어나 구메는 결국 제국대학 교수직을 사직해야 했다. 일선동조론은 한국 침략의 논리였지만 일본의 우월의식을 흔드는 측면도 담고 있었다.

1910년 '한국병합' 즈음하여 일선동조론은 다시 한번 전면에 등장한다. '한국병합'을 기념해 나온 『역사지리(歷史地理)』 조선호는 발간사에서 "인종 및 언어가 동계(同系)"이고 "고사(古史)에 나타난 양국은 정치상 실로 동역(同域)"이라며, 한일 양국의 교통은 일찍이 스사노오의 소시모리(曾尸茂梨)에서 서막이 열렸다고 설명했다.[16] 소시모리는 스사노오가 내려왔다는 '신라(新羅)' 땅 어느 곳이다. 이 호에는 호시노, 구메 외에 교토제국대학 교수 미우라 히로유키(三浦周行), 역시 후일 교토제국대학 교수가 되는 기타 사다키치(喜田貞吉) 등 다수의 학자가 일선동조론에 입각한 글을 실었다. 일본역사지리연구회를 조직해 『역사지리』를 발행한 기타 사다키치는 민족학과 언어학의 성과를 기초로 하여 이른바 진구(神功) 황후의 삼한 정벌 전부터 한일은 동종이라고 주장했다. 기타는

---

15 星野恒, 1890, 「本邦ノ人種言語ニ付鄙考ヲ述テ世ノ眞心愛國者ニ質ス」, 『史學會雜誌』 11, 17~18쪽; 심희찬, 2019. 8, 앞의 글, 190쪽.

16 1910. 11. 3, 「「朝鮮號」發刊の辭」, 『歷史地理』 朝鮮號, 三省堂書店, 4~5쪽; 장신, 2009. 4, 앞의 글, 371쪽.

일본을 본가, 한국을 분가라고 설명하여 야마토(大和)민족이 이민족을 동화시켜 온 '잡종성'을 긍정했다.[17]

일선동조론을 이야기할 때 도리이 류조와 가나자와 쇼사부로(金澤庄三郎)를 빼놓을 수 없다. 1910년에 도리이와 가나자와는 함께 조선총독부 내무부 학무국 촉탁으로 임명되었다.[18] 일선동조론은 초대 조선총독이었던 데라우치 마사타케(寺內正毅)의 관심사였다. 도리이는 신체 측정 조사를 통해 '남부 조선인'에서 북방계통과 다른 존재를 발견하고, 이들은 일본에서 한반도로 건너온 사람들이라고 해석했다. 그러나 1916년에는 한반도에서 건너간 북방계통이 중심이 되고 여기에 남방계통이 섞여서 현재의 일본민족이 형성되었다는 '고유 일본인' 개념을 제시했다. 도리이는 일선동조론을 강하게 주장하여, 3·1운동 무렵에 쏟아져 나온 민족자결주의에 대항했다. 다만 도리이는 조선을 일본에 앞서 석기와 철기 등 새로운 문명이 등장한 지역으로 그렸다. 도리이의 일선동조론은 조선총독부 입장에서는 식민 통치를 정당화하기에 곤란한 논점을 포함하고 있었다.

'일선동조론'이라는 말을 학문적으로 최초로 사용하여 확산시킨 사례는 가나자와 쇼사부로가 지은 『일선동조론(日鮮同祖論)』(1929, 刀江書院)이다. 가나자와는 고대 이래 지명과 민족을 고찰함으로써 일본어와 조선어가 동계라는 자신의 학문적 입장을 드러냈다.[19] 그러나 학계 주류는 가나자와에 대해 인종론·민족론적 관심이 지나쳐 '언어계통이 곧 인종·민

---

17 三ツ井崇, 2004. 6, 앞의 글, 258쪽.

18 도리이 류조의 일선동조론에 대해서는 최우석, 2016. 9, 앞의 글 참조.

19 장신, 2014. 8, 앞의 글, 92~94쪽.

족계통'이라는 도식에 갇혀 있다고 비판했다.[20] 경성제국대학 교수 오구라 신페이(小倉進平)는 이 책에 대해 "언어학은 인종론·민족론에 대하여 유력한 증명자(證明者)이기는 하지만, 최후의 결정자는 아니"라고 비판했다. 같은 경성제국대학 역사학 교수인 다보하시 기요시(田保橋潔)도 비교언어학을 역사학에 응용하는 현상을 비판함으로써 언어 연구에 입각한 일선동조론을 간접적으로 비판했다.[21]

총독부는 일선동조론과 거리를 두었지만, 조선 통치를 정당화하기 위해 이를 이용하기도 했다. 일선동조론은 대중의 역사 의식 차원에서 확산되었다. 스사노오가 바로 단군이라는 인식이 대표적이다. 스사노오를 1925년에 건립된 조선신궁의 제신으로 삼자는 움직임도 있었다. 결국 조선신궁 제신은 아마테라스오카미(天照大神)와 메이지(明治) 천황으로 결정되었다. 스사노오가 배제된 데는 단군의 실재를 인정하지 않으려는 조선총독부의 의도가 작용했다.[22] 1935년 2월에 총독부는 경성제국대학 총장의 건의를 받아들여 '임시 역사 교과용 도서 조사위원회'를 설치했다. 이 위원회는 교과서의 스사노오 서술에 대해 "신화를 역사 사실로 해석하는 것은 위험"하다고 지적했다.[23] 그러나 1937년 개정판 『보통학교 국사(普通學校國史)』에도 "스사노오미코토는 … 신들에게 쫓겨나 조선 지방에 내려오시어 이윽고 지금의 시마네현(島根縣)으로 가셨습니다"

---

20 三ツ井崇, 2000. 8, 「政治思想的言説としての朝鮮語系統論」, 『日本文化學報』 9, 64~65쪽.

21 小倉進平, 1929. 5. 19, 「金澤博士著『日鮮同祖論』」, 『京城日報』, 조간 6면; 田保橋潔, 1928. 5, 「歴史と言語」, 『文教の朝鮮』 33, 7~13쪽; 장신, 2014. 8, 앞의 글, 96쪽.

22 장신, 2009. 4, 앞의 글, 379쪽.

23 「國史教科書に於ける朝鮮に關する事項調査概要」, 『初等中等教科書中日鮮關係事項摘要』(고려대학교 중앙도서관 소장)(장신, 2013. 12, 앞의 글, 171쪽에서 재인용).

라는 서술이 유지되었다.[24] 조선 통치를 위해 일선동조론을 완전히 버릴 수는 없었던 것이다. 일선동조론은 일본의 조선 통치를 정당화하는 측면과 이를 곤란에 빠뜨리는 측면을 동시에 지닌 '양날의 검'이었다.[25]

아카데미즘 역사학의 주류는 일선동조론이 아닌 만선사(滿鮮史)였다. 도쿄제국대학 교수 구로이타 가쓰미(黑板勝美)는 『역사지리』 조선호에 실은 글에서 일선동조론을 비판했다. 역시 도쿄제국대학 교수였던 시라토리 구라키치(白鳥庫吉)는 처음에는 한국어와 일본어를 같은 우랄·알타이어라고 보는 등 일선동조론을 지지했으나, 어느 시점부터인가 가나자와의 일선동조론을 강하게 비판했다. 일본 '국체'관이 강조되면서 일선동조론의 학문적 기반이 약해진 것이다.[26] 그 대신 시라토리는 만주와 조선의 관계에 주목했다. 만선사는 이케우치 히로시, 이나바 이와키치 등의 연구에서 구체화하여 아카데미즘 역사학의 주류가 되었다.[27]

만선사 역시 러일전쟁 이후 본격화한 일본의 만주 침략에 영합하는 측면을 지녔다. 만선사 연구자들은 학문적 엄밀성을 내세워 일선동조론을 비판했지만, 일본의 조선 통치를 합리화하고 이를 이론적으로 뒷받침한다는 점에서는 차이가 없었다. 이나바 이와키치는 조선과 만주가 모두 단군 신화와 연관되어 있고, 부여에서 고구려로 이어지는 건국 신화는 일본 신화와도 공통점이 많다고 보았다. 만선 일체에 일본까지 더한 해석이었다.[28] 여러 만선사 연구자 가운데서도 특히 이나바는 '순수한 학문'

---

24 朝鮮總督府, 1939, 『國史地理 上卷』, 13쪽; 장신, 2013. 12, 앞의 글, 172쪽.

25 장신, 2009. 4, 앞의 글, 367쪽.

26 三ツ井崇, 2004. 6, 앞의 글, 266쪽.

27 박준형, 2018. 6, 앞의 글; 정상우, 2016, 앞의 글.

28 채미하, 2019. 9, 앞의 글, 386쪽.

보다는 '필요에 의한 학문'에 치중했다.[29]

만선사와 일선동조론이 아카데미즘 역사학과 그 주변의 흐름이었다면, 민간에서는 범퉁구스주의나 투란주의 같은 사이비 역사학이 횡행했다. 범퉁구스주의를 주창한 이로는『범퉁구스주의와 동포의 활로(パン·ツングーシズムと同胞の活路)』(1929, 大通民論社)를 낸 기타가와 시카조(北川鹿藏)가 대표적이다. 그는 부여, 고구려, 마한, 백제 등 한반도의 여러 민족과 조선이나 만주에서 도래한 이들의 자손인 일본인까지를 퉁구스라고 파악했다. 여기에 터키계와 몽골계를 더한 것이 '투란민족'이었다. 퉁구스민족인 청조를 무너뜨린 중국 한족은 퉁구스가 아니라고 보았다.[30] 범퉁구스주의는 동아시아사를 북방 기마민족과 남방 한(漢)민족의 항쟁사로 여기는 당시 일본 학계의 주류적 역사관과 통하는 면이 있었다. 만선사를 주창한 시라토리도 이러한 역사관을 가지고 있었다.[31]

투란주의는 19세기 초 헝가리에서 생겨난 사상이다. 투란은 이란 동북부의 넓은 평원을 가리키는데, 우랄·알타이어족과 유럽 동부로부터 동아시아에 걸친 지역에 분포하는 투란민족을 민족으로서 각성시켜 통합하려는 운동이 투란주의다.[32] 일본에서 투란주의를 적극적으로 설파한 대표적인 논자는 규슈제국대학 경제학 교수였던 노조에 시게쓰구(野副重次)였다. 노조에는『범투란주의와 경제블록(汎ツラニズムと經濟ブロック)』(1933, 天山閣)이라는 책에서 우랄산맥과 알타이고원 사이 지역과 그 남쪽 투란평원에 살던 투란 인종 가운데 동쪽을 향해 가 일본 열도로 이주

---

29 박준형, 2018. 6, 앞의 글, 21쪽.

30 北川鹿藏, 1929,『パン·ツングーシズムと同胞の活路』, 大通民論社.

31 趙景達, 2011. 12, 앞의 글, 19~20쪽.

32 海野弘, 2005,『陰謀と幻想の大アジア』, 平凡社, 53~62쪽.

한 무리의 자손이 일본인이라고 파악했다. 역사적 근원으로 돌아가 동서에 걸친 투란인의 대제국을 건설하는 것이 투란주의(우랄·알타이즘)이고, 그 시작은 일본 퉁구스를 중심으로 한 만몽 문제의 해결이라고 주장했다. 노조에는 진구 황후와 도요토미 히데요시(豊臣秀吉)의 '조선 정벌'은 모두 일본 퉁구스가 동족인 조선 퉁구스와 통일하려 한 움직임이었고 이것이 현실화한 것이 1910년 '한국병합'이라고 보았다.[33] 노조에는 투란민족의 분포 등에 대해서는 기타가와의 설명을 따른다고 밝혔다. 기타가와 역시 투란협회에서 활동했다.[34]

식민지 조선에도 대아시아주의를 주창하는 이들이 존재했는데, 그 중심에는 '지나통', '조선통'으로 이름 높던 일본 군인 가네코 데이이치가 있었다.[35] 가네코는 중국에 파견되었다가 돌아온 뒤, 1920년대 후반 도쿄의 참모본부에 근무하면서 오카와 슈메이(大川周明), 야스오카 마사히로(安岡正篤) 등 민간 우익과 교류했다. 그는 '만주사변'이 발발하자 관동군과 조선군의 연락장교로 봉천(奉天)에 파견되어 재만 조선인 문제에 깊이 관여했고, 1932년 4월에는 대좌로 승진하여 용산 제20사단 사령부에 배치되었다. 1933년 3월에 일본에서 대아세아협회가 조직되자, 이듬해인 1934년 3월 가네코의 주도로 조선대아세아협회가 설립되었다.

가네코는 1933년 2월에 행한 강연에서 일본의 국제연맹 탈퇴를 주장했다. 또한, "만주국에 왕도를 선포"하고 중국 국민정부로 하여금 이를 배우게 하여 "동양 연합, 투란 동맹의 기운을 양성"하자고 말했다.[36]

---

33 野副重次, 1933, 『汎ツラニズムと經濟ブロック』, 天山閣.

34 趙景達, 2011. 12, 앞의 글, 22쪽.

35 가네코 데이이치의 활동과 사상에 대해서는 이형식, 2017. 10, 앞의 글 참조.

36 金子定一(陸軍大佐), 1933. 2. 5, 「皇道あるのみ 帝國の進むべき道」, 『京城日報』, 석

1933년 4월에는 「만주국 문제의 재검토」라는 글에서 "우리나라 고대사는 조선을 통해 늘 만주와 깊은 인연을 맺었습니다. 오히려 유사 이전 혹은 신대사(神代史)에서는 우리나라는 만몽과 한층 밀접한 관계를 가졌습니다"라고 말해, 일종의 '일선만몽 동조론'을 주장했다.[37] 말 그대로 일선동조론과 만선사를 합쳐 놓은 듯한 내용이었다. 1933년 8월의 강연에서는 "가장 용감하고 지능이 뛰어난 것은 투란민족"인데 그중에서도 일본인은 국체 관념에 의해 더욱 우수하다면서, 조선인도 국체 관념을 함양하여 그 책임을 다해달라고 주장했다.[38] 가네코는 투란주의 영향을 강하게 받아 일본인과 조선인의 인종적 공통성을 강조하면서 조선에서 일본을 맹주로 하는 대아시아주의 운동을 펼쳤다.[39] 가네코의 대아시아주의는 최남선의 '불함문화론'과 공명하면서 일부 조선인 사이에도 퍼졌다.

## III. 중일전쟁과 내선일체 역사학

1936년 8월에 부임한 미나미 지로 총독이 내선일체를 강조하자, 그간 주변적인 위치에 머물던 일선동조론은 일약 주류적인 언설로 떠올랐다. 1937년 이후 조선총독부는 일선동조론을 통치정책에 적극 반영했다.

---

간 1면; 이형식, 2017. 10, 앞의 글, 337쪽.

37 金子定一, 1933. 4, 「滿洲國問題の再檢討」, 『警務彙報』 324, 20쪽; 이형식, 2017. 10, 위의 글, 350쪽.

38 金子定一, 1933, 「滿洲國獨立以後の東洋問題」, 『時局を語る』, 同民會, 200쪽; 이형식, 2017. 10, 위의 글, 341쪽.

39 松浦正孝, 2010, 『「大東亜戰争」はなぜ起きたのか』, 名古屋大學出版會, 362쪽.

미나미 총독 시기 내선일체 정책을 주도한 이는 학무국장 시오바라 도키사부로(鹽原時三郎)였다. 시오바라는 「도의입국(道義立國) 정신의 앙양」이라는 글에서 "내선동조의 역사를 회상"하라면서 "동양 사학 연구, 민족지학, 언어학, 고고학 등의 연구로 더욱 내선 양지 주민은 동조(同祖)로서 결코 민족의 피를 따로 한 것이 아니라는 사실이 명백"해졌다고 주장했다. 조선과 일본 두 민족은 모두 퉁구스족(通古斯族)이고, 한일병합은 중국의 영향을 받았던 조선 퉁구스가 본래의 민족을 유지해 온 일본 퉁구스로 환원한 것이라고 보았다.[40]

시오바라는 「동아에서 일본 제국의 사명」이라는 라디오 연설에서 '내선인의 동근설'에 대해 "전 규슈대학 노조에 조교수"의 "민족학적 연구 결과"를 인용했다. "일본인과 조선인은 모두 퉁구스족이어서 완전히 동일하고 따라서 일본과 조선은 일체를 이루고 있었다. 불행하게도 저 조선해협이 이를 둘로 분리했다. 그것이 병합에 의해 다시 원래대로 하나가 된 것이다. 퉁구스의 제일차적 통일이다. … 일한병합은 환원이다. 일본 열도로 건너간 퉁구스와 조선 반도에 남은 퉁구스의 환원이며 결합이다."[41] 노조에 시게쓰구의 책 『범투란주의와 경제블록』의 해당 부분을 그대로 옮긴 것이다.[42] 만주 진출론자이자 일선동조론자였던 시오바라의 논리가 투란주의에 바탕하고 있던 것을 확인할 수 있다.

---

40 鹽原 學務局長 談, 1938. 2. 13, 「道義立國情神의 昂揚－國民精神總動員下의 紀元節을 迎함에 際하야－」, 『東亞日報』, 3면. 시오바라와 퉁구스주의 및 투란주의의 관계에 대해서는 장신, 2014. 8, 앞의 글 참조.

41 鹽原時三郎(學務局長), 1937. 12, 「東亞に於ける日本帝國の使命(昭和十二年十一月七日ラヂオ放送)」, 『文教の朝鮮』 148, 32쪽; 장신, 2014. 8, 위의 글, 100쪽.

42 野副重次, 1933, 앞의 책, 38쪽.

1938년 9월에 조선총독부가 개최한 시국대책조사회에서 학무국장 시오바라는 내선일체를 확충, 강화하기 위한 12개 방침을 밝혔는데, 그 가운데 '내선의 사적(史的) 관계를 천명할 것'이 포함되었다.[43] 이러한 분위기 속에 1938년 11월에 김성률이 지은 『사실로 본 내선일체』(大海堂)가 출판되었다. 1888년에 태어난 김성률은 1919년에 서울 창신공립보통학교 부훈도(副訓導)를 시작으로, 교동공립보통학교 훈도, 함경북도 사범학교 교유(教諭), 나남보통학교 훈도를 지냈다. 1930년에는 함경북도 내무부 학무과 시학(視學)을 역임했고, 다시 전주고등보통학교와 전주여자고등보통학교 교유를 지냈다. 1936년 7월 의원면관한 뒤, 충청북도 학무과와 인천 내무과의 촉탁으로 일했다.[44] 그 사이 『조선(朝鮮)』과 『문교의 조선(文教の朝鮮)』 등에 주로 한국 역사에 관한 글을 여러 차례 실었다.

『사실로 본 내선일체』 초판본의 첫머리에는 '내선일체'라고 쓴 미나미 총독의 제자(題字), 시오바라 학무국장과 한국사 연구자 오다 쇼고(小田省吾)의 서(序), 그리고 중추원 참의가 쓴 제첨(題籤)이 실려 있다. 저자는 서문에서 자신이 무작정 보낸 글을 높이 평가하고 서문까지 써준 학무국장 시오바라에게 감사의 뜻을 전했다. 또한, 오다 쇼고와의 20년에 걸친 인연을 소개하면서 그가 책을 높게 평가하고 서문을 준 데 대해 역시 고마움을 밝혔다.

총독부의 내선일체 정책을 뒷받침하는 책이 출간되자 관변 언론에서

---

43 朝鮮總督府, 1938. 9(민속원 복각판, 1990), 『朝鮮總督府時局對策調查會會議錄』, 60~61쪽; 三ツ井崇, 2013. 12, 「조선총독부 시국대책조사회(1938년) 회의를 통해 본 '내선일체(內鮮一體)' 문제 - 제1분과회를 중심으로 -」, 『일본공간』 14, 88~90쪽.

44 『朝鮮總督府及所屬官署職員錄』 및 『朝鮮總督府官報』(국사편찬위원회 한국사데이터베이스, db.history.go.kr, 2021. 3. 22. 접속).

대대적으로 다뤘다. 『경성일보(京城日報)』는 "신동아 건설의 성전이 한창일 때", "무명누항(無名陋巷)의 일 독학자(篤學者)의 손에서 태고 이래 수천 년의 내선일체 상관 교섭을 이야기한 귀중한 저작이 2천 3백만 동포 앞"에 나왔다고 보도했다. 이 보도에 따르면 "각 방면의 깊은 이해를 얻어 보통 3~4개월이나 걸리는 출판 허가지만 6일 만에 내려졌다"고 한다. 책의 출판 과정에서 총독부의 협조가 있었음을 알 수 있다.[45] 녹기연맹 기관지 『녹기(綠旗)』도 「신간소개」를 통해 김성률을 "다년간 학교교육에 관계하여 사회교화를 이끈 사람으로 국사, 불교, 한학 등을 상세히 아는 독학(篤學)의 사(士)"라고 소개하고, "내선일체를 논함이 고조된 시점에서 이 책에 나타난 여러 편의 다형적인 인식을 심화해야 할 것"이라고 적었다.[46] 미나미 총독도 1939년 5월 30일에 열린 국민정신총동원 조선연맹 간부총회에서 김성률의 책을 언급해, "내선일체는 꼭 일한병합에서 시작한 것이 아니라 옛날 신대(神代)부터 고대에 걸친 역사를 보면 그때 이미 내선일체"였고, 따라서 "현하의 내선일체는 오히려 옛날로 돌아가는 것"이라는 주장이라고 소개했다.[47]

1939년 6월에는 우가키 가즈시게(宇垣一成) 전 총독의 서와 도쿠토미 소호(德富蘇峯)의 제자, 당시 화제의 내선일체론자였던 현영섭(玄永燮)의 서 등이 추가된 제2판이 나왔다. 출판사는 '내선일체사'로 바뀌었다. 분량이 더 늘었지만, 책값은 5원에서 3원 50전으로 내렸다. 언론에서 대

---

45 1938. 11. 8, 「愛國半島の礎に『內鮮一體の精神』確立を叫ぶ, 金聲律氏の快著」, 『京城日報』, 7면.

46 1939. 5, 「新刊紹介」, 『綠旗』 4-5, 37쪽.

47 朝鮮總督府, 1940, 『朝鮮に於ける國民精神總動員』, 100쪽; 장신, 2014. 8, 앞의 글, 102쪽.

대적으로 다뤄지고 유명인의 서문 등이 추가되자, 판매가 늘 것으로 기대하고 가격을 내렸다고 짐작된다. 제2판이 나오자 총독부 기관지 『조선』은 "지난번 반도의 독서계에 나타나 각 방면의 주목을 끌었던 호저(好著)에 다시 신자료를 더하여 완벽을 기하였다"고 소개하고, 당시 총독부가 대대적으로 전개하던 국민정신총동원운동, 즉 "정동운동(精動運動)의 철저에 따른 서적"이라고 평가했다.[48]

1940년 3월에는 같은 내선일체사에서 증보판이 나왔다. 증보판을 첫 쪽부터 넘겨 가며 살펴보자. 먼저 책을 펼치면 "이 책을 삼가 오늘의 나를 있게 한 우리 오다 쇼고 선생님께 바친다"는 글이 보인다. 그 뒷면에는 저자와 오다와의 인연을 설명한 짧은 글을 부쳤다. 이에 따르면 오다가 1925년 봄에 총독부 편집과장에서 대학 예과 부장으로 옮겨 개설 사무를 위해 도쿄로 가면서 전보를 쳐서 저자를 함북사범학교에 추천했고, 1930년에 저자가 함북의 도 시학(視學)일 때는 공무로 함북을 방문하여 사범학교 존폐 문제로 그의 신상을 걱정해 주었다고 한다. 1933년에는 오다가 전북교육회 주최 국사강습회 강사로 초빙되어 전주를 방문했을 때 덕진(德津)에 있는 이왕가 시조 이한(李翰)의 묘를 조사했는데, 이때 저자가 수행하며 '무량한 감회'를 느꼈다고 한다. 김성률은 오다를 학문적 영감을 준 스승으로 여겼다.

이어 미나미 총독, 도쿠토미 소호, 그리고 중추원 참의 장석원(張錫元)이 보낸 제자가 실렸다. 미나미 총독의 글씨는 '內鮮一體(내선일체)'다. 도쿠토미 소호의 제자는 1939년 판부터 들어갔는데 '元是同根生(원시동근생)'이라고 써서 한국과 일본이 뿌리가 같다는 뜻을 담았다. 장석원의

48 1939. 7, 「新刊紹介」, 『朝鮮』 290, 104쪽.

글씨는 '常棣之華, 鄂不韡韡, 凡今之人, 莫如兄弟(상체꽃이 송이송이 피었으니, 꽃이 더욱 빛나도다, 천하 사람 아무리 보아도 형제만 한 사람이 없네)'였다. 무릇 지금 사람은 형제만 한 이가 없다는 뜻으로 『시경(詩經)』의 「소아(小雅)」 편에 나오는 시다. 이 시는 증보판 본문 793쪽(1938년 초판은 652쪽)에서 다루고 있다. 본문 내용을 미리 보고 장석원이 글씨를 쓴 것으로 생각된다.

다음으로 우가키 전 총독, 시오바라 학무국장, 오다 쇼고의 서문이 이어진다. 오다는 서문을 통해 "조선총독부 교과서 편찬사업의 보조로서 김성률의 힘을 빌린 바가 적지 않다"고 인연을 소개하고, "문장보국(文章報國)의 일단을 피력한 것"인데 "이런 저서가 반도 동포에 의해 발표된 많은 예를 알지 못한다"고 평가했다. 우가키 전 총독의 서문, 그리고 뒤에 이어지는 조선총독부 촉탁 에가미 마사시(江上正士), 조선총독부 통역관 니시무라 신타로(西村眞太郎), 현영섭의 서문은 모두 1939년 판부터 새롭게 실린 내용이다.

에가미는 서문에서 이 책을 "'한 권으로 읽는 내선일체'라고 칭할 만한 좋은 자료"라고 평가하고, 본문 가운데 저자가 「내가 생각하는 내선일체」라는 장에서 "극히 시적인 언어를 사용하여 이 내선만몽에 걸친 민족 이동의 관계를 더듬고, 수천 년 전 알타이의 산록, 몽고·만주의 초원, 조선의 해변에서 슬프게 이별한 공동 조상의 자손인 우리가 여기서 예전 관계에 환원하기에 이른 숙명"을 서술하고 있는 부분을 소개하였다. 그리고 니시무라는 "모든 문제를 저자 자신의 의견만으로 논단(論斷)하야 버리지 않고 박인방증(博引傍證), 다수한 타인의 소설(所說)을 인용하야 이를 증명하고 또 반드시 그 저자와 출전을 명기"한 점에 "'술이부작(述而不作)'이라는 극히 겸손한 태도"가 드러난다고 평가했다. 한편 조선인 내선일체론자 현영섭은 다소 격정적인 서문을 부쳤는데, 이에 대해서는 뒤에서 다루겠다.

## IV. 『사실로 본 내선일체』의 구성과 특징

『사실로 본 내선일체』는 100여 항목에 대해 각각 다른 학자의 글을 전재하는 것을 기본으로 하고, 경우에 따라 저자가 자신의 의견을 덧붙이는 형식을 취했다. 따라서 조선인 내선일체론자, 그것도 총독부의 강력한 지지를 받은 어용 지식인이 어떤 책이나 글을 읽고 자신의 내선일체론을 형성했는지를 파악할 수 있는 좋은 재료다. 본문 맨 뒤의 부록에서는 1940년 증보판을 기준으로 책의 목차를 정리하고, 각 항목에서 저자가 참조한 학자와 문헌을 표시했다.

본문 첫머리에서는 생물학자 하야사카 이치로(早坂一郞)를 원용하여 "중앙아시아 남쪽 가장자리(南緣)"에서 인류가 발생했다고 설명한다. 그리고 "이것이 거짓인지 진짜인지의 규명은 후일을 기다리더라도, 우리로서는 당분간 아니 언제까지라도 신의 자손이라고 자처하고 싶다"(1쪽)는 자신의 감상을 덧붙였다. 저자가 생각하는 과학과 신화를 조화시키려는 의도가 엿보인다. 이어 고고학자 고토 슈이치(後藤守一)를 원용하여 인류의 기원지를 다시 한번 중앙아시아라고 설명한다. 고토는 적극적으로 전쟁에 협력하여 후일 '문화전범(文化戰犯)'이라고 불린 인물이다.[49] 아울

49 坂野徹, 2013. 3, 「考古學者·甲野勇の太平洋戰争－「編年學派」と日本人種論－」, 『國際常民文化研究叢書』 4.

러 "대체로 금일 구아(歐亞) 각지에 번식한 인류는 중앙아시아 파미르고원을 '홈(home)'으로 하여 그 번식과 함께 각지로 이주"(3쪽)했다는 종교학자 이가 고마키치로(伊賀駒吉郎)의 설명도 전재하였다. '문화 이동설'에 대해서는 니시무라 신지(西村眞次)의 『일본문화사개론(日本文化史概論)』(1930)에 의거했다. 니시무라의 연구는 뒤에서도 10차례 이상 인용되어 이 책 전체의 뼈대를 이루는 논리로 기능했다. 니시무라는 중앙아시아에서 탄생한 인류가 시베리아, 만주, 한반도를 거쳐 일본으로 건너가는 이동 경로를 상정했다. 조선은 인류와 그 문화가 일본으로 전파되는 길목에 위치했다. 이 부분에서 만선사를 주창한 이나바 이와키치의 '부여(夫餘) 문화'에 대한 언급도 소개되었다.

이어 옛 일본에 존재한 '고유 일본인'을 "대륙에서 조선 반도를 거쳐 온 자"(17쪽)라고 규정한 도리이 류조의 연구를 들었다. 도리이는 '고유 일본인'에 대해 "금일의 조선과도 물론 관계가 있고 나아가 퉁구스민족이라는 것도 염두에 두어야 한다"(19쪽)고 밝혔다. 도리이는 한반도, 만주, 일본에서 발견된 석기의 특징을 분석하여 이들이 "형제자매 관계까지는 아니더라도 숙질, 종형제 정도의 관계는 지니고 있었다"(23쪽)고 분석했다. 이어 "인조천강(人祖天降) 설화는 보수적인 일본인 일부에 의해 오로지 우리 나라에만 존재하는 신화이고 따라서 일본인은 정말로 신의 후예이고 일본 제국은 정말로 신국이라고 믿는 이도 있는 듯하지만, 천강 설화는 어디 민중이라도 거의 대부분 그것을 가지고 있다"(26쪽)는 니시무라의 글을 다시 소개했다. 내선일체를 인류 보편적 원리의 발현으로 설명하려는 저자의 의도가 엿보인다.

다음 항목은 「일본민족의 결성」인데, 이 책의 핵심적인 내용으로 분량이 무려 208쪽에 이른다. 먼저 '야마토민족'에 대해 다음과 같이 설명한다. "야마토민족은 조선을 거쳐 일본에 이주했다. … 일본의 신화 전설은 야마토민족 입국 후에 시작된다. 그들이 혼슈 중앙에 도달한 것은 서기 기원 초 무렵이었다. 일본의 신화 연대기는 기원전 6, 7세기로 거슬러 올라가지만 이를 인정할 만한 충분한 증거는 없다"(31쪽). 조지 바튼(G. A. Barton)이 짓고 가네야마 다쓰시게(金山龍重)가 옮긴 『세계종교사(世界宗教史)』(1925) 가운데 「일본의 종교」 부분에서 발췌한 내용이다. 야마토민족과 그 건국 신화가 한반도에서 유래했다는, 이른바 조선 우위의 일선동조론이라고 할만한 내용이다.

이어 반도 남부에 왜인이 이주해 한종(韓種)과 잡거했다는 이나바 이와키치의 글을 소개했다. 물론 이나바의 기본적인 입장은 "반도는 만몽의 연장"(38쪽)이라는 것이었다. 이나바의 글은 1923년부터 '조선사학회'가 '일반사', '분류사', '특별강의' 등으로 나누어 발행한 『조선사강좌(朝鮮史講座)』에서 발췌했다. 또한, 오다 쇼고의 「고대 내선관계」라는 글에서 신라 왕 석탈해, 그리고 한반도에서 일본으로 건너간 최초의 귀화인이라는 천일창(天日槍)이 실은 모두 일본에서 한반도로 건너간 것이라고 쓴 대목을 전재했다. 일본 우위의 일선동조론이라고 할만한 내용이다. 저자는 같은 일선동조론이라고 해도 현실에 미치는 영향이 크게 달랐을 조선 우위론과 일본 우위론을 뒤섞어 놓았다.

같은 책 『조선사강좌』에서 발췌한 교토제국대학 교수 미우라 히로유키의 「삼한의 귀화인(三韓の歸化人)」도 실었다. 미우라는 한반도에서 온 귀화인을 첫째, 일본의 초빙에 응한 자, 둘째, 본국의 학정을 피해서 온 자, 셋째, 일본군의 포로가 된 자로 구분해서 설명했다(45쪽). 이어서는 조선총독부 문서과의 미즈키 도라오(水城寅雄)가 쓴 「임나 귀화족」, 「백제 귀화족」, 「신라 귀화족」, 「고구려 귀화족」을 실었다. 각각 일본에 남아 있는 귀화인 관련 지명, 그리고 일본 각 지역의 귀화인 실태를 상세하게 소개했다. 특히 백제에 대해서는 『충남교육(忠南教育)』 내선일체 특집호에 실린 관련 내용을 전재하여 보충했다. 같은 일선동조론이라도 일본이 한반도에 미친 영향보다, 한반도에서 건너간 이들이 '일본민족의 결성'에 남긴 흔적을 집중적으로 다룬 셈이다.

다시 니시무라를 인용하였다. 니시무라는 "우리 일본인이 이러한 혼혈 민중인 것은 자신을 단식(單式) 인종이라고 생각하는 사람에게는 환멸의 비애를 느끼게 할지 모르지만, 혼혈 민중은 세대마다 열성을 잃고 우성만을 자손에게 유전하기 때문에 오늘날 우리들, 즉 근대 일본인은 이상 제 종족의 우성으로 이루어진 우량종"(236쪽)이라고 주장했다. 도리이 류조의 글도 다시 실었다. 도리이는 "일본과 조선(나아가 만주인, 퉁구스·몽고인 등)의 관계는 인종학·언어학상 등에서 보더라도 매우 유사"(241쪽)한 점은 잘 알려진 사실이지만, 이를 고고학상으로 증명할 수 있기 때문에 한층 확실하다고 설명했다. 내선일체와 일선동조론을 과학성, 보편성 속에서 해명하려는 저자의 자세는 일관된다. 그밖에 "고대 한강 이남의 반도 제국과 일본"은 "같은 나라라고 해도 된다"(250쪽)는 후지타 료사쿠(藤田亮策)의 설명, "일본민족의 근저를 이루는 종족은 퉁구스족"(255쪽)이라는 니시무라의 글을 실었다. "조선어는 우랄·알타이어와 일본어를 연결하는 고리"(265쪽)라며 일본어와 조선어의 유사성을 통해 내선일체를 입증하려는 조선총독부 통역관 니시무라 신타로 등의 글도 전재했다.

그리고 일본 종교에 대한 분석이 이어진다. "태양숭배와 경천사상은 고대 어느 나라에나 있던 것"으로 "경천사상이 유대에서 여호와가 되고 인도에서 범천(梵天)이 되고 한(漢)민족에서는 천명관이 되고 일본에서는 아마테라스오카미가 되었다"(297쪽)는 일본사상을 긍정적으로 평가하면서도 이를 어디까지나 세계적인 보편성 속에 이해하려는 태도가 엿보인다. 원시 신도를 설명하면서는 「샤머니즘이란 무엇인가」라는 항목을 두어 최남선의 글을 전재했다. 최남선은 샤머니즘을 일본과 조선을 포함한 우랄·알타이족의 원시종교이자 자연종교로 설명했다(309쪽). 이어서 인용된 구메 구니타케의 글 「신사의 기원(神社の起源)」(『原始時代之研究』, 1924)에서는 신사의 기원을 "중앙 고원의 서왕모국(西王母國) 곤륜산"에서 찾고, 그 '옥전(玉殿)'이 중국 간쑤성(甘肅省)에 존재한다고 설명했다(310쪽). 앞서 한번 언급했듯이, 구메는 1892년에 신도를 여러 민족에서 보편적으로 보이는 풍습으로 설명한 논문 「신도는 제천의 고속」을 발표했다가 국학자들의 공격을 받아 제국대학 교수직에서 물러난 바 있는 인물이다. 저자는 구메의 신도와 신사 인식에 공감한 것으로 보인다. 물론 일본 정신 그리고 종교의 위대함과 고유성을 이야기하는 글도 함께 수록되었다.

다음에는 고대부터 근대까지 한일 교류의 여러 장면을 소개했다. 그 가운데 「내지인의 반수는 조선인의 후예」라는 제목이 눈에 띈다. 오가키 다케오(大垣丈夫)가 『조선통치문제논문집』(1929)에 실은 글을 옮긴 것이다. 오가키는 고대 한반도에서 일본 열도로 건너간 귀화자가 20만 명에 이른다면서, "일선 양 민족의 근본으로 거슬러 올라가 이를 살핀다면 본디 동종(同種)이고 혈액이 서로 통하는 자라는 것을 부정할 수 없다"(406쪽)고 주장했다. 청일전쟁 이후 오가키는 일본과 조선·만주·타이완이 동일한 문화와 종족의 운명공동체라고 주장하여 일본의 침략성을 호도했고,[50] 이토 히로부미의 측근으로서 한국에 건너와 활동한 바 있다.

---

50 조인성, 2017. 3, 「『규원사화(揆園史話)』·『단기고사(檀奇古史)』·『환단고기(桓檀古

한일 교류의 여러 사례에 대해서는 마쓰다 가쿠오(松田學鷗)의 「일선사화(日鮮史話)」를 전재했다. 마쓰다 가쿠오는 조선총독부 건축기사로 있으면서 『일선사화(日鮮史話)』를 펴낸 '마쓰다 고(松田甲)'이다. '한국병합'에 대해서는 대표적인 일선동조론자 기타 사다키치의 "일한은 원래 동일"이라는 주장을 소개했다. 도쿠토미 소호의 『쇼와국민독본(昭和國民讀本)』도 '한국병합'과 중일전쟁 관련 항목에서 소개했다.

「내선일체 정신 확립의 급무」라는 항목에서는 투란주의, 퉁구스주의가 전면에 등장한다. 인용한 문헌은 노조에 시게쓰구의 『투란민족운동과 일본의 새 사명(ツラン民族運動と日本の新使命)』(1934, 日本公論社)이었다. 노조에는 "본디 조선 반도 재주인과 일본 군도 재주인은 민족학상 퉁구스 계통의 투란족에 속하고 한(漢)민족은 전연 그 계통을 달리하는 것이다"(735쪽), "일한합방은 정복이나 병합이 아니라 환원이다. 일본 열도로 건너간 퉁구스와 조선 반도에 남은 퉁구스의 환원이자 결합이다. 즉 퉁구스 사이의 결합이다"(740쪽)라고 주장했다. 그리고 조선총독부 학무국장 시오바라의 글이 이어지는데, 노조에와 시오바라의 긴밀한 관계를 상징하는 듯하다. 시오바라의 글은 노조에의 투란주의를 원용하면서 "동양에서 일본 제국의 사명"을 논했다.

저자는 「내가 생각하는 내선일체」라는 항목을 두었는데 실질적으로 이 책의 결론에 해당한다. 대부분의 항목이 다른 학자의 글을 전재한 뒤 군데군데 저자의 생각을 덧붙이는 형식이었는데, 여기서는 드물게도 25쪽 정도의 분량을 할애해 책 전체의 서사를 저자의 말로 되풀이하고 있다. 요약하면 다음과 같다. 인류의 발생지인 중앙아시아에서 태양을 숭

---

記)』 위서론의 성과와 과제」, 『동북아역사논총』 55.

배하는 '하나의 부대'가 동쪽을 향해 출발하였다. 이들의 목표는 '태양의 본원 지대, 즉 해(日)의 근본(本)에 도달'하는 것이었다. 알타이산을 넘어 몽고에 도달한 이들은 한동안 정착했다. "내선만(內鮮滿) 형제가 지금 여전히 몽고종의 색을 띠고 또한 같은 어계에 속하는 우랄·알타이어를 말하는"(769쪽) 이유이다. 다시 만주를 거쳐 동진, 남하를 계속하는 장면은 고구려 태조인 고주몽 이야기와 겹쳐진다. 이윽고 한반도에서 일본으로 바다를 건너는데, 김성률은 이즈모(出雲)민족의 일어남, 천일창(天日槍)이나 연오랑(延烏郞) 이야기가 그러한 정황을 담고 있다.

이상에서 살펴본 『사실로 본 내선일체』에 나타난 내선일체 역사학의 특징으로는 다음 세 가지를 들 수 있다. 첫째, 일선동조론, 만선사, 투란주의를 짜기운 유사 역사학이다. 일선동조론은 인류학, 고고학, 언어학 등 과학의 외피를 빌렸지만, 논리의 비약이 쉽게 눈에 띄는 유사 역사학에 가까웠다. 일본 아카데미즘 역사학에서는 오히려 만선사의 입장에서 일선동조론을 비판했다. 일선동조론은 만선사와 비교할 때 학문적 엄밀성이 부족했고 내용적으로도 그와 대립했다. 투란주의 또한 반서양주의를 주창하고 제국 지배를 합리화하는 사이비 역사학에 불과했다. 하지만 『사실로 본 내선일체』는 일선동조론, 만선사, 투란주의를 자의적으로 결합해서 자신의 논지를 전개했다. 따라서 내선일체 역사학은 시류에 영합하기 위해 이질적이고 근거가 불분명한 논리를 이어 붙인 유사 역사학이었다. 저자는 다른 이의 연구나 옛 문헌을 배치하고 자신의 의견을 덧붙이는 구성을 택한 이유에 대해 "'술이부작'이라는 태도를 취하기 위해서"(766쪽)라고 설명한다. 그러나 아무리 '술이부작'을 강조하더라도 엄밀한 사료 비판이 뒤따르지 않으면 아무런 의미가 없다는 것을 확인하게 될 따름이다.

둘째, 내선일체와 일선동조를 나름의 과학성, 보편성 속에서 설명하고자 했다. 대륙에서 한반도를 거쳐 일본으로 이어지는 '문화 이동'을 주장하는 니시무라 신지의 문화인류학, 그리고 만주, 조선, 일본 석기의 유사성을 강조하는 도리이 류조의 고고학이 주된 근거였다. 일선동조를 과학적으로 입증하고자 노력한 셈이다. 또한 투란주의를 채택한 데서 드러나듯이 유라시아 대륙에서 일본 열도에 걸친 공통의 문화 지반을 강조함으로써, 내선일체를 한일관계를 넘어 더 큰 틀에서 합리화하고자 했다. 이러한 전략은 한국인에게 내선일체를 받아들이게 하는 데는 어느 정도 유효했을 것이다. 다만 일본을 신의 나라로 받드는 황국 사관에 입각한 이들이 『사실로 본 내선일체』가 주장하는 과학성과 보편성을 흔쾌히 받아들였을지는 의문이다.

셋째, 조선 우위의 일선동조론을 주장했다. 일선동조론은 한국과 일본의 조상이 같다는 주장이지만 그 안에는 대륙에서 반도를 거쳐 열도로 이어지는 문화 전파를 강조하는 흐름과 고대 일본의 한국 진출을 강조하는 흐름이 따로따로 존재했다. 이러한 두 흐름 중 어느 쪽을 강조할 것인가는 일본이 한국을 식민 지배하고 있다는 현실에 비추어 보면 민감한 문제일 수밖에 없었다. 『사실로 본 내선일체』는 한반도에서 일본으로 건너간 '귀화족'이 '일본민족의 결성'에 큰 영향을 미쳤음을 강조했다. 즉 한국인과 한국 문화가 일본에 전해졌다는 데서 일선동조론의 근거를 찾았다. 고대 일본의 한국 지배를 강조하는 일본 우위의 일선동조론도 혼재되어 있었지만, 분량과 구성에서 조선 우위의 일선동조론이 압도적이었다. 일본의 식민 지배에서 일선동조론은 '양날의 검'이었다. 『사실로 본 내선일체』가 말하는 일선동조론은 일본의 한국 지배를 정당화하려는 입장과 갈등할 소지가 있었다.

## V. 내선일체 역사학을 둘러싼 갈등

『사실로 본 내선일체』에 부친 현영섭의 서문을 살펴보자. "민족은 대립한다. 그리고 협화하고 연합한다. 그리고 합성하는 것이다. 아일랜드는 영국에서 떨어져 그 세계적 지위는 리투아니아, 에스토니아의 지위로 떨어져 버렸다. 민족 분리의 이론만큼 인류를 불행하게 하는 것은 없다. 나는 이 관점에서도 내선일체를 생각한다." 한국인으로는 유일하게 서문을 쓴 현영섭은 경성제국대학에서 영문학을 공부하고 무정부주의자로 활동하다 중일전쟁기에 내선일체론자로 전향한 인물이다. 현영섭은 내선일체를 세계적인 추세를 따르는 것으로 설명했다.

또한 "인텔리의 손에 의한 『개조(改造)』나 『중앙공론(中央公論)』 속 어디에 내선일체가 적혀 있는가. 일지(日支) 친선은 100년 후라도 괜찮다. 이제 내선일체를 내선(內鮮) 인텔리들은 구원의 복음으로 생각할 때가 온다. 추상적으로 '동아협동체'니 '동아연맹'이니 떠드니 지친다. 그에 질렸을 때는 내선일체를 생각할 것이다"라고 일갈하였다. 『개조』와 『중앙공론』은 일본 사회를 대표하는 종합잡지였다. 현영섭은 내선일체를 외면하는 일본인을 한탄하고, '동아협동체', '동아연맹' 같은 아시아주의 운동을 내선일체와 대립된다며 비판했다. 현영섭의 인식을 이해하기 위해서는 중일전쟁기 내선일체를 둘러싼 논쟁을 살펴볼 필요가 있다.

1937년 7월 개전 이후 일본군은 연전연승을 거두었으나 1938년 10월 우한(武漢)과 광둥(廣東)을 점령한 뒤에도 중국 국민정부가 철저 항전을 고수하자 전선은 교착 상태에 빠졌다. 여기서 나온 것이 일본 정부의 이른바 '동아신질서' 성명이다. 중국의 민족주의를 인정하고 일본, 만주국, 중국을 아우르는 일종의 연방제 국가 건설을 제안하는 내용이었다. 이후 일본에서는 동아협동체론, 동아연맹론 등이 크게 유행하였다. 1939~1940년 조선의 신문과 잡지에는 동아협동체론에 대한 기대를 표명하면서 중국과의 관계를 설명하기 위해 제출된 협동체의 원리를 조선과의 관계에도 도입할 것을 주장하는 글이 많이 눈에 띈다.

중일전쟁기 조선인의 내선일체론에는 두 가지 방향성이 존재했다. 조선 문화와 경제의 독자성을 유지하고자 하는 '협화적 내선일체론'과 일본으로의 완전한 동화를 주장하는 '철저일체론'이 그것이다. 대표적인 논자로는 각각 인정식(印貞植)과 현영섭을 들 수 있다. '협화적 내선일체론'은 내선일체를 동아협동체 원리에 맞춰 재해석하여 오히려 조선의 독자성을 주장하는 논리로 삼고자 했다. 일종의 다민족제국론이라 할 '협화적 내선일체론'과 그야말로 동화주의인 '철저일체론' 사이에는 치열한 논쟁이 벌어지기도 했다.[51]

논쟁은 잡지 『삼천리(三千里)』 1939년 1월호에 실린 좌담회에서 인정식이 현영섭을 강하게 비판함으로써 시작되었다. 인정식은 "조선민족 고유의 언어·문화·전통·민족 정신 등, 이것들은 새롭게 형성될 신일본민족의 생활의 일부면으로서 끝까지 보존되고 또한 발달되어야 한다"고 주장하고, "내선일체라고 하면 조선어의 폐지, 조선 의복의 금용 등을 의미한다고 생각하는 그런 무지한 도배는 한심한 인간"이라고 비판했다. 이 비판은 조선어 폐지 등의 급진적인 주장으로 화제가 되었던 현영섭의 저서 『조선인의 나아갈 길(朝鮮人の進むべき道)』(1938, 綠旗聯盟)을 염두에 둔 것이었다. 뒤를 이어 발언한 현영섭은 내선일체의 계기는 "타협적 태도"가 아니라 "신을 숭배하는 마음" 같은 정신적인 것에서 찾아야 한다고

51 洪宗郁, 2011, 앞의 책.

말해 인정식을 간접적으로 비판했다.[52]

현영섭과 인정식은 김성률의 『사실로 본 내선일체』를 놓고도 대립하였다. 현영섭은 김성률의 책을 높게 평가하여 내선일체를 이해하는 데 필요한 참고서라고 소개했다.[53] 인정식도 1939년 4월 글에서는 퉁구스주의에 우호적이었다. 중일전쟁을 "퉁구스민족의 선구자이자 맹주인 일본이 퉁구스를 계속 압박해 온 중국을 격파하고 바로 퉁구스민족의 일체화를 재흥하는 숭고한 싸움"이라고 규정했다.[54] 그러나 1940년 1월 글에서는 기존과 다른 입장을 보인다. 김성률의 『사실로 본 내선일체』에 대해 "과거의 사실(史實)에 있어서 내지인과 조선인이 동일한 퉁구스(通古斯) 계통의 혈연적 근원을 가졌다는 이론적 계기"라면서, "다만 문제는 현금의 내선인을 퉁구스시대의 옛날에 회귀케 하여 감정에 있어서 의욕에 있어서 일체화하게 하자면 어떠한 사실(事實)적 계기가 다시 요구되는가를 발견하는 데 있다"고 지적했다. 그리고 "이 새로운 계기는 사실(史實)에서가 아니라 현실에서, 과거에서가 아니라 현재에서 파악되어야 한다"고 주장했다.[55]

같은 내선일체를 입에 담더라도 조선민족의 고유성, 독자성을 유지할 것인지, 포기할 것인지를 놓고 입장이 갈렸다. 내선일체를 나름의 합리성, 보편성 속에서 설명할 것인지, 아니면 정신주의에 입각해 받아들일 것인지의 차이였다. 식민지기 내내 이어진 일선동조론을 둘러싼 갈등의 재판이었다고 할 수 있다. 인정식이 『사실로 본 내선일체』에 대해 때로

---

52 1939. 1, 「時局有志円卓會議」, 『三千里』, 41~42쪽.

53 玄永燮, 1940. 1, 「內鮮一體管見-研究の一覺書-」, 『總動員』 2-1.

54 印貞植, 1939. 4, 「民族問題의 方法論」, 『三千里』 11-4.

55 印貞植, 1940. 1, 「內鮮一体의 文化的理念」, 『人文評論』 2-1.

는 지지하고 때로는 비판하는 엇갈린 태도를 보인 이유는 내선일체 역사학 자체가 지닌 모순적 성격 탓이었다. '양날의 검'과 같은 일선동조론의 성격이 내선일체 역사학에도 되풀이된 셈이다.

김성률은 『사실로 본 내선일체』 출판 후에 내선일체론자로서 맹렬하게 활약했다. 1939년에는 국민문화연구소에 잠시 가입하였고 내선일체실천사 이사를 맡았으며 녹기연맹에도 참가했다. 창씨명은 가네코 요시오미(金子義臣)이었다. 『조선』, 『동양지광(東洋之光)』, 『녹기』, 『내선일체』 등의 매체에 글을 싣고 라디오 방송에 나가 강연도 했다.[56] 1940년 8월에는 두 번째 단행본 『새로운 일본인의 면목(新しき日本人の面目)』(同仁社)을 출판했다. 이 책은 『사실로 본 내선일체』의 자매편이라고 볼 수 있다.[57] 첫 번째 책이 내선일체의 역사적 기반을 살폈다면, 이 두 번째 책은 새롭게 일본인이 된 조선인, 즉 '조선인의 황국신민화'를 다뤘다. 이 책 역시 신문과 잡지에서 중요하게 다뤄졌다.[58]

1941년 이후 김성률의 행적은 눈에 띄지 않는데, 돌연 보안법 위반으로 당국에 체포되어 재판에 부쳐진 사실이 확인된다. 〈그림 1〉의 형사공소사건부(刑事控訴事件簿)에 따르면[59] 김성률의 본적은 경기도 고양군 뚝섬이고, 직업은 경성부 국민총력연맹 사무촉탁이다. 죄목은 '보안법 위반'이었다. 1941년 8월 29일 구류되어, 1941년 12월 10일에 경성

---

56 1939. 9. 6, 「內鮮歷史講演」, 『每日申報』.

57 1941. 1, 「新しき日本人の面目」, 『國民總力』 3-1, 105쪽.

58 K生, 1940. 8. 30, 「新刊評」, 『每日新報』, 4면; 1940. 9, 「新しき日本人の面目」, 『總動員』 2-9, 54쪽.

59 「刑事控訴事件簿」(국가기록원 독립운동 관련 판결문, 관리번호 CJA0016654, MF번호 93-647).

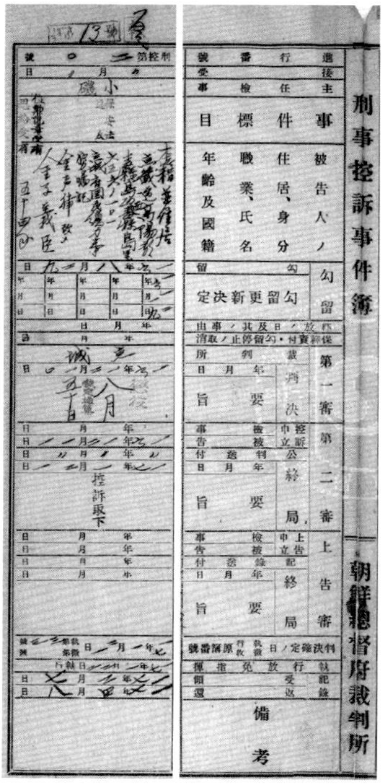


그림 1 김성률의 형사공소사건부

지방법원에서 열린 제1심에서 징역 8개월(재정통산 50일)을 선고받았고, 1942년 1월 21일에 공소 취하로 형이 확정되었다. 한편 '위수유 은급수유(位受有恩給受有)'라는 날인이 눈에 띈다. 김성률은 1936년 7월 면관 직전에 '종7위'를 받았다.[60] '은급'은 오늘날의 연금에 해당하므로 퇴직 교원으로서 수령 중이었던 것으로 이해된다. 〈그림 2〉의 일제감시대상 인물카드에도 김성률의 기록이 남아있다.[61] 카드에는 1941년 8월 30일

---

60 『朝鮮總督府官報』 2856(1936. 7. 21)(국사편찬위원회 한국사데이터베이스, db.history.go.kr, 2021. 3. 22. 접속).

61 「일제감시대상 인물카드」(국사편찬위원회 한국사데이터베이스, db.history.go.kr/id/ia_0917_0700, 2020. 12. 2. 접속).

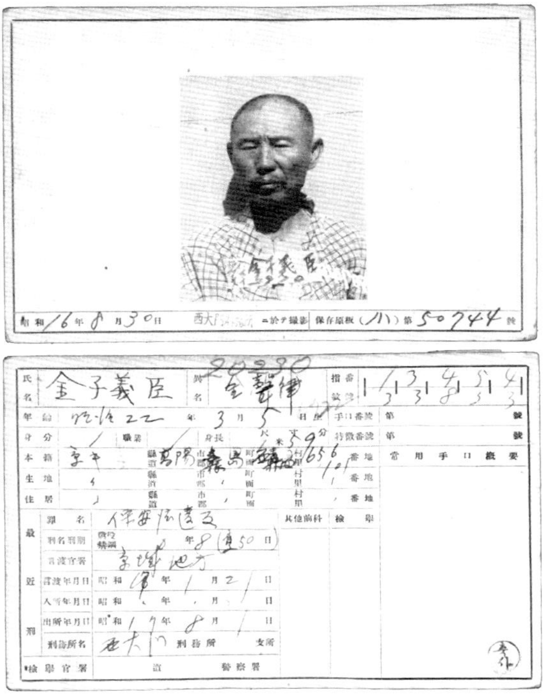

그림 2 김성률의 일제 감시대상 인물카드

서대문형무소에서 촬영한 사진이 실려 있고 아울러 1942년 8월 1일에 출소한 사실이 확인된다.

김성률이 검거되어 투옥된 이유는 명확치 않다. 김성률이 위반한 '보안법'은 일제가 통감부 시기인 1907년에 만들어 식민지기 내내 독립운동을 탄압하는 데 적용한 법령이다. 보안법은 '안녕질서를 지키기 위해' 집회와 결사를 제한하는 외에 '정치에 관하여 불온한 언론, 동작을 하거나 또는 타인을 선동, 교사 혹은 사용하거나 또는 타인의 행위에 간섭함으로써 치안을 방해하는 자'를 처벌 대상으로 삼았다.[62] 총독부의 강력한

---

62 水野直樹, 2000. 3,「治安維持法の制定と植民地朝鮮」,『人文學報』83, 99쪽.

지원을 받던 열렬한 내선일체론자가 불과 1년 만에 보안법 위반으로 감옥에 갇혔다는 사실은 당황스럽다. 조서나 판결문이 전하지 않아 김성률에게 씌워진 구체적인 혐의가 무엇이었는지는 알 수 없다. 다만 『사실로 본 내선일체』에서 보이는 것과 같은 이른바 조선 우위의 일선동조론이 역사적 맥락과 분리되어 정치적 맥락 속에 놓인다면 충분히 당국의 비위를 거스를 가능성이 있었다.

중일전쟁이 길어져 태평양전쟁으로 이어지면서 식민지 조선뿐 아니라 일본 본국의 사상 통제도 강화되었다. 『고사기(古事記)』와 『일본서기』에 대한 사료 비판을 중시한 쓰다 소키치(津田左右吉)가 1940년 1월 와세다 대학에서 쫓겨나고 같은 해 2월 『고사기 및 일본서기의 연구(古事記及び日本書紀の研究)』를 비롯한 4권의 저서가 발매금지 처분을 받은 것이 대표적이다. 『사실로 본 내선일체』와 관련해서는 이 책에서 가장 많이 인용된 니시무라 신지가 '자유주의자'로 몰려 1941년에 『일본문화사개론』을 포함한 저서 세 권이 발매금지 처분을 받았다.[63] 『사실로 본 내선일체』에 인용된 부분만 보더라도 니시무라는 "일본인은 정말로 신의 후예이고 일본 제국은 정말로 신국이라고 믿는 이"를 비판하고(26쪽), "자신들을 단식(單式) 인종이라고 생각하는 사람에게는 환멸의 비애"를 느끼게 할지 모르지만, 일본인은 혼혈 민중이라고 밝혔다(236쪽). 이러한 태도는 날로 강화되는 황국 사관과는 어긋나는 것이었다. 김성률은 니시무라 등의 주장을 바탕으로 하여 조선 우위의 일선동조론을 전개했다. 일선동조론은 '양날의 검'이었다. '일본민족의 결성' 과정에서 한반도계 귀화

63 檜皮瑞樹, "西村眞次―秋季企画展で生涯をたどる", WASEDA ONLINE, yab.yomiuri.co.jp/adv/wol/culture/091014.html, 2020. 10. 12. 접속.

인의 역할을 중시하는 조선 우위의 일선동조론은 일본의 한국 통치를 정당화하기는커녕 그 기반을 흔들 수 있었다.

1941년 1월 일본 정부는 "조국(肇國)의 정신에 반하고 황국(皇國)의 주권을 어지럽힐 우려가 있는 국가연합이론을 불허"했다.[64] 동아협동체론과 동아연맹론에 대한 규제였다. 식민지 조선에서도 내선일체를 일종의 민족협화론으로 바꿔 읽으려는 노력은 설 자리를 잃었다. 1942년 5월 고이소 구니아키(小磯國昭) 총독이 부임했다. 고이소는 극단적인 천황제 숭배자로서 국체 본의 철저와 도의 수양을 강조했다. 스사노오를 현창하는 사업을 추진하는 등 일선동조를 강조했지만, 보편성이나 과학성과는 거리가 먼 정신주의적인 일선동조론이 횡행했다. 일본 고대사가 석기시대에서 금속기시대로 이행했다는 조선총독부 편수관 나카무라 히데타카(中村榮孝)의 설명에 대해, 『일본서기』 어디에 석기시대가 있냐고 질책할 정도였다.[65] 일선동조론이 지닌 양면성은 중일전쟁기 내선일체 역사학에서도 극명하게 드러났다. 그러나 황국 사관이 점차 고조됨에 따라 일선동조와 내선일체를 둘러싼 긴장감은 봉인되었다.

---

64 1941. 1, 「東亞聯盟運動に關する調査」, 『思想月報』 79, 司法省刑事局, 52쪽.

65 이형식, 2020. 8, 「고이소 총독 시기(1942.5-1944.7) 조선총독부의 운영과 통치이념」, 『일본역사연구』 52, 138쪽.

## Ⅵ. 맺음말

아카데미즘 역사학과 사이비 역사학이 한 몸이 되어 일본의 한국 지배를 정당화하는 식민주의 역사학을 형성했다. 일선동조론은 일본과 한국이 원래 하나라고 주장하여 일본의 '한국병합'을 합리화하고자 했다. 아카데미즘 역사학의 주류였던 만선 사관은 학문적 엄정성을 강조하면서 일선동조론을 비판했다. 그러나 일본의 한국 지배, 대륙 침략을 뒷받침한다는 점에서는 차이가 없었고, 대표적인 만선사 연구자 가운데 한 사람인 이나바 이와키치는 일선동조론을 채택하는 것도 꺼리지 않았다. 투란주의는 근거가 불분명한 투란족, 퉁구스족을 역사적 실체로 상정함으로써 일·선·만·몽 등 여러 민족을 하나로 묶으려는 사이비 역사학이다.

내선일체 역사학의 대표라고 할 수 있는 김성률의 『사실로 본 내선일체』는 일선동조론, 만선 사관, 투란주의 등 여러 갈래의 식민주의 역사학을 짜깁기한 유사 역사학이었다. 내선일체 역사학은 일본의 한국 지배를 정당화하고 나아가 일본 중심의 세계인식을 설파한 식민주의 역사학의 결정판이었다. 중국 중심의 전통적인 동아시아사에서 벗어나는 동시에 근대 이후 서구 중심의 세계사를 전복하려는 욕망의 발현이었다.

중일전쟁기 조선총독부는 내선일체를 전면에 내걸고 일본의 한국 통치를 합리화하고자 했다. 당시 내선일체 해석을 둘러싸고 일본과 한국의 '협화'를 주장하는 이들과 한국의 일본에 대한 무조건적 '동화'를 주장하는 이들이 대립했다. 조선총독부는 내선일체를 차별로부터의 탈출로 받아들이고 오히려 조선과 조선인의 지위를 높일 기회로 이용하고자 하는 움직임을 경계했다. 내선일체는 일선동조론과 마찬가지로 '양날의 검'이 된 셈이다. 김성률의 『사실로 본 내선일체』를 떠받친 기본적인 역사 인식은 일선동조론이었다. 그러나 김성률의 일선동조론은 한반도에서 일본으로 문화 전파를 강조하는 조선 우위의 일선동조론이었다. 사회적으로 문제화되지는 않았지만 『사실로 본 내선일체』에는 일본의 한국 지배를 정당화하는 데서 벗어날 수 있는 논점이 포함된 셈이다.

1941년 여름 김성률은 보안법 위반으로 체포된다. 이유는 명확하지 않지만, 『사실로 본 내선일체』에서 드러난 조선 우위의 일선동조론과 무언가 관련이 있지 않을까 추측해 본다. 한국 정부의 친일반민족행위진상규명위원회는 2009년에 김성률에 대해 "사회·문화 기관이나 단체를 통하여 일본 제국주의의 내선융화 또는 황민화운동을 적극 주도함으로써 일본 제국주의의 식민 통치 및 침략전쟁에 적극 협력한 행위"에 해당한다고 판단했다.[66] 그러나 한편에서 독립유공자 심사와 관련한 '원칙'으로서 "'선 독립, 후 친일'은 독립유공자로 인정할 수 없으나 '선 친일, 후 독립'의 경우는 독립운동으로 인정해야 한다"는 의견이 강하다.[67] 이에 따른다면 김성률은 친일반민족행위자라는 오명을 벗고 독립유공자로 서훈을 받아야 할지 모른다. 김성률은 일선동조론 그리고 내선일체가 지닌 '양날의 검'이라는 성격을 체현한 셈이다.

---

66 친일반민족행위진상규명위원회 편, 2009, 『친일반민족행위진상규명보고서』 Ⅳ-3, 22~42쪽.

67 이만열, 2019. 5. 30, 「독립유공자 서훈과 분단체제」, 『한겨레』.

## [부록]『사실로 본 내선일체』(1940)의 구성

★는 저자 집필 부분이 포함된 경우

| 연번 | 대항목 | 소항목 | 전거 | | 쪽수 |
|---|---|---|---|---|---|
| 1 | 요람시대 | (1) 인류의 발생 | 早坂一郎,「生物發達の跡」 | ★ | 1 |
| | | (2) 지질시대, (3) 인류의 기원지 | 後藤守一,「アジヤ文化の起源」 | | 1~2 |
| | | (4) 인류의 홈 | 伊賀駒吉郎,「宗教大觀」 | | 3 |
| | | (5) 5천 년 문화 | 「新修科學百科大系」 | | 3 |
| 2 | 원시시대의 교통 | (1) 동반구에서 문화 이동의 3대 간선, (2) 지구에서 인류 이동의 3대 간선과 3대 지선, (3) 고대 일본의 교통, 수선(水線) 및 육선(陸線) | 西村眞次,「原始時代の交通路」 | | 4~11 |
| 3 | 문화 이동 | | 西村眞次,「日本文化史概論」 | | 11~14 |
| 4 | 시베리아 문화 | | 西村眞次,「日本文化史概論」 | | 15~16 |
| | | ○ 부여 문화 | 稻葉岩吉,「朝鮮の歷史的對滿關係及び知識」(『朝鮮』) | | 16 |
| 5 | 원시시대의 인종 문제 | | 鳥居龍藏,「原始時代の人種問題」 | | 16~19 |
| 6 | 조선 석기시대의 특색 | | 鳥居龍藏,「亞細亞の石器時代」(『原始時代之研究』, 國史講習會) | | 20~24 |
| | | ○ 옛사람은 석기를 어떻게 봤는가 | 岩本善文,「朝鮮から見た日本の古代」 | | 24 |
| 7 | 인간은 망각성의 동물 | | 西村眞次,「文化史概論」 | | 25~27 |
| 8 | 일본민족의 결성 | | 溝口駒造,「日本人の宗教」 | | 28~30 |
| | | (1) 야마토(大和)민족 | 金山龍重,「日本の宗教」; 西亀正夫,「人文地理學講義」 | | 30~31 |

| 연번 | 대항목 | 소항목 | 전거 | | 쪽수 |
|---|---|---|---|---|---|
| 8 | 일본민족의 결성 | (2) 씨족제도 사회 | 栗田元次,「史的硏究, 日本の特性」 | | 32~33 |
| | | (3) 일본민족과 반도 | 稻葉岩吉,「朝鮮民族史」(『朝鮮史講座』) | ★ | 33~38 |
| | | (4) 고대 내선관계 | 小田省吾,「古代の內鮮關係」 | | 38~44 |
| | | (5) 삼한의 귀화인 | 三浦周行,「三韓の歸化人」(『朝鮮史講座』) | | 44~46 |
| | | (6) 임나 귀화족<br>1. 임나인의 내지 귀화, 2. 임나 귀화족의 계통, 3. 임나 귀화족의 분포, 4. 긴키(近畿) 지방의 임나 귀화족, 5. 기타 지방의 임나 귀화족, 6. 소관 미상의 임나 귀화족 | 水城寅雄(1936. 9) | | 46~60 |
| | | (7) 백제 귀화족<br>1. 내지 지명에 나타난 백제, 2. 백제인의 내지 귀화, 3. 백제 귀화족의 계통, 4. 백제 귀화족의 분포, 5. 긴키 지방의 백제 귀화족, 6, 추부(中部) 지방의 백제 귀화족, 7. 추고쿠(中國) 지방의 백제 귀화족, 8. 간토(關東) 지방의 백제 귀화족, 9. 오우(奥羽)·시코쿠(四國)·규슈(九州) 지방의 백제 귀화족, 10. 소관 미상의 백제 귀화족 | 水城寅雄(1936. 6) | | 60~102 |
| | | (가) 백제 왕조와 일본 조정의 관계<br>1. 서언, 2. 고대의 내선관계, 3. 백제 전기(광주시대), 4. 백제 중기(웅진시대), 5. 백제 후기(사비시대)<br>(나) 일제(日濟)관계로 본 인물<br>1. 내지에 귀화한 백제인, 2. 백제에 귀화한 내지인, 3. 신사에 모셔진 백제인<br>(다) 왕인에 대하여<br>(라) 백제 왕조와 일본 여성<br>1. 백제와 내지, 2. 내지와 조선의 교통, 3. 고대의 여성의 지위, 4. 여성과 불교, 5. 백제 여성과 조정의 관계, 6. 가라코(韓子), 7. 귀화인과 그 자손 | 公州高等女學校 澤村米藏(『忠南教育』10 내선일체 특집호) | | 103~186 |

| 연번 | 대항목 | 소항목 | 전거 | | 쪽수 |
|---|---|---|---|---|---|
| 8 | 일본민족의 결성 | ○ 한학의 전래 | 栗田元次, 「國民綜合日本史」 | | 163 |
| | | (8) 신라 귀화족<br>1. 신라의 이름을 단 내지 지명, 2. 신라 국인의 내지 귀화, 3. 신라 귀화족의 계통, 4. 신라 귀화족의 분포, 5. 긴키 지방의 신라 귀화족, 6. 기타 지방의 신라 귀화족, 7. 소관 미(상)의 신라 귀화족 | 水城寅雄(1936. 9) | | 187~208 |
| | | (9) 고려 귀화족(목차에는 '고구려 귀화족')<br>1. 고려국인의 내지 귀화, 2. 고려 귀화족의 계통, 3. 고려 귀화족의 분포, 4. 긴키 지방의 고려 귀화족, 5. 기타 지방의 고려 귀화족, 6. 소관 미상의 고려 귀화족 | 水城寅雄(1936. 8) | | 208~230 |
| | | (10) 귀화인에 대한 우대, (11) 귀화인의 공헌, (12) 귀화인의 일본화, (13) 같은 실로 꿰인 구슬과 구슬 | 三浦周行, 「三韓の歸化人」(『朝鮮史講座』) | | 230~235 |
| 9 | 피와 피로 맺어진 민중 | | 西村眞次, 「日本文化史概論」 | | 235~236 |
| | | | 鳥居龍藏, 「有史以前の日本」 | | 237~242 |
| 10 | 우리 조상은 언제 일본에 왔는가 | (1) 내가 보는 조선 | 鳥居龍藏 | | 242~244 |
| | | ○ 석기시대를 말해 주는 수혈(竪穴) 주거 터 | 『京城日報』 | | 244 |
| | | (2) 고고학으로 본 일·선·만 문화관계<br>○ 같은 나라라고 해도 괜찮다 | 藤田亮策(『朝鮮』); 內藤虎次郞, 「日本文化史研究」 | | 245~250 |
| 11 | 국가 성립 연대 | | 西村眞次, 「日本文化史概論」 | | 251~254 |
| | | ○ 호태왕비문 한 구절 | | ★ | 254 |
| 12 | 가족 국가 | | 西村眞次, 「日本文化史概論」 | | 255 |
| 13 | 일본민족과 일본어 | (1) 석기시대, (2) 고유 일본인의 도래, (3) 일본민족, (4) 일본어의 유래 | 實業之日本社, 「日本精神作興歷史讀本 神武建國記」 | | 256~265 |

| 연번 | 대항목 | 소항목 | 전거 | | 쪽수 |
|---|---|---|---|---|---|
| 14 | 일본인의 언어 | | 西村眞次, 「日本文化史概論」 | | 266 |
| 15 | 일본어의 계통 | (1) 일·류·선(日琉鮮) 어(語)의 교련(交聯), (2) 일본어와 류큐어, (3) 일본어와 조선어<br>○ 언어의 계통과 일본어 | 西村眞次, 「日本文化史概論」 | ★ | 267~272 |
| | | (4) 국어·조선어 동일론, (5) 국어·조선어 수사(數詞) 동일론, (6) 천지일월 신앙과 그 언어를 규명하여 내선일체를 입증 | 西村眞太郎(『朝鮮』 1938. 6) | ★ | 272~291 |
| | | (7) 어족적 특질의 일치 | 村上廣之, 「植民地における國語教育政策」(『朝鮮』 6-6, 岩波書店) | | 291~292 |
| | | (8) 내선일체의 진리 | 西村眞太郎 | | 292~293 |
| 16 | 태양님 숭배할 무렵 | | 出口米吉, 「原始宗教としての太陽崇拜」 | | 294~296 |
| | | (1) 아마테라스오카미(天照大御神)의 사랑 | 今岡信良, 「神ながらの道」 | | 296 |
| | | (2) 태양숭배와 경천사상 | 江原小彌太, 「人生論十二講, 老子」 | | 297 |
| 17 | 일본 종교의 생탄 | | 溝口駒造, 「日本人の宗教」 | | 297~298 |
| 18 | 종교상의 연관 | (1) 종교, (2) 신화 | 西村眞次, 「日本文化史概論」 | | 298~300 |
| 19 | 원시 신도 | (1) 선(先)종교와 신도, (2) 원시 신도의 특질 | 西村眞次, 「日本文化史概論」 | | 301~308 |
| 20 | 샤머니즘이란 무엇인가 | | 崔南善, 「薩滿教箚記」 | | 309 |
| 21 | 신 앞에 엎드려 | | 久米邦武, 「神社の起源」(『原始時代之研究』, 國史講習會) | ★ | 310~316 |
| 22 | 특색 있는 조상숭배 | | 溝口駒造, 「日本人の宗教」 | | 316~317 |

| 연번 | 대항목 | 소항목 | 전거 | | 쪽수 |
|---|---|---|---|---|---|
| 23 | 근세 신도 | (1) 종교론 적요 | 西村眞次, 「日本文化史概論」 | | 317~319 |
| | | (2) 신사와 절 | 栗岩英治, 「信州善光寺の研究」 | | 319~320 |
| | | (3) 마음의 고향 | 溝口駒造, 「將來の日本と神道の新使命」 | | 320 |
| 24 | 신도와 국민 도덕 | (1) 경신과 숭조, (2) 신도와 황도 | 溝口駒造, 「日本人の宗教」 | | 321~323 |
| 25 | 종교적 정조 | | 三宅雪嶺, 「東洋思想概說」 | | 323~324 |
| 26 | 국사를 읽을 때 마음가짐 | (1) 일본학으로서의 일본 역사 | 德富蘇峯, 「昭和國民讀本」 | | 325 |
| | | (2) 조상의 위업을 기리는 간절한 방법 | 岩本善文, 「朝鮮から見た日本の古代」 | | 325~329 |
| 27 | 아마테라스 오카미와 신칙(神勅) | (1) 아마테라스오카미 | 文部省, 「國體の本義」 | | 330 |
| | | (2) 신칙, (3) 다카치호(高千穗) | 金澤庄三郎, 「日鮮同祖論」 | | 330~331 |
| | | (4) 다카마가하라(高天原) | 岩本善文, 「朝鮮から見た日本の古代」 | | 331 |
| | | (5) 소시모리(曾尸茂梨) | | ★ | 331~332 |
| | | (6) 삼여신(三女神) | 金澤庄三郎, 「日鮮同祖論」 | | 333~334 |
| 28 | 신대(神代) 문화의 장엄 | | 某紙所載; 龍野定一 | ★ | 335~336 |
| 29 | 아마노이와야토(天岩屋戶) 신화 | | 藤岡作太郎, 「國文學史講話」 | | 337 |
| 30 | 개벽화생(開闢化生) | ○ 천지가 초발한 때 | 藤岡作太郎, 「國文學史講話」; 「古事記」 | | 338 |
| 31 | 국체와 경신(敬神) | | 文部省, 「國體の本義」; 「本居宣長」; 「神皇正統記」 | ★ | 339~341 |
| 32 | 제사 | (1) 정교(政敎)가 기초하는 곳 | 「大日本史, 神祇志」; 文部省, 「國體の本義」 | | 341~342 |
| | | (2) 족제제도 | 藤岡作太郎, 「國文學史講話」 | | 342~344 |
| | | (3) 제정일치 | 文部省, 「國體の本義」 | | 344 |

| 연번 | 대항목 | 소항목 | 전거 | | 쪽수 |
|---|---|---|---|---|---|
| 33 | 국체 관념 | (1) 국민의 신념 | 西晉一郎,「日本國體」 | | 345~349 |
| | | (2) 근본적 특질 | 栗田元次,「史的研究, 日本の特性」 | | 349 |
| | | (3) 신이 낳은 나라, (4) 신국인 까닭 | 德富蘇峯,「昭和國民讀本」 | | 350 |
| 34 | 그저 방촌(方寸)의 틈에서 | | 西晉一郎,「日本國體」 | | 351 |
| 35 | 국체편 | | 岩崎行親 | | 352 |
| 36 | 국토 관념 | | 西晉一郎,「日本國體」 | ★ | 353 |
| 37 | 국기(國旗) | (1) 히노마루 기, (2) 국기의 실체, (3) 히노마루 기와 군함기의 시작(본문에는 (2)가 없음) | 某紙所載 | ★ | 354~355 |
| 38 | 도덕 | (1) 경신숭조, (2) 군신일체, (3) 충군애국, (4) 충, (5) 효, (6) 충효일본(忠孝一本) | 文部省,「國體の本義」; 德富蘇峯「昭和國民讀本」 | | 356~360 |
| | | (7) 족제 정치 | 藤岡作太郎,「國文學史講話」 | | 360~361 |
| | | (8) 절대 신성(神聖), (9) 부자관계 | 栗田元次,「史的研究, 日本の特性」 | | 361~363 |
| 39 | 신은 모두의 어버이 | (1) 자연의 발현, (2) 그저 사상만이 아니다 | 西晉一郎,「日本國體」 | | 364~366 |
| 40 | 황실과 이즈모(出雲)파 | (1) 다카마가하라와 이즈모, (2) 이즈모민족 | | | 367~368 |
| 41 | 스사노오미코토(素盞嗚尊) | | | | 368~369 |
| 42 | 천일창(天日槍)의 내조(來朝) | | 實業之日本社,「日本精神作興歷史讀本 神武建國記」 | | 370 |
| | | ○ 연오랑, 세오녀 | 「三國遺事」 | | 370 |
| 43 | 일본의 신이 되어 | | 金澤庄三郎 | ★ | 371~372 |
| | | ○ 한한(韓漢) 귀화족과 그 관계 신사 | 梅田義彦 | | 373~382 |

| 연번 | 대항목 | 소항목 | 전거 | | 쪽수 |
| --- | --- | --- | --- | --- | --- |
| 44 | 발 하나(一簾)를 드리우고 | (1) 고향은 가깝다 | 三宅雪嶺,「東洋思想槪說」 | | 382~383 |
| | | (2) 일본의 경치<br>(가) 흡인력 | 西村眞次,「日本文化史槪論」 | | 383~384 |
| | | (나) 감화력<br>(3) 자연의 종애(鍾愛), (4) 국토와 민성(民性), (5)국민의 특성(목차에는 '국민의 특색'), (6) 신황정통기(神皇正統記) | 藤岡作太郎,「國文學史講話」 | | 384~387 |
| 45 | 불교 소화(消化) | (1) 時의 철학, (2) 죽음의 철학, (3) 인연의 철학 | 友松圓諦,「現代人の佛教槪論」 | | 388~395 |
| 46 | 무사도 | | 藤岡作太郎,「國文學史講話」 | | 395~396 |
| 47 | 현해탄의 신비 | | 松崎嘉雄,「玄海灘の靈地靈神」 | | 397~399 |
| 48 | 조선인 일본 대신(大臣) | | 萩野由三,「國史より見たる朝鮮」 | | 400~401 |
| 49 | 내지인의 반수는 조선인의 후예 | ○ 내선인은 동포 | 大垣丈夫,「內地人の半數は朝鮮人の後裔」(『朝鮮統治論文集』) | | 401~406 |
| | | ○ 체질로 본 내선인 | 上田常吉,「體質より見たる內鮮民族」 | | 407 |
| 50 | 사절로서 일본을 받들다 | (1) 설중업(薛仲業), (2) 정몽주(鄭夢周), (3) 신숙주(申叔舟) | | ★ | 407~414 |
| | | ○ 교환(交歡) | 松田學鷗,「日鮮史話」 | | 414 |
| 51 | 삼목(三牧)의 기연(奇緣) | | 松田學鷗,「日鮮史話」 | | 414~416 |
| 52 | 백제 땅을 청한 자 | | 松田學鷗,「日鮮史話」 | | 417~423 |
| 53 | 꽃 사이를 누비는 벌 | | | | 424~428 |
| 54 | 풍운을 타고 | | 松田學鷗,「日鮮史話」 | | 429~432 |

| 연번 | 대항목 | 소항목 | 전거 | | 쪽수 |
|---|---|---|---|---|---|
| 55 | 대의명분의 원천 | (1) 일본 주자학, (2) 후지와라 세이카(藤原惺窩) 및 세이카 계통, (3) 해남(海南) 주자학의 기원 | 井上哲次郎, 「日本朱子學派之哲學」 | | 432~439 |
| 56 | 산음도(山陰道) 회고 | | 松田學鷗, 「日鮮史話」 | | 439~447 |
| 57 | 오호, 혁우장(鬩于墻) | | 松田學鷗「日鮮史話」 | | 447~448 |
| | | ○ 문록역(文祿役) | 栗田元次, 「史的硏究, 日本の特性」 | | 448 |
| 58 | 필적만 이름은 남고 | | 松田學鷗, 「日鮮史話」; 姜沆 | | 449~462 |
| 59 | 야승(野僧)은 원래 고려국 사람인 것을 | | 松田學鷗, 「日鮮史話」 | ★ | 463~465 |
| 60 | 진지실천(眞知實踐)의 학자 | | 井上哲次郎, 「日本朱子學派之哲學」 | | 466~468 |
| 61 | 마음의 왕래 | | 松田學鷗, 「日鮮史話」 | ★ | 470~481 |
| 62 | 운해묘망(雲海渺茫) | | 松田學鷗, 「日鮮史話」 | | 482 |
| 63 | 대일본사(大日本史) | | 藤岡作太郎, 「國文學史講話」 | | 483 |
| 64 | 미토학(水戶學) | | 藤岡作太郎, 「國文學史講話」 | | 484 |
| 65 | 존황 정신 | | 文部省, 「國體の本義」 | | 485 |
| 66 | 신도 흥하다 | | 「明治·大正思想史」; 溝口駒造, 「將來の日本と神道の新使命」 | | 486~492 |
| 67 | 일본적 주자학자 이퇴계 | | 松田學鷗, 「日鮮史話」 | ★ | 492~503 |
| 68 | 존황양이 | | 「明治·大正思想史」 | | 504~506 |

| 연번 | 대항목 | 소항목 | 전거 | | 쪽수 |
|---|---|---|---|---|---|
| 69 | 일본 국교(國教) | | 「明治·大正思想史」 | | 507~509 |
| 70 | 국민 정신의 통일 | | 「明治·大正思想史」 | | 509~510 |
| 71 | 국민 정신의 발휘 | | 「明治·大正思想史」 | | 511~512 |
| 72 | 일본주의 | | 「明治·大正思想史」 | | 512~515 |
| 73 | 국수주의 | | 「明治·大正思想史」 | | 516 |
| 74 | 전면(纏綿) | | 松田學鷗, 「日鮮史話」 | | 517~518 |
| 75 | 해차일기(海槎日記)를 읽는다 | | 松田學鷗, 「日鮮史話」 | | 519 |
| 76 | 죽음으로 따르다 | | 松田學鷗, 「日鮮史話」 | | 520~521 |
| 77 | 메이지유신 무렵 일본에 가 본다면 | | | ★ | 522~525 |
| 78 | 뽕나무 활(桑の弓) | | 長風山人, 「近代朝鮮裏面史」 | | 526~529 |
| 79 | 경성(京城) 이야기 | | 氷郊閑人 | | 529~535 |
| 80 | 소위 사대 사상 | | 필자 불명 | ★ | 535~543 |
| 81 | 그 고사리(薇)를 캐지 않는다 | | 長風山人, 「近代朝鮮裏面史」 | | 544~546 |
| 82 | 이령산(爾靈山) 위의 달 | | 廣澤次郎, 「露西亞活躍史」; 栗田元次, 「史的研究, 日本の特性」 | | 547~549 |
| 83 | 내선(內鮮) 환원 | | 小松寬美, 「內鮮還元に就て」(『朝鮮統治論文集』) | | 549~553 |

| 연번 | 대항목 | 소항목 | 전거 | | 쪽수 |
|---|---|---|---|---|---|
| 84 | 관중(管仲)이 없었다면 | | | ★ | 554~556 |
| 85 | 사람 마음에 새긴다 | | | ★ | 556~558 |
| 86 | 현산(峴山)의 낙일(落日) | | | ★ | 559~564 |
| 87 | 무성한 감당(甘棠) 나무 | | 長風山人,「近代朝鮮裏面史」 | ★ | 565~604 |
| 88 | 우가키(宇垣) 대로(大老)를 생각한다 | | 『忠北教育』 | ★ | 605~626 |
| 89 | 천은우로(天恩雨露)와 같이 | | | ★ | 627~630 |
| 90 | 철안(鐵案)으로서의 내선융화 | | 富加須肇 | ★ | 631~646 |
| 91 | 만보산록을 경작하려고 | | 御崎明,「滿洲義烈談」 | | 647~651 |
| 92 | 떠나는 생각이 든다 | | | ★ | 651~654 |
| 93 | 병합 정신의 재인식 | (1) 일한은 원래 동일 | 喜田貞吉,「韓國の併合と國史」 | | 655~658 |
| | | (2) 내선은 동근, (3) 일본의 국성(國性) | 德富蘇峯,「昭和國民讀本」 | | 658~659 |
| 94 | 일본 정신의 인식 | (1) 일본 정신이란 | 明大教授 池岡直孝 | | 660~664 |
| | | (2) 몸가짐은 고통 | 文學博士 平原澄 | | 664~668 |
| | | (3) 일본 정신의 진수 | 安岡正篤 | | 668~681 |
| 95 | 반도인 마음에 새겨진 우가키 노인의 자애 | | 中川伊三郎;「朝鮮公論」; 朝鮮總督府,「社會教化資料」11; 農政課長 古庄逸夫 | ★ | 681~701 |

| 연번 | 대항목 | 소항목 | 전거 | | 쪽수 |
|---|---|---|---|---|---|
| 96 | 일본의 신앙과 조선 | | 崔南善 | | 701~708 |
| 97 | 일지(日支) 사변 | | 德富蘇峯,「昭和國民讀本」; 朝鮮總督府,「社會教化資料」; 江上正士(『自力更生彙報』); 朝鮮教化團體聯合會 | ★ | 709~734 |
| 98 | '내선일체의 정신' 확립의 급무 | (1) 우리는 동족, (2) 서로 혈연은 농후, (3) 반도 제군이여 잊지 마라, (4) 동계어를 말하는 사이, (5) 병합은 환원이었다 | 野副重次,「ツラン民族運動と日本の新使命」 | | 735~740 |
| | | (6) 같은 사명을 부여받아, (7) 동일한 운명 아래, (8) 호시(虎視)도 호시(狐視)도, (9) 회천(回天)의 위업을 달성하려고<br>○ 대국을 달관하고 | 朝鮮總督府,「社會教化資料」21; 下村海南 | | 740~745 |
| 99 | 동양에서 일본 제국의 사명 | | 鹽原學務局長(『自力更生彙報』);『朝鮮』; 德富蘇峯,「昭和國民讀本」; 南次郎 | | 746~754 |
| 100 | 일선동조론 재독 | | | ★ | 754~766 |
| 101 | 내가 생각하는 내선일체 | | 西村眞次,「日本文化史概論」; 鳥居龍藏,「亞細亞の石器時代」 | ★ | 766~791 |
| 102 | 발처럼 손처럼 | | | ★ | 791~792 |
| 103 | 형제와 같은 이는 없다 | | | ★ | 793~794 |
| 104 | 신운표묘(神韻縹緲)의 심기 | | 朝鮮神宮宮司 阿知和安彦 | | 794~795 |
| 105 | 신동아를 노래한다 | | 京畿道,「奉誦と朗誦」 | | 796~797 |
| 106 | 이왕이면 꽃 아래서 | | | ★ | 798~808 |

| 연번 | 대항목 | 소항목 | 전거 | | 쪽수 |
|---|---|---|---|---|---|
| 107 | 동아의 신질서 | | | | 808~809 |
| 108 | 팔굉일우 | | | ★ | 810~811 |
| 109 | 내선인은 동일 종족 | | 城大教授 上田常吉(『京城日報』) | | 812~813 |
| 110 | 결론 | | | ★ | 813~814 |

## 참고문헌

자료

「刑事控訴事件簿(김성률)」(국가기록원 독립운동 관련 판결문, 관리번호 CJA0016654, MF 번호 93-647).

「「朝鮮號」發刊の辭」, 『歷史地理』 朝鮮號(1910), 三省堂書店.

「愛國半島の礎に『內鮮一體の精神』確立を叫ぶ, 金聲律氏の快著」, 『京城日報』(1938. 11. 8).

「時局有志円卓會議」, 『三千里』(1939).

「新刊紹介」, 『綠旗』 4-5(1939).

「新刊紹介」, 『朝鮮』 290(1939).

「內鮮歷史講演」, 『每日申報』(1939. 9. 6).

「新しき日本人の面目」, 『總動員』 2-9(1940).

「東亞聯盟運動に關する調査」, 『思想月報』 79(1941), 司法省刑事局.

「新しき日本人の面目」, 『國民總力』 3-1(1941).

「新刊評」, 『每日新報』(1940. 8. 30).

「皇道あるのみ 帝國の進むべき道」, 『京城日報』(1933. 2. 5).

金子定一, 1933, 「滿洲國獨立以後の東洋問題」, 『時局を語る』, 同民會.

________, 1933, 「滿洲國問題の再檢討」, 『警務彙報』 324.

北川鹿藏, 1929, 『パン·ツングーシズムと同胞の活路』, 大通民論社.

小倉進平, 1929. 5. 19, 「金澤博士著『日鮮同祖論』」, 『京城日報』.

野副重次, 1933, 『汎ツラニズムと經濟ブロック』, 天山閣.

鹽原 學務局長 談, 1938. 2. 13, 「道義立國情神의 昂揚 - 國民精神總動員下의 紀元節을 迎함에 際하야-」, 『東亞日報』.

鹽原時三郎(學務局長), 1937, 「東亞に於ける日本帝國の使命(昭和十二年十一月七日ラヂオ放送)」, 『文教の朝鮮』 148.

이만열, 2019. 5. 30, 「독립유공자 서훈과 분단체제」, 『한겨레』.

印貞植, 1939, 「民族問題의 方法論」, 『三千里』 11-4.

______, 1940, 「內鮮一体의 文化的理念」, 『人文評論』 2-1.

田保橋潔, 1928,「歷史と言語」,『文教の朝鮮』33.
朝鮮總督府, 1938. 9(민속원 복각판 1990),『朝鮮總督府時局對策調査會會議錄』.
__________, 1939(초판 1937),『國史地理 上卷』 개정판.
__________, 1940,『朝鮮に於ける國民精神總動員』.
玄永燮, 1940,「內鮮一體管見－研究の一覺書－」,『總動員』2-1.

단행본

이문영, 2018,『유사 역사학 비판－『환단고기』와 일그러진 고대사－』, 역사비평사.
친일반민족행위진상규명위원회 편, 2009,『친일반민족행위진상규명보고서』Ⅳ-3.

松浦正孝, 2010,『「大東亜戰争」はなぜ起きたのか』, 名古屋大學出版會.
海野弘, 2005,『陰謀と幻想の大アジア』, 平凡社.
洪宗郁, 2011,『戰時期朝鮮の転向者たち－帝國 / 植民地の統合と亀裂－』, 有志舍.

논문

三ツ井崇, 2004,「'일선동조론(日鮮同祖論)'의 학문적 기반에 관한 시론－한국병합 전후를 중심으로－」,『한국문화』33.
________, 2013,「조선총독부 시국대책조사회(1938년) 회의를 통해 본 '내선일체(內鮮一體)' 문제－제1분과회를 중심으로－」,『일본공간』14.
박준형, 2018,「일본 동양사학의 계보와 '실증'주의의 스펙트럼－이케우치 히로시(池內宏)의 '滿鮮史' 연구를 중심으로－」,『한국문화연구』34.
심희찬, 2019,「일선동조론의 계보학적 검토를 위한 시론－일본사의 탄생과 타자로서의 조선－」,『한일관계사연구』65.
이형식, 2017,「'조선군인' 가네코 데이이치(金子定一)와 대아시아주의운동」,『역사와 담론』84.
______, 2020,「고이소 총독 시기(1942.5-1944.7) 조선총독부의 운영과 통치이념」,『일본역사연구』52.
장신, 2009,「일제하 日鮮同祖論의 대중적 확산과 素戔嗚尊 신화」,『역사문제연구』21.
____, 2013,「1930년대 경성제국대학의 역사 교과서 비판과 조선총독부의 대응」,『동북아역사논총』42.

____, 2014, 「일제말기 동근동조론(同根同祖論)의 대두와 내선일체론의 균열」, 『인문과학』 54.
정상우, 2016, 「'근대 역사학'으로서의 '만선사' – 이나바 이와키치(稻葉岩吉)의 연구 과정을 중심으로 –」, 윤해동·이성시 편, 『식민주의 역사학과 제국 – 탈식민주의 역사학 연구를 위하여 –』, 책과 함께.
조인성, 2017, 「『규원사화(揆園史話)』·『단기고사(檀奇古史)』·『환단고기(桓檀古記)』 위서론의 성과와 과제」, 『동북아역사논총』 55.
채미하, 2019, 「일제강점기 한국 고대 건국신화에 대한 이해와 인식 – '滿鮮史'와 日鮮同祖論을 중심으로 –」, 『동아시아고대학』 55.
최우석, 2016, 「도리이 류조[鳥居龍藏]의 식민지 조선 조사와 일선동조론」, 『동북아역사논총』 53.

三ツ井崇, 2000, 「政治思想的言説としての朝鮮語系統論」, 『日本文化學報』 9.
水野直樹, 2000, 「治安維持法の制定と植民地朝鮮」, 『人文學報』 83.
趙景達, 2011, 「パン·ツングーシズムと東アジア」, 『朝鮮奨學會 學術論文集集』 28.
坂野徹, 2013, 「考古學者·甲野勇の太平洋戰争 –「編年學派」と日本人種論 –」, 『國際常民文化研究叢書』 4.

웹사이트
"朝鮮總督府及所屬官署職員錄", 국사편찬위원회 한국사데이터베이스, db.history.go.kr.
"일제 감시대상 인물카드(김성률)", 국사편찬위원회 한국사데이터베이스, db.history.go.kr/id/ia_0917_0700.
檜皮瑞樹, "西村眞次—秋季企画展で生涯をたどる", WASEDA ONLINE, yab.yomiuri.co.jp/adv/wol/culture/091014.html, 2020. 10. 12. 접속.

2장

# 민족우월성의 '과학'

## 다나카 간이치의 민족별지능검사와 비교의 지평

김인수 | 대구교육대학교 사회과교육과 조교수

# I. 머리말

한국 교육학계의 원로 황정규 교수[1]가 1961년에 쓴 『지능(知能)과 적성(適性)의 규정(測定)』(教友社)에는 한국 사회의 교육 측정, 평가 행정에 관한 초기의 모습이 잘 담겨져 있다. 심리검사의 기원(제1부 제5장의 Binet 검사, 집단지능검사, 종합적성검사), 개인 및 집단의 지능검사(제2부 제10장의 Stanford-Binet 檢査, Wechsler 知能檢査, Terman-McNemar검사 등), 적성의 측정(제3부의 종합적성검사, 특수적성검사, 직업적성검사, 예능적성검사)에 관한 내용이 잘 소개되어 있다. 이 책의 서문은 저명한 교육학자 정범모(1925~) 교수가 썼는데, "우리나라에서도 근래 10년 동안 여러 가지의 표준화검사가 연구, 제작, 활용되어왔지만, 그 사용자의 소양이 부족함이 많았다"고 토로하는 내용이 담겼다. 저자도 「자서(自序)」에서 1961년부터 대학 입학시험에 적성검사가 큰 비중을 차지하는 것으로 되어 대중의 관심이 커져 가고 있는데 이 책은 그 개괄을 다룬다는 점을 어필했다. 저자는 당시 한국이 지능검사를 제대로 실시해 본 적이 없는 상황이었으며, "중앙교육연구소의 서봉연, 전용신이 중심이 되어 Wechsler검사의 성인용 표준화에 착수하고 있는 정도"라고 하였고, 장차 피험자 연령을 12세까지 낮춰서 중학교 진학을 앞둔 아동의 지능까지 측정하게 할 예정이라고 언급했다. 이 검사는 Korean Adult Intelligence Scale(KAIS)로

---

* 이 글은 동북아역사재단의 2019년도 기획연구과제(NAHF-2019-기획연구-28)의 지원으로 수행된 연구의 결과물이다.

1 황정규(1935~)는 서울대학교 사범대학 교육학과에서 학사와 석사를 마쳤고 미국 시카고대학교 교육학과 박사과정을 졸업한 뒤, 숙명여자대학교 교수를 거쳐 서울대학교 교육학과 교수가 되었다. 서울대학교 사범대학 학장을 지냈고, 한국교육학회장을 역임했다.

명명되었는데, 그 내용은 언어테스트와 동작테스트로 구성되었다.

이와 함께, 이 책은 지능검사(IQ Test)의 역사적 기원과 발전 과정에 관한 논의도 상세히 다뤘다. 지능검사는 애초 정신장애(mental disorders)의 판단근거를 마련하기 위한 측정의 시도에서 시작했다는 점, 이러한 경향이 지능검사의 실천 전반에 걸쳐 관철되고 있다는 점, 미국의 커텔(James Cattell)이 1890년에 최초로 정신검사(mental test)라는 말을 사용했고 대학생의 지적 수준을 측정했다는 점, 지능검사를 본 궤도에 올린 것은 알프레드 비네(Alfred Binet, 1857~1911)로서 그가 1904년에 프랑스 문교부 장관에게 파리 시내 학교의 저능아동을 교육할 수 있는 방안을 연구하라는 지시를 받아 만든 것이 비네-시몬 척도(Binet-Simon Scale)라는 점 등 일반적인 역사를 소개했다. 비네-시몬 척도는 약 30여 개의 질문을 통해 판단과 추리력을 측정했다. 이 검사를 보완한 1908년의 검사에서는 정신연령(mental age)이라는 개념이 등장했고, 이 1908년의 검사가 세계적으로 큰 파장을 가져와 미국 스탠퍼드대학교의 터먼(Lewis Terman) 교수가 스탠퍼드-비네 지능검사(Stanford-Binet Intelligence Scale)를 고안해내는 계기가 되었다는 점, 이젠 우리에게 익숙한 지능지수(Intelligence Quotient, IQ)가 바로 여기에서 도입되었다는 점도 언급했다. 미국 육군에서 고안된 알파검사(the Army Alpha, 언어검사)와 베타검사(the Army Beta, 그림검사)에 관해서도 간략히 소개하였다.[2]

그렇다면 동아시아에서 지능검사는 언제부터 실시된 것이었을까? 한국에서 지능검사가 본격적으로 시작된 것은 정범모와 황정규의 말처럼 정말 1950년대 이후의 일이었을까? 앞에서 소략하게 정리했지만, 지능

2 황정규, 1961, 『知能과 適性의 測定』, 教友社, 34~40쪽.

검사는 역사적으로 인구에 대한 관리, 우생학적 전통, 이민의 규제, 직무 적성의 파악과 배치 등과 밀접하게 관련을 맺고 있었다. 인구, 우생학, 이민, 직업배치라는 역사적 맥락은 비단 유럽과 미국만이 아니라 일본에서도 꽤 낯익은 의제들이다. 일본 제국주의의 지배하에 있었던 식민지 조선도 그 영향권 안에 자리하고 있었다. 실제로, 이러한 흐름을 정확하게 보여주고 있었던 것이 도쿄문리과대학 교수 다나카 간이치(田中寬一)[3]에 의한 민족별지능검사의 시도이다.

다나카 간이치는 1933년부터 일본학술진흥회(1933~1936, 1938년의 검사비용)와 일본제국학사원(1940~1942년의 검사비용)의 지원 속에서 민족별지능검사(일본 본토, 타이완, 조선, 만주, 북아메리카 지역의 일본인, 조선인, 중국인, 유럽계 미국 이민자들의 민족별 지능측정)를 실시했다. 이 연구는 그의 검사가 어떤 역사적 맥락 속에서 기획·고안되었고, 그 방법론의 유래와 특성은 어떤 것이었으며, 최종적으로 그의 연구에서 얻어진 결론이 당시의 정치적 현실 속에서 어떤 의미로 수용되었는지를 분석하는 것을 목표로 한다. 나아가 1945년 이후로 일본과 한국에서 이 지식이 어떻게 분화, 변화되어 갔는지 또는 은폐되어 갔는지를 확인해 보고자 한다.[4] 이를 통해, 일본 제국주의가 설파한 '과학적 민족이론'을 역사화하고 계보학적 비판을 통해 그 한계와 폭력성('상징폭력')을 명확히 드러내고자 한다.

---

3 다나카 간이치(1882~1962)는 일본의 교육심리학자이다. 도쿄제국대학에서 문학박사 학위를 받았고 도쿄문리과대학 명예교수를 지냈다. 일본에서 심리측정의 선구자이다. '다나카비네지능검사(田中ビネー知能検査)', '다나카B式지능검사(田中B式知能検査)'를 비롯하여 여러 심리검사를 고안했다. 심리학자로서는 처음으로 문화공로자, 자수포장(紫綬褒章)을 수상하였다.

4 다나카 간이치가 설립한 '(一般財團法人)田中教育研究所'(maroon.dti.ne.jp)가 현재까지 활동하고 있다.

이 과정에서 제국 일본이 '과학'을 동원하여 구축한 일련의 학술 정책을 동아시아 근대 경험 속에서 재해석하는 계기가 마련될 것이다. 참고로, 이 지식체계에 대한 계보학적 추적과 분석은 한국/동아시아에서의 '실험 심리학'의 기원과 그 계보를 드러내는 일과도 일정 부분 맥을 같이한다.

## II. 지능검사의 역사적 배경[5]

본격적인 논의에 앞서 먼저 지능검사의 역사를 좀 더 구체적으로 살펴보면, 근대적 의미에서의 본격적인 지능검사를 시작한 것은 알프레드 비네로 평가된다. 그는 1905년에 최초의 근대적인 지능측정 방법을 고안해냈다. 비네는 오랫동안 의료계에서 일하다가 심리학자로 변모했다. 그는 자신의 두 딸을 대상으로 지능검사를 실행하기도 하는 등 열렬한 실험주의자였고, 아동에 대한 검사를 통해 적절한 검사 방법에 관한 감식안을 갖게 되었다. 1896년에 비네와 그의 동료인 소르본대학의 빅터 앙리(Victor Henri)는 독일과 미국에서 나온 개인적 특성을 다룬 업적들의 리뷰를 발행하기도 했다.[6]

비네는 정신적 수준(mental level)이라는 용어를 정신연령(mental age)으로 바꿨다. 그는 테스트를 통해 아이들의 신체연령과 정신연령을 비교했다. 1916년에는 터먼과 그의 스탠퍼드대학 동료들이 비네-시몬 척도

---

5 이 절은 Robert J. Gregory, 2014, *Psychological Testing: History, Principles, and Applications*, Pearson, pp. 56~76을 주로 참고하여 서술하였다.

6 Robert J. Gregory, 2014, 위의 책, pp. 65~66.

**TABLE 2.1 The 1905 Binet-Simon Scale**

1. Follows a moving object with the eyes.
2. Grasps a small object which is touched.
3. Grasps a small object which is seen.
4. Distinguishes between a square of chocolate and a square of wood.
5. Finds and eats a square of chocolate wrapped in paper.
6. Executes simple commands and imitates simple gestures.
7. Points to familiar named objects, e.g., "Where is your head?"
8. Points to objects shown in pictures, e.g., "Put your finger on the window."
9. Names objects in pictures, e.g., "What is this?" [examiner points to a picture of a dog].
10. Compares two lines of markedly unequal length.
11. Repeats three spoken digits.
12. Compares two weights.
13. Shows susceptibility to suggestion.
14. Defines common words by function.
15. Repeats a sentence of 15 words.
16. Tells how two common objects are different, e.g., "paper and cardboard."
17. Names from memory objects displayed on a board for 30 seconds. [Later dropped]
18. Reproduces from memory two designs shown for 10 seconds.
19. Repeats a longer series of digits than in item 11 to test immediate memory.
20. Tells how two common objects are alike, e.g., "butterfly and flea."
21. Compares two lines of slightly unequal length.
22. Compares five blocks to put them in order of weight.
23. Indicates which of the previous five weights the examiner has removed.
24. Produces rhymes, e.g., "What rhymes with 'school'?"
25. A word completion test based on those proposed by Ebbinghaus.
26. Puts three nouns, e.g., "Paris, river, fortune" in a sentence.
27. Responds to 25 abstract (comprehension) questions.
28. Reverses the hands of a clock.
29. After paper folding and cutting, draws the form of the resulting holes.
30. Defines abstract words by designating the difference between, e.g., "boredom and weariness."

*Source:* Based on Kite, E. (1916), *The development of intelligence in children*, Vineland, NJ: Vineland Training School.

그림 1 비네-시몬 척도(1905)
Robert J. Gregory, 2014, p. 67

를 보완하여 스탠퍼드-비네 검사를 창안했다. 이 기획은 대단히 성공적이었고 이후 지능검사로 이어졌다.[7]

그런데 프랑스의 비네 검사가 미국에 도입되는 과정에서 가장 중요한 기여를 한 인물은 헨리 고더드(Henry Goddard)였다. 그는 1906년에 뉴저지에 소재한 바인랜드훈련학교(the Vineland Training School)에 취업했는데, 그에게 맡겨진 과제는 "취약한 마음을 가진(feebleminded)" 아이

7 Robert J. Gregory, 2014, 앞의 책, pp. 67~68.

들을 분류해내고 교육하는 것이었다. 고더드는 1908년에 비네-시몬 척도에 큰 관심을 가졌고, 이것을 미국 아이들에도 적용할 수 있게끔 번역했다. 그는 378명의 아이들을 검사했고 이 가운데 73명의 아이들을 정신연령이 2세 미만인 백치(idiots)로 규정했다. 이어 이루어진 검사는 1,547명의 아이들이 대상이 되었다. 그는 이 조사에서 정신연령이 많이 뒤처지는 집단을 발견했고(전체 샘플의 약 3%), 1911년의 글에서 이들이 "사회를 오염시키는 것"을 막기 위해 이들을 격리해야 한다고 주장하기도 했다.

후술하겠지만, 고더드의 연구는 직접적으로 다나카 간이치의 연구를 자극하는 촉매가 되었다고 할 수 있다. 그것은 이민(immigration)과 관련된 문제의식이었다. 1910년에 고더드는 엘리스섬(Ellis Island)의 이민국에 초빙되어 이민자에 대한 테스트를 보다 정교하게 하는 일을 도왔다. 당시 "취약한 마음을 가진 이들"은 비록 사회 문제라고까지는 볼 수 없지만, 사회의 수준을 저하시키는 존재로 여겨졌다. 이민자들은 미국에서 국가의 전체적인 생물학적 적합성을 위협하는 존재로 인지되었고, 특히 남유럽과 동유럽으로부터 들어오는 "새로운" 이민자들은 종전의 서유럽 이민자들과 달리 매우 바람직하지 않은 이들로 간주되었다. 물론, 고더드가 이민을 제한하자는 대중적 캠페인에 동참한 것은 아니었다.

최근의 연구는 고더드가 심리학검사를 잘못 실행한 초기 인물의 한 사람으로 꼽는 데에 주저하지 않는다. 검사 과정을 보면, 그는 조수들을 엘리스섬에 보내 비네-시몬 척도의 영어판 번역본을 가지고 신규 이민자들을 검사하도록 했다. 이 검사는 이민자가 도착하는 대로 휴식 없이 곧바로 통역자를 통해 진행되었다. 이를테면, 이들 이민자들은 매우 놀란 상태에서 그리고 지극히 혼란한 의식 속에서 취지도 모른 채 녹초가 되어 조사를 받았던 셈이다. 검사표만 보더라도, 프랑스의 원본(비네-시몬 척도)을 영어로 번역한 뒤, 이것을 다시 유대어, 헝가리어, 이탈리아어, 러시아어로 번역하여 검사했으니 고충이 이만저만이 아니었다. 이 검사를 통해 얻어낸 결론도 논란의 소지가 많다. 고더드의 조수들은 각각 22~50개의 비교적 소규모의 이민자 샘플을 가지고, 유대인의 83%, 헝가리인의 80%, 이탈리아인의 79%, 러시아인의 87%가 "취약한 마음을 가진 이들(the feebleminded)"이라고 판정했다. '과학'이 사회적 이데올로기의 목표에 봉사했던 셈이다.[8]

지능검사의 방법 가운데 가장 성공적으로 평가되는 것은 스탠퍼드-비네 검사이다. 앞서도 언급했지만 이는 스탠퍼드대학의 교수 터먼이 1916년에 비네의 척도를 보완하여 만든 것으로, 그는 이것을 기초로 삼아 지능검사를 대중화시켜갔다. 여기에서 질문항목은 약 90개 정도로 크게 늘었다. 게다가 이 검사는 정신지체자, 아동, 그리고 평범한 어른과 "탁월한" 어른들 모두에게 적용되는 범용적인 새로운 척도였다. 검사의 표준화, 대중화가 달성되었고, 그 결과 이 척도는 갱신을 거듭해 현재는 2003년에 그 최종 수정버전이 나와있는 상태이다.

마지막으로, 다나카의 민족별지능검사와 긴밀한 관계를 맺고 있는 것은 미국 육군에서 고안된 집단지능검사(group intelligence test)이다. 이전까지의 지능검사는 개인의 검사로, 많은 시간이 소요되었다. 집단적으로 지능검사를 수행할 수 있게 된 것이 이 미 육군의 검사인데, 그 검사의 창안은 미국이 제1차 세계대전에 참전했던 시기(1917)의 사정과 맞물려 있다. 이 검사를 주도한 것은 당시 하버드대학 교수였던 로버트 여

---

8 Robert J. Gregory, 2014, 앞의 책, pp. 69~71.

FOLLOWING ORAL DIRECTIONS

Mark a cross in the first and also the third circle:
○ ○ ○ ○ ○

ARITHMETICAL REASONING

Solve each problem:
How many men are 5 men and 10 men? Answer ( )
If 3 1/2 tons of coal cost $21, what will 5 1/2 tons cost? Answer ( )

PRACTICAL JUDGMENT

Why are high mountains covered with snow? Because
- ☐ they are near the clouds
- ☐ the sun shines seldom on them
- ☐ the air is cold there

SYNONYM–ANTONYM PAIRS

Are these words the same or opposite?
largess—donation same? or opposite?
accumulate—dissipate same? or opposite?

DISARRANGED SENTENCES

Can these words be rearranged to form a sentence?
envy bad malice traits are and true? or false?

NUMBER SERIES COMPLETION

Complete the series: 3 6 8 16 18 36 ... ...

ANALOGIES

Which choice completes the analogy?
tears—sorrow :: laughter— joy smile girls grin
granary—wheat :: library— desk books paper librarian

INFORMATION

Choose the best alternative:
The pancreas is in the abdomen head shoulder neck
The Battle of Gettysburg was fought in 1863 1813 1778 1812

그림 2 알파검사의 견본
Robert J. Gregory, 2014, p. 74

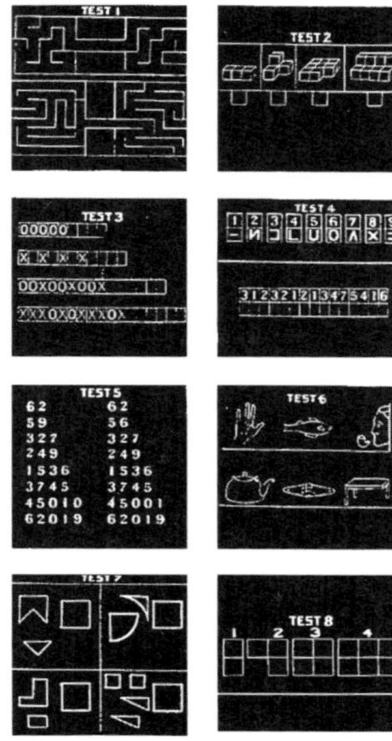


그림 3 베타검사의 견본
Robert J. Gregory, 2014, p. 75

키스(Robert Yerkes)였다. 그는 미국 정부에 당시 175만 명에 이르는 징집병들의 지능검사가 필요하다고 촉구했다. 그는 미국 신병심사위원회(a Committee on the Examination of Recruits)의 의장을 맡았고, 고더드와 터먼도 이 위원회에 함께 동참했다. 이곳에서 2개의 집단지능검사가 마련되었는데, 그것이 유명한 알파검사와 베타검사이다.[9]

알파검사는 총 8개의 검사항목으로 구성되었고, 베타검사는 문맹이거나 이민해온 지 얼마 안 된 이들을 위해 고안되었다. 말하자면, 베타검사의 대상은 영어를 잘 이해하지 못하는 이들이었던 것인데, 여키스는 그림이나 동작을 통해 이들을 테스트했다.

---

9 Robert J. Gregory, 2014, 앞의 책, pp. 71~72.

그런데 알파검사와 베타검사는 생각보다는 잘 활용되지 못했다. 과학적 혁신을 거부하는 군대의 분위기 때문이었다. 오히려 이 검사를 많이 활용한 것은 군대보다는 학교 현장이었다. 1920년대에 과학자 집단인 전미연구평의회(National Research Council)는 국가지능검사(the National Intelligence Test)를 고안해내어 미국 내의 700만 아동에 대한 지능검사를 실시했다.[10]

# III. 다나카 간이치 지능검사의 과정과 실제

## 1. 배일이민법(1924)의 충격과 '일본민족'의 우수성 증명

다나카 간이치는 1915년에 일본의 저명한 심리학자 마쓰모토 마타타로(松本亦太郎)[11]의 강의를 들었고, 한동안 학교와 공장의 작업능률 연구에 매진했다. 그는 1922년부터 약 2년간 미국, 독일, 프랑스, 영국에서 유학했고 이후에 민족별지능검사에 관한 연구를 시작했다. 그가 지능검사에 관심을 갖게 된 것은 특히 미국에 유학하던 시절의 일이었다. 다나카

---

10 Robert J. Gregory, 2014, 앞의 책, p. 76.

11 마쓰모토 마타타로(1865~1943)는 일본의 심리학자로 도쿄제국대학을 졸업한 이후 미국 예일대학에 유학했고 독일 라이프치히에서 빌헬름 분트(Wilhelm Wundt)에게 배웠다. 일본에 귀국한 이후 도쿄대학에서 강의하면서 심리학실험실을 창설(1903)했다. 교토제국대학에 재직(1906~1913)하면서도 실험실을 창설했다. 이후 도쿄제국대학으로 옮겨 교수로 재직(1913~1925)했고, 일본심리학회 회장을 역임(1927~1943)했다. 일찍부터 심리기술자의 양성에 관심을 보였고, 군사, 산업, 교육, 예술, 사법, 항공 등 다방면에서 심리학의 응용과 지도자 양성에 공헌하였다(宇津木保,『日本大百科全書』).

는 원래 미국의 과학적 관리법을 익힐 요량으로 출국했지만, 미국 정부의 이민 규제 정책, 그리고 1924년 이민법[혹은 존-리드 이민법(The Johnson-Reed Act)]의 통과를 지켜보면서 제1차 세계대전 이후의 긴장된 국제정세를 절감했다. 그는 민족의 우수성에 대한 비교연구의 성과를 다수 수집하면서 연구 방향을 재설계했다. 다나카는 특히 샌프란시스코의 터먼과 달시(Marvin L. Darsie)가 진행했던 일본인과 다른 민족들 간의 지능의 비교연구에 주목했다.[12]

1924년 이민법[13]

1924년의 이민법은 영구 쿼터제를 신설하여 미국 이민자의 수를 규제했다. 1890년 인구조사에 기초하여 미국에 살고있는 외국인 출생 그룹의 이민 한도를 1890년 기준으로 3%에서 2%로 줄이는 조치를 시행했다. 1910년이나 1920년이 아닌 1890년을 기준으로 사용한 것은 동유럽, 남유럽, 아시아로부터의 이민의 할당량을 줄여 이들의 이민을 적극적으로 규제하기 위해서였다. 또, 모든 이민자들은 자신의 모국에 있는 미국 영사로부터 비자를 받아야 했다. 이를테면, 1924년의 이민법은 "미국 사회에 가장 적합한 사람들을 선택하는 것"을 목적으로 했던 셈이다. 다만, 쿼터제는 미국의 이웃 나라에는 적용되지 않았는데, 이것은 특히 멕시코에서 온 노동자들이 필요했기 때문이다. 결과적으로, 1924년부터 1947년까지 미국에 온 이민자의 수는 총 271만 8,006명이었다. 이것은 제1차 세계대전

12 江口潔, 2010, 『教育測定の社會史: 田中寬一を中心に』, 田研出版, 177~178쪽.

13 "The Immigration Act of 1924", Historial Documents in United States History, web.archive.org/web/20080210025205/http://www.historicaldocuments.com/ImmigrationActof1924.htm, 2019. 12. 6. 접속.

이 발발하기 직전 2년간 미국에 입국한 이민자의 수와 비슷한 수준이었다. 1924년의 이 이민법이 일본에서 '배일이민법'으로 불리된 것은 당시 아시아계 이민의 대다수가 일본인이었기 때문이다.

다나카는 일본으로 돌아온 이후 『일본민족의 장래(日本民族の將來)』(1926)를 썼다. 이 책은 꽤 세간의 인기를 끌었던지 이듬해인 1927년에 증보를 하여 제8판이 간행되었다. 글의 「서문(緒言)」에서 다나카는 미국에 체류할 당시 '세계대전 이후의 태평양시대에 일본인은 과연 세계사의 과업을 감당할 수 있을까?'라는 고민을 하게 되었다고 토로했다. 종전까지 다수의 일본인론이 사회심리적, 문화적 분석을 취해왔지만, 자신은 통계적 분석에 기초한 과학적 연구를 하겠다는 포부를 밝혔다.

실상 이 책은 다나카 자신의 분석보다는 종전까지 서구의 학자들에 의해 수행된 민족지능조사의 성과들을 꼼꼼히 정리하는 데에 치중하였다. 다나카는 민족성 연구의 방법을 다음의 네 가지로 들면서 자신은 실험심리학적 방법에 설 것임을 암시했다.[14]

1. 사실(史實)적 연구: 역사적 사례, 전쟁, 식민, 교통에서 나타나는 특징
2. 민족심리학적 연구: 민속, 관습, 문학, 예술, 종교, 철학, 과학, 법률 등의 특징
3. 사회심리학적 연구: 자살, 살인, 이혼 등의 사회현상을 통계적 조사의 결과를 통해 추측
4. 실험심리학적 방법: 일반지능의 정도, 특수작업에서의 우열 등

14 田中寛一, 1927, 『日本民族の将来 增訂第8版』, 培風館, 88~89쪽.

다나카는 먼저 흑인과 백인의 지능의 차이를 다룬 연구들을 소개하고, 이어 백인들 안에서의 지능의 차이를 노르드민족, 알프민족, 지중해민족의 3개 종으로 나눠 비교하는 연구들을 소개했다. 노르드민족은 주로 북해와 발트해 연안에 거주하는 이들로서, 키가 크고 금발이며 눈이 파랗거나 회색이고 피부는 하얗다. 지역적으로는 영국, 노르웨이, 스웨덴, 덴마크, 네덜란드, 벨기에, 프랑스 서북부, 독일, 오스트리아, 러시아 및 핀란드, 아이슬란드 등에 분포하고 있다.

다음으로 지중해민족은 키가 작고 머리가 작으며 피부가 조금 검은 편이고 모발과 눈이 흑색인 민족이다. 그들은 주로 지중해 연안, 예를 들어 포르투갈, 스페인, 프랑스 남부, 이탈리아 남부, 그리스 남부, 흑해 서안, 소아시아의 섬들, 아프리카 북부에 거주한다. 영국에서는 아일랜드에 다수 거주하고 있다.

마지막으로 알프민족은 노르드민족만큼은 아니지만 키가 꽤 큰 편이고 피부색은 조금 검으며 머리는 둥글다. 노르드민족과 지중해민족 사이에 있다고 할 수 있다. 주로 프랑스 중앙부, 벨기에 일부, 이탈리아 북부, 스위스, 오스트리아의 일부, 독일 동부, 헝가리, 발칸 및 러시아 대부분 지역에 거주한다.

다나카에 따르면, 이들 연구는 유럽으로부터의 이민이 핵심 문제로 자리한 미국에서 활성화되어 있으며, 대체적인 결론은 '노르드민족 〉 알프민족 〉 지중해민족'의 순으로 지능의 고저가 목격된다는 것이다.[15]

이러한 연구 가운데에는 중국인, 일본인, 인도인 등 아시아민족의 지능을 측정한 사례도 목격된다. 다나카는 중국인의 지능이 서구인의 그것에

15 田中寬一, 1927, 앞의 책, 106~110쪽.

표 1 맥두걸의 연구에서 미국인, 중국인, 인도인의 지능 차이

| 검사법 | 미국인 | 중국인 | 인도인 |
|---|---|---|---|
| 주의집중 | 75 | 75 | 62 |
| 학습속도 | 66 | 62 | 45 |
| 연상시간 | 46 | 38 | 58 |
| 직접기억 | 58 | - | 54 |
| 간접기억 | 80 | - | 88 |
| 상식범위 | 23 | 15 | 24 |

필적한 검사사례(월코트의 대학생검사)를 제시하면서, "영어로 검사를 했음에도 불구하고 그러한 결과를 얻은 것은 중국인 대학생의 지능이 현저히 뛰어나다는 점을 말한다"고 부기했다.[16] 중국인 아동의 지능이 또래의 서구인에 비해 조금 낮게 나온 사례(파일의 아동지능조사)도 있는데, 이는 모국어의 차이가 영어 숙달도의 차이로 이어져 나타난 자연스러운 결과라고 보았다.[17]

다나카가 소개한 것 중에는 맥두걸(William McDougall)의 연구가 있는데,[18] 미국인, 중국인, 인도인의 지능을 측정했다. 다나카는 이 연구를 설명하면서 "인도인은 다방면에서 뛰어나다. 그런데 위의 표(〈표 1〉)는 정신적 특징이 얼마나 민족의 운명에 영향을 미치는지를 잘 보여주는 자료이다. 인도에서의 반란의 진압은 주로 의지력의 승리였다. 만약 영국인

---

16 田中寛一, 1927, 앞의 책, 114쪽.

17 田中寛一, 1927, 위의 책, 115쪽.

18 다나카는 맥두걸의 『집단심리*The Group Mind*』(1920)를 오랫동안 강의에 사용했다고 한다. 『일본민족의 장래』는 맥두걸의 『국가의 성쇠*National Welfare and National Decay*』(1921)의 편제를 따랐다고 알려져 있다(江口潔, 2010, 앞의 책, 180쪽).

지도자 가운데 한두 명이 의지력의 실험에 실패했다면, 영국인은 인도로부터 추방되고 영국의 지배는 아마 1857년에 종결되었을 것"이라는 맥두걸의 언급을 인용해두기도 했다.[19]

이러한 일련의 검토를 마친 뒤 다나카는 본격적으로 일본인의 지능을 측정한 검사사례를 수집하여 분석한다. 대표적인 것이 1922년 봄에 캘리포니아주에서 실시된 미국 태생 일본 아동에 대한 지능검사, 이른바 터먼이 주도한 스탠퍼드대학의 지능검사였다. 일본인회의 지원금으로 실시된 이 검사의 대상은 10~15세의, 4년 이상 미국에서 소학교교육을 받은 일본 아동들이었다. 남자 292명, 여자 276명, 합계 568명으로, 검사질문표로는 스탠포드-비네 검사와 미 육군식 베타검사 양식이 사용되었다. 검사의 결과는 일본 아동의 지능은 남유럽, 동유럽의 사람들에 비해서는 뛰어나지만, 북유럽인에게는 미치지 못한다는 것이었다. 다만, 다나카는 지방별로 다시 이를 세분화한 연구를 소개하면서 대도시 지역의 일본 아동의 지능은 북유럽인에 필적한다는 점을 어필했다. 또, 부모의 직업에 따른 비교의 결과물, 언어 숙달도가 크게 영향을 주지 않는 육군식 베타검사의 결과물을 별도로 소개해두었다.[20]

언어를 변별요소에서 배제하면 일본 아동이 미국 아동에 비해 손색이 없는 지능을 보유하고 있음을, 다나카는 이들 연구를 인용함으로써 보여주려 한 것이다. 이상의 논의에서는(서양 민족, 심지어는 가장 탁월하다고 하는 북유럽의 서양인들에 비교하더라도) 일본민족의 우수함을 증명하고자 하는 다나카의 의지를 확인할 수 있다. 언어변수의 통제가 이루어진다

---

19 田中寛一, 1927, 앞의 책, 117쪽.

20 田中寛一, 1927, 위의 책, 118~124쪽.

표 2 민족별, 지역별 지능 차이

* Terman과 Darsie의 검사

| 민족 | 대도시 | 소도시 | 시골 |
|---|---|---|---|
| 일본인 | 99.2 | 87.6 | 86.3 |
| 북유럽인 | 100.3 | - | - |
| 핀란드인 | 90.0 | - | - |
| 슬라브인 | 85.6 | - | - |
| 남부 이탈리아인 | 77.5 | - | - |

출처: 田中寬一, 1927, 121쪽.

표 3 부친의 직업별 아동 지능률

* Darsie의 검사. 괄호 안은 검사받은 아동 수의 백분율

| 부친의 직업 | 일본 아동 | 미국 아동 |
|---|---|---|
| 전문가 및 대기업 지배인 | 110(8.4) | 115 |
| 소기업 지배인 | 94(26.1) | 96 |
| 숙련을 요하는 직업 | 91(8.4) | 81 |
| 숙련을 다소 요하는 직업 | 88(40.6) | 74 |
| 숙련을 요하지 않는 직업 | 82(16.3) | 71 |

출처: 田中寬一, 1927, 123쪽.

표 4 일본인과 서양인의 지능 비교

* Darsie의 검사, 베타검사

| 연령 | 일본인 | 미국인 | 이탈리아인 | 스페인인 | 포르투갈인 |
|---|---|---|---|---|---|
| 10 | 60.2 | 60.5 | - | - | - |
| 11 | 70.0 | 66.0 | - | - | - |
| 12 | 79.5 | 68.3 | 54.0 | 52.7 | 52.5 |
| 13 | 82.0 | - | - | - | - |
| 14 | 82.0 | - | - | - | - |
| 15 | 84.0 | - | - | - | - |

출처: 田中寬一, 1927, 124쪽.

면 일본민족은 미국 안에서 매우 우수한 편에 속하며, 따라서 배일이민법에 배태된 태도, 다시 말해 북유럽인의 이주는 열어두면서도 지능이 낮은 남유럽, 동유럽의 이민은 통제한다는 그 발상을 일본인에게 적용해서는 안 된다는 주장을 그는 펴고 있었던 셈이다. 다나카에게 지능검사의 결과는 일본인의 민족적 우수성을 서양의 청중(audiences)을 대상으로 설파하는 가장 강력한 근거여야만 했다. 이러한 관점은 이후 1930년대부터 본격화되는 다나카의 민족별지능검사에 그대로 투영되었다.

이처럼 다나카의 『일본민족의 장래』는 이민의 문제를 초점화하고 있는데, 이민이 출산 조절·산아 제한과 더불어 인구관리의 한 양태라는 점을 감안할 때, 그리고 1920~1930년대가 실질적으로 아시아의 인구와 식량에 관한 논쟁의 포문이 열리던 시대였다는 점을 감안할 때, 그의 이민론은 대단히 정치적인 성격을 가진다고 할 수 있다. 배일이민법(1924)에서 '만주사변'(1931)에 이르는 국면 속에서 일본 인구의 향방은 국제정치적 이슈로 부각된 바 있다. 태평양문제연구회(Institute for Pacific Relations, IPR)에서 형성되었던 쟁점들이 대표적이다.[21] 한편 〈표 5〉와 〈표 6〉은 1920~1930년대 미국의 일본과 중국 이민자들을 대상으로 한 지능검사의 실제 사례를 보여준다.

당시 다나카의 입장은 일본 인구의 이민을 추동하되, 산아 제한은 반대하는 것이었다. 그는 산아 제한은 "일본민족 자신이 묘지로 걸어 들어가는 길"이라고 하면서, "산아제한론자들은 '적게 낳아 잘 기르라'고 하지만 심리학자와 인종위생학자, 소아과 의사의 연구에 따르면 첫째와 둘

---

21 IPR 회의에서 논의된 안건과 의제에 관해서는, 박선영, 2018, 『글로컬만주』, 한울아카데미의 '[부록]'에서 상세한 정보를 구할 수 있다.

표 5 미국과 캐나다에서의 일본인 아동 지능에 관한 연구 결과

| 연구자 | 검사법 | 지역 | 발표 연도 | 피험자 수 | 지능지수 평균 또는 중간값 | 비고 |
|---|---|---|---|---|---|---|
| Bere | Stanford-Binet | 캘리포니아 | 1924 | 198 | 99.2 | 대도시 |
| | | | | 215 | 87.6 | 소도시 |
| | | | | 143 | 86.3 | 시골 |
| Murdoch | 국민지능검사 | 하와이 | 1925 | 61 | 159.42<br>(지능점평균) | |
| Sandiford and Kerr | 빈트너 페터슨 | 밴쿠버 | 1926 | 276 | 114.2 | 백인의 평균 이상인 이가 80% |
| Darsie | Stanford-Binet | 캘리포니아 | 1926 | 129 | 99.3 | 대도시 |
| | | | | 275 | 86.2 | 소도시 |
| | | | | 136 | 77.0 | 시골 |
| Goodenough | 인물묘화(人物描畫) | 캘리포니아 | 1926 | 42 | 101.9 | 소도시 |
| Porteus and Babcock | Porteus 동작검사 (* Binet 변형) | 하와이 | 1926 | 229 | 85.1 | 소도시 |
| | | | | 338 | 101.2 | 소도시 |
| 三崎 | 빈트너 페터슨 | 캘리포니아 | 1927 | 82<br>82 | 97.0<br>112.4 | 소도시 |
| McAnulty | Binet 기타 | 캘리포니아 | 1932 | 1,236 | 100.8 | 대도시 |

출처: 田中寬一, 1943, 42쪽.

째 아이는 셋째 이하의 아이들에 비해 심신이 모두 열등한 경우가 많다는 것이다. 신체 면에서 첫째, 둘째는 셋째나 넷째에 비해 사망률이 높고 결핵에 걸린 비율도 높다. 신경성질환 역시 마찬가지"라며 산아제한론을 비판했다. 그는 그 원인은 유전보다는 부모의 부주의에 의한 것일 가능성이 크다고 말하는 한편, 산아 제한이 빈곤구제책이 될 수 없으며 기술 발

표 6 미국과 캐나다에서의 중국인 아동 지능에 관한 연구 결과

| 연구자 | 검사법 | 지역 | 발표 연도 | 피험자 수 | 지능지수 평균 또는 중간값 | 비고 |
|---|---|---|---|---|---|---|
| 楊(Yeung) | Binet 변형 | 샌프란시스코 | 1921 | 109 | 97.0 | |
| Symonds | 빈트너 동작검사 | 하와이 | 1924 | 513 | 99.3 | |
| Murdoch | 국민지능검사 | 하와이 | 1925 | 58 | 166.47 | 평균지능점 |
| Sandiford and Kerr | 빈트너 페터슨 | 밴쿠버 | 1926 | 224 | 107.4 | |
| Goodenough | 인물묘화 | 캘리포니아 | 1926 | 25 | 104.1 | |
| Porteus and Babcock | Porteus 동작검사 (* Binet 변형) | 하와이 | 1926 | 216 | 91.0 | |
| | | | | 276 | 98.0 | |
| Graham | Binet 기타 | 캘리포니아 | 1926 | 73 | 86.6 | 단축 육군식에 의한 지능지수는 91 |

출처: 田中寬一, 1943, 45쪽.

전과 활발한 해외 진출을 통해 과잉인구 문제는 해결될 수 있다는 의견을 피력했다.[22]

## 2. 일본민족의 주도권: B식지능검사에 의한 '동양 민족들' 간의 비교

앞에서 논의한 바와 같이 『일본민족의 장래』는 다나카가 직접 실시한 지능검사의 결과를 가지고 쓴 책이 아니라 중국인과 일본인을 포함하여 서

22 田中寬一, 1927, 앞의 책, 243~251쪽.

구에서 이루어진 지능검사의 제반 논의를 총괄하여 정리한 것이었다.

이와 달리, 1930년대 중반에 다나카 간이치가 직접 고안해내어 실시한 지능검사는 'B식지능검사'로 불린다. 이 검사는 민족별 지능을 측정하는 데에 있어서 피험자의 언어적 능력에 좌우되지 않는 검사를 지향했기 때문에, 미국 육군의 베타검사를 참고했다. 다나카는 "(미국 육군의 베타검사법이) 필답식이라는 점에서는 알파검사법과 같지만, 문제가 문장을 이해할 힘을 미리 갖지 않아도 된다는 점에서 다르다. 따라서 문맹자의 검사, 언어를 달리하는 여러 민족들의 비교연구에 사용하는 데에 유효하다"고 평가했다.[23]

B식지능검사는 1936년에 후지이서점(藤井書店)에서 검사용지와 시행지침, 채점 방법 등을 모두 실어 출판했기 때문에[24] 여타의 다른 장에서도 널리 활용되었다. 다나카는 자신의 'B식지능검사'가 비네의 검사법을 참고했다고 하면서, "비네의 검사법은 주로 구문구답에 의한 방법이어서 제출된 문제를 이해하여 거기에 응답하는 언어상의 힘을 필요"로 하고, 검사의 방법이 "그 검사법의 성질상 원칙적으로 개별 검사여서 개별적으로 검사하면 시간이 매우 많이 소요되는 결점"이 있기는 하지만, "실험자와 피실험자가 마주 앉아서 하기 때문에 개인적 특징을 밝혀내는 데에 편리한 것은 장점"이라고 평가했다.[25]

B식지능검사는 총 10개의 검사로 구성되었다. 1은 미로검사(2분 30초), 2는 입방체계산검사(2분), 3은 도형분석검사(2분 30초), 4는 도형,

23 田中寛一, 1936a,『B式智能検査法指針』, 藤井書店, 3쪽.

24 田中寛一, 1936a, 위의 책.

25 田中寛一, 1936a, 위의 책, 1쪽.

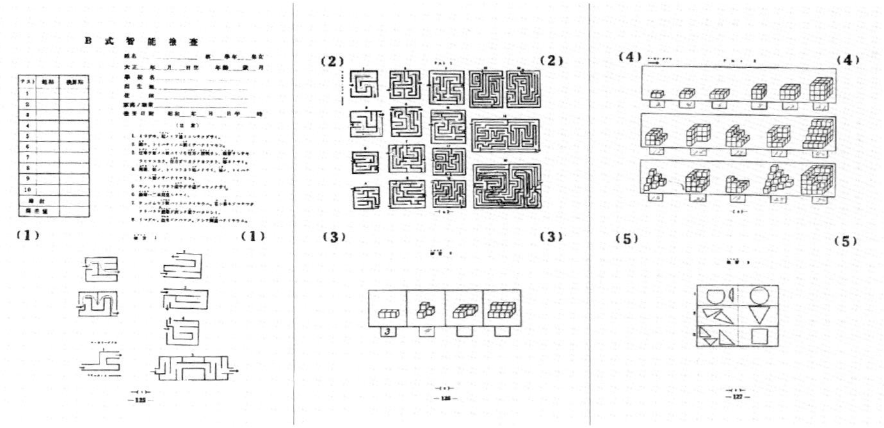

그림 4 B식지능검사 질문지의 예
田中寬一, 1936a, [부록]

숫자의 치환검사(3분), 5는 도형계열검사(3분), 6은 수의 이동(異同)변별검사(2분), 7은 4개의 단위수의 가산검사(3분), 8은 수계열검사(3분), 9는 도형말소검사(2분), 10은 도형완성검사(6분)이다. 이들 검사는 앞에서 말한 바와 같이, 언어가 매개되지 않는 검사였다.

다나카 간이치가 B식지능검사를 실시한 대상은 우선 동양의 민족들로서 (1) 일본 본토와 식민지, 만주 및 중국 지역의 일본인, (2) 타이완의 본도인(本島人), (3) 조선의 조선인, (4) 만주와 관동주의 만주인, (5) 중국의 중국인이었다. 피험자는 각 지역 주요 도시의 국민학교 초등과 제4~6학년, 그리고 중학교와 고등여학교 제1학년 이상을 최상급으로 삼았다. 그 구체적인 내역은 〈표 7〉과 같다. 지역은 다음과 같았다.[26]

---

26 田中寬一, 1943,「諸民族の智能」,『民族の心理學』(現代心理學 V), 河出書房, 50쪽.

일본 4개 도시: 도쿄, 나고야, 센다이, 아오모리

조선 4개 부: 부산, 대구, 경성, 평양

만주 3개 도시: 펑톈, 다롄, 뤼순

타이완 3개 도시: 타이페이, 타이중, 타이난

북중국 4개 도시: 베이징, 톈진, 지난(濟南), 칭다오 등

중부 중국 4개 도시: 난징, 쑤저우, 전장(鎭江), 창사(長沙)

다나카는 일본학술진흥회의 지원으로 1933년 10월에 지능검사에 착수했다. 그가 각 민족의 심신의 특징을 포착할 목적으로 설정한 검사항목은 다음과 같았다.[27]

1. 신체 방면: 인류학적 방면. 키, 앉은키, 가슴둘레, 체중
2. 정신신체적 방면: 신체적 구조에 제약되지만, 다른 한편으로 정신적 기능에도 현저히 관계를 맺고 있는 것. 폐활량, 악력(握力),[28] 운동 속도, 정확도
3. 정신적 방면: 소질적인 것이지만, 광의의 환경의 영향이 가해진 것. 일반 지능, 정의(情意)적 특징, 도덕적 판단에서의 특징 등

결과적으로, 지능검사 부분에 치중하여 출판한 셈이 되었지만, 검사의 대상은 매우 포괄적이었음을 알 수 있다. 다나카는 정신적, 육체적 부문

27 田中寬一, 1936b, 『東洋諸民族ノ智能ニ關スル比較硏究(第1報)』(東京文理科大學文科紀要 第12卷), 1쪽.

28 "좌우 악력의 차이와 편차가 적을수록 지능이 높다"는 기준을 적용한다.

표 7 동양 민족 피험자의 지방별, 민족별, 남녀별 표본 수

| 민족 | 지역 | 소학교 아동 | | | 중등학교 생도 | | | 아동과 생도 총계 | | |
|---|---|---|---|---|---|---|---|---|---|---|
| | | 남 | 여 | 계 | 남 | 여 | 계 | 남 | 여 | 계 |
| 일본인 | 일본4도시 | 1,694 | 1,557 | 3,251 | 2,391 | 2,691 | 5,082 | 4,085 | 4,248 | 8,333 |
| | 타이완3도시 | 755 | 663 | 1,418 | 1,118 | 953 | 2,071 | 1,873 | 1,616 | 3,489 |
| | 조선4도시 | 772 | 734 | 1,506 | 1,085 | 1,016 | 2,101 | 1,857 | 1,750 | 3,607 |
| | 만주3도시 | 716 | 724 | 1,440 | 644 | 923 | 1,573 | 1,360 | 1,653 | 3,013 |
| | 북중4도시 | 395 | 365 | 760 | 574 | 600 | 1,174 | 969 | 965 | 1,934 |
| | 외지 계 | 2,638 | 2,486 | 5,124 | 3,421 | 3,497 | 6,919 | 6,059 | 5,984 | 12,043 |
| 타이완인 | 타이완3도시 | 740 | 487 | 1,227 | 904 | 651 | 1,555 | 1,644 | 1,138 | 2,782 |
| 조선인 | 조선4도시 | 861 | 698 | 1,559 | 1,147 | 831 | 1,978 | 2,008 | 1,529 | 3,537 |
| 만주인 | 만주3도시 | 765 | 405 | 1,170 | 942 | 594 | 1,539 | 1,707 | 1,002 | 2,709 |
| 중국인 | 북중4도시 | 642 | 393 | 1,040 | 769 | 238 | 1,007 | 1,411 | 636 | 2,047 |
| | 중중5도시 | 206 | 231 | 437 | 307 | 311 | 618 | 513 | 542 | 1,055 |

출처: 田中寬一, 1943, 51쪽.

에서 아시아의 '민족과학'의 수립을 구상하고 있었다고 할 수 있다. 지능검사는 구체적으로 1934, 1935, 1936년의 3개년 간(각 해 4~5월 사이) B식지능검사로 실시되었다. 실험자는 다나카와 도쿄문리과대학 심리학교실 관계자들이었다. 검사에서는 (1) 일본인과 타이완인, 조선인에 대해서는 일본어로, (2) 만주국인 중에서 만철(남만주철도주식회사)이 경영하는 학교들 가운데에 일본어로 평상의 수업을 하는 곳에서는 일본어로, (3) 만주국 및 중국의 학교 아동생도에 대해서는 도쿄문리과대학 심리학 전공 중화민국인 학생을 실험자로 하여 중국어로 검사했다.[29] 이를 근거로 하여 다나카는 자신의 검사에서 언어의 영향이 크지 않았을 것으로 생각

---

29 田中寬一, 1943, 앞의 글, 52쪽.

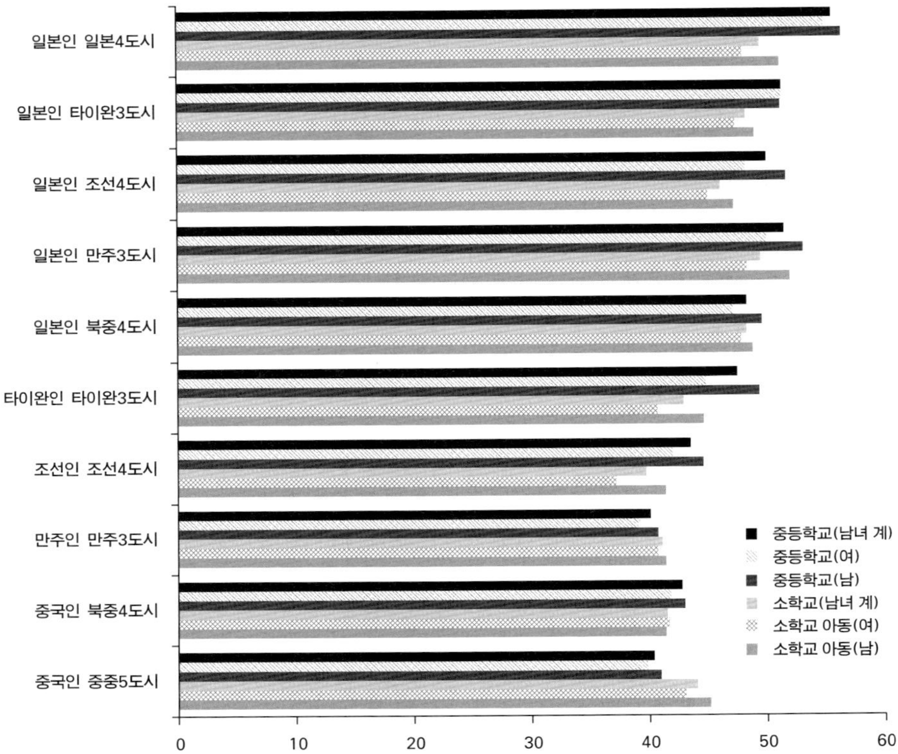


그림 5 B식지능검사에 따른 동양 민족 지능편차치 평균
田中寬一, 1943, 53쪽에서 재구성

한다고 말하는데, 여기에 대해서는 이론(異論)의 여지가 있다. 모어가 아닌 일본어를 구사하는 일, 통역을 통해 변형된 질문에 답하는 일은 다나카가 표방한 '비언어적 검사의 공정성'을 저해하는 요소가 될 수 있는 것이다.

다나카는 이 검사의 결과를 "일본인을 제외하고 보면, 중부 중국의 중국 아동이 가장 뛰어나고 이어서 타이완인, 북중국의 중국 아동, 만주인, 조선인의 순이다. 여기서 조선인이 열등하게 나온 것은 피험자가 살고있는 도시가 경성을 제외하고는 모두 작은 곳이라는 점이 하나의 이유"가 될 것이라고 분석했다. 또, 해당 지역에서 의무교육이 이루어지고 있는지 여부가 주요한 요인이라고 보았다.[30] 의무교육과 관련된 다나카의 언급은 그 이전에 이미 몇 차례 연구자들로부터 비판을 받은 사안이라는 점에서 다나카가 1943년에 발표한 이 글에서 새롭게 수정·보완하여 기입한 것으로 판단된다.

여기서 특히 지능검사 성적이 학교제도의 보급률이나 의무교육의 실시 여부와 긴밀하게 연결되어 있다는 점은 후지사와 시게루(藤沢茽, 1903~1962)의 「테스트에 따른 민족의 지능」이라는 글에서 잘 나타난다.[31] 후지사와는 1940년에 타이페이제국대학에 재직하면서, 아와지 엔지로(淡路圓治郎)[32]의 지능검사와 다나카의 지능검사를 각각 사용하여 일본인과 중국인의 성적을 비교했다. 아와지식 검사에서는 일본인과 중국인이 거의 비슷한 성적을 거둔 데 비해, 다나카식 검사에서는 중국인보다 일본인의 성적이 우수하다는 결과가 나왔다. 후지사와는 이처럼 아와지의 검사결과와 달리 다나카의 검사에서 성적의 격차가 발생한 원인으로 중일 양국의 학교 보급률이나 과업 배당상의 차이를 들었다.[33] B식 지능검사에는 산술(算術)과 관련된 문제가 다수 포함되었는데, 거기에는

---

30 田中寛一, 1943, 앞의 글, 52, 54쪽.

31 藤澤茽, 1940, 「テストによる民族の智能」, 『心理學硏究』 15巻 2号, 121~130쪽.

32 아와지 엔지로(1895~1979)는 1919년에 도쿄제국대학 심리학과를 졸업했다. 1925년에 독일 베를린대학, 함부르크대학에 유학했고 1929년 이후로 도쿄제국대학 교수를 지냈다. 1948년에 일본노동연구회 이사장을 역임했고, 1951년에 도미하여 산업노동을 시찰했다. 노동관리학의 권위자이며 저서로 『職業心理學』, 『才能研究』, 『人事管理』, 『勞務原論』 등이 있다.

33 江口潔, 2010, 앞의 책, 184쪽.

학교교육에 따른 편차가 그대로 반영될 수밖에 없었다. 지능측정을 교란하는 요소인 셈이다.

이외에도 지능에 영향을 미치는 생활환경의 차이가 있었다. 고토 이와오(後藤岩男)는 두 편의 글[34]에서 생활환경과 생활사의 조사를 통해 문제를 예방하는 데에 초점을 두어야 한다는 논지를 폈다. 검사만이 아니라, 이를 토대로 하여 아동교육상담의 임상실무를 수행해야 하는 이들의 입장을 대변한 것인 셈이다. 고토는 게슈타르트 심리학의 영향을 받아 『아동관찰의 이론과 방법(兒童觀察の理論と方法)』(1939)을 집필했는데, 책의 내용 가운데 제2장 '환경' 부분에서 생활상의 맥락 속에서 아동을 관찰해야 한다고 주장했다. 그는 지능검사의 수치에 대한 해석이 보다 심화되어야 한다고 보았고, 지능검사의 수치만이 아니라 내담자의 생활사, 생활환경, 면담 당시의 행동관찰 등이 진단의 중요한 기초가 되어야 한다고 강조했다.[35]

요컨대, 다나카의 '동양'의 민족별지능검사는 언어의 문제를 일부 해결한 지점이 있기는 하지만, 검사가 실행되는 사회의 맥락을 희석하고 누락하는 한계를 노정했다고 할 수 있다. 물론, 1943년의 글에서 다나카 스스로 그러한 비판과 문제점을 의식한 듯, 종전의 글들에 비해 제한적인 수정을 가하고 있기는 하지만 말이다.

---

34 「교육상담에 나타난 학업성적 부진아에 관한 조사(教育相談二現ハレタ學業成績不振兒二關スル調査)」, 『동경문리과대학교육상담부보고』 제6집(1942. 7) 게재; 「다나카비네지능검사법(田中びね一智能檢查法)」, 『동경문리과대학교육상담부보고』 제7집(1944. 2) 게재.

35 江口潔, 2010, 앞의 책, 237~240쪽.

## 3. 민족별지능검사의 확대와 비교지평의 전환

다나카 간이치는 1937년 11월부터 1938년 2월 사이에 호놀룰루와 샌프란시스코, 로스엔젤레스 3개 도시에 소재한 공립소학교 제4~6학년 아동, 중학교 제1~3학년의 생도에 대해 B식지능검사를 실시했다. 피험자의 수는 각 민족을 모두 합쳐 5,470명이었다. 양친의 출신 국가와 학교의 종류, 남녀별로 피험자를 제시하면 〈표 8〉과 같다. "당국은 테스트의 목적이 각 민족의 지능을 비교하는 것임을 잘 알고 각 시내의 공립학교를 우수, 중간, 열등의 3단계로 나눠 각 단계에 속한 학교 각 수 개 교씩을 선택하여 검사허가를 내주었다. 아동, 생도의 추출에서도 의도적인 선택을 배제했다. 검사는 호놀룰루에서는 검사에 경험이 있는 각 학교의 교사들이 해주었고, 샌프란시스코에서는 스즈키 다카시(鈴木孝志), 요시오카 겐노스케(吉岡源之亮)의 도움을 받아 캘리포니아대학의 심리학 전공 대학원생 2인을 고용하여 검사를 맡겼다. 로스엔젤레스에서는 레와렌츠 박사의 호의로 검사전문가 빈포드 여사가 직접 검사를 실시하거나 그의 감독하에 실시했다."[36] 이 검사의 결과를 요약하여 도시하면 〈그림 6〉과 같다. 다나카는 이 검사의 결과를 다음과 같이 정리했다.[37]

> 나(다나카 간이치)는 B식지능검사를 일본 본토의 일본인 8,333명, 동양의 외지 및 외국 재주 일본인 1만 2,043명, 타이완인 2,782명, 조선의 조선인 3,537명, 만주의 만주인 2,709명, 북중국 및 중부 중국의 중국인 3,102명,

---

36 田中寬一, 1943, 앞의 글, 55쪽.

37 田中寬一, 1943, 위의 글, 75~76쪽.

표 8 북아메리카 3개 도시에서의 민족별 피험자 수

| 민족 | 소학교 아동 | | | 중학교 생도 | | | 아동과 생도 총계 | | |
|---|---|---|---|---|---|---|---|---|---|
| | 남 | 여 | 계 | 남 | 여 | 계 | 남 | 여 | 계 |
| 일본인 | 339 | 305 | 644 | 223 | 208 | 431 | 562 | 513 | 1075 |
| 조선인 | 28 | 23 | 51 | 26 | 30 | 56 | 54 | 53 | 107 |
| 중국인 | 110 | 123 | 233 | 116 | 175 | 291 | 226 | 298 | 524 |
| 영국인 | 270 | 254 | 524 | 205 | 170 | 375 | 475 | 424 | 899 |
| 독일인 | 60 | 58 | 118 | 49 | 26 | 75 | 109 | 84 | 193 |
| 스칸디나비아인 | 9 | 20 | 29 | 10 | 5 | 15 | 19 | 25 | 44 |
| 네덜란드인 | 3 | 1 | 4 | 5 | 2 | 7 | 8 | 3 | 11 |
| 동유럽인 | 11 | 13 | 24 | 6 | 8 | 14 | 17 | 21 | 38 |
| 이탈리아인 | 105 | 112 | 217 | 20 | 24 | 44 | 125 | 136 | 261 |
| 에스파냐인 | 17 | 24 | 41 | 6 | 10 | 16 | 23 | 34 | 57 |
| 포르투갈인 | 43 | 50 | 93 | 14 | 23 | 37 | 57 | 73 | 130 |
| 프랑스인 | 13 | 14 | 27 | 7 | 11 | 18 | 20 | 25 | 45 |
| 그리스인 | 9 | 14 | 23 | 3 | 3 | 6 | 12 | 17 | 29 |
| 아일랜드인 | 18 | 19 | 37 | 5 | 8 | 13 | 23 | 27 | 50 |
| 멕시코인 | 28 | 29 | 57 | 5 | 5 | 10 | 33 | 34 | 67 |
| 유대인(러시아) | 34 | 35 | 69 | 25 | 24 | 49 | 59 | 59 | 118 |
| 미국인 | 328 | 346 | 668 | 7 | 6 | 13 | 335 | 346 | 681 |
| 하와이인 | 6 | 8 | 14 | 9 | 7 | 16 | 15 | 15 | 30 |
| 흑인 | 28 | 28 | 56 | 4 | 1 | 5 | 32 | 29 | 61 |
| 혼혈인 | 199 | 269 | 468 | 144 | 150 | 294 | 343 | 419 | 762 |

출처: 田中寛一, 1943, 56쪽.

전체 3만 2,506명 및 미국 3개 도시의 민족들 아동, 생도 합계 5,470명, 이상의 합계 총 3만 7,976명에게 적용한 결과, 다음의 결과를 얻었다.

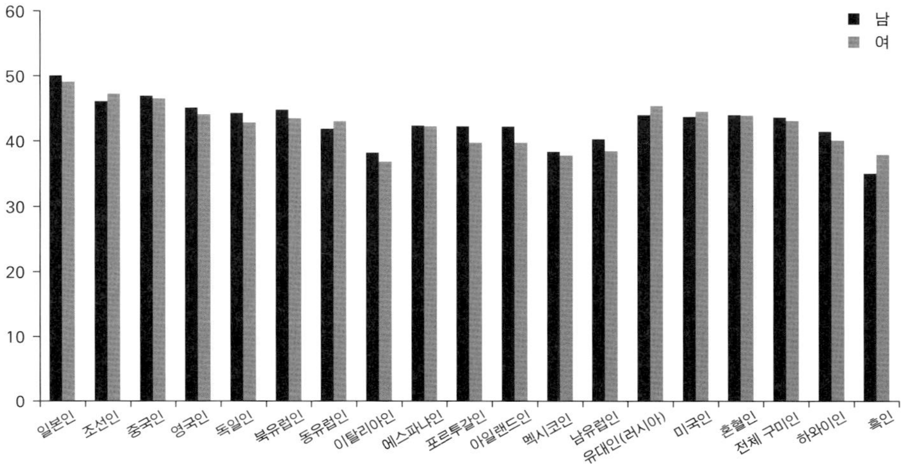


그림 6 북아메리카 3개 도시 민족 지능편차치 평균(아동, 생도의 성적을 포함하여)
田中寬一, 1943, 58쪽에서 재구성

a. 동양 민족들 가운데 검사를 수행한 어느 도시에서든 일본인이 완전히 신뢰할 수 있는 차이를 가지고 우수하다.

b. 미국에서도 일본인이 가장 우수하고, 유럽인 가운데 가장 우수한 북유럽인에 대해서도, 완전히 신뢰할 수 있을 정도의 차이를 가지고 일본인이 우수하다.

c. 일본 본토의 일본인과 동양에서의 외지, 외국 재주의 일본인 및 미국의 일본인의 지능편차 수치의 평균은 거의 비슷하다. 각각의 분배곡선은 정상의 개연곡선(정규분포)에 가깝다.[38]

d. 유럽인에서는 북유럽인 다음이 동유럽인이고 남유럽인이 가장 열등

38 다나카 간이치는 민족지능의 평균과 중간값만이 아니라 그 분포를 확인하기 위해 표준편차를 구해 적시했다. 여기서 '개연곡선'은 '정규분포'를 의미한다.

하다. 이것은 종래의 연구들과 일치한다.

e. 미국의 조선인 및 중국인은 일본인에 이어 우수하다. 그리고 이들 조선인은 경성의 조선인보다도 더 우수하다. 이들 중국인은 북중국 및 중부중국에서의 중국인보다도 더 우수하다. 그런데, 타이완의 본도인(중국인)과는 별다른 차이가 없다. 이것은 지능의 발달에 대해 교육 기타 환경의 영향이 현저함을 암시한다.[39]

f. 나의 연구가 종래의 연구에 비교하여 특이한 것은 피험자의 수가 비교적 많다는 점, 외지 및 외국의 일본인과 일본 본토의 사람들을 비교한 것이라는 점이다.

g. 이상의 조사결과를 통해 B식지능검사가 지능측정법으로서 가치가 있음을 입증하였다.

결론적으로, 다나카의 지능검사는 서양에 대한 일본의 문화적 콤플렉스를 뒤집고자 하는 의지의 산물이었다고 할 수 있다. 그것은 배일이민법에서 촉발된 문제의식, 그 배면에 깔린 상처를 치유하는 방법이었다. 이와 동시에, 그것은 '동양 민족들'에 대해 일본민족의 확정적 우위를 증명하는 '과학적 지표'를 마련하는 데에 기여했다. 이는 동아시아에서 일본민족의 주도권을 옹호하는 것은 물론, 타이완의 비교사례(e)에서 보이듯이 심지어는 일본의 식민 지배가 '서구 환경'과 유사(대등)한 조건을 마련하고 있다는 주장으로까지 이어졌다.[40]

---

39 일본의 식민 지배의 우수성(환경요소)을 보여주는 사례로서 타이완인(本島人, 중국인)의 사례를 든 것으로 볼 수 있다.

40 1943년의 『심리학연구』 보고에 따르면, 도쿄문리과대학 이외에도 경성제국대학(京城帝國大學), 니혼대학(日本大學), 타이페이제국대학(台北帝國大學), 노동과학연구

## Ⅳ. 맺음말

다나카 간이치의 민족별지능검사는 1920년대 서구의 황화론 유포와 미국의 이민 제한(이민자의 분류와 식별), 동아시아 인구의 관리라는 국제정치의 배경 속에서 시작되었다. 애초 작업능률 측정에 관한 연구를 위해 도미했던 다나카는 일본인의 지능이 백인에 못지않게 우수하다는 명제를 증명하는 것으로 연구의 방향을 전환하였다. 1920년대까지는 서구에서 이루어진 연구 성과에 기대면서 담론적인 연구에 머물렀지만, 1933년부터는 일본학술진흥회와 일본제국학사원의 재정 지원을 기초로 하여 본격적인 실험심리학적 경험조사로 나아갔다. 그는 동아시아의 각 지역별로 일본인, 조선인, 중국인 등에 대한 지능검사를 실시하고 이를 비교함으로써 일본민족의 지능의 우수성을 '실증'하려 했다. 나아가 미국 주요 도시에서 서양의 여러 민족들에 대한 조사까지 실시함으로써 연구를 종합할 수 있는 기회를 얻었다.

---

소 등에서 민족 비교의 연구가 진행되었다고 한다. 1942년 이후, 다나카는 일본군의 남방침공에 대응하여 동남아시아 제 민족의 비교연구에도 관심을 가지게 되었다. 다나카로부터 지도를 받은 시나가와 후지로(品川不二郎)가 1944년 12월에 『新자바』 지상에 「인도네시아인의 지능」을 발표했다. 이것은 자바군 정감총무부 조사실에 근무하고 있었던 시나가와가 'B식지능검사'를 사용하여 판정한 인도네시아인(순다인)의 지능과 다나카의 각 민족 지능을 서로 비교한 것이다. 시나가와의 결론은 순다인의 지능은 일본인보다는 못하지만, 조선 반도인 및 만주인의 지능과 거의 비슷하다는 것이었다. 지능검사는 인도네시아인의 '감춰진 가능성(역량)'을 드러냄으로써, 일본의 인도네시아에 대한 우위성은 유지하면서도 인도네시아의 독립을 과제로 한 식민지 정책에 과학적인 근거를 제공한 것이다. 다나카의 연구가 식민지에서의 이민 문제에 대해 참고자료를 작성할 목적으로 이루어졌다면, 시나가와의 연구는 동남아시아에 대한 연구에서 식민지 독립 문제에 관한 참고자료를 만들기 위해 실행된 것이었다(江口潔, 2010, 앞의 책, 189~190쪽).

다나카의 연구는 시종일관 일본민족의 우수성을 증명하는 것을 목표로 삼았다. 그는 처음에는 서양을 향해, 다음으로 동아시아를 향해, 그리고 다시 서구를 향해 발언하였다. 민족지능의 측정은 현재로서는 '유사과학'이라고도 볼 수 있지만, 당시에는 정상과학의 지위를 차지하고 있었다. 모어의 문제, 교육제도(의무교육)의 확충도, 도농의 차이 등 다양한 현실적 조건이 이 지능검사에 개입되어 있었지만, 이러한 부분은 충분히 의식되지 못했다. 그럼에도 불구하고 그의 지능검사는 당시 일본에서 민족심리학, 민족성과 국민성의 연구의 핵심적인 방법론으로 자리잡았다. 요컨대, 1920년대 미국의 이민자 측정과 분류의 정치가 '과학'의 이름으로 다시 일본의 다나카를 통해 확대, 확산, 재생산되었던 셈이다.

이 글에서는 충분히 논의하지 못했지만, 이 지능검사는 적성검사와도 긴밀하게 연관되며, 그것은 총력전기에 직무적성과 직무배치로 이어졌을 가능성이 매우 크다. 이를테면 인력 동원과 직업배분이라는 사회적 의제에 지식이 '복무'했다고 볼 수 있다. 또한 해방 이후 한국에서도 비록 의식되지는 않았지만, 다른 모습으로 이러한 경향이 반복되고 재생산되었을 가능성이 크다.[41] 이에 관한 분석은 추후의 과제로 삼기로 한다.

41 정무용, 2020, 「1960년대 후반 인력개발의 추진과 지능·적성검사의 도입」, 고려대 민족문화연구원, 『민족문화연구』 87이 하나의 계기가 될 수 있다. 정무용의 논문에서 언급된 내용을 본 연구의 관점에서 재해석해 볼 필요가 있다.

## 참고문헌


자료

「東京文理科大學教授 田中寛一外四名 昭和一〇年六月一〇日」;「東京文理科大學日中寛一外三名中華民國視察 昭和十一年五月」(Jacar 원문자료).

「陸亞密第四六一九號(別冊) 集團智能檢查法」, 陸軍省 (1944年 5月)(Jacar 원문자료) (* 측정시험지가 첨부되어 있음).

단행본

황정규, 1961,『知能과 適性의 測定』, 教友社.

江口潔, 2010,『教育測定の社會史: 田中寛一を中心に』, 田研出版.

田中寛一, 1927,『日本民族の将来 增訂第8版』, 培風館.

________, 1936a,『B式智能検査法指針』, 藤井書店.

________, 1936b,『東洋諸民族ノ智能ニ關スル比較研究(第1報)』(東京文理科大學文科紀要 第12巻).

________, 1937a,『東洋諸民族ノ智能ニ關スル比較研究(第2報)』(東京文理科大學文科紀要 第14巻).

________, 1937b,『東洋諸民族ノ智能ニ關スル比較研究(第3報)』(東京文理科大學文科紀要 第15巻).

________, 1939,『東洋諸民族ノ智能ニ關スル比較研究(第4報)』(東京文理科大學文科紀要 第17巻).

________, 1941,『北アメリカ3都市ニ於ケル諸民族ノ智能ニ関スル研究』(東京文理科大學文科紀要 第19巻).

Gregory, Robert J., 2014, *Psychological Testing: History, Principles, and Applications*, Pearson.

논문

정무용, 2020,「1960년대 후반 인력개발의 추진과 지능·적성검사의 도입」, 고려대 민족

문화연구원, 『민족문화연구』 87.

田中寬一, 1934a, 「將來の教育」, 『朝鮮の教育研究』.

________, 1934b, 「日本の將來と將來の教育」, 『文教の朝鮮』.

________, 1943, 「諸民族の智能」, 『民族の心理學』(現代心理學 V), 河出書房.

3장

# ‘중국사’에서 ‘만주사’를 떼어내기

## 20세기 전반 일본인 역사가들의 ‘만주사’ 연구

정상우 | 서울과학기술대학교 인문사회교양학부 부교수

## I. 머리말: 식민주의 역사학의 전개와 만주사 연구

제국주의 국가들은 주변을 침략·지배하는 과정에서 효과적으로 침략을 합리화하고 통치정책을 입안하기 위해 침략지에 대한 정보를 필요로 했다. 이는 침략 지역에 대한 조사·연구로 이어졌으며, 이 과정에서 제국은 자신들이 구축하여 제도화한 다양한 '근대 학문'들을 동원하였다고 알려져 있다. 특히 역사학은 침략지의 과거를 제국의 입장에서 정리하는 데에 유용한 학문이었다. 이는 타이완과 한국을 넘어 1930년대 이래 만주로 침략을 확장하던 일본 제국 역시 마찬가지였다. 뒤늦게 제국주의 국가 대열에 합류한 일본 역시 침략 지역에 대한 조사와 연구를 진행했으며, 이 과정에서 일본의 연구자들은 침략지의 역사에 대해서도 연구하였다. 한국 학계에서는 이를 '식민사학', '식민주의 역사학'(이하 '식민주의 역사학'으로 통칭)이라 하며, 당시 일본인들의 연구는 식민지화된 지역에 대한 역사적 연고권을 주장하고, 식민지화의 원인을 침략지의 역사에서 찾는 동시에 자신들의 침략을 식민지 사회의 발전을 위한 계기로 평가하여 침략과 지배를 미화하는 것이었다고 이야기해 왔다.

서구 제국을 모방·학습하며 뒤늦게 제국으로 변모했던 일본의 근대화는 제국주의화와 거의 동시적이었다. 이는 학문의 영역에서도 마찬가지였던 바, 19세기 말 이래 일본이 주변에 대한 침략을 본격화하던 때는 근대적인 학술제도로서 대학이나 연구소, 학회, 사료편찬소 등이 구축되던 시기이기도 했다. 이러한 제도적 기반 위에서 근대 역사학의 세례를 입은 일본인 연구자들은 침략에 조응하였던 것이다. 따라서 일본에서 근대 역사학의 확립과 식민주의 역사학의 전개는 불가분의 관계라 할 수 있다.

한국 학계에서는 1960년대 이래 현재까지도 꾸준히 식민주의 역사학에 대한 연구성과를 발표해 왔다. 연구 초기에는 식민주의 역사학을 '정체성론', '타율성론' 등과 같이 사관을 중심으로 정리하며, 역사 왜곡의 측면과 침략성을 규명하는 데에 집중했다면 근래에는 이와 더불어 그것이 가지고 있는 근대 역사학으로서의 속성을 함께 주목하고 있는 것이다. 특히 최근에는 식민주의 역사학 전개에 기반이 된, 식민지 조선의 사회에 이식된 근대적인 학술제도와 그렇게 제도화된 기관에서 이루어진 연구에 대한 관심이 높아졌다.[1] 이렇게 볼 때 60여 년 가까운 시기에 걸쳐진 식민주의 역사학에 대한 연구는 변화의 지점에 있다고 할 수 있을 것이다.

한편 식민주의 역사학의 전개와 불가분한 일본에서 근대 역사학의 성립·전개 과정은 '동양'·'동양사'의 창출 과정이라고 이야기된다.[2] 즉 일본에서 근대 역사학의 확립·전개는 중국을 대신하여 아시아의 강자로

---

1 서구에서 17세기 이후 학술지, 학회 및 대학의 상호연관 속에서 형성되어 19세기 말에서 20세기 초를 거치며 분과화·전문화된 근대 학문은 메이지기 일본에 수용되었으며, 동아시아에 확산·정착된 근대 학문은 이렇게 일본을 거치며 변용된 '제도로서의 학문'이었다고 한다. 이에 대해서는 백영서, 2005, 「'東洋史學'의 誕生과 衰退」, 『韓國史學史學報』 11, 165~166쪽 참조. 한편 식민지 조선으로의 근대 역사학의 제도적 장치 이식과 이에 기반한 식민주의 역사학의 전개에 대한 최근의 연구들로 주요한 것은 다음과 같다. 윤해동·이성시 편, 2016, 『식민주의 역사학과 제국－탈식민주의 역사학 연구를 위하여－』, 책과함께; 윤해동 외, 2018, 『제국 일본의 역사학과 '조선'』, 소명출판; 윤해동·정준영 편, 2018, 『경성제국대학과 동양학 연구』, 도서출판 선인; 정상우, 2018, 『조선총독부의 역사 편찬 사업과 조선사편수회』, 아연출판부.

2 19세기 말부터 일본에서 표방된 '동양'은 '서양'과 대비되는 개념이자 '아시아', '중화'라는 개념과 경쟁하는 과정에서 '일본(사)'의 전제 혹은 타자로서 창출·전개된 개념이라는 것이다. 이에 대해서는 Stefan Tanaka 저, 박영재·함동주 역, 2004, 『일본 동양학의 구조』, 문학과지성사(원저는 Stefan Tanaka, 1993, *Japan's Orient: rendering pasts into history*); 濱下武志, 2008, 「동아시아 地政文化는 성립하는가?－'동양사'의 출현과 근대 일본」, 『大東文化研究』 63; 신현승, 2015, 「동아시아 표상과 자타 인식」, 『제국 지식인의 패러독스와 역사철학』, 태학사.

부상한 일본의 팽창에 따라 일본의 힘이 미치게 된 지역들의 역사를 제국 일본의 관점에서 서술하여, 과거 중국 중심의 세계관을 부정하는 한편 일본 중심의 새로운 역사상을 제시했던 과정이었던 것이다. 그렇다면 19세기 말 이래 일본인 연구자들에 의해 전개·확산된 식민주의 역사학은 근대 역사학을 위한 제도적 장치를 지반으로 침략에 조응하며 '동양'이라는 새로운 역사 공간을 창출하던 과정이라고 할 수 있을 것이다.

이같은 식민주의 역사학의 성격을 생각해 볼 때 만주는 흥미로운 지역이다. 러일전쟁 이후 만주에서의 이권을 확보한 일본은 이후 만주를 발판으로 중국에 대한 이권을 확장해 나가고자 했으며, 이 과정에서 만주의 역사에 대한 연구를 활발하게 전개하였다. 러일전쟁 결과로 확보한 창춘(長春)-뤼순(旅順) 간의 철도 부설권과 그 부속지의 경영을 위해 설립된 남만주철도주식회사(이하 '만철') 산하에 '만선역사지리조사부'(이하 '조사부')가 창설되어 그 역사와 지리에 대한 연구를 본격화한 것은 이를 잘 보여준다. 더군다나 당시 일본인 역사가들에게 만주는 그 주권은 중국에게 있지만 중국의 권력이 미치지 않아 러시아와 일본이 없었다면 "마적(馬賊)의 소굴"이 되었을 "기묘한 상태"에 있는 곳으로,[3] 일본의 침략을 합리화함은 물론 중국의 무기력함을 드러내어 중국 중심의 세계관을 부정하고 새로운 역사 공간으로서 '동양'을 구성하는 데에 중요한 실마리가 될 수 있는 지역이었다.

한편 식민주의 역사학의 전개에 있어 만주의 역사를 체계화하는 데에는 당시 일본사나 한국사를 정리하는 것과는 다른 문제가 발생한다. 근대

---

3 白鳥庫吉, 1912, 「滿洲問題と支那の將來」, 『中央公論』 27-6(여기서는 1971년에 출간된 『白鳥庫吉全集』 10, 148쪽에서 인용하였다).

역사학은 '민족'을 하나의 역사 서술의 단위로 설정하여 그 '발전과 퇴보'의 과정을 '실증'하는 것이라고 할 수 있다. 그런데 만주는 여진, 거란, 몽골 등 다양한 민족들이 권력을 장악하고 명멸하는 가운데 계승관계 없이 단속적(斷續的)으로 왕조를 건설했기 때문에 어떻게 하나의 역사 단위로 설정하여 체계화할 수 있는가가 문제이다. 더군다나 1932년에 건국된 '만주국'이 국제적으로 다수의 열강들에게 인정받지 못했기 때문에 그 건국의 정당성을 강변하기 위해서라도 이전에 존재하지 않았던 역사 단위로서 '만주'의 역사에 대한 정리와 체계화가 더욱 요청되었다. 즉 당시 일본인 역사가들에게는 일본의 대륙 침략에 따라 일본인들에게 급격히 관심 지역으로 부상한 만주를 하나의 서술 단위로 설정하여, 그 역사를 체계화해야 하는 과제가 주어졌던 것이다. 때문에 20세기 전반 일본인 연구자들의 만주사 연구·정리의 양상을 살펴보는 것은 '역사 만들기'라는 측면에서도 흥미로운 연구대상이다.

그렇지만 당시 일본인 연구자들의 만주사 연구에 대해 한국 학계에 알려진 것은 그다지 많지 않다. 비록 식민주의 역사학의 양면성–침략성과 근대 역사학으로서의 속성–을 모두 포착하며 시각을 일신하고 있지만, 그 관심 대상은 일본인 역사가들의 한국사 연구에 집중되는 경향을 보인다.[4] 이는 한국 학계에서 식민주의 역사학에 대한 연구자들의 다수가

---

4 이는 '만선사'에 대한 연구에서 단적으로 드러난다. 식민주의 역사학의 하나로서 한국사를 포함하는 만선사에 대해서는 상당한 양의 연구가 이루어졌지만, 만선사의 또 다른 한 축인 '만주사'에 대해서는 그다지 언급되지 않고 있다. 다만 최근에 대표적인 만선사학자로 거론되는 이나바 이와키치(稻葉岩吉)의 만주사 연구와 1938년에 개교한 만주건국대학교에서 진행된 역사 연구 및 교육에 대한 연구가 발표되었다(정상우, 2019a, 「지역사에서 민족사로」, 『만주연구』 27; 정상우, 2019b, 「식민주의 역사학으로서 만주건국대학에서의 역사 연구」, 『동북아역사논총』 64). 하지만 이는 이나바라는

한국사 전공자임을 생각해 보면 당연하다고도 할 수 있을 것이다. 하지만 식민주의 역사학이 한국사 연구에 머문 것이 아니라 '동양'의 창출 과정이었음을 생각해 볼 때 지금까지 그에 대한 한국 학계의 연구경향에 아쉬움이 남는 것도 사실이다.

이 글에서는 20세기 전반기 당시 일본인 연구자들의 만주사 연구경향을 당시 발간된 만주사에 대한 통사(通史)를 중심으로 살펴보려 한다. 통사를 대상으로 한 것은 일차적으로 필자의 한계에 기인하는 것이다. 하지만 연구자들에 의해 통사적 접근이 시도된다는 것은 학문적으로나 사회적으로 시사하는 바가 크다. 통사 서술은 특정 시대나 주제를 넘어 전 시대에 걸쳐 그 역사를 정리하는 것이다. 그렇기 때문에 일본인 연구자들이 만주사에 대한 통사를 서술·발간하였다는 것은 당대 일본 학계에서는 물론 사회적으로도 만주의 역사에 대한 정리의 필요성이 대두했음을 의미한다. 뿐만 아니라 통사 서술은 연구자 개인의 능력을 넘어서는 것이기 때문에 당대의 연구성과들에 입각하게 된다. 따라서 만주사에 대한 통사를 통해 당시 학계의 동향과 관심 역시 살펴볼 수 있는 것이다.

이에 이 글에서는 20세기 전반기 일본인 연구자들이 서술한 만주사에 대한 통사들을 통해 당시 그들이 만주사에 대해 공유하였던 공통적인 지반은 무엇이었으며, 시간의 경과에 따라 어떠한 변화를 보였는지를 고찰하려 한다. 한편 교토제국대학에서 동양사학을 전공하고 1930년대 이래 발해와 금(金)을 연구했으며 1945년 이후에도 해당 분야에 대한 연구활동을 벌인 도야마 군지(外山軍治)는 1945년 이전 일본의 만주사 연

---

개인에만, 또 만주건국대학에서 이루어진 연구·교육 중 일부에 지나지 않는 만주사 관련 활동을 언급한 것에 머무르는 한계가 있다.

구에서 러일전쟁과 '만주사변'을 하나의 획기(劃期)라고 보았다.[5] 실제로 1945년 이전 일본인 연구자들의 만주사에 대한 통사적 접근과 서술이 1930년대 들어 대거 등장하는 것을 확인할 수 있다. 이에 여기에서는 우선 일본에서 본격적인 만주사 연구의 출발점이라 할 수 있는 조사부 설립 이후 일본인 연구자들의 만주사에 대한 조망과 통사 서술의 시도에 대해 정리하겠다. 그리고 '만주사변'과 만주국 건국 이후 등장한 만주사에 대한 통사들을 논의할 것이다. 초기의 시도 이후 한동안 등장하지 않았던 만주사에 대한 통사들은 1930년대에 접어들어 집중적으로 쏟아져 나왔을 뿐만 아니라, 종종 '만주국사(滿洲國史)'라는 용어가 서명으로 등장한 것은 만주사를 바라보는 일본인 연구자들의 시각의 변화를 시사한다고 하겠다. 이에 유의하여 20세기 전반기에 등장한 만주사에 대한 통사들을 통해 당시 일본인 연구자들의 만주사 연구가 어떠한 변화를 거쳤으며, 그 서술에 어떠한 경향성이 있는지를 살펴보겠다.

## II. 만주사 체계화를 위한 조망과 통사 서술의 시도

근대 일본에서 만주사 연구가 본격화된 것은 러일전쟁 이후 일본이 만주에서 이권을 확보하게 되면서부터라고 이야기된다. 특히 도쿄제국대학 교수로서 일본 역사학계를 이끌던 시라토리 구라키치(白鳥庫吉)의 구상과 노력으로 만철 산하에 조사부가 설치된 것이 중요한 계기였다는 데에

---

5 外山軍治, 1967, 「日本における滿洲史研究」, 『歷史教育』 15-9·10, 75쪽. 1967년 당시 도야마는 일본에서 만주사 연구의 시기를 제1기 러일전쟁 후, 제2기 '만주사변' 후, 제3기 1945년 이후 세 시기로 구분하였다.

는 큰 이견이 없어 보인다.[6] 이 조사부는 그 연구범위를 만주와 조선(이하 '만선')이라고 했지만, 그 창설을 이끈 시라토리의 초기 구상에는 만주의 역사지리만이 연구의 대상이었고, 조선에 대한 사항은 없었다고 한다. 하지만 이후 만주사 연구를 위한 필요에서 조선에 대한 사항까지 연구가 확장되었다는 것이다.[7]

이렇게 일본에서 본격적인 만주사 연구의 출발점이었던 조사부의 작업에 있어 조사부 설치의 산파이자 리더였던 시라토리는 "역사의 기초는 지리(地理)에 있다"며 조사부원들의 임무로서 만주 지방의 "사적(史的) 지리"에 대한 연구를 꼽았다.[8] 실로 만주사와 관련한 조사부 작업의 결과물인 두 권의 『만주역사지리(滿洲歷史地理)』는 한(漢)에서 청(淸) 초까지를 대상으로 중국 및 만주에서 활동했던 주요 왕조별로 만주와 관련된 사항들에서 등장하는 각종 지명, 교통로, 경계 등을 비정하는 것이었다. 만주사 연구 초기였던 당시 만주의 역사지리에 대한 이러한 사항을 규명하는 것은 향후 연구를 위한 발판을 놓는 작업이었다고 할 수 있겠지만, 만주 역사에 대한 서술 내지 서사라고 하기는 어렵다. 더군다나 한 이래의 한족(漢族)과 북방민족들의 역대 왕조 순에 따라 중국과 만주의 교통로, 강역, 전적지의 위치 등을 서술한 『만주역사지리』에서는 다양한 민족들이 명멸했던 만주를 하나의 단위로 하여 그 역사를 체계화하려는 고민

---

6 1967년 도야마 군지의 이러한 분석은 최근까지도 큰 이의 없이 받아들여지고 있는 것으로 확인된다. 이에 대해서는 塚瀬進, 2014, 『マンチュリア史研究』, 吉川弘文館, 19~22쪽 참조.

7 井上直樹, 2013, 『帝國日本と'滿鮮史'－大陸政策と朝鮮·滿洲認識－』, 塙書房, 112~122쪽. 한편 만철 조사부의 첫 번째 성과는 1913년 각 2권으로 구성된 『滿洲歷史地理』와 『朝鮮歷史地理』의 발간이었다.

8 白鳥庫吉, 1911, 「序」, 『滿洲歷史地理』 1, 6쪽.

은 찾아볼 수 없다.

그렇지만 조사부 설치 전후 시라토리는 만주의 역사에 대한 전체적인 조망을 종종 제시하였다. 조사부 설치 직전인 1907년 시라토리는 「역사상에서 만주의 지위」라는 한 편의 글을 발표했다. 만주사에 대한 시라토리의 조망은 유라시아 역사에 대해 자신이 설정한 "문(文)"의 남과 "무(武)"의 북 사이의 투쟁 과정이라는 남북이원론[9] 및 스스로 "역사의 기초"라고 밝힌 지리에 기반한 것이었다. 그는 만주사를 조망하기에 앞서 만주의 지리적 범위는 남북으로는 오호츠크해에서 보하이해(渤海), 동서로는 장백산(長白山)에서 다샤오(大小) 싱안링(興安嶺)에 이르는 지역으로, 흑해-카스피해-파미르고원-만리장성으로 이어지는 유라시아 대륙의 남북분계선 동쪽 끝에 직각을 이루며 남북으로 연장된 장소라고 규정했다. 이렇게 남과 북을 모두 포괄하고 있는 장소였던 만주는 "지나(支那), 몽고, 퉁구스" 세 민족이 만나는 지점이었다. 만주는 이렇게 세 민족의 각축지였기 때문에 이곳에 국가를 건설해도 외부로부터의 계속된 압박으로 인해 그 수명은 길지 못하다는 것이다. 그는 그 역사적인 예로서 전한(前漢)시대의 부여, 후한(後漢) 말의 공손씨(公孫氏), 당(唐)대의 발해를 들었다. 즉 만주에서 접촉하게 되는 이들 민족이 만주라는 지역 내에만 갇혀 있으면 결코 대제국을 건설할 수도, 만주 전체를 지배할 수 없

---

9 시라토리 역사학의 가장 큰 특징으로 꼽히는 것은 남북이원론은 유라시아를 '오리엔트'(동)와 '옥시덴트'(서)의 구분하던 서구인들의 개념을 '문(文)'의 남과 '무(武)'의 북으로 대체한 것이었다. 이는 서구인들에 의해 서구의 과거로서 후진적인 사회인 '오리엔트'로 파악되었던 아시아를 문명의 발상지로 파악하는 가운데 서구인들에게 '오리엔트'에 속해 있던 일본을 그로부터 탈출시키는 것으로, 일본을 중심으로 하는 '동양'이라는 공간을 구성해내는 전제라 할 수 있는데, 이러한 대략의 골격은 러일전쟁 당시까지 형성되었다고 한다(이에 대해서는 Stefan Tanaka 저, 박영재·함동주 역, 2004, 앞의 책, 145~159쪽).

었다는 것이다. 그런데 이들 민족이 만주라는 범위를 벗어나 크게 세력화하면 만주 전체를 호령하게 되는데, "몽고족(蒙古種)에 속하는 거란"과 "퉁구스종에 속하는 여진(女眞)"은 이를 증명하는 실체였다. 반면 한인(漢人)이 세운 왕조로서 만주를 판도에 넣은 왕조는 없었다. 예맥(濊貊), 조선(朝鮮)을 정벌했지만 숙신(肅愼)과 읍루(挹婁)를 속민(屬民)으로 삼지 못한 한 무제, 심지어 한족 최전성시대를 이끌었지만 말갈(靺鞨), 거란(契丹) 등을 "지나속민(支那屬民)"으로 만들지 못한 당의 태종과 고종이 보여주듯이 한인은 만주를 장악하지 못했으며, "지나인(支那人)"은 만주에서 성경성(盛京省)을 벗어나지 못했고, 송화강, 흑룡강 유역까지 영유하는 것조차 불가능에 가까운 일이었다는 것이다. 만주 전체를 영유했던 것은 몽골에서 일어난 원(元)이나 만주에서 등장한 청(淸)이었으며, 이러한 역사상의 사실을 볼 때 만주의 주권을 장악하였던 것은 한인이 아니라 몽골 또는 퉁구스라는 것이 시라토리의 이야기였다.[10]

유라시아의 역사를 남과 북의 투쟁과 경쟁 과정으로 사고했으며, 역사를 설명하는 데 지리적 요소를 중요시했던 시라토리에게 만주는 남(중국)과 북(몽골, 퉁구스) 세력의 접촉지로서 이들이 패권을 다투는 장소였고, 만주의 지배권은 대체로 북에 있었다는 것이다. 시라토리 스스로 자신의 이러한 논의를 "만주라는 땅이 아시아 대륙 남북 두 세력으로부터 항상 침해를 받아왔다는 것은 분명하다"고 정리하고 있듯이 이는 만주의 역사를 지역사-중국, 몽골, 퉁구스라는 세 세력의 투쟁 장소-에 가까운 형태로 체계화하는 것이다. 이는 다양한 민족들에 의해 여러 정치 세력과 왕조가 명멸했으며, 이들 사이의 계승관계 역시 불분명했던 만주의 역사

10 白鳥庫吉, 1907, 「歷史上に於ける滿洲の地位」, 『斯民』 2-1, 15~18쪽.

를 시라토리 자신이 예를 들었던 "몽고족에 속하는 거란"과 원 등까지도 포괄하며 정리할 수 있는 방법이었다.

그런데 시라토리는 만주사를 '만주라는 땅'의 역사, 즉 일종의 지역사로서 정리하고 난 후, 글의 말미에서 '조선 반도 방면'에서 만주를 침략한 적이 있는가라고 자문하고, 고구려를 거론했다. 그는 "만주 지역을 동쪽에서부터 침략하여 이를 영유한 것은 고구려뿐"이지만, 고구려는 부여족의 별종으로 "만주민족(滿洲民族)"의 하나이기 때문에 "조선 국민의 대표자라고 하는 것은 마땅하지 않다"는 언급을 덧붙이며,[11] 고구려사는 한국사의 일부가 아니라 만주사에 포함된다는 것을 암시했다. 사실 시라토리와 같이 만주라는 지역의 동남쪽 경계를 장백산으로 할 경우, 고구려사를 만주사의 일부로서 언급하기에는 모호함이 남는다. 고구려의 범위가 시라토리가 제시한 만주의 범위, 특히 장백산을 벗어나 대동강 일대까지 미쳤기 때문이다.

그래서였을까? 만주를 시종일관 "만주 지역", "만주라는 땅"이라고 표현하면서 그 역사를 이야기하던 시라토리는 오직 고구려에 대해서만은 고구려인의 종족적 계통관계를 거론하고 "만주민족", '민족'이라는 용어를 가져왔다. 더욱 흥미로운 것은 이러한 논의를 발표하고 나서 2년 후인 1909년에 시라토리가 아예 「만주민족의 과거」라는 제목으로 글을 발표한 것이다. 여기서 시라토리는 2년 전 별다른 정의를 내리지 않고 사용한 "만주민족"이라는 개념을 설명하는 것으로 논의를 시작했다. 그가 말하는 "만주민족"은 지금 우리가 사용하는 '만주족'과는 다른 것으로, 먼 옛날부터 만주에 살았던, 우랄-알타이 산맥의 동서에 걸쳐 분포하는 우랄-

11 白鳥庫吉, 1907, 앞의 글, 19쪽.

알타이 인종 가운데에서도 시베리아 동부에서 흑룡강 지방에 걸쳐져 있었던 퉁구스를 말하는 것이었다. 그는 이들이 흑룡강 부근에서부터 남하하여 지금의 만주에 들어와 아주 먼 과거부터 요하(遼河) 유역을 중심으로 동서로 퍼져나갔다고 설명했다. 시라토리는 바로 이 "퉁구스=만주민족"의 과거를 이들이 건설한 왕조를 중심으로 정리하였는데, 그 첫머리를 장식하는 것은 고구려였다. 고구려는 요동에서 북만주 방면까지 확대되었지만, 그 서북쪽에 선비(鮮卑)가 있었고, 그 남방에는 일본이 조선을 보호하였기 때문에 남북 양쪽 방향에서 더 이상 신장될 수 없었으며, 결국 사라졌다는 것이다. 고구려의 뒤를 이은 것은 발해이다. 역시 퉁구스로 구성된 이 왕조는 고구려와 거의 같은 위치를 점했지만, 당의 제도와 문물을 배우며 문약해지고 북방의 강한 성질을 잃어서 거란에 의해 멸망되었다. 그 뒤를 이어 세 번째로 정치세력화했던 것은 청조와 가장 관계가 깊은, 금을 건국한 여진이었지만 이들은 몽골인, 즉 칭기즈칸과 그 자손들에 의해 붕괴되었다. 이후 명(明) 말 직례(直隸)의 북부 및 몽골 지방에 근거한 몽골인의 요하 방면 침략과 임진왜란으로 명이 타격을 입게 되자 네 번째로 일어난 만주민족이 청이었다는 것이다.[12] 이와 같이 요하를 중심으로 그 동서에 넓게 분포하여 살았던 이들을 '만주민족'이라 하고, 이들이 창건한 왕조, 바로 '고구려-발해-여진(金)-청'으로 그 계승관계를 계보화하는 것은 만주의 역사를 민족사와 비슷한 형태로 구성할 수 있는 하나의 방법이었다. 이러한 방식으로 만주사를 정리하면, 고구려사는 "만주민족"이 세운 최초의 거대 세력이자 만주사의 출발점으로서 만

---

12 白鳥庫吉, 1909, 「滿洲民族の過去」, 『東洋時報』 132(白鳥庫吉, 1971, 『白鳥庫吉全集』 9, 327~329쪽).

주 역사의 일부로 포섭된다. 하지만 "만주민족"을 중심으로 만주사를 정리하면 만주의 패권을 장악했던 "몽고족에 속하는 거란", 원 등은 그 역사에서 배제된다.

당시 학계의 최고 실력자로서 조사부 창설을 이끌었고, 그 최고 책임자가 되었던 시라토리의 이러한 조망은 일본에서 만주사 연구가 본격화했던 20세기 초반 당시의 학계에서 만주사에 대한 체계화 방식은 적어도 두 가지－투쟁 지역의 역사, 만주민족의 역사－가 있었으며, 각각의 방식에 따라 고구려, 거란, 원 등이 만주사의 일부가 될 수도 혹은 그렇지 않을 수도 있었던 것으로 보인다.

한편 조사부는 만주사 연구의 기반이 되는 만주의 역사지리 관련 사항을 규명했다는 점에서만이 아니라 일본인 연구자들에게 만주사에 대한 관심을 환기시키고, 이후 이 분야의 연구자를 다수 길러냈다는 점에서도 일본에서 만주사 연구를 본격화시킨 계기였다고 할 수 있다. 당시 조사부에서 조사·연구 작업을 담당했던 마쓰이 히토시(松井等), 이케우치 히로시(池內宏), 이나바 이와키치(稻葉岩吉), 쓰다 소키치(津田左右吉) 등은 일본 주요 대학의 교수, 조선사편수회의 편수관 등으로 성장하여 일본의 학계와 식민주의 역사학의 전개를 이끌며 만주사에 대한 전문적인 연구를 진행했다. 만주사 전체에 대한 최초의 통사적 시도 역시 이들 가운데에서 등장했는데, 바로 이나바가 1915년에 발간한 『만주발달사(滿洲發達史)』가 그것이다.[13]

기원전 3세기 연(燕)과 동호(東胡)의 접촉에서부터 1900년대 초까지

13 이하 서술한 『만주발달사』에 대한 보다 자세한 사항은 정상우, 2019a, 앞의 글, 165~173쪽을 참고할 것.

를 다룬 『만주발달사』는 명대와 청대의 만주를 중점적으로 서술하였지만 책의 앞부분 170여 쪽을 명대 이전의 만주에 대해 서술하여 만주사에 대하여 통사적 접근을 시도하고 있다.[14] 이러한 『만주발달사』는 만주는 정착을 좋아하지 않는 만주인의 것이었지만 1800년대에 들어서야 한인이 이곳에 들어오면서 농업시대로 전환된 이래 그들에 의해 장악되었다는 것으로 시작한다.[15] "만주라는 풍옥(豊沃)한 처녀지(處女地)에 일대농원(一大農園)을 건설하는 것이 지나인(支那人) 최대의 숙제"였고, "만주라는 처녀지가, 저들(중국인) 참극(慘刻)한 황무자(荒武者)에게 접시(接侍)되어, 순간에 그 번영하는 생명이 수축"[16]된다는 서술에 명징하게 드러나듯이, 이나바는 만주사 서술의 첫머리를 만주인의 유목적 전통을 제시함과 아울러 중국은 만주에 대한 역사적 연고권이 없다는 것으로 장식했다. 이후 그는 만주사에 대한 자신의 입장이자 만주사를 이해하는 원리

---

14 이와 같이 『만주발달사』가 명청대를 중심으로 구성된 것은 당시까지 저자 이나바의 연구경험과 이 책이 발간된 1915년 당시 만주사에 대한 일본 역사학계의 연구상황을 반영하는 것으로 보인다. 조사부에서 이나바가 조사·연구를 담당했던 것이 명청대의 만주였을 뿐만 아니라 청대는 러일전쟁 이후 만주에서 일본의 이권과 직접적으로 관련이 있어 일본에서도 다른 시대에 비해 상대적으로 관심이 높았다. 반면 그 이전의 만주 역사에 대한 연구는 1915년 당시 본격적으로 이루어지지 않았다. 다만 고구려에 대해서는 한국 고대사에 대한 연구에서 종종 있었으며, 1915년에 도리야마 기이치가 쓴 근대 역사학적인 방법론에 입각한 발해사에 대한 최초의 통사인 『발해사고(渤海史考)』가 발간되었다. 반면 시라토리가 만주사를 조망하며 거론한 거란, 여진, 몽골에 대한 연구는 찾아보기 어렵다. 조사부가 도쿄제국대학으로 이관하고 1915년 12월부터 논문집 형태의 『만선지리역사연구보고(滿鮮地理歷史硏究報告)』가 발간되면서 쓰다 소키치, 이케우치 히로시, 마쓰이 히토시, 야나이 와타리(箭內亘) 등에 의해 만주 일대 고대 민족들, 거란, 여진, 몽골 등과 당·송 및 고려와의 관계 등에 대한 개별적인 연구가 대거 등장한 것으로 확인된다.

15 稻葉岩吉, 1915, 『滿洲發達史』, 大阪屋號出版部, 1~3쪽.

16 稻葉岩吉, 1915, 위의 책, 2~4, 8~10쪽.

를 "만몽(滿蒙)은 불가분(不可分)", "조선(朝鮮)은 만몽과 불가분"이라는 2개의 경구로 제시했다.

먼저 '만몽불가분'은 만주사를 바라보는 이나바의 기본적인 관점으로 두 가지 의미를 지닌다. 하나는 만주와 몽골 어느 한쪽에 강력한 세력이 일어나면 다른 한쪽을 "병탄"하여 하나가 된다는 것이다. 그렇지만 만주와 몽골에 비슷한 세력이 동시에 나타나는 경우가 많고, 이러한 경우 두 세력은 남북만주의 분계선인 "펑톈(奉天)에서 장춘(長春)에 이르는 일선(一線)"을 경계로 대치하는데, 두 세력이 손을 잡으면 "지나인"은 강한 압박을 받기 때문에 중국은 만주와 몽골의 세력 중 어느 한쪽이 커지지 않도록 이들을 갈라놓으려 하며, 양자 사이에서 한쪽과 손을 잡고 다른 한 세력을 견제하는 움직임을 보인다는 것이다.[17]

이는 만주사를 "지나, 몽고, 퉁구스" 세 민족의 접촉지였던 만주라는 공간에서 벌어진 패권 다툼의 과정으로 보았던, 즉 일종의 지역사로서 만주의 역사를 조망했던 시라토리의 인식과 매우 흡사하다. 이나바에게도 만주는 만몽 세력의 병탄에 의해 하나가 되기도 하지만 더 많은 시간은 펑톈에서 창춘을 잇는 선을 경계로 만주, 몽골, 중국 세 세력이 경쟁과 견제가 벌어진 장소였으며, 때문에 그 역사는 바로 이 지역의 패권을 둘러싼 삼자 사이의 투쟁 과정이 될 수밖에 없는 것이다.

한편 앞서 언급했듯이 시라토리는 장백산을 만주의 한쪽 경계로 하며, 만주를 세 세력의 접촉지로서 그 역사를 만주라는 지역에 대한 역사로 조망하면서도 고구려의 역사를 설명하는 데에는 "만주민족"이라는 개념을 추가했고, 아예 "만주민족"을 중심으로 한 역사의 계보화를 시도했다.

---

17 稻葉岩吉, 1915, 앞의 책, 4~9쪽.

또 만몽불가분이라는 이나바의 사고방식은 만주사를 일종의 지역사로 바라보는 시라토리의 그것과 매우 유사한 것이었다. 하지만 이나바는 만주사를 조망하고 체계화하면서 논리적 일관성을 깰 수 있는 "만주민족"과 같은 별도의 개념을 끌어들이지 않았다. 대신 그는 시라토리에 비해 만주의 지역적 범위를 보다 확대했다. "조선과 만몽의 불가분"이 바로 그것이다. 이는 만주사의 배경이 되는 만주의 지역적 범위에 대한 것으로, 역사적으로 조선과 만주의 경계는 압록강과 장백산이 아닌 대동강에서 원산진(元山津)을 잇는 선이라는 것이다.[18] 이는 대동강 이북의 한반도 북부 지역까지를 만주라고 하여 만주의 동남쪽 경계를 장백산으로 설정했던 시라토리에 비해 지역적 범위를 확장한 것인데, 만주의 지역적 경계를 이렇게 설정하면 만주사를 몽골, 중국, 만주라는 세 세력의 힘이 교차했던 지역의 역사라는 일관된 논리구조 속에서 거란이나 원은 물론 고구려로 대변되는 한반도 북부까지도 만주사의 일부로 포섭할 수 있었다.

이나바가 만주사의 시작을 기원전 285년, 연의 소왕(昭王)이 요하 하류 유역을 동호로부터 탈취한 것으로 거론한 이유도 바로 만주사를 만주라는 지역에서 벌어진 여러 세력들의 접촉과 투쟁의 과정으로 파악했기 때문이다. 이후 그는 명대 이전 시기를 만주에 거처했거나, 만주를 장악한 세력을 읍루, 부여, 고구려, 발해, 거란(遼), 여진(金), 몽골(元)의 순서에 따라 여러 세력의 소장에 따라 그 추이를 서술하였다. 특히 고구려에

18 稲葉岩吉, 1915, 앞의 책, 10~11쪽. 이처럼 압록강과 장백산이 만주와 조선의 경계 내지 국경으로서 의미가 없다는 것은 평생에 걸친 이나바의 지론이었다. 그는 함경도와 평안북도는 고려 말이 되어서야 조선에 편입되었으며, 이 지역은 만주의 색채가 강하다는 것을 시종일관 언급하였다(稲葉岩吉, 1925, 「北鮮に於ける女眞語の地名」, 『朝鮮文化史研究』; 稲葉岩吉, 1934, 「咸鏡道の地方色」, 『警務彙報』 336).

대한 서술에서는 고구려를 진번(眞蕃)에 연결시킨 후한 응소(應劭) 이래의 설명들은 모두 오류라며, 고구려의 시조 주몽(朱蒙)은 부여의 망인(亡人)이었다는 것을 재론하는 한편 후한시대 이래 발달한 고구려가 수용했던 전성기 북위(北魏) 문화가 일본에도 들어왔다며 일본을 만주와 연결짓기도 하였다.[19]

한편 앞서 언급했듯이 『만주발달사』의 대부분을 차지하는 것은 명대와 청대의 만주이다. 특히 몽골과 만주 방면 세력들에 대한 명의 정책과 그 붕괴 과정에 관한 명대 만주에 대한 서술은 만몽불가분이라는 이나바의 구상이 가장 잘 드러나는 부분이기도 하다. 이에 따르면 새외민족에 대한 정책을 수립한 것은 영락제(永樂帝)였다. 영락제는 즉위 과정, 즉정난(靖難)의 변(變)에서 몽골인 집단(兀良哈)은 물론 북만주의 여진인들을 이용했으며, 황제가 된 이후 만주의 여진인이 몽골인과 손을 잡으면 위험하게 된다는 것을 일찍이 예측하여 오이라트를 공격할 때 여진인들을 종군시켜 양자의 관계 절단을 도모했을 뿐만 아니라 건주위(建州衛), 해서위(海西衛) 등을 창설한 이래 거듭 위인(衛印) 또는 새서(璽書)를 발급하며 여진인들의 결합을 막았다는 것이다.[20] 이를 통해 명은 안정을 찾으며 패권을 장악했지만, 영락제 사후 곧바로 위기 상황에 닥친다. 바로 오

19 稻葉岩吉, 1915, 앞의 책, 84~90, 118~120쪽. 한편 이와 관련된 진번군(眞蕃郡)의 위치에 대해 시라토리 구라키치는 응소(應劭)를 거론하며 그것이 압록강과 동가강 일대에 있었다고 비정하였다(白鳥庫吉·箭內亘, 1913, 「漢代の滿洲」, 『滿洲歷史地理』 1, 3~11쪽). 하지만 이후의 식민주의 역사학자들은 이를 부정했으며, 특히 이나바는 지속적으로 진번군은 한반도 남부에 있었다고 주장했다. '진번군 재남설'을 열렬히 신봉했던 이나바에게 후한 응소 이래 백조(白鳥)에 이르는, 진번군을 압록강과 동가강 일대에 비정하고, 이와 고구려를 연결시킨 설명들은 결코 받아들일 수 없는 것이었다.

20 稻葉岩吉, 1915, 위의 책, 199~237쪽.

이라트가 몽골 방면을 통할하게 되면서 이들의 호령이 만주까지도 전해졌다는 것이다. 더군다나 몽골 정벌을 함께한 공을 인정하여 여진인들에게 나누어 준 새서는 정통(正統)·천순(天順) 연간(1436~1464)을 거치며 무의미해졌으며, 명의 대(對)여진 정책 역시 효력을 상실했다. 이러한 가운데 가정(嘉靖) 연간(1522~1566)에 대두한 다얀칸이 몽골 방면을 통일한 이후로 명을 압박했으며, 16세기 말 발발한 임진왜란은 명의 재정에 근본적인 타격을 주었고 요동에 대한 명의 위력은 크게 약화되어 누르하치가 두각을 드러내기 시작했다는 것이 명대와 청의 등장에 이르는 기간의 만주에 대한 이나바의 서술이다.[21] 이렇게 보았을 때 중국, 즉 명이 전성기를 구가할 수 있었던 것은 바로 만주와 몽골을 분리시키고 여진인들끼리의 결집을 막는 대외정책의 결과로, 만몽불가분이라는 만주사의 원리에 입각한 것이었다. 이는 청의 건국 과정에 대한 서술에서도 마찬가지이다. 청 태조는 건주(建州)에서 일어난 이래 서방으로 진출함에 따라 서장(西藏)의 라마승을 불러오고 몽골 방면의 코르친, 카라친과 연이어 회맹한 이후 이들의 협력을 얻어 베이징(北京)을 공격했다는 것이다.[22] 즉 여진인의 청이 패권을 장악할 수 있었던 것은 만몽의 결합이 이루어졌기 때문에 가능했다는 서술이다.

청의 건국 과정을 이렇게 설명한 이후 이나바는 청대를 여진족의 흥망성쇠가 아닌 청 황실이 만주 지역에 대해 펼쳤던 봉금(封禁)정책과 그 해체 과정으로 만주사 서술의 후반부를 꾸몄다. 입관 이후 자신들의 발상지 수호를 통한 국속(國俗) 보호 및 만주 일대의 천산물 독점을 위해 시행한

---

21 稻葉岩吉, 1915, 앞의 책, 345~385쪽.

22 稻葉岩吉, 1915, 위의 책, 396~398쪽.

만주 봉금은 18세기 중반에 들어 변화를 맞이하였다. 입관 이후 만주 팔기(八旗)의 수가 증가하고 물가가 상승하자 기인들은 토지를 팔아버렸고, 이에 따른 기인의 타락은 군사력의 약화를 초래하였기에 만주를 둔전(屯田)으로 기인들에게 나누어 주었다. 하지만 기인들은 이마저도 한인(漢人)들에게 전매하여 만주 봉금은 결국 아무런 효력도 없게 되었다는 것이다.[23] 한편 이나바는 『만주발달사』의 마지막 부분을 책을 저술·출간할 당시인 1915년의 시점에서 현대사라 할 수 있는 19세기 중반 이후의 만주에 대한 서술로 구성하였다. 이에 따르면 난징조약(1842) 체결 이후 서구 열강들이 만주에 개입하여 혼란이 격화되는 가운데 만주는 물론 몽골 지역에도 세력을 뻗친 러시아 세력의 남하를 일본이 러일전쟁을 통해 저지했다며,[24] 만주사의 무대로 일본을 소환하였다.

지금까지 살펴보았듯이 20세기 초 만주에서 이권을 확보하며 본격화된 일본에서의 만주사 연구는 만주를 역사적으로 중국의 일부가 아닌 몽골, 만주, 중국 방면의 세 세력이 접촉하며 경쟁하는 지역으로, 만주사는 이 지역에서 벌어진 세력들 간의 경쟁과 투쟁의 역사로 바라보는 것이었다고 하겠다. 즉 역사적으로 볼 때 만주라는 지역의 패권은 어느 한 세력에 의해 영속적으로 장악되지 않고 이동한다는 것이다.

또 이렇게 20세기 초 일본인 역사가들이 만주를 경쟁의 지역으로서 인식하고 만주사를 조망·정리하는 것은 만주를 둘러싼 제국 일본의 현실에 역사성을 부여하는 것이기도 하였다. 앞서 언급하였듯이 시라토리는 1912년 만주라는 공간이 주권은 중국에 있지만 중국인들은 그 주권

23 稲葉岩吉, 1915, 앞의 책, 587~661쪽.

24 稲葉岩吉, 1915, 위의 책, 740~748, 771~777쪽.

을 발휘하지 못하는 가운데 북은 러시아가, 남은 일본이 특별한 이권을 가지고 있는 "기묘한 상태"에 있다고 보았다. 그런데 이렇게 몇 개의 세력이 교차하는 만주의 "기묘한 상태"는 2천~3천 년 전부터의 것으로, 만주 일대에는 3개의 세력이 균형을 이루며 어느 세력이 온전히 장악하지 못하는 "간공지(間空地)"가 나타난다는 것이다.[25] 즉 만주사에 대한 시라토리와 이나바의 조망과 서술은 - 그 서술의 역사적 진위 여부는 차치하고 - 20세기 초 만주에서 세력 경쟁을 본격화한 일본의 현실을 만주사의 전개에 부합하는 역사적인 현상으로 위치 짓는 것이었다고 할 수 있을 것이다.

## III. 문화민족으로서 만주의 민족들

'만주사변' 이후 일본 외무성에서도 만주사 연구를 정책적으로 지원하는 가운데 일본에서 만주사 연구는 급격히 증가했다.[26] 사실 만주사는 1920년대부터 만주에서 일본의 이권과 관련지어 논의되고 있었다. 특히 교토제국대학 사학과 교수 야노 진이치(矢野仁一)는 이러한 논의를 주도하였다.[27] '만주사변' 직전인 1930년 그는 짧은 글을 통해 역사적으로 볼

---

25 白鳥庫吉, 1912, 앞의 글(1971, 『白鳥庫吉全集』 10, 148~150쪽).

26 당시 도쿄와 교토의 제국대학에서는 만주사 연구를 위한 사료 조사를 벌였으며, 이 과정에서 새로운 연구자들이 대거 등장했다. 이에 대해서는 井上直樹, 2013, 앞의 책, 181~184쪽.

27 1945년 이전 야노 진이치의 활동과 중국인식에 대해서는 이형식, 2016, 「'支那通' 야노 진이치(矢野仁一)의 중국 인식과 對中政策」, 『사림』 58.

때 만주에 중국 세력이 미친 것은 극히 제한적이었고, 만주가 중국의 영토로 귀속된 적도 없었다는 것을 근거로 만주에서 일본의 이권 유지와 확대를 주장하였다.[28] 이러한 견해가 중국학자들의 엄청난 반발을 산 것은 물론이다.

이에 대한 반론은 다른 일본인 연구자에게서도 등장하였다. 조사부에서 이나바와 함께 『만주역사지리』 편찬을 담당했으며, 고쿠가쿠인대학(國學院大學)의 교수였던 마쓰이 히토시가 이견을 제시한 것이다. 마쓰이는 야노의 논의에 대해 "그 쾌변(快辯)에 경복(敬服)"하며 "청조(淸朝)가 만주를 특별한 영토로서 지나 내지(內地)와는 별개로 취급한 것은 사실"이지만, 이종족인 지배자의 "특별한 영토"인 만주와 "지나인의 거주지"를 "일일이 차별해서 취급한다는 것은 실제로 이루어지기 어려"웠으며, "지나"라는 말속에 내포된 중국인의 지역 관념상 만주와 중국이 구분되지 않았음을 이야기했다.[29] 마쓰이는 이후 별도의 논문으로 "만주사의 본체는 만주에서 한민족(漢民族) 세력의 진퇴소장(進退消長) 경과를 설명하는 것"으로 "만주 제 민족과 한민족의 대항관계"로 정의하고, 만주에서 한민족 세력의 상실과 회복에 따른 만주사의 시대 구분을 시도하였다.[30] 물론 마쓰이 역시 만주에서 일본의 이권 유지와 확대에 적극 동조하였다. 그렇지만 이러한 논의는 만주에 중국 세력이 미치지 않았다는 역사적 사실이 러일전쟁 이후 만주에 대한 일본의 이권을 확보해 주는 것이 아니라는 것이기도 하다. 즉 만주사의 체계화는 일본의 이권 확

---

28 矢野仁一, 1930, 「日本の滿洲に於ける歷史上の地位を論ず」, 『東亞』 3-1, 4~6쪽.

29 松井等, 1930, 「滿洲に於ける日本の地位(矢野仁一君の論文に因みて)」, 『東亞』 3-2, 6쪽.

30 松井等, 1931, 「滿洲史要項」, 『東亞』 4-8, 37~41쪽.

보라는 현실적인 문제와는 또 다른 차원의 문제이며, 야노와 같이 중국에 대한 만주의 독자성을 이야기하는 것만으로는 그 체계화가 어렵다는 것이다. 이러한 맥락에서 그는 하나의 일관된 체계로 설명하기 어려운 만주사를 만주에서 한족의 소장이라는 기준으로 체계화하려 했다고 하겠다.

이처럼 만주사 연구에 대한 국가적 지원이 이루어지며 그에 대한 논쟁도 함께 일던 당시, 만주국의 건국은 연구자들에게 만주사의 체계적인 정립을 촉구하는 것이었다. 잘 알려져 있듯이 만주국은 일본과 독일을 비롯한 몇몇 국가들을 제외하고 국제연맹을 비롯한 대부분의 서구 열강들에게는 인정받지 못했다. 이러한 상황에서 일본인들은 만주국 건국의 역사적 정당성을 대내외적으로 보여줄 필요가 있었다. 만주국 건국 이후 대거 등장한 만주사에 대한 통사는 이를 보여준다고 하겠다. 1933년 야노의 『만주국역사(滿洲國歷史)』가 발간된 이래 1935년에는 이나바가 과거 자신의 저작을 증보하여 『증정 만주발달사(增訂滿洲發達史)』를, 히로시마 고등사범학교 교수 오이카와 기에몬(及川儀右衛門)은 『만주통사(滿洲通史)』를 발간했다. 또 같은 해 만주사에 대한 통사는 아니지만, 발해사 연구에서 독보적인 위치를 점했던 경성제국대학 교수 도리야마 기이치(鳥山喜一) 역시 만주사에 대한 자신의 연구들을 수정하여 『만선문화사관(滿鮮文化史觀)』으로 묶어 내었다. 한편 당시 이와나미서점(岩波書店)과 더불어 학술서, 교양서 시장을 양분했던 헤이본샤(平凡社)에서는 1933년에서 1936년에 걸쳐 총 25권으로 구성된 세계사 전반에 대한 통사로서 '세계역사대계(世界歷史大系)' 시리즈를 발간하며, 조선과 만주의 역사를 1권으로 묶어 『조선사·만주사(朝鮮史·滿洲史)』(1935)로 출간하였다. 만주사의 집필자는 야노를 비롯하여 오시부치 하지메(鴛淵一), 도야마 군지, 아키사다 시쓰조우(秋貞實造), 오가와 히로토(小川裕人) 등 교토제국대학을 졸업한 만주사 연구자로, 서술의 대부분은 오시부치가 맡았다. 이러한 만주사에 대한 통사는 일본에서만이 아니라 경성과 다롄(大連)에서도 등장하였다. 1920년대 초반 이래 조선총독부 고적조사위원으로 재직하며 식민지 조선에서 식민주의 역사학의 확대 및 대중화를 위해 조직된 조선사학회(朝鮮史學會)를 중심으로 활동한 오오하라 도시타케(大原利武)가 서술한 『개설 만주사(槪說滿洲史)』(1933)와 남만주교육회(南滿洲敎育會)에 소속된 뤼순과 다롄의 각급 학교 교사들이 집필한 『만주신사(滿洲新史)』(1934) 등이 그것이다.

이렇게 1930년대 중반 만주사에 대한 통사적 접근을 표방한 서적들 가운데 1920년대 이래 줄기차게 만주에서 일본의 이권을 강조해 온 야노가 만주국 건국 직후 발간한 『만주국역사』는 서명에서부터 만주의 역사를 만주국사로 정리하겠다는 야심이 보인다. 그렇지만 이러한 서명은 서술 내용과는 부합하지 않는다. 크게 6장으로 구성된 이 책은 만주국을 승인하지 않았던 국제연맹의 관점과 이에 대한 일본 외무성의 의견서(1장), 만주를 중국의 일부라고 주장하는 중국학자들의 견해와 이에 대한 반박(2장), 만주국 건국의 의의와 사명(4장), '만주사변'의 의미(5장) 및 일본과 중국 두 나라는 상호 발전을 위해 만주국의 독립에 협력해야 한다는 주장(6장)을 담은 것으로 자료집 내지 당대 만주에 대한 시론으로서의 성격이 강하다. 다만 3장 '만주국사 경개(梗槪)'는 만주 역사에 대한 역사적 고찰에 해당한다. 그렇지만 이 부분 역시 만주에 중국의 세력이 미치지 못했다는 자신의 과거 논의를 확대한 것으로, 전국시대 이래 삼국의 서진시대까지 중국 세력은 만주에 세력을 뻗지 못했으며, 남만주에서만 만주의 종족과 경합을 벌이는 수준이었고, 원에 이르기까지 만주를 지배했던 것은 만주종족과 몽골종족이었다는 것이다.[31] 그나마 당(唐)대 수십 년간 요하 유역에 안동도호부(安東都護府)를 두었지만, 그 기간 동안 다수의 도독(都督)이나 현령(縣令)은 고구려인이었다는 것이나, 요동과 요서에 대한 명의 지배는 중국의 다른 성(省)들과는 달리 군사 근거지로서의 성격이 강했으며, 송화강이나 흑룡강 유역은 중국의 지배 밖에 있었다는 서술은[32] 중국 왕조의 힘이 만주에 미칠 당시에도 만주의 실질적 지배자는 만주인이었음을 말하는 것이었다. 이러한 서술은 만주에 대한 중국의 연고권은 역사적으로 성립할 수 없다는 것으로, 만주의 주권이 중국에 있다고 본 국제연맹의 결정에 대한 반박이자 중국으로부터 독립적인 만주국 건국의 역사적 타당성을 주장하는 것이다. 특히『만주발달사』와 마찬가지로 전국시대 연의 진개(秦蓋)가 동호족을 공격한 이래 만주에 중국의 주권이 미치지 못했다는 서술은 만주사의 시작 이래 만주의 영토적 독자성을 이야기하는 것으로 고대 이래 '만주국사'가 존재할 수 있는 가능성을 이야기하는 것이기도 했다.

그렇지만 만주가 중국과는 별개의 독자적인 지역으로 시종했다는 것만으로 중국사와 대별되는 만주사의 체계가 정립되는 것은 아니다. 이처럼 야노의 주장에서 보이는 것과 같은 급박함은 만주국 건국 직후에 등장한 다른 많은 통사에서도 드러난다. 즉 만주국 건국 이후로 이를 역사적으로 정당화하기 위해 만주사를 정립해야 할 필요에서 성급한 시도들이 속출한 것이다. 사실 1930년대 중반에 등장한 통사들은 고구려 이전 만주사의 시원으로 숙신이나 기자조선, 위만조선 등을 언급하고 고구려

31 矢野仁一, 1933,『滿洲國歷史』, 目黑書店, 104~134쪽.

32 矢野仁一, 1933, 위의 책, 113~115, 146~154쪽.

이래 주요 왕조들의 변천을 제시하는 것이 대부분이었다. 경성과 다롄에서 발간된 『개설 만주사』, 『만주신사』와 같은 서적은 특히 이러한 경향이 강하다. 이들은 "만주는 상고에 일찍이 고구려의 영토로, 따라서 우리의 종주권 아래에 있었"고, "발해도 역시 고구려의 예를 따라 일본에 조공했"다며, "현재 만주국을 승인한 우리 나라는 이를 지도개발(指導開發)해야 할 중대한 책임이 있다"[33]거나 "고래(古來) 만몽의 지역은 지나 본부와 대립한 특수 지역으로, (지나) 본부와는 전연 별개의 존재"로, "만몽 3천 년의 역사는 지나사(支那史)의 일부는 아니며, 만몽민족의 독자적 발전사로서 설술(說述)"되어야 한다는[34] 전제 위에 만주와 몽골의 민족들이 건설했던 고구려 이래 발해, 요, 금, 원, 청으로 이어지는 주요 왕조들의 변천을 이들 국가의 건설과 성장, 정치제도, 행정조직, 강역 등의 항목에 따라 나열한 것이었다. 때문에 1930년대 중반 당시에도 "기타 최근 간행된 다수의 만주사에 관한 통속적 개설서들은 단지 서물(書物)의 체제를 갖추기 위한 것에 지나지 않는다"는 비판이 등장하는 한편 "만주사에서도 민족의 흥망성쇠 등의 정치적 제 상(像)의 연구성과는 상당히 알려져 있지만 다른 제 기구(機構)에 대해서는 밝혀지지 않았"다며 당시 만주사에 대한 연구가 정치사의 영역 외에서는 이루어지지 않았다는 것이 지적되기도 했다.[35]

한편 야노는 그의 저작에서 청조 이전까지 만주와 중국은 기본적으로 "적대관계", "적국관계"였으며, 만주의 역사적 경과를 만주라는 지역

33 大原利武, 1933, 『概說 滿洲史』, 1~2쪽.

34 南滿洲教育會 編, 1934, 「凡例」, 『滿洲新史』.

35 百瀨弘, 1936, 「我國に於ける滿洲近世史研究の動向」, 『滿洲史研究』, 279쪽.

의 지배자였던 만주족과 몽골족을 중심으로 사고하며, 만주가 이들의 영역이었음을 강조하였지만, 청의 건국 이후로 오히려 만주에 중국의 영향력이 미치게 되었다고 서술하였다. "만주 정부", 즉 청조 성립 이후 "지나는 만주와 함께 청조의 영토가 되었"으며, "청조는 저 지나 영토의 인민을 만주인과 차별하지 않는 태도"를 보였기 때문이다.[36] 물론 청조는 만주를 자신들의 발상지로 중요시하였을 뿐만 아니라 만주인(기인, 기민)의 무력과 생계를 안정시킬 목적으로 만주의 토지를 기지(旗地)로 하고 이를 중국인에게 판매하는 것을 금지했지만,[37] 소수의 만주인만으로는 만주를 개발할 수 없었기 때문에 중국인의 만주 이주가 계속되어 "청조의 시대에 오히려 지나 농민의 평화로운 이주가 시작되어 (만주에) 지나인의 수가 매우 많아"진 결과 만주에서 중국의 색채가 강해지고 "만주의 만주다운 정경은 소실"되었다는 것이다.[38] 이후 청이 아이훈조약(1858)과 베이징조약(1860)을 연이어 체결하며 러시아에게 만주 일대의 토지를 넘기게 된 것은 바로 그 결과에 해당한다.[39] 비록 『만주국역사』의 내용은 본격적인 만주사 서술이라기보다는 만주가 중국의 영역이 아니었음을 논의하는 것이지만 중국과 별개였던 만주에 중국적 색채가 입혀지고 만주가 위기에 처했다는 관점은 이전 『만주발달사』의 관점과 동일하다고 하겠다. 야노는 여기서 더 나아가 "만주 정부"는 "변두리로 비루한 만주 지방보다 베이징(北京), 톈진(天津)과 같이 번화하고 화려한 도회를 마음에 품어 입으로는 만주가 국가 근본의 중지(重地)라고 하면서도 마음은

36 矢野仁一, 1933, 앞의 책, 215쪽.

37 矢野仁一, 1933, 위의 책, 173~184쪽.

38 矢野仁一, 1933, 위의 책, 211~219쪽.

39 矢野仁一, 1933, 위의 책, 225~230쪽.

지나 쪽이 근본"이라고 생각했다고 서술하고 있다.[40] 즉 만주라는 지역이 중국적 색채를 띠게 된 것을 넘어 청조 자체가 "지나화(支那化)"하여 비참한 말로를 걷게 되었다는 것이다.

이렇게 만주에 중국의 색채가 덧씌워져 만주다움을 잃고 몰락의 길을 걷게 된다는 서술은 당시 만주사에 대한 다른 통사에서도 종종 등장한다. 유목을 근간으로 하여 풍부한 활력을 보이지만 소박한 문화의 양상을 보였던 만주민족이나 몽골민족은 중국 문화에 빠져 자신들 본연의 면목과 특성을 잃고 결국 쇠하는 운명을 반복했다는 것이다.[41] 그런데 이는 만주를 지배했던 민족들의 독자적인 문화의 존재와 그 중요성을 이야기하는 것이기도 했다. 고구려의 경우 수장을 "칸"이라 칭하고, 중국과 교섭이 생기며 한풍(漢風)으로 변모하기 이전에는 왕명 역시 고유의 지명에 근거한 것이었을 뿐만 아니라 종교에 있어서도 다신교적 전통 위에 동맹(東盟)과 같은 고유의 의식이 있었다는 것,[42] 발해 역시 풍속은 고구려·거란과 같았으며 문자가 있었고 상층부가 중국과 접촉하며 고유의 성정을 잃었지만 민중의 정신계를 지배한 것은 전통적인 샤먼교·다령(多靈) 숭배·자연 숭배로, 이러한 종교로부터 그들만의 무용과 음악이 발생했을 것이라는 서술은[43] 만주를 지배했던 이들이 자신들만의 독창적인 문화를 가지고 있던 민족임을 드러내는 것이라 하겠다.

한편 '만주사변' 이후 발견된 거란문자는 만주사 연구에 있어 새로운 장을 열었던 것으로 보인다. 당시까지 그 존재는 인정되었지만 겨우 몇

---

40 矢野仁一, 1933, 앞의 책, 235쪽.

41 及川儀右衛門, 1935, 『滿洲通史』, 2~3쪽.

42 及川儀右衛門, 1935, 위의 책, 55~56쪽.

43 及川儀右衛門, 1935, 위의 책, 73~80쪽.

글자만 알려져 있던 거란문자로 새겨진 비석 20개가 발견되었던 것이다. 이 비석들이 1932년 학계에 공개되었을 때 연구자 가운데 거의 최초로 이를 접한 도리야마는 거란문자를 이후 등장하는 만주와 몽골 민족 문자들의 선구를 이루는 것으로 보았다.[44] 1930년대 중반에 등장한 통사들에서도 거란문자는 만주를 지배했던 민족의 문화적 독자성을 보여주는 것으로 높게 평가되었다. 즉 거란 이전부터 만주와 몽골의 민족들은 "민족적 자각"이 있었기 때문에 거란의 문자 창작이 가능했으며, 이처럼 "독자의 문자로 그 사상을 표현한 것은 단순히 한(漢) 문화를 모방한 것이 아닌 민족적 자각의 결과"일 뿐만 아니라 "자각에 기초한 대항적 의식을 예상할 수 있다"는 것이다. 또 이러한 문자는 서하(西夏), 여진, 파스파 등의 문자에 영향을 주었음은 물론 거란을 필두로 "금과 원의 실록 편찬은" 이들이 민족으로서 자신에 눈을 뜨고, 스스로를 의식했음을 보여준다며, 당시의 통사들에서 거란의 문자는 특필되었다.[45]

이렇게 고유한 문화를 바탕으로 자신들의 독자성을 가지고 있던 만주의 민족들의 특징으로 자주 거론된 것은 여진의 맹안(猛安)과 모극(謀克)이었다.[46] 여진 군제(軍制)이자 행정조직, 또는 영작(榮爵)이기도 했던 맹안과 모극은 완안부의 부락생활에서부터 연원하는 여진 고유의 것으로, 여진인들의 강한 무력의 근원이라 평가되었다. 그렇지만 이 맹안과 모극은 금의 팽창과 더불어 한인을 비롯한 다른 민족들에게도 확대됨에 따라

44 鳥山喜一, 1935, 「奉天に於ける契丹哀冊に就いて」, 『滿鮮文化史觀』, 刀江書店.

45 矢野仁一 外, 1935, 『朝鮮史 · 滿洲史』, 354~357쪽(한편 야노 진이치 등이 발간한 『조선사· 만주사』에서 요(遼)에 대한 서술은 아키사다 시츠조우가 담당했다); 及川儀右衛門, 1935, 앞의 책, 117~122쪽.

46 及川儀右衛門, 1935, 위의 책, 173~177쪽.

약화되었다. 특히 여진인들이 한지(漢地)로 대거 이동하게 되자 "한 문화의 침윤이 화근이 되어 용맹스러운 이 집단의 인민은 마침내 무기력하고 방종해졌다"는 것이다.[47] 이렇게 중국 문화에 접촉한 이후 본래의 성질을 잃은 맹안·모극의 부활을 위해 금 세종은 "국수보존", "여진중심주의"에 입각하여 이들을 우대했지만, 세종 이후 중국 문화에 대한 존중이 다시 강렬해지자 "한 문화의 침윤과 여진인의 폐퇴(廢頹)라는 대세"를 되돌릴 수 없었으며, 맹안·모극에게 국방을 맡길 수 없는 지경에 이르렀다는 것이다.[48] 즉 여진인들은 지배자로서 한지로 이주하자 "안일"로 흐르고 "사치"에 빠져 그들이 발흥할 당시로 돌아갈 수 없었고, 국가를 지지하는 중심 세력인 맹안·모극이 이러한 지경에 이르렀다는 것은 곧 금의 멸망을 의미했다. 이러한 서술은 중국인이 만주로 이동하는가, 만주민족이 한지로 이동하는가 방향만 반대일 뿐, 청조 당시 만주에 중국의 색채가 입혀져 만주다움이 사라졌다며, 이를 이후의 서구 제국의 침략으로 인한 혼란과 연결시켰던 야노의 논의를 방불케 한다.

정리하면 1930년대 중반에 대거 등장한 만주에 대한 통사들은 그저 "서물의 체제를 갖추기 위한 것에 지나지 않는다"는 비판을 받을 정도로 만주국의 건국을 역사적으로 정당화해야 하는 시대 상황 속에서 만주와 몽골 민족이 일으킨 주요 왕조를 중심으로 급박하게 서술되었지만, 거란 문자를 중심으로 만주와 몽골 민족이 독자적인 문화를 가지고 있었음을 강조하는 한편 이들의 독자성이 중국 문화와 접촉하여 상실됨에 따라 그

---

47 矢野仁一 外, 1935, 앞의 책, 399~402쪽.

48 矢野仁一 外, 1935, 위의 책, 405~410쪽. 이 책에서 금(金)에 대한 서술은 오가와 히로토가 담당했다.

들이 구축했던 왕조 역시 멸망했다는 시각을 보이고 있었다.

이 같은 시각이 가장 극명하게 드러난 것은 이나바가 1940년에 발간한 『만주국사통론(滿洲國史通論)』이다. 1938년 만주국 최고 학부로서 만주건국대학의 개교와 함께 교수로 부임한 이나바는 만주건국대 학생들에게 만주사를 강의했는데, 이 책은 그 강의록을 바탕으로 구성한 것이었다. 즉 『만주국사통론』은 향후 만주국을 이끌어갈 만주국의 엘리트들에게[49] 교수된 내용으로 "만주국사"라는 서명에 드러나듯이 국사로서 만주의 역사를 어떻게 정리했는가를 볼 수 있는 책이다.

만주사의 시원에서 러일전쟁기까지 다루며 만주에 대한 통사의 형태를 취하고 있는 『만주국사통론』의 가장 큰 특징은 "민족의 원시(原始)-민족의 성장-민족의 발전-민족의 신생(新生)-민족 발전의 부현(復現)"이라는 장의 설정에서 보이듯이 민족사의 구성을 취하고 있다는 것이다. 이나바는 "지금 만주국 영토 내에 먼 옛날부터 생존해 온 여러 민족에는 부분적으로 다소의 차별이 인정되지만 대체에 있어 동일 민족"으로 "지나의 한민족과는 완전히 별개의 계통"에 속한다며, 서양학자들이 "퉁구스"라고 부르는 이 민족을 이제는 "만주민족"이라고 명명해야 한다는 것으로 책의 서두를 시작한다. 숙신, 부여, 예(濊), 맥(貊), 한(韓), 오환(烏丸), 선비, 말갈, 거란, 진, 달단(韃靼), 몽골 등은 "대동소이한 내용"을 갖는 만주민족으로 "한족과 대립"해 왔다는 것이다.[50] 즉 이나바 본인이

---

49 "建國精神의 神髓를 體得하고, 學問의 蘊奧를 究하여 몸소 이를 실천해 道義世界 建設의 선각적 지도자로서의 인재 양성을 목적으로 한다"는 것이 만주건국대학령건(滿洲建國大學令建)의 제1조이다(建國大學, 1941, 「建國大學令」, 『滿洲建國大學要覽』, 9쪽).

50 稻葉岩吉, 1940, 『滿洲國史通論』, 20~24쪽.

1915년 이래로, 또 1930년대 중반 이후 통사들에서도 만주라는 지역을 장악했던 세력을 적어도 만주와 몽골 민족으로 나누어 보았던 것에서 더 나아가 당시 만주국 국경 내의 모든 민족을 "만주민족"이라는 하나의 민족으로 포괄한 것이다.

이러한 "만주민족"의 시원을 이루는 것은 숙신이었다. 사실 1930년대 중반의 통사들에서도 만주사의 시원으로 숙신은 언급되었다. 그렇지만 『만주국사통론』에서는 단순한 언급을 넘어, 숙신이 만주를 넘어 산둥(山東) 일대까지 포괄했던 "동이(東夷)"로서 이들에 의해 고대 중국 문화가 일어났다고까지 서술하였다.[51] 이는 "만주민족"의 기원이 한족에 필적할 정도로 유구함을 이야기하는 동시에 이들의 문화적 능력 역시 한족을 능가했음을 말하는 것이기도 하다. 이러한 "만주민족"의 문화적 능력에 대해 『만주국사통론』은 이전 만주사에 대한 통사들이 제시했던 사항들을 종합하여 서술하였다. 고유 명칭으로 이루어진 고구려의 왕명와 지명은 "고구려의 국어 존중이자 국민의식의 표현"이며 "수준 높은 지나 문화의 내습(來襲)에 대한 저항"으로서 고구려 문화가 이식된 발해 역시 독자적인 문자의 소유자라는 것이다.[52] 거란 고유의 문자를 제작·공포했을 뿐만 아니라 국속으로서 유목생활의 전통인 날발(捺鉢)과 두어연(頭魚宴)을 강조했던 거란의 태조 아보기에 대한 높은 평가,[53] 중국식 성(姓)을 사용하지 못하게 하는 한편 여진어 노래를 부르게 하고 고유 문자로 된 서적을 간행한 금 세종에 대한 극찬은[54] 한 문화와 별개로 존재했던 독자적

51 稻葉岩吉, 1940, 앞의 책, 25~27쪽.

52 稻葉岩吉, 1940, 위의 책, 151쪽.

53 稻葉岩吉, 1940, 위의 책, 202~207쪽.

54 稻葉岩吉, 1940, 위의 책, 217~223쪽.

인 "만주민족"의 문화를 강조하는 것이자 중국 문화와 구별되는 "만주민족"의 국수를 유지해야 함을 말하는 것이기도 했다.

한편 거란 태조의 위대함은 고유의 문자를 창조하고, 거란 고유의 풍속을 강조한 것에 머무르지 않았다. 아보기는 나라의 기틀을 다지기 위해서는 외몽골의 정복에서 그치는 것이 아니라 만주 방면까지 아울러야 한다고 보았으며, 타타르의 정복 이후 발해를 평정해 국본을 닦았다는 것이다.[55] 이러한 아보기의 위업은 청조에 들어서 태종과 강희제에게서도 나타난다. 청 태종은 "거란이 남긴 모범을 승계"하여 내몽골의 링단칸을 토벌해 국가의 안정을 도모했으며, 강희제는 친히 준가르를 정복하여 몽골을 번속화했다는 것이다.[56] 즉 아보기, 홍타이지, 강희제 등은 "만주민족"의 왕조가 발전하기 위한 전제 조건을 잘 보여주는 역사적 선례로서 높게 평가되었는데, 이는 바로 만주는 물론 몽골 방면까지를 포용하여 하나로 아우르는 것이었다.

즉 『만주국사통론』은 한족의 대립항으로서 만주국 내의 민족들을 하나로 아울러 "만주민족"을 설정하고, 이들의 흥망성쇠에 따라 만주사를 구성하고자 한, 바로 "만주국사" 서술의 시도였다. 과거 한민족과 더불어 만주를 두고 각축을 벌이던 만주민족과 몽골민족의 구별은 무의미해졌다. 뿐만 아니라 "만주민족"의 기원은 한족과 대등할 정도로 과거로 거슬러 올라갔다. 이들은 중국 문화의 일부를 창조한 이들로서 고구려 이래로는 고유문화, 즉 국수를 드러낸 문화민족으로 그 현창은 미래의 과제이기도 했다. 그렇지만 만주국 내의 모든 민족을 하나로 아우르는 것은

---

55 稻葉岩吉, 1940, 앞의 책, 165~166쪽.

56 稻葉岩吉, 1940, 위의 책, 335~343쪽.

만주국이 선전했던 '오족협화'와 조응하는 것이자 오히려 이를 넘어서는 것이기도 했다. 뿐만 아니라 이러한 내용이 만주건국대학에서 강의되었던 1939년에는 만주국과 몽골의 국경에서 일본군·만주국군과 소련군 사이에 치열한 전투(노몬한전투)가 벌어지고 있었다. 이러한 때에 거란의 태조와 청 태종, 강희제는 건국된 지 얼마 되지 않은 신생 국가 만주국이 주목해야 하는 역사적 선례로서 만주와 몽골을 함께 아울러야 한다는 것을 웅변하는 것이기도 했다.

## Ⅳ. 맺음말

20세기 이후 일본은 만주로의 침략을 개시했으며, 러일전쟁을 통해 만주에 대한 이권을 확보한 이후로는 만주사에 대한 연구를 본격화했다. 당시 일본인 연구자들이 지적하였듯이 만주는 여러 민족들이 거쳐갔으며, 하나의 역사 단위로 일관된 체계를 갖추고 있는 것도 아니었다. 만주사 연구가 막 개시되었던 20세기 초반에 시라토리가 제시하였듯이 만주의 역사를 정리하는 방식은 만주라는 지역을 중심으로 지역사 차원에서 체계화할 수도, "만주민족"과 같은 범주를 설정하여 민족사와 비슷한 형태로 할 수도 있었다.

만주사의 체계화와 관련하여 만주사를 다룬 최초의 통사라 할 수 있는 『만주발달사』(1915)는 만주사를 지역사로서 정리하는 것이었다고 하겠다. 이나바는 만주사에 대한 자신의 지론인 '만몽불가분'에 입각하여 역사적으로 만주는 몽골, 중국, 만주 방면의 세 세력들이 접촉하여 각축을 벌이는 장소라고 보았으며, 이러한 입장에서 만주사의 체계화를 시도하였다. 이는 유라시아의 역사를 지리적 관계와 남북이원론에 입각하여, 만주는 아시아 대륙의 남북 경계를 포용하면서도 남북으로 연장되어 남쪽의 세력(중국)과 북쪽의 세력(몽골, 퉁구스)이 세력 다툼을 벌이는 곳이라고 보았던 시라토리의 견해와 놀라울 정도로 일치하는 것이었다. 뿐만 아니라 이나바는 압록강과 장백산은 국경이나 경계로서 적절치 않으며 대동강 이북 지역까지는 만주로 보아야 한다며—이른바 '만몽과 조선은 불가분'—장백산을 만주의 남서쪽 경계로 했던 시라토리의 논의에서 고구려사의 귀속과 관련하여 발생할 수 있는 논리적 충돌을 피해가며 만주사를 지역사로서 정리하면서도 안정적으로 고구려사를 만주사의 범위 안으로 끌어왔다. 이러한 전제 위에서 이나바는 만주의 역사를 기원전 285년 연의 소왕이 요하 하류 유역을 동호로부터 탈취한 것, 즉 만주의 세력과 중국 세력의 충돌을 시작으로 만주에 거처했거나 만주를 장악한 세력을 읍루, 부여, 고구려, 발해, 거란(遼), 여진(金), 몽골(元)의 순서에 따라 여러 세력의 소장에 따른 추이를 서술하였다.

한편 『만주발달사』의 내용 대부분을 차지하는 것은 명대 이후의 만주에 대한 사항이다. 특히 명대의 만주는 이나바의 만몽불가분론이 가장 뚜렷하게 드러나는 부분이다. 몽골과 만주 방면 세력에 대한 명의 정책과 그 붕괴 과정을 설명했는데, 만몽 분리를 실현하고 여진족 간의 결합을 막은 영락제 사후 몽골 방면의 세력이 부상하고 새서 겸병으로 여진족이 결집함에 따라 이 두 세력이 접촉하며 후금이 대두할 수 있었다는 것이다. 또 청대의 만주에 대해서는 여진족의 흥망성쇠가 아닌 청조가 만주 지역에 펼친 봉금정책을 중심으로 하여, 청의 판도 내에서 별도의 영역으로 취급되던 만주로의 중국인 유입에 따른 청조의 쇠망은 물론 난징조약 이후 서구 세력, 특히 러시아의 남하와 러일전쟁에서 일본의 승리를 서술함으로써 만주사의 무대로 일본을 소환하였다. 이렇게 시라토리와 이나바로 대변되는 20세기 초반 일본인 연구자들의 만주사에 대한 조망과 체계화는-그 서술의 역사적 진위 여부는 차치하고-역사적으로 만주를 여러 세력들이 경쟁하던 지역으로 위치 지음으로써 당대 만주에서 세력 경쟁을 본격화한 일본의 현실을 만주사의 전개에 부합하는 역사적인 현상으로 설명하는 것이기도 했다.

1920년대 이래 만주에서 일본의 이권의 유지·확보와 관련하여 논의되던 만주사는 '만주사변' 이후 일본 정부 차원에서도 그 연구를 지원하는 가운데 다시 한번 활기를 보이게 되었다. 특히 만주국 건국은 일본인 연구자들에게 만주에 중국의 영향력이 미쳤는가 그렇지 않았는가와 같이 만주의 귀속을 역사적으로 따져 보는 것을 넘어서 만주사의 체계화를 요구하는 것이었다. 그렇지만 한국이나 중국, 일본과 같이 만주를 하나의 역사 단위로 하여, 그 역사적 전개를 발전의 과정으로 그려내는 것이 과연 가능한 것일까. 만주국 건국 이듬해인 1933년 시라토리는 만주, 몽골, 한(漢) 세 민족은 삼림, 사막, 평야 지대로 구성된 만주라는 지역을 둘러싸고 쟁패(爭霸)를 벌였는데, 이들 세 민족으로 발생하는 역사적 파동은 어떤 때는 북방에서 일어나 남방으로, 또 어떤 때는 서쪽에서 일어나 동쪽으로 퍼져나갔기 때문에 만주의 역사는 단속적일 수밖에 없다는,[57] 바로 만주사는 하나의 일관된 역사체제로 발전하지 않았다는 취지의 글을 발표하기도 하였다.

그렇지만 만주국 건국이라는 상황은 만주사의 정립을 요청하는 것이

57 白鳥庫吉, 1933, 「歴史上より觀たる滿洲國」, 『東洋』 36-3(三島一, 1936, 「滿洲史研究序說」, 『滿洲史研究』, 4쪽에서 재인용).

었다. 1930년대 중반에 다수 등장한 만주사에 대한 통사는 만주사의 체계화에 대한 사회적 요구가 상당했으며, 당시의 많은 연구자들이 이에 화답하였음을 보여주는 것이다. 하지만 당대 일본 학계의 역량으로는 이를 감당하기는 어려웠던 것으로 보인다. 만주국 건국 이후 등장한 만주사에 대한 통사에 대해 당대에도 그저 책이란 형식만 갖춘 것이 있다는 비판이 있었음은 이를 단적으로 드러낸다.

한편 1930년대 중반 이후 대거 등장한 만주사에 대한 통사들은 만주를 장악했던 주요 왕조들의 소장성쇠를 중심으로 그 역사를 정리하는 양상을 보인다. 또 야노와 같이 과거의 논의를 반복하면서도 고대 이래 '만주국사'의 가능성을 모색하는 성격을 띠는 것도 있었다. 하지만 무엇보다도 주목되는 것은 이들의 저작이 만주를 장악했던 민족의 독자적인 문화적 역량에 주목하는 경향을 드러낸다는 점이다. 특히 '만주사변' 이후에 대거 발견되었던 거란문자는 이러한 전망을 추동했던 것으로 보인다. 당시의 통사들에서는 거란문자를 통해 거란 이전 만주를 장악했던 민족들의 문화적 역량을 확인함과 아울러 거란문자를 이후에 등장하는 북방 여러 민족 문자의 기원으로 평가하였다. 만주 일대 민족의 독자성은 만주 일대를 넘어 북송(北宋)까지를 장악할 수 있었던 여진의 강한 무력의 기반으로서 맹안·모극에 대한 서술로 연결되었다. 중국 문화는 이 같은 독자적인 문화에 "화(禍)"를 입히는 것이었다. 1930년대 중반의 통사들에서 만주로의 한인의 이주가 청조의 쇠락을 낳았다는 서술은 여전했으며, 이러한 시각은 과거로 거슬러 올라갔다. 금의 쇠락 역시 맹안·모극이 "한 문화의 침윤"으로 활력을 잃은 결과로서 그려지는 것은 만주를 장악했던 이들에게 중국 문화의 위험성과 국수 보존의 중요성을 이야기하는 것이기도 했다.

이러한 양상을 보였던 만주사에 대한 정리는 "만주국사"의 형태로 제시되었다. 특히 만주건국대학생들에 대한 강의 내용을 바탕으로 구성된 『만주국사통론』은 이를 잘 보여준다. 서명에서도 알 수 있듯이 국사로서 만주의 역사를 정리한 이 책에서 이나바는 과거 그나마 유지시켰던 만주와 몽골의 민족적 차이를 소거하며, 한족이 아니면서 당시 만주국 국경 내에 있던 모든 민족을 "만주민족"으로 포괄한 후, 이 "만주민족"의 성쇠에 따라 만주사를 정리하였다. 즉 만주사를 국사로서, 민족사로서 제시한 것이다. 이러한 서술은 만주국의 건국은 짧지만 이미 "만주민족"이라는 역사적 실체가 있었기 때문에 신생 만주국 역시 건국의 역사적 근거가 분명하다고 말하는 것이기도 하다. "만주민족"의 기원이자 "만주국사"의 출발점은 숙신으로 상향되어 그 과거는 한족에 비견될 수 있었으며, 이전의 통사들에서도 제시되었던 북방민족 고유의 문화와 그 역량은 숙신 이래 "민주민족"의 문화적 역량으로 그려졌다. 이와 더불어 거란의 아보기, 금의 세종과 같이 중국 문화에 맞서 "만주민족" 고유의 문화를 현창했던 군주들을 반복하여 서술하는 것은 "만주민족"을 고유한 문화를 가진 문화적 실체로서 서술하는 것만이 아니라 한민족과 구별되는 "만주민족" 고유의 국수를 발양할 것을 요청하는 것이기도 했다. 뿐만 아니라 『만주국사통론』에서는 아보기, 홍타이지, 강희제 등이 "만주민족"의 번성을 이끌 수 있었던 이유로 만주는 물론 몽골 방면까지를 정복했던 것을 들었다. 특히 만주국과 몽골의 국경에서 소련군과의 교전이 한창이던 당시 교수되었던 이러한 내용은 신생국 만주국이 걸어가야 할 미래로서의 과거였던 것이다.

이상에서 살펴보았듯이 20세기 이후 일본인 연구자들의 만주사 연구는 만주를 지리적으로 중국에서 분리시키는 한편 이곳의 역사를 만주-

몽골-중국이라는 삼자의 투쟁의 과정으로 그리는 지역사적인 것에서 만주국 건국 이후 점차 국사로의 전환이 시도되는 가운데 민족사로 귀결되었다고 하겠다. 이 과정에서 만주와 몽골의 민족들은 독자적인 정치체로서, 또는 독자적 문화의 소유자로서 그려졌다. 중국인과 중국 문화는 만주와 몽골 민족의 발전을 이끌기도 하지만 결국엔 이들의 활력을 말살하는, "화(禍)"로서 나타났다. 특히 만주국 건국 이후로는 만주사의 체계화를 위한 성급함을 드러내는 가운데 '오족협화', 소련과의 교전 등과 같은 현실의 상황이 역사의 서술에 더욱 짙게 반영되었다.

## [부록] 만주사에 대한 주요 통사들의 목차

### 稲葉岩吉, 1915,『滿洲發達史』

| | |
|---|---|
| 제1장 | 총설 |
| 제2장 | 명대(明代) 이전의 만주<br>진대(秦代)의 만주 / 한인(漢人)의 식민지 및 그 경과 / 요동 속국(屬國)의 설치 / 초기 만주 이주 민족 / 모용씨가 요서에서 일어나다 / 고구려의 흥망 / 발해 및 흑수말갈 / 거란인 및 그 건국 / 금나라가 크게 흥하다 / 금나라의 쇠망 및 원대(元代)의 만주 통치 |
| 제3장 | 명대의 만주 경영<br>요하 유역에 창설된 정청(政廳) / 초기 우량카이(兀良哈)와의 관계 / 초기 여진과의 관계 / 영락제(永樂帝)의 대여진 정책 |
| 제4장 | 명대 요동척식사업<br>동북 방비의 근본이 파괴되다 / 요자형(凹字形) 변장(邊牆) / 여진인 방어의 동부(東部) 변장(邊牆) / 요하투(遼河套) 상실의 화해(禍害) / 동변(東邊) 개척 요구 |
| 제5장 | 여진 무역의 경과<br>명인(明人)의 국제무역 관념 / 조공 및 공시(貢市) / 마시(馬市) / 대(對) 여진책의 경과와 그에 대한 총평 |
| 제6장 | 청조(淸朝)의 발흥<br>여진인의 건국 경과 / 국호 개칭 문제 / 요서 쟁탈전이 계속되다 / 예친왕(睿親王)과 사가법(史可法) / 강희대제(康熙大帝)의 이한제한책(以漢制漢策) |
| 제7장 | 만주·조선과 일본의 역사적 관계 |
| 제8장 | 만주 교통 대계의 변천<br>만주의 도로와 계절 / 요서도(遼西道) 및 그 변천 / 산둥(山東)·요동 및 조선과의 교통로 / 발해국의 5대 교통로 / 동몽고(東蒙古)의 여러 도로 / 송(宋)·금(金)의 교통로 / 원대 및 명대의 교통로 |
| 제9장 | 만주 봉금 및 그 가치<br>명대 척지가 황폐해지다 / 초민례(招民例)의 효과가 두드러지지 않다 / 어떻게 대지투성(帶地投誠)을 보는가 / 봉금정책 초기 / 유조변장이란 것은 무엇인가 / 봉금정책의 3대 원인 / 장백산 정계 / 러시아 남하 방압(防壓) |

| 제10장 | 만주 봉금이 위기에 처하다<br>팔기(八旗)의 생계 곤란 / 기지(旗地) 전매(典賣) 금지 / 봉금 제2기의 경과 / 기인(旗人)의 만주 이주 문제 / 팔기 둔전(屯田)의 성과를 거두지 못하다 |
|---|---|
| 제11장 | 만주 개발의 실현<br>건륭(乾隆)의 이민금지령 / 몽고왕공(蒙古王公)의 유민을 부르다 / 어떻게 한인의 척식력(拓殖力)을 보는가 / 금비(金匪) / 만주인의 특별보호권이 철회되다 / 조선 국경에서의 문제점들 / 후란(呼蘭) 평야의 초간(招墾) / 개방된 만주 |
| 제12장 | 동몽고(東蒙古) 문제 |

**矢野仁一, 1933,『滿洲國歷史』**

| 제1장 | 만주를 지나(支那)의 일부로 보는 국제연맹의 관점과 외무성의 의견서 |
|---|---|
| 제2장 | 만주가 지나의 완전한 일부라는 지나 학자의 주장을 논박 |
| 제3장 | 만주국사 경개(梗槪) |
| 제4장 | 만주국의 건국과 그 사명 |
| 제5장 | '만주사변'의 핵심을 논함 |
| 제6장 | 일지(日支) 양국은 만주국 독립에 협력·부익해야 함 |

**大原利武, 1933,『概說 滿洲史』**

| | |
|---|---|
| 제1장 | 상고(上古)의 상황<br>제1절 지형의 변화 / 제2절 민족 |
| 제2장 | 상세 전기[원사(原史)시대]<br>제3절 기자조선 / 제4절 위씨조선 |
| 제3장 | 상세 중기<br>제5절 시대 구분 및 개설 / 제6절 요동군 및 현토군 / 제7절 한족(漢族)·고구려 대항 시대에서 위진(魏晉)시대까지 / 제8절 전연·북연 시대 |
| 제4장 | 상세 후기(고구려시대)<br>제9절 고구려 중기 / 제10절 고구려 말기 / 제11절 고구려의 문화, 일본과의 관계 |
| 제5장 | 중세 전기[당령(唐領) 및 발해 시대]<br>제12절 당령과 발해의 시대 구분 / 제13절 발해 / 제14절 발해의 행정 구획과 문화 |
| 제6장 | 중세 중기[요(遼)시대]<br>제15절 요의 건국과 시대 구분 / 제16절 창업융성시대 및 침체시대 / 제17절 부흥시대 및 쇠망시대 / 제18절 행정 구획과 문화 |
| 제7장 | 중세 후기[금(金)시대]<br>제19절 금의 발흥과 시대 구분 / 제20절 창업융성시대 및 침체시대 / 제21절 부흥시대 및 쇠망시대 / 제22절 행정 구획과 문화 |
| 제8장 | 근세 전기 및 중기[원(元)·명(明) 시대]<br>제23절 개설 및 시대 구분 / 제24절 원의 발흥 / 제25절 동하(東夏) / 제26절 원의 송, 고려 정복과 일본 정토 / 제27절 원의 행정 구획 및 문화 / 제28절 근세 중기(명시대) / 제29절 서방동점의 대세 |
| 제9장 | 근세 후기[청(淸)시대]<br>제30절 개설 / 제31절 창업시대 / 제32절 융성시대 / 제33절 쇠퇴시대(1) / 제34절 쇠퇴시대(2) / 제35절 행정 구획 / 제36절 청의 문화 |
| 제10장 | 최근세 전기(청시대)<br>제37절 개설 / 제38절 부흥시대 / 제39절 청일전쟁 / 제40절 열국의 이권 획득 / 제41절 북청사변 / 제42절 러일전쟁 / 제43절 혁명의 암류(暗流)와 혁신운동 / 제44절 청국의 쇠망 / 제45절 러일전쟁 후의 만주 |
| 제11장 | 최근세 후기<br>제46절 개설 / 제47절 남북항쟁시대와 내홍 / 제48절 만주참가시대 / 제49절 열국과 지나변강(支那邊疆) 및 철도 이권 / 제50절 중일교섭 / 제51절 러시아와 만몽 / 제52절 중국·만주 협력시대(극단적 배일시대) / 제53절 '만주사변'과 만주국 건설 / 제54절 행정 구획 |

**南滿洲教育會, 1934,『滿洲新史』**

| 총설 | | |
|---|---|---|
| 제1편 상고사(上古史) | 제1장 | 만주의 원주민족 |
| | 제2장 | 상대의 문화 |
| | 제3장 | 만주족의 건국시대<br>제1절 만주의 여명 / 제2절 고구려의 건국 / 제3절 고구려의 발전 / 제4절 고대 만주 제국(諸國)과 일본 상대 풍속 |
| 제2편 중고사(中古史) | 제1장 | 만주족의 부흥시대<br>제1절 말갈 / 제2절 발해의 건국 / 제3절 발해의 발전 및 멸망 / 제4절 발해의 문화 |
| | 제2장 | 만몽민족의 부흥발전시대<br>제1절 요의 흥기 / 제2절 성종(聖宗)의 중흥과 요의 쇠미 / 제3절 요의 문화 |
| | 제3장 | 만주족의 제1회 지나침입시대<br>제1절 금의 발흥 / 제2절 금송의 화전(和戰)과 금의 쇠미 / 제3절 금의 제도와 문화 |
| | 제4장 | 몽고족(蒙古族)의 발흥발전시대<br>제1절 몽고의 발흥 / 제2절 몽고의 발전 / 제3절 세조의 사업 / 제4절 원의 쇠멸 / 제5절 원대의 제도 및 문화 |
| 제3편 근고사(近古史) | 제1장 | 만주족의 제2회 지나침입시대<br>제1절 청조 흥기 이전의 만몽 / 제2절 청의 발흥 / 제3절 청의 융성 / 제4절 청의 문화 |
| | 제2장 | 만주족의 쇠망시대<br>제1절 청의 쇠미 / 제2절 러시아의 만주 / 제3절 한민족의 만주 이주 / 제4절 한민족의 몽고 개척 / 제5절 만주에서 청·일·러의 관계 / 제6절 우리 나라의 만주 보전 |
| 제4편 현재사(現代史) | 제1장 | 군벌폭정시대<br>제1절 청 말의 만주 / 제2절 장(張) 부자(父子) 시대의 만주 |
| | 제2장 | 열국의 만몽 진출<br>제1절 영국의 태도 / 제2절 러시아의 대만주 정책 / 제3절 미국의 책동 |
| | 제3장 | 만주인의 자각부흥시대<br>제1절 '만주사변' / 제2절 만주국의 건설 / 제3절 만주국 제제(帝制) 실시 |

**矢野仁一 外, 1935, 『朝鮮史·滿洲史』(世界歷史大系 11) 중 '滿洲史'**

| | | |
|---|---|---|
| 제1편 | 고대의 만주<br>제1장 만주의 여명 / 제2장 기자의 이봉(移封) / 제3장 만주과 연(燕)의 관계 / 제4장 만주과 진(秦)의 관계 | 鴛淵一 집필 |
| 제2편 | 만주민족 흥기시대<br>제1장 위씨조선 / 제2장 만선의 6군(郡) 그 변천 / 제3장 제(諸) 부족의 흥기 | |
| 제3편 | 선비족의 활약과 고구려의 성쇠<br>제1장 선비족의 활약 / 제2장 공손씨의 경략 / 제3장 고구려의 발전 / 제4장 고구려의 문화와 그 영향 / 제5장 고구려 발전시대에 다른 만주 제(諸) 부족 / 제6장 고구려와 수의 관계 / 제7장 고구려과 당의 관계 | |
| 제4편 | 발해시대<br>제1장 발해국의 흥망 / 제2장 발해국의 문화 개관 / 제3장 우리 나라와의 교섭 / 제4장 발해의 강역과 발해시대의 만주 | 外山軍治 집필 |
| 제5편 | 거란시대<br>제1장 거란민족과 그 개국 전설 / 제2장 발흥기의 거란 / 제3장 극성기(極盛期)의 거란과 다른 민족과의 관계 / 제4장 거란과 지나 문화 | 秋貞實造 집필 |
| 제6편 | 금대사(金代史)<br>제1장 발흥시대 / 제2장 독립시대 / 제3장 금국의 지나화 / 제4장 만주에서 금의 강역 / 제5장 맹안·모극과 금의 국세 | 小川裕人 집필(7편 1장까지) |
| 제7편 | 여진족 쇠망 후의 만주<br>제1장 금 말의 만주과 몽고의 만주 경략 / 제2장 칭기즈칸 여러 동생의 분봉(分封) / 제3장 내안(乃顏) 합단(哈丹)의 난(亂) / 제4장 원의 만주영역 / 제5장 원말명초의 만주 | 鴛淵一 집필(7편 2장 이하) |
| 제8편 | 건주·해서 여진 중심의 만주시대<br>제1장 명대 여진의 종별과 우량카이 3위(三衛) / 제2장 건주여진의 변천 / 제3장 건주 제(諸) 위(衛)의 성쇠 / 제4장 명의 변장(邊牆) / 제5장 해서여진의 추이 | |
| 제9편 | 청조의 흥기<br>제1장 누르하치의 흥기 / 제2장 누르하치(청 태조)의 건국 / 제3장 명·청의 충돌과 태조의 죽음 / 제4장 태종의 공업 / 제5장 세조의 즉위 및 베이징 정정(定鼎) | |

| 제10편 | 청대의 만주<br>제1장 청 초의 만주 / 제2장 러시아의 흑룡강 유역 진출 / 제3장 러시아의 흑룡강 좌안 및 연해주 병합 / 제4장 청일전쟁 후의 러시아의 만주 진출 / 제5장 러시아의 뤼순·다롄만 조차(租借) / 제6장 러시아의 전(全) 만주 점령 / 제7장 만주 철병 문제와 러일전쟁 | 矢野仁一 집필 |
|---|---|---|

**及川儀右衛門, 1935,『滿洲通史』**

| 제1장 | 상대의 만주 |
|---|---|
| 제2장 | 고구려국 |
| 제3장 | 발해국 |
| 제4장 | 요대의 만주 |
| 제5장 | 금대의 만주 |
| 제6장 | 원대의 만주 |
| 제7장 | 명대의 만주 |
| 제8장 | 청대의 만주 |
| 제9장 | 만주를 둘러싼 열국의 국제관계 |
| 제10장 | 만주국 |

稻葉岩吉, 1940,『滿洲國史通論』

| | |
|---|---|
| 전편(前編) | 1절 사관과 정조(情操) / 2절 역사와 지리 / 3절 만주국사의 시대 구분 |
| 본편(本編) | 제1장 민족의 원시<br>1절 숙신 / 2절 부여족의 신화 / 3절 파주(破走)하는 동호(東胡) / 4절 고조선 / 5절 흉노 / 6절 흉노의 좌완 세력 / 7절 한사군 문제 / 8절 낙랑군 개설과 일본 |
| | 제2장 민족의 성장<br>1절 부여의 정치 및 법속(法俗) / 2절 오환 및 선비 / 3절 고구려의 국가 창성 / 4절 초기의 고구려국 / 5절 예·옥저·읍루 / 6절 고구려의 통오(通吳) / 7절 한위(漢魏) 외교과 인수(印綬) / 8절 고구려·위의 관계와 일본 / 9절 선비모용씨 요서에서 일어나다 |
| | 제3장 민족의 발전(상)<br>1절 고구려가 크게 일어나다 / 2절 고구려·수 전쟁 및 일본 / 3절 발해국 창건 |
| | 제4장 민족의 발전(중)<br>1절 거란의 8부(部) 통합 / 2절 거란인의 생활 / 3절 연운(燕雲)의 할취(割取) / 4절 2원체계의 정치 / 5절 요·송 관계와 여진 |
| | 제5장 민족의 발전(하)<br>1절 금국이 흥륭하다 / 2절 여진인의 생활 / 3절 금인(金人)의 벌송(伐宋)과 한인 |
| | 제6장 민족의 신생<br>1절 몽고(蒙古)민족 / 2절 몽려관계 / 3절 원의 만선통치 / 4절 명 초의 동북경략 / 5절 일명(日明) 전쟁의 영향 |
| | 제7장 민족 발전의 복현(復現)<br>1절 청 태조 건주에서 일어나다 / 2절 사르후산의 전투 / 3절 청의 제2차 개국 / 4절 베이징 천도 / 5절 강희대제의 중원 평정 / 6절 만주 봉금정책 / 7절 봉금의 파탄 |
| 건국 전기(前紀) | 1절 아이훈조약 / 2절 실변(實邊) / 3절 청일전쟁[갑오의 역(役)] 및 직후 / 4절 몽고 문제 / 5절 러일전쟁 |

## 참고문헌


단행본

Stefan Tanaka 저, 박영재·함동주 역, 2004, 『일본 동양학의 구조』, 문학과지성사.

신현승, 2015, 『제국 지식인의 패러독스와 역사철학』, 태학사.

白鳥庫吉, 1969, 『白鳥庫吉全集』 9·10, 岩波書店.

滿鮮歷史地理照査部, 1911, 『滿洲歷史地理』, 南滿洲鐵道株式會社.

稻葉岩吉, 1915, 『滿洲發達史』, 大阪屋號出版社.

矢野仁一, 1933, 『滿洲國歷史』, 目黑書店.

大原利武, 1933, 『概說 滿洲史』, 近澤書店.

南滿洲教育會 編, 1934, 『滿洲新史』, 滿洲文化協會.

及川儀右衛門, 1935, 『滿洲通史』, 博文館.

矢野仁一 外, 1935, 『朝鮮史·滿洲史』, 平凡社.

歷史學硏究會 編, 1936, 『滿洲史硏究』, 四海書房.

稻葉岩吉, 1940, 『滿洲國史通論』, 日本評論社.

伊藤義一, 1942, 『概觀滿洲史』, 子文書房.

豊田要三, 1943, 『滿洲史』, 滿洲事情案內所.

井上直樹, 2013, 『帝國日本と'滿鮮史'－大陸政策と朝鮮·滿洲認識』, 塙書房.

塚瀨進, 2014, 『マンチュリア史硏究』, 吉川弘文館.

논문

박양신, 2010, 「1930年代 日本의 '民族' 概念과 政治의 交錯」, 『한일민족문제연구』 18.

이형식, 2016, 「'支那通' 야노 진이치(矢野仁一)의 중국 인식과 對中政策」, 『사림』 58.

정상우, 2019, 「지역사에서 민족사로」, 『만주연구』 27.

濱下武志, 2008, 「동아시아 地政文化는 성립하는가?－'동양사'의 출현과 근대 일본」, 『대동문화연구』 63.

白鳥庫吉, 1907, 「歷史上に於ける滿洲の地位」, 『斯民』 2-1.

________, 1933, 「歷史上より觀たる滿洲國」, 『東洋』 36-3.

稻葉岩吉, 1925,「北鮮に於ける女眞語の地名」,『朝鮮文化史研究』.
________, 1934,「咸鏡道の地方色」,『警務彙報』336.
矢野仁一, 1930,「日本の滿洲に於ける歷史上の地位を論ず」,『東亞』3-1.
松井等, 1930,「滿洲に於ける日本の地位(矢野仁一君の論文に因みて)」,『東亞』3-2.
______, 1931·1932,「滿洲史要項」,『東亞』4-8, 5-4·7·11.
鳥山喜一, 1935,「奉天に於ける契丹哀冊に就いて」,『滿鮮文化史觀』.
外山軍治, 1967,「日本における滿洲史研究」,『歷史教育』15-9·10.
塚瀨進, 2011,「戰前, 戰後におけるマンチュリア史研究の成果と問題點」,『長野大學紀要』32-3.

2부

# 중국 민족주의 역사학의 흥성

4장

# 중일전쟁 시기(1932~1945) 민족주의 사학의 사유 및 발전

린츠홍 | 타이완 중앙연구원 근대사연구소 연구원

# I. 머리말

중국은 풍부하고 장구한 역사와 함께 역사학이 발달한 국가 중의 하나이다. 오랜 시간 동안 중국에서 역사학은 늘 군주제와 황권을 안정시키는 사회적 기반 역할을 하였으며, 전통문헌을 구분했던 4부(四部) 중 하나로 존재하였다. 서구의 제도와 사상이 중국에 유입되기 직전까지 역사의 기능은 강상윤리(綱常倫理)의 시간적 질서에 조응하면서, 약간의 감계(鑒戒)의 효용을 제공하는 것이었다.

그러나 20세기에 들어와 중국 사학은 새로운 모습으로 발전하였다. 기존 전통적인 왕후장상의 이야기와 소재들은 점차 '국가'와 '사회' 등의 명사에 가려졌으며, 정치적인 성격이 다분한 새로운 역사 관념이 그 자리를 메꾸게 되었다. 이는 중국이 제국 중심주의에서 벗어나 열강의 대열에 합류하려고 하면서 생겨난 화학 반응이라고 할 수 있다. 청 말 지식인 사이에 '역사가 없고(無史), 나라가 없다(無國)'는 느낌이 만연하면서 결과적으로 등장한 것이 갖가지 방법으로 민족사관을 건립하려는 것이었다. 그렇지만 주목할 것은 이러한 민족주의 사학의 사유는 중일전쟁 시기에 와서야 비로소 완전히 모습을 드러내었다는 것이다. 본문에서는 이 중일전쟁 시기(1932~1945)의 중국 사학과 그 사유의 변천에 대해 다루면서 그 속에 존재하고 있던 모순점들을 밝혀보고자 한다.

## II. 중일전쟁 이전 중국 역사학의 개관

중일전쟁 시기 역사학의 특징에 대해 살펴보기 전에, 이 장에서는 그 직전 시기인 20세기 초 신구 사학의 과도기에 대해 설명하고자 한다. 중화제국 말기의 사학사 발전은 전통적인 모습과는 달랐으니, 약간의 특징을 요약해서 도출해 볼 수 있다.

우선 가장 먼저 들 수 있는 것은 왕조 사관의 종말이다. 민권운동이 고조되고 황제집권체제가 와해됨에 따라 왕후장상의 전기와 역사를 기록하는 서술 방식은 더이상 시대의 요구에 부합하지 않게 되었다. 대신 선형적 진화관에 기초한 '새로운 사학(新史學)'이 싹을 틔웠다.[1] 그중에서도 '신문화운동'이 가져온 영향력은 심히 크다고 할 수 있다. 량치차오(梁啓超, 1873~1929)와 후스(胡適, 1891~1962) 등 저명한 학자들을 막론하고 지식인들에게 예부터 있어온 '제왕가보(帝王家譜)'에 적지 않은 의문이 생겼으며, 심지어는 '사학혁명'이라는 구호도 출현하였다.[2]

다음으로, 역사 관념이 외재적인 영향으로 질적인 변화가 일어났다. 이러한 영향은 새로운 사학이 전문적인 영역으로 성장한 이후 두 가지 차이를 드러내었다. 그중 하나가 '과학지상주의(唯科學)'의 관점을 강조하여 어떠한 발견이라도 증거를 제시할 것이 요구되었다는 점이다. '무엇이 역사적 증거인가?'는 역사 연구의 가장 중요한 관심사가 되었다. 푸쓰녠(傅斯年, 1896~1950)은 「역사어언연구소 작업의 취지(歷史語言研究所

1 王汎森, 2008. 6, 「近代中國的線性歷史觀－以社會進化論爲中心的討論」, 『新史學』 卷19期2, 1~46쪽.

2 黃克武, 2003. 9, 「梁啟超與中國現代史學之追尋」, 『中央研究院近代史研究所集刊』 期41, 181~213쪽.

工作之旨趣)」에서 "역사학과 언어학 연구는 생물학, 지질학 등과 동일한 방법 위에 구축되어야 한다"면서, "과학적인 동방학의 전통은 중국에 있는 것이다"라고 강조하기도 하였다.[3] 그리하여, 신기한 소재들을 대량으로 발굴하는 '위로는 하늘까지, 아래로는 황천까지(上窮碧落下黃泉)'[4]가 하나의 운동이자, 역사 연구자가 절대적으로 받들어야 할 신조가 되었다. "사료를 가능한 한 확충하고", "24사(二十四史)는 보지 않는" 등의 효과가 나타났으며,[5] 의고학파와 '국가 서사의 정리'의 슬로건을 강조하는 것이 학계 각 방면에서 일제히 환영받았다. '국학'을 내세우는 학술단체가 우후죽순처럼 생겨났다. 그들은 역사의 재건, 심지어는 역사의 개조를 외치기도 하였다. 베이징대학 국학문(國學門)의 성립은 곧 당안의 정리, 고고학적 발굴, 민속 사료의 수집 등 크게 세 가지 항목을 정리하는 작업을 중점에 두고 있었다.[6]

세 번째로는 가능한 한 역사에 대한 해석의 도구들을 넓게 수용하고, 현실에 대한 관심을 만들어 내는 것이다. 전통 중국에는 '경세제민(經世濟民)'의 관점이 계속 존재해 왔다. 그래서 역사학은 주로 과거와 현재를 연결하는 역할을 담당하였고, 이른바 '과거를 보면 미래가 보인다(鑑往知來)'는 그 자체로 의의를 해석하는 도구였다고 할 수 있다. 그러나 청말기 이후 서방에서 온 충격(Western Shock)과 사회다윈주의(사회진화론,

3 傅斯年, 1980, 「歷史語言研究所工作之旨趣」, 『傅斯年全集』, 聯經出版事業有限公司.

4 이 구절은 백거이의 시 「장한가(長恨歌)」에 있는 것으로, 본문에서는 학계의 전반적인 부분에 이르기까지 변화가 있었음을 의미한다.

5 羅志田, 2000, 「史料盡量擴充與不看二十四史 - 民國新史學的一個詭論現象」, 『歷史研究』 2000年第4期, 151~167쪽.

6 陳以愛, 1999, 『中國現代學術研究機構的興起 - 以北京大學國學門爲中心的探討(1922-1927)』, 國立政治大學歷史所.

Social Darwinism)는 청 말기 이후 지식계에 막대한 영향을 주었다. 역사학에서 '의미가 있는 해석'을 강조하기 시작한 것도 이때부터이다. 그중 1928년부터 일어난 '중국 사회사 논쟁'은 구체적이고 소소한 사례라고 할 수 있다.[7] 또 하나 새로운 도구적 이념은 연구범위의 변화에 기인한 것으로, 가장 주목할 만한 것은 '중국 근대사'의 출현이라고 할 수 있다. 간단히 말해, '근대사'는 전통 왕조에 대한 이해뿐만 아니라 '근대성'에 대한 이해가 더해진 것이다. 이외에도 본디 패관야사(稗官野史)의 영역에서는 전문적인 토론(monograph)으로 새로운 변화가 있었으며, 1960년대에 빛을 보는 '근대사' 연구의 기초를 마련하였다. 한편 장팅푸(蔣廷黻, 1895~1965)·뤄자룬(羅家倫, 1897~1969)·궈팅이(郭廷以, 1904~1975) 이 세 학자는 중국 근대사학의 창시자라고 할 수 있을 만큼 영향력이 있었으며, 그들이 선도하고 발전시킨 것을 따라야 실제 그 학문적 맥락을 되짚을 수 있다.[8]

마지막으로 들 수 있는 특징은 "경계의 밖(域外)"의 학문에 대한 이해이다. 18세기 이후, 청 제국은 중앙아시아 지역을 개척하려고 하였기에 서북 지역에 대한 연구가 활기를 띨 수 있었다.[9] 20세기 중국이 점차 민족국가의 대열에 들어서게 된 이후, 역사지리학은 시국의 변동으로부터 생긴 영향력을 더욱 받게 되었다. 전문적인 학과의 운영, 지도의 제작·편집 기술 향상으로 인한 실측 활동이 가능해지면서 일련의 변강 연구가 전개될 수 있었다. '오사운동' 이후 전란 등 외부로부터의 우환이 점점 깊

---

7 謝保成, 2010, 「學術視野下的社會史論戰」, 『學術研究』 2010年第1期, 86~96쪽.

8 林志宏, 2004. 12, 「蔣廷黻, 羅家倫, 郭廷以: 建立「科學的中國近代史」及其詮釋」, 『思與言』 卷42期4, 41~81쪽.

9 郭麗萍, 2007, 『清代中葉西北史地學研究』, 生活·讀書·新知三聯書店.

어짐에 따라 이 "경계의 밖"에 대한 인식도 이전과는 달라졌고, 변강 역시 새로운 "문화 전쟁터"가 되었다. 대체로 국민정부의 '북벌(北伐)'이 완성되어감에 따라 이와 관련된 변강연구학회가 잇달아 세워졌다.[10] 화치윈(華企雲)이 저술한 『중국변강(中國邊疆)』은 '변강과 관련된 현대 중국의 첫 번째 저작'으로 볼 수 있다.[11] 이 책은 1930년에 완성되었으며, 특히 제국주의의 식민 통치를 받은 민족들을 열거하면서, 최근 그들 민족운동의 일면과 상황을 다루었다. 화치윈은 먼저 조선, 시베리아, 중앙아시아, 아프가니스탄, 인도 및 베트남 등 지역과 국가에 대해 주목하였으나, 전통 왕조시대 번속(藩屬)에 대한 제국의 이해 수준을 여전히 탈피하지 못하였다. 그렇지만 이후 이 『중국변강』은 신아시아학회(新亞細亞學會)의 변강총서 중 하나로 편입되었다.[12]

이 '변강'에 대한 이해는 국가의 판도를 다시금 검토하는 것을 피할 수 없게 하였다. 각종 학설과 주장이 나오면서 '중화민족(中華民族)'에 대한 의의를 정하는 작업이 촉진되었다. 예를 들어, 창나이더(常乃德, 1898~1947)는 1928년에 『중화민족소사(中華民族小史)』라는 글을 완성하였다. 그는 '생물학적 역사학(生物史學)'의 관점으로 한족과 기타 민족이 서로 관련 있는 문화관계를 분석하였으며, 서세동점 이후 어떻게 '중화민족'

---

10 1928, 「校聞·國立清華大學邊疆問題研究會成立大會」, 『國立清華大學校刊』 期20, 1쪽.

11 葛兆光, 2014. 12, 「納「四裔」入「中華」?－1920－1930年代中國學界有關「中國」與「中華民族」的論述」, 『思想』 期27, 20쪽.

12 華企雲, 1932, 『中國邊疆』, 上海: 新亞細亞月刊社. 신아시아학회는 난징 국민정부의 지원을 받아 성립한 것이었다. 范鐵權·李海健, 2012, 「新亞細亞學會及其邊疆問題研究」, 『中國邊疆史地研究』 2012年第4期, 131~140쪽.

이 형성될 수 있었는지를 설명하였다.[13] 그리고 역사지리학은 '9·18사변(만주사변)' 및 동북 지역 함락의 영향을 받아, 일시에 사람들 사이에서 뜨거운 논쟁거리가 되었다. "중화민족을 '국가의 민족(國族)'으로 한다"는 주장에 더욱 초점이 맞추어졌으며,[14] 이후 중일전쟁 기간 중에도 정치 선전의 일부로서 끊임없이 거론되었다.[15]

## III. 전쟁으로 인한 민족주의 사관의 격화

1930년대 이후, 세계적인 대공황(Great Depression)은 각종 정치·사회적 동요를 초래하였는데, 역사학도 이러한 현상에 대응하려 하였다. 동아시아 지역에서 중국과 인접국인 일본의 외교적 갈등과 충돌은 결국 양국 간 전면전으로 치닫게 되었으며, 이로 인해 역사 서술에서도 중대한 변화가 생기게 된다. 일본이 주도한 일련의 중국 침략 행위는 중국 민중의 애국심을 고조시키면서 오사운동 이래 주류였던 개인주의 및 학술 담론들을 쇠퇴시켜 더 이상 학계의 중요한 무대에 오르지 못하게 하였다.

이러한 환경적인 영향 때문에 역사학자들은 각종 역사적 의제를 정치 선전의 무기로 활용하는 데 앞장섰다. 앞에서 설명한 '변강'이라는 주

---

13 趙雨樂, 2017, 「新文化運動與民族觀念的重構－常乃德『中華民族小史』的成書意義」, 『知識與認同: 現代學者論教育及教科書』, 中華書局, 300~319쪽.

14 這方面討論甚多·可見汪洪亮, 2014, 『民國時期的邊政與邊政學(1931-1948)』, 人民出版社, 64~82쪽.

15 1944년에 출판된 『邊疆屯墾人員手冊』의 사례에는, 그 안에 「邊疆」, 「邊區」, 「遠區」, 「近區」와 「國界的邊疆」과 「文化的邊疆」 등으로 구분하여 설명하고 있다(黃奮生, 1944, 『邊疆屯墾人員手冊』, 青年出版社, 18~22쪽).

제 역시 역사학 서적의 편찬에 반영되기도 하였다. 푸쓰녠은 『동북사강(東北史綱)』을 편찬·저술하였는데, 이는 곧 '만·몽(滿蒙)'이 예로부터 중국의 소유였는지를 둘러싼 논쟁에 대해 일본과 맞서려고 하는 움직임 중 하나였다. 주지하듯 러일전쟁 이후부터 일본은 '대륙정책'을 추진하면서 동북아시아를 공략하려고 하였다. 일본 제국은 대외 확장의 필요성에 따라 침략 지역에 대한 지역적 인식을 만들어 나갔다.[16] 특히 '만·몽'이 특정한 시공간을 형성하는 명사가 되면서, 중일 양국은 '변강'을 두고 논쟁을 벌였다. 중국학자들은 공동으로 『동북사강』을 편찬하여 일본을 반박하는 데에 나섰다.[17] 『동북사강』은 중국학자들이 이끌고 있던 '정명(正名)의 문화전쟁'을 상징하는 책이며, 이후 학계에서 그 명확한 논조를 확정하였다. 예컨대, 1941년 8월 쓰촨성 싼타이현(三台縣)에서 인쇄된 『동북사강』 상편의 저자 진위푸(金毓黻, 1887~1962)의 언급은 다음과 같다. 그는 "만주·만몽 등의 명칭은 모두 외부인들이 폄훼한 것으로 주객이 전도된 것이다. 공자가 다스리려면 반드시 먼저 반드시 '정명(正名)'의 뜻이 있어야 한다고 한 것을 헤아려 가볍게 여겨서는 안 될 뿐만 아니라, 그 잘못됨을 바로잡는 것에 의당 힘을 써야 한다. 반드시 동북으로 이름을 정하고 내외의 경계를 엄격히 정해야 한다"고 하였다.[18]

---

16 井上直樹, 2013, 『帝國日本と「満鮮史」: 大陸政策と朝鮮·満州認識』, 塙書房; 中見立夫, 2013, 『「滿蒙問題」の歷史的構圖』, 東京大學出版會.

17 관련된 논의는 상당히 많다. 여기서는 清水美紀, 2003, 「1930年代の「東北」地域概念の形成－日中歷史學者の論爭を中心として－」, 『日本植民地研究』 號15, 37~53쪽; 河西晃祐, 2006. 11, 「「歷史」·「外交」·「主体」－「満洲」歸屬問題をめぐる日中歷史學論争」, 『東北學院大學東北文化研究所紀要』 號38, 124~196쪽; 葉碧苓, 2007. 3, 「九一八事變後中國史學界對日本「滿蒙論」之駁斥－以『東北史綱』第一卷爲中心之探討」, 『國史館學術集刊』 期11, 120~121, 127~129쪽을 참조하였다.

18 金毓黻, 1943, 『東北通史』(再版), 五十年代出版社, 11쪽. 진위푸는 국립동북대학의

이와 같은 '집단 창작'은 역사학이 현실 문제에 대한 관심과 책무를 가지고 있음을 상징한다. 실제 역사적 사실에 부합하는지 아닌지와는 관계없이, 역사를 연구하는 것은 마치 국가와 민족의 영광을 위해 복무하는 것과 같아서 거스를 수 없었다. 대일 항전 시기 많은 이들의 연구는 모두 이와 유사한 상황을 피할 수 없었다. 베이징대학 교수였던 정티엔팅(鄭天挺, 1899~1981)의 사례에서도 알 수 있다. 그는 1938년 청사(淸史)를 공부하면서, 멍썬(孟森, 1869~1938)의 청대 초반에 관한 저술을 계승하는 것에 뜻을 둔 것을 제외하면,[19] 분명히 만주국의 성립에 강한 자극을 받았다고 할 수 있다. 먼저 그는 「만주 입관 전후 몇 가지 예속의 변천(滿洲入關前後幾種禮俗之變遷)」, 「만청 황실의 씨족과 혈통(滿淸皇室之氏族與血系)」 등의 논문을 심혈을 다해 발표한 바 있다. 또한 대량의 역사적 근거를 이용하여, 만·몽·한을 포함한 청조 종실의 혈통을 논증하였고, 일찍이 청의 군대가 산해관에 들어오기 이전에 정치, 경제, 문화 부분에서 밀접한 관계를 맺고 있었으며, 이는 곧 중화민족이라는 대가족의 구성원이었다고 하였다. 정티엔팅은 "소위 '만주'는 옛 강역으로 일찍이 통치와 교화를 받았다 … 그 본질(性質)은 시난(西南)의 대성사명(大姓錫名)처럼 자보하는 토사(土司)에 가까운 부류이다. 군중들이 옹립하여 항명한 경우 또한 톈저우(田州)의 잠맹(岑猛), 용닝(永寧)의 사숭명(奢崇明), 쉐이시(水西)의 안방언(安邦彦)과 같다. 군대가 강해져 변방에서 벼슬을 하던 외족(外族)들은 죄를 면하게 되었으나, 세월이 지나면서 외족으로 알려

---

동북사지경제연구실 주임을 맡기도 하였다. 張在軍, 2015, 『戰亂與革命中的東北大學』, 獨立作家出版, 223쪽 참조.

19 鄭天挺, 1939. 6, 「孟心史先生晚年著述述略」, 『治史雜誌』 期2, 4쪽.

졌으니 (이는) 잘못된 것이다!"라고 하였다.[20] 그가 보기에 본래 '외족'을 인정하는 것은 구실일 뿐이며, 지금과 같이 일본 제국주의에 의해 사실로 간주되리라고는 생각하지 못했던 것이다. 이러한 글들은 이후에 『청사탐미(清史探微)』라는 이름으로 출간되었다. 다시 말해, 정티엔팅은 청대 초반 역사의 재해석을 통하여 중국에 대한 '증거 있는 상상'을 한 것이다.

또 다른 사례는 서남연맹대학(西南聯大學) 법상학원(法商學院)의 원장 천쉬징(陳序經, 1903~1967)이다. '전반 서화론'의 제창자로서 천쉬징은 1941년 『시암과 중국(暹羅與中國)』을 출판하였고, 곧 동남아 반도와 중국의 관계를 이해하고자 하였다. 아울러, 이 책은 '근대화'가 어떻게 중국의 부흥을 촉진하였는지를 다시 되짚어 보는 저작이기도 하다.[21] 일찍이 1933~1938년의 기간 동안 그는 동남아시아 국가 간의 정세에 관해 상당한 관심이 있었으며, '중국의 입장에서 해석'하고, '친일반중(親日排華)의 정책이라는 착오'에 대해 그의 생각을 나타낸 바가 있다.

천쉬징은 당시 범태국주의(Pan-Thaism)의 성행과 이것이 같은 시기 중국 남부에 어떠한 영향을 주는지를 유심히 관찰하였다.[22] 그는 태족(傣

20 鄭天挺, 1946, 『清史探微』, 獨立出版社, 6쪽.

21 陳序經, 1941, 「序文」, 『暹羅與中國』, 文史叢書編輯部, 1~2쪽.

22 '범태국주의'는 1940년대 시암의 전성기에 일어났던 광범위한 민족주의의 조류를 지칭한다. 가장 잘 알려진 저명인사는 당시 총리였던 쁠랙 피분송크람(Plaek Phibunsongkhram)으로 그의 지도하에 국명을 '태국'으로 바꾸었다. 아울러 일본의 미안마와 말레이시아 침공을 지원하기도 하였으며, 대중(對中) 문제에 관해 범태국주의는 중국 서남 변경 지역을 자국의 영토로 선전하기도 하였다. 이는 중국 정부와 여론의 극렬한 반응을 이끌어내기도 하였다. 朱大偉, 2013. 4, 「鑾披汶·頌堪政府時期的泛泰主義研究(1938-1944)」, 『淮北師範大學學報(哲學·社會科學版)』, 卷34期2, 73~77쪽; 王連浩·陳勇, 2012, 「抗戰時期國民政府及知識界對大泰族主義之回應」, 『南京大學學報(哲學·人文科學·社會科學)』, 2012年第3期, 86~95쪽을 참조.

族)이 자신들의 기원을 윈난성(雲南省) 영내까지 거슬러 올라가 찾고 있는 것을 반박하였다. 천쉬징은 지역-지정학적인 관점에서 태국은 현 상황을 계속 유지해야 한다고 보았으며, 태국이 중국을 모방하거나 중국에 위협을 조성할 수 있는 대상으로 보았다. 그러면서 중국 지식인들의 세계관을 확장시키려고 시도하였다. 『시암과 중국』은 태평양전쟁 발발 전야에 출간된 책이다. 이와 같은 시대적 배경으로 인해, 천쉬징은 쿤밍(昆明)에서 이 책을 저술할 때, 동남아 외교 동맹들의 지지를 어떻게 얻어낼 수 있는가에 주안점을 두었다. 그래서 이 책은 '시론'의 성격을 가진 출판물의 하나이며, 순수함이 덜한 '문사총서(文史叢書)'라고 할 수 있다. 이러한 점을 염두에 두고 본다면 천쉬징의 논점에 대해서는 좀 더 생각해 볼 여지가 있다. 서구화를 답습하면서도 일본의 '대동아주의(Pan-Asianism)'의 함정에 빠지는 것을 경계함과 동시에 주체성을 추구해야 하는 상황었던 것이다. 이는 사실 천쉬징에게만 국한된 것이 아니라, 당대의 지식인이 가졌던 딜레마 중 하나였다.

그리고 이 시기는 전시 상황이 지속되던 때이다. 전쟁이 점점 격화됨에 따라 일반 민중은 피난길에 오르게 되었고, 이러한 막대한 인구 이동은 국가 지리의 판도를 재검토하는 결과로 이어졌다. 함께 피난을 가게 된 많은 학자들이 종전에는 가보지 못한 지역들을 쉴 틈 없이 오가게 되고 그렇게 새로 경험하게 되는 지역을 대상으로 한 연구에 개인적인 흥미와 노력을 쏟아부을 수 있었다. 이런 이유로 전쟁의 영향을 받는 상황에서도 유적 혹은 지역성을 관찰하는 풍조가 형성되기 시작하였는데, 이 같은 사례는 셀 수 없을 정도로 많았다. 1937년 구제강(顧頡剛, 1893~1980)이 조직한 '서북과학고찰단(西北科學考察團)'은 모두가 잘 알고 있는 사례로 '서북 개발'의 슬로건과 풍조하에서 이뤄졌던 조사활동

중 하나이다. 서북 지역 각처의 민족과 현상들을 묘사할 때 구제강은 현지에 '적당한 교육'이 있어야만 비로소 '중화의 부흥'이 가능하다고 생각하였다. 먼저 영화, 음반, 그림, 연극 등의 방식을 활용하여 사회교육을 시행하고, 민중들이 현대 문화를 습득할 수 있도록 해야 한다고 주장하였다.[23]

이밖에도 1930년에 성립된 중국영조학사(中國營造學社)는 초반에 화북과 중원 지역 위주로 시행하고 있던 옛 건축물에 대한 전면 조사를, 전쟁 발발 이후에는 그 중심을 서남 지역으로 옮겨 진행하였다. 량쓰청(梁思成, 1901~1972)과 류둔전(劉敦楨, 1897~1968) 등에 의해 조직된 고적고찰대(古蹟考察隊)는 쿤밍시와 윈난성 서북부에 이어 촨캉(川康)에서 옛 건축물에 대한 조사를 이끌어 나갔다. 그들은 처음 중영경관동사회(中英庚款董事會)에서 자금을 제공받고, 중앙연구원 역사어언연구소의 도서를 이용하였다. 이렇게 힘써 연구작업을 이끌어온 끝에 보고서 수 편을 완성할 수 있었다.[24]

전쟁의 요소들은 의외로 역사학의 축적을 심화시켰다. 상청쭤(商承祚, 1902~1991)와 정전둬(鄭振鐸, 1898~1958) 역시 언급하지 않을 수 없는 인물들이다. 일찍이 1922년에 안후이성(安徽省) 서우현(壽縣)에서 초(楚)의 청동기가 출토되면서 고고학 열풍이 일어났다. 이후 1933년 현지 초왕의 무덤이 도굴된 것은 사회 각계를 뒤흔들기도 하였다.[25] 진링대학(金陵大學)이 후방으로 옮겨지면서 이후 상청쭤는 두 차례에 걸쳐 창사

23 顧頡剛, 2002, 『西北考察日記』, 甘肅人民出版社, 200, 238쪽.

24 林洙, 2008, 『中國營造學社史略』, 百花文藝出版社, 153~182쪽. 이 학회의 연구성과에 관해서는 劉敦楨, 1982, 「川康古建築調査日記」, 「西南古建築調査概況」, 『劉敦楨文集』 冊三, 中國建築工業出版社 참조.

25 李景聃, 1936, 「壽縣楚墓調査報告」, 『田野考古報告』 冊一, 商務印書館.

(長沙) 지역에서 유물들을 사들였다. 뒤이어 『창사고물문견기(長沙古物聞見記)』(1938)와 『창사고물문견기(長沙古物聞見記)』(1941) 등의 저서를 완성하였으며, 전국 시기 초 문화에 대한 이해를 넓혔다.[26]

정전둬는 '함락 지역' 내에 있는 문헌들이 다른 지역으로 유출되는 것을 걱정하여 '문헌보존동지회(文獻保存同志會)'를 조직하여 고문헌을 보호하였으며, 이후 이 문헌들은 타이페이국가도서관(臺北國家圖書館)의 중요 소장품이 되었다. 정전둬는 최초로 강남 지역의 유명 소장가들과 연계하여 만주국, 일본, 왕정위 정권[천췬(陳群, 1890~1945), 량훙즈(梁鴻志, 1882~1946)] 등과 경쟁하면서 고문헌들을 사들였다. 그의 이러한 활동은 충칭 국민당정부의 지지를 받았고, 결과적으로 그 사명을 저버리지 않은 것이라 할 수 있을 것이다.[27]

정전둬의 말에 의하면, "장차 건국의 과업은 반드시 문헌에서의 뒷받침이 필요할 것이다. 고로 나는 나의 재량을 따지지 않고 문헌을 보면 반드시 얻고자 하였다. 우공이산(愚公移山)과 같은 부류라고 할 수 있을 것이나 장차 힘에 부쳐 감당하기 어려울 것이다. … 이 사람에게는 민족의 문헌이 눈에 보였을 뿐이다."[28] 전쟁이 만들어 낸 빈곤과 유랑은 상청쭤와 정전둬 이 두 인물로 하여금 그들이 민족의 입장에서 '전통을 발견'하는 일에 매진하도록 만들었다.

---

26 安志敏, 2003, 「商承祚先生與長沙考古」, 『商承祚教授百年誕辰紀念文集』, 文物出版社, 29쪽.

27 이 부분에 대한 논의는 매우 많은데, 최근 연구로는 다음 글을 참고할 수 있다. 顧力仁·阮靜玲, 2010. 12, 「國家圖書館古籍蒐購與鄭振鐸」, 『國家圖書館館刊』, 99年2期, 129~165쪽.

28 鄭振鐸, 2010, 『劫中得書記』, 廣西師範大學出版社, 6쪽.

# Ⅳ. 논쟁 중의 '민족'과 사학사상

민족 사관의 격화는 '민족'이라는 논제와 사학사상 간에 긴장관계를 야기하였다. 1930~1940년대 중국에서 객관적인 역사 연구라는 것은 반드시 '애국'이라는 겉옷으로 포장되어야만 했다. 그렇지 않으면 많은 제재를 받거나, 모순으로 간주되어 사회와는 어긋나고 말았다. 뤼쓰멘(呂思勉, 1884~1957)에게 일어난 1935년 3월의 소송사건은 중국 역사학계가 '민족'이라는 논제와 직면하면서 시작된 소요와 분란의 대표적인 예라고 할 수 있다. 사건이 일어나기 1년 전, 집권 당국인 중국 국민당 중앙선전부는 상하이에 도서잡지심사위원회를 설치하여 심사 방안을 공표하였다. 이어 1935년 2월 13일에 국민당정부는 항일언론을 금지할 것을 명령하였다.[29] 이 두 행동으로 사회와 언론계가 각박하게 되었으며, 이러한 분위기는 역사학 논저에까지 영향을 미쳤다. 뤼쓰멘이 일찍이 1923년에 저술한 『백화본국사(白話本國史)』는 관련 당국에 의해 "지론에는 도리를 벗어난 부분이 확실히 있으니 금지해야 하는 것"으로 간주되었다.[30]

뤼쓰멘의 『백화본국사』가 주로 비난받은 것은 남송(南宋)과 금(金)의 화평과 관련된 부분이다. 그는 악비(岳飛, 1103~1142)와 한세충(韓世忠, 1089~1151)은 실제 군벌이고 『송사(宋史)』에 실린 내용은 대부분 허위라고 하였다. 또한 진회(秦檜, 1091~1155)를 위대한 정치가이자 애국자로 칭하고 실제 정견과 의지가 있었다고 보았다. 뤼쓰멘은 역사상 충신과

---

29 竹內實 主編, 程麻 譯, 2005, 『中國近現代論爭年表』, 中國文聯出版社, 296, 306쪽.

30 李永圻·張耕華 編, 2012, 「中國國民黨上海特別市執行委員會訓令(執字1584號)」, 『呂思勉先生年譜長編』, 上海古籍出版社, 458쪽.

간신배로 여겨진 인물들의 이미지를 철저히 바꾸면서 "역사 연구에서 가장 중요한 것이 하나 있는데, 그것은 현대의 사정을 근거로 하여 고대의 진상을 추론해가는 것이다"라고 지적하기도 하였다.[31] 그리고 이와 같이 민감한 민족관을 내걸면서도 이를 대중들이 볼 수 있는 역사 교과서 안에 담아내어 논란을 촉발시켰다. 그 결과 공더바이(龔德柏, 1891~1980)는 "이 책이 가지고 있는 논리는 민족성을 저해한다"고 말하며, 정부의 검열을 지지하기도 하였다.[32]

이후 당시 상하이 『조보(朝報)』의 주편(主編)이던 자오차오거우(趙超構, 1910~1992)는 난징시청의 검열 방식에 불만을 표시하면서, 연달아 뤼쓰몐을 지지하는 성명을 내기도 하였다. 이어서 공더바이는 법원에 뤼쓰몐에 대한 고소장을 제출하였으며, 양측은 법정에서 대질하게 되었다. "진회를 찬양하고 악비를 폄훼하는 등"의 시류에 편승하는 발언으로 공방을 벌였으며, 그러는 사이 뤼쓰몐은 "민족반역자(漢奸)" 대우를 받았다. 결국 법원에서는 뤼쓰몐을 불기소하는 것으로 결론이 났으나 '국난판(國難版)' 이후의 『백화본국사』는 상무인서관에서 스스로 문제가 되는 부분을 수정하도록 하였다. 교육부도 즉각 "옛 판본을 학생들에게 읽게 하는 것을 금지하여 폐단을 막고자 한다"는 훈령을 내리기도 하였다.[33]

---

31 呂思勉, 1990, 『白話本國史』(據1923年商務印書館影印), 上海書店, 20쪽.

32 1935. 3. 13, 「白話本國史之怪論: 岳飛是軍閥而秦檜愛國」, 『新聞報』. 공더바이는 후난성 루씨(瀘溪) 사람으로, 일찍이 일본 유학을 거쳐, 내정부 참사를 역임했다. 당시에는 『구국일보(救國日報)』 사장을 맡고 있었다, 橋川時雄, 1940, 『中國文化界人物總鑑』, 中華法令編印館, 814쪽.

33 이와 관련된 과정은 李永圻·張耕華 編, 2012, 『呂思勉先生年譜長編』, 458~464쪽을 참조. '教育部 訓令'은 후스의 학생이었던 뤼디쩡(盧逮曾)에 의해 기록된 바가 있다, 中國社會科學院 近代史研究所 中華民國史組 編, 1980, 『胡適來往書信選』 中冊, 中華書局, 603~604쪽을 참조.

이렇게 『백화본국사』의 내용을 겨냥한 공방 과정 중, 일부 매체들은 심지어 사건을 빌미로 뇌물을 강요하기도 하였으며 만약 불응하면 비난하는 글을 내겠다고 협박까지 하였다. 뤼쓰멘은 이에 모두 대응하지 않았고, 답변 역시 하지 않았다. 사실 비슷한 시기에 그는 민족 문제를 연구하면서 일찍이 이에 관한 해석을 내놓은 바가 있다. 뤼쓰멘의 민족사 연구는 청 말 투지(屠寄, 1856~1921)가 가르친 원사(元史)에서 기원을 추론할 수 있다. 자신도 "민족 문제를 논하기를 선호하며, 여기(투지의 원사)에서 발원한 것입니다"라고 직접 말한 바가 있다.[34]

1930년대 뤼쓰멘은 '민족'을 이름으로 내걸고 『중국민족사(中國民族史)』와 『중국민족발전사(中國民族演進史)』 두 권의 책을 출판하였다. 이 책들을 자세히 살펴보면, 분명하게 일본이 심어놓은 괴뢰정권인 만주국을 다루고 있으며, 여기서 내세운 논리들은 당시 사람들에게 상당한 격찬을 받기도 하였다.[35] 『중국민족발전사』의 서론에서 뤼쓰멘은 "민족 문제를 논의하려는 사람은 응당 서술에 충실해야 한다. 각 민족과의 친교를 요구하고 단결을 위한 목적으로, 이전의 갈등을 가지고 현재와 일치하지 못하는 부분이라면서 숨기거나 다 언급하지 않는다면, 무의미한 자기기만임을 면할 수 없을 것이다"라고 한 바 있다.[36] 뤼쓰멘은 「민족주의

---

34 呂思勉, 1996, 「自述學習歷史之經過」, 『嵩廬問學記: 呂思勉生平與學術』, 生活·讀書·三聯書店, 231쪽.

35 『중국민족사』의 서문을 쓴 천시예공(陳協恭)은 심지어 "근인이 지은 『동북사강』에는 부여 제국은 풍속이 은(殷)과 같은 데가 있으므로 만주족이 동방에서 온 것이 아닌지 의심된다고 하였는데, 이는 여러 민족은 본래 연의 북쪽에 거하였으나, 연국이 국토를 개척하면서 전파되었다고 함만 못하다"라고 하기도 하였다. 呂思勉, 2012, 『中國民族史·中國民族演進史』, 上海古籍出版社, 4쪽.

36 呂思勉, 2012, 앞의 책, 254쪽.

를 논하는 것의 진상(論民族主義之真際)」이라는 글에서 더 나아가 "민족반역자"를 변호하였는데, 이는 문명과 야만의 차이에 관한 것으로 생각된다. 그는 이 민족반역자들을 대신하여, 이들을 동정하고 이해해야 하는 이유를 다음과 같이 들었다. "문명인들은 죽게 되면 겁을 먹는다. 그 사회가 튼튼하게 단결되어 있고 기민하다면 겁을 먹지 않는다. 심지어 박해를 받아도 적을 따르를 일은 없을 것이다", 그래서 "민족주의가 능사라고 목청을 올려 제창하는 것은 피상적인 것이다"라고 하였다.[37]

젊은 학생들이 열람했던 뤼쓰몐의 『백화본국사』에는 적지 않은 오류들이 있다. 이는 모룬쑨(牟潤孫, 1909~1988)이 말한 것과 같은데, "사료를 수집하고 분류하는 데 주기법을 충분히 이용하지 못한 것 같으며, 어쩌면 전적으로 기억에만 의존하고 있는 듯하다. 고로 책 중에 나타나는 착오들은 일반적으로 해서는 안 되는 것들이다"라고 지적하였다.[38] 그러나 이러한 한계에도 불구하고 우리는 이 책이 사학사상에 미친 영향과 의의를 소홀히 해서는 안 된다.

차오쥐런(曹聚仁, 1900~1972)은 일본군이 항저우 부근에까지 들이닥쳤을 때, 피난민으로서 겪었던 복잡한 감정을 체험한 바가 있다. 그는 『백화본국사』에 대해 "악비의 생애에 대해 가장 사실에 근접하게 말한 것이다"라며 신뢰하였다. 또한 당시 북송 군대의 사기와 기율이 땅에 떨어져 있었기에 악비라고 하더라도 그것을 힘써 바로잡기가 힘들었을 것이라고 보았다.[39]

---

37 呂思勉, 1935. 10, 「論民族主義之真際」, 『教與學』, 卷1期4, 192~193쪽.

38 雲孫, 1935. 5. 13, 「呂思勉著『白話本國史』訂訛」, 『大公報』. 이 글은 牟潤孫, 2009, 『海遺叢稿(初編)』, 中華書局, 277~279쪽에도 수록되어 있다.

39 曹聚仁, 2002, 『湖上雜憶』, 山東畫報出版社, 26~28쪽.

그러나 1940년대 중일전쟁이 한창일 때, 민족 사관은 역사학의 가장 중요한 핵심이 되었다. 아무리 다시 힘써 객관적이고 실증적인 학문을 하려고 해도 벗어날 수 없었으며, 심지어는 민족주의의 정서가 여기에 뒤섞이기도 하였다.[40] 첸무(錢穆, 1895~1990)의 『국사대강(國史大綱)』은 대중들도 잘 알고 있는 통사 성격의 논저이자, 시대에 한 획을 그은 작품이라고 할 수 있다. 첸무가 만년을 회상하며 토로한 것에 따르면, 그는 천멍자(陳夢家, 1911~1966)와 교과서를 저술하는 연유에 대해 상의한 적이 있다고 한다. 당시 첸무는 "사료가 너무 많아 아는 것에 한도가 있다"는 것을 고려하고 있었으나, 천멍자가 "전국에 있는 대학 청년들의 계획을 위해", "시대를 위해 시급히 계획이 필요하다"고 권고하였다.[41] 결국 몇 차례 심사숙고한 끝에 원고가 완성되었으며, 「들어가는 말(引論)」을 우선 신문에 게재하였다. 「들어가는 말」은 책의 논점을 관철하고 있으며, 첸무가 오랫동안 가지고 있던 근대 중국 학계에 대한 인식과 불만을 분명하게 드러내고 있다. 그는 책에서 과학적 관점을 중심으로 한 역사 서술과 전문 저술의 풍조, 그리고 마르크스주의가 중국 고대사회의 특징을 부정하고 있는 것에 대해 비판하였다. 첸무는 대중이 역사학에서 '역사지식'을 습득하는 것과는 상관없이 "학술을 위해 학술을 하는" 풍조로는 국가와 민족의 현재 상황을 개선할 수 없다고 굳게 믿고 있었다. 또한 그는 이 책을 읽으려면 "온정과 경의"가 있어야 한다는 점을 밝혔고, 그 결과 얼마 지나지 않아 사회 각층의 주의를 끌 수 있었다.[42] 천인커(陳寅恪,

---

40 王汎森, 2003, 「價值與事實的分離?-民國的新史學及其批評者」, 『中國近代思想與學術的系譜』, 聯經出版事業有限公司, 438~441쪽.

41 錢穆, 1983, 『八十憶雙親·師友雜憶』, 東大圖書有限公司, 191쪽.

42 錢穆, 1996, 「引論」, 『國史大綱(修訂本)』, 臺灣商務印書館; 王汎森, 2008, 「錢穆與民

1890~1969)는 그의 친구들에게 "최근 이 신문에 큰 글이 한 편 나왔으니 당신들은 꼭 일독해 보라"[43]고도 하였는데, 당시 사람들의 마음속에 있던 갈망을 반영한 것이라고 할 수 있다.

더욱 주의해서 봐야 할 부분은 첸무가 전통문화의 가치를 강조하고 이후에도 '문화 보수주의(cultural conservatism)' 진영에 속해 있었다는 점이다. 그러나 첸무는 '민족혁명'이라는 명사와 그 범주에 관해서도 전통적 가치를 인정하였다. 그래서 『국사대강』에서 태평천국에 대해 서술한 부분은 당국의 심사부처와 의견이 달라 개정을 요구받았다.[44] 홍수전(洪秀全, 1814~1864), 양수칭(楊秀清, 1823~1856)이 태평천국 군대를 일으킨 것에 대해 첸무는 만청조정의 관점에 입각하여, "반란(亂)"으로 명명하였다. 첸무는 쑨원(孫中山, 1866~1925)의 혁명 이론과 사업을 찬성하면서도 이처럼 다른 한편으로는 전통적인 정치도 찬성하였기에 모순적인 입장을 가지기도 했다. 이밖에도 『국사대강』은 홍수전과 양수칭의 업적에 "관핍민변(官逼民變, 관원이 핍박하여 농민들이 변란을 일으킨)"이나 "농민혁명" 등의 표현을 사용하였는데, 이는 당시 국민당과 공산당의 이데올로기 싸움을 연상시키기도 한다. 이로 인해 당국의 심사가 미뤄졌는데, '민족'과 사학사상 사이에 약간의 긴장관계가 존재하고 있음을 여실히 보여준다고 할 수 있다.

민족 사관의 서술은 신구 사학자들에게만 영향을 미쳤을 뿐만 아니라 좌·우익의 정치적인 입장에도 자리를 점유하고 있었다. 인다(尹達,

---

國學風」, 『近代中國的史家與史學』, 三聯書店, 240~243쪽.

43 錢穆, 1983, 앞의 책, 201쪽.

44 錢穆, 1983, 위의 책, 205~206쪽.

1906~1983, 본명은 劉燿)는 항일전쟁 기간에 "연안으로 달려가" 중대한 학문적 전기를 만들어 냄으로써 사람들의 입에 회자되었다. 스장루(石璋如, 1902~2004)는 일찍이 "유 선생(인다)은 이 시기에 나라가 망할 위기에 있다고 생각하였는데 어찌하여 학술을 하였는가! 항일의 첫 번째는 애국을 우선으로 하고 다른 일체를 생각하지 않는 것이다. (인다는) 의연하게 이 연구소(중앙연구원 역사어언연구소)를 떠나더니 항일에 앞장선 것이다"[45]라고 말한 적이 있다.

민족의식과 애국정서가 고조에 달한 것이 분명했으며, 이는 인다가 학술에 종사하게 된 초심이었다. 그는 공산당 진영에 들어가면서 학업과 마르크스주의를 수용하는 것에 온 힘을 다하였다. 또한 근 2년 가까이 손을 놓고 있었던 고고학 연구를 다시 수행하였으며, 『중국원시사회(中國原始社會)』의 원고를 완성할 수 있었다. 고고학적 자료와 성과들을 이용한 인다는 「중화민족 및 그 문화의 기원(中華民族及其文化之起源)」을 저술하기도 했으며,[46] 적에게 전향한 부역자들을 비판하기도 하였다. 인다는 자신의 장점인 토론에서 '중화민족'과 그 문화의 특징을 강조하였고, '다른 곳에서 이식되어 넘어온 것'이라는 이론은 실제로는 잘못된 것이라 주장하였다. 이처럼 과학적 역사관이 유물사관으로 전환되는 시점에서 여전히 '민족'은 그의 사학사상을 주도하고 있었지만, 모순되는 부분은 역시 감출 수 없었다.

45 石璋如, 1998, 「劉燿先生考古的五大貢獻」, 『新學術之路: 中央研究院歷史語言研究所七十周年紀念文集』, 中央研究院歷史語言研究所, 661쪽.

46 尹達, 1940. 10, 「中華民族及其文化之起源」, 『中國文化』 卷1期5, 15~21쪽.

# V. 맺음말

독일 '역사학파'의 마지막 대표적인 학자인 베르너 좀바르트(Werner Sombart, 1863~1941)가 우리에게 일깨워준 것이 있다. 전쟁은 수많은 창조적인 파괴(creative destruction)를 가져왔으며, 그것은 자본주의가 군대의 지원 등을 통해 다시 살아날 수 있도록 하였다는 것이다.[47] 같은 맥락에서 전쟁은 상상하지도 못한 또 다른 변화를 가지고 왔으며, 역사의 흐름에 영향을 미쳤다. 본문에서는 1932~1945년의 중일전쟁 기간 동안 중국 역사학의 발전과 모순이 있는 곳을 다시 한번 고찰해 보았다.

서술한 바와 같이, 중일전쟁 이전의 중국 역사학은 '탈왕조순환'의 사관을 거쳤으며, 민족을 중심에 두는 역사 서술로 나아갔다. 과학적인 전공 사관을 형성하기 위해 혁명을 강조하는 '새로운 사학(新史學)'은 20세기 중국 학계에서 가장 중요한 발전이라고 할 수 있다. 그리고 외환의 영향을 받아 민족정서가 다분한 역사 서술 역시 새로운 특징을 만들었으며, 통치자의 '제국주의적 의식' 및 그 내부 민족에 대한 통치를 이어나가게 하는 방편 중 하나가 되었다.

다만 흥미로운 것은 전쟁 또한 사학사상에 약간의 영향을 주었다는 것이다. 객관적인 요구를 유지하면서, '민족'을 분석의 터전으로 삼는 역사학의 저작들은 오히려 민족 사관의 격변을 계기로 하여 그것이 내재하고 있는 모순을 드러내었다. '중화민족'을 존숭하는 개념 안에서도 한편으로는 역사 사건과 인물에는 모순점이 있음이 나타난 것이다. 뤼쓰멘의 『백화본국사』와 첸무의 『국사대강』의 내용은 정치적 검열로 도마 위에

---

47 ヴェルナー·ゾンバト 著, 金森誠 譯, 2010, 『戰爭と資本主義』, 講談社.

올랐으며, 그들의 사례는 사학사상이 '가치'와 '사실' 사이에서 서로 동의하는 해석을 얻지 못한다면, 대립하는 국면에 빠질 수밖에 없다는 것을 보여주고 있다.

## 참고문헌


단행본

顧頡剛, 2002, 『西北考察日記』, 人民出版社.

郭麗萍, 2007, 『清代中葉西北史地學研究』, 生活·讀書·新知三聯書店.

金毓黻, 1943, 『東北通史』(再版), 五十年代出版社.

杜正勝·王汎森 主編, 1998, 『新學術之路: 中央研究院歷史語言研究所七十周年紀念文集』, 中央研究院歷史語言研究所.

呂思勉, 1990, 『白話本國史』(據1923年商務印書館影印), 上海書店.

______, 2012, 『中國民族史·中國民族演進史』, 上海古籍出版社.

李帆·韓子奇·區志堅 等 主編, 2017, 『知識與認同: 現代學者論教育及教科書』, 中華書局.

李濟 編, 1936, 『田野考古報告』 冊一, 商務印書館.

王汎森, 2003, 『中國近代思想與學術的系譜』, 聯經出版事業有限公司.

______, 2008, 『近代中國的史家與史學』, 三聯書店.

汪洪亮, 2014, 『民國時期的邊政與邊政學(1931-1948)』, 人民出版社.

俞振基 編, 1996, 『蒿廬問學記: 呂思勉生平與學術』, 生活·讀書·三聯書店.

張耕華, 2012, 『呂思勉先生年譜長編』, 上海古籍出版社.

錢穆, 1983, 『八十憶雙親·師友雜憶』, 東大圖書有限公司.

____, 1996, 『國史大綱(修訂本)』, 臺灣商務印書館.

井上直樹, 2013, 『帝國日本と「滿鮮史」: 大陸政策と朝鮮·滿州認識』, 塙書房.

鄭振鐸, 2010, 『劫中得書記』, 廣西師範大學出版社.

鄭天挺, 1946, 『清史探微』, 獨立出版社.

陳以愛, 1999, 『中國現代學術研究機構的興起 - 以北京大學國學門爲中心的探討(1922-1927)』, 國立政治大學歷史所.

華企雲, 1932, 『中國邊疆』, 新亞細亞月刊社.

ヴェルナー·ゾンバト 著, 金森誠 譯, 2010, 『戰爭と資本主義』, 講談社.

中見立夫, 2013, 『「滿蒙問題」の歷史的構圖』, 東京大學出版會.

논문

葛兆光, 2014, 「納「四裔」入「中華」? – 1920–1930年代中國學界有關「中國」與「中華民族」的論述」, 『思想』 期27.

羅志田, 2000, 「史料盡量擴充與不看二十四史 – 民國新史學的一個詭論現象」, 『歷史研究』 2000年第4期.

林志宏, 2004, 「蔣廷黻, 羅家倫, 郭廷以: 建立「科學的中國近代史」及其詮釋」, 『思與言』 卷42期4.

范鐵權 · 李海健, 2012, 「新亞細亞學會及其邊疆問題研究」, 『中國邊疆史地研究』 2012年第4期.

傅斯年, 1980, 「歷史語言研究所工作之旨趣」, 『傅斯年全集』, 聯經出版事業有限公司.

謝保成, 2010, 「學術視野下的社會史論戰」, 『學術研究』 2010年第1期.

葉碧苓, 2007, 「九一八事變後中國史學界對日本「滿蒙論」之駁斥 – 以『東北史綱』第一卷爲中心之探討」, 『國史館學術集刊』 期11.

王連浩 · 陳勇, 2012, 「抗戰時期國民政府及知識界對大泰族主義之回應」, 『南京大學學報(哲學 · 人文科學 · 社會科學)』, 2012年第3期.

王汎森, 2008, 「近代中國的線性歷史觀 – 以社會進化論爲中心的討論」, 『新史學』 卷19期2.

朱大偉, 2013, 「鑾披汶 · 頌堪政府時期的泛泰主義研究(1938–1944)」, 『淮北師範大學學報(哲學 · 社會科學版)』, 卷34期2.

黃克武, 2003, 「梁啟超與中國現代史學之追尋」, 『中央研究院近代史研究所集刊』 期41.

清水美紀, 2003, 「1930年代の「東北」地域概念の形成 – 日中歷史學者の論爭を中心として –」, 『日本植民地研究』 號15.

河西晃祐, 2006, 「「歷史」·「外交」·「主体」–「滿洲」歸屬問題をめぐる日中歷史學論争」, 『東北學院大學東北文化研究所紀要』 號38.

5장

# 민국 시기 푸쓰녠 사학의 흥쇠

## 과학주의와 민족주의의 연쇄

오병수 | 전 동북아역사재단 연구위원

# I. 머리말

민족주의는 근대 역사학의 태생적 속성일까? 근대 국가 건설을 배경으로 탄생한 근대 역사학이 시종 민족주의의 대변자(代言者)를 자처하였음은 잘 알려진 사실이다. '민족'을 주체로 한 단선적 발전 과정으로서 자국사를 서술함으로써 국민국가를 정당화해 왔다는 지적도 같은 맥락이다. 그러나 이러한 과정이 그렇게 단순하게 이루어진 것만은 아니었고, 특히 내·외적 위기 속에서 전통 제국의 해체와 근대 국가 건설을 경험한 중국의 경우는 더욱 그러하였다. 따라서 그 전모를 이해하기 위해서는 중국의 근대 역사학의 형성 과정에 대한 세밀한 조감 속에서 자국사 서사 방식과 함께 근대 학문으로서 역사학, 특히 그 방법적 이데올로기성에 주목할 필요가 있다.[1] 이 글에서는 민국 시기 대표적인 역사학자였던 푸쓰녠(傅斯年, 1896~1950)에 주목하여 문제에 접근해 보고자 한다.

알다시피 량치차오(梁啓超)가 국가 건설의 방편으로 '신사학(新史學)'의 필요성을 제기한 이래, 중국의 근대 역사학은 지식체계 및 학술제도의 변동을 수반하면서 일련의 단계적인 과정을 통해 형성되었다. 과학적 연구방법의 확립과 제도화를 바탕으로 한 자국사의 서술 및 해석은 이 과정의 핵심이었다. 또 이러한 '서술'과 '해석' 작업에는 민족주의, 근대주의 등 이데올로기가 수반되었다.

푸쓰녠 역시 이 과정에서 중요한 역할을 한 인물로 알려져 있다. 따라서 이미 그에 대해서는 적지 않은 연구가 이루어졌고, 사학사적으로도

---

1 오병수, 2014, 「중국 근대 역사 교과서의 자국사 구축과정과 '중화민족'」, 『歷史教育』 132.

'사관파(史觀派)'와 대조되는 '사료파(史料派)'의 대표 인물이자,[2] 과학적 학술 규범을 수립함으로써 근대 역사학을 정초한 원조(元祖)로서 평가되고 있다.[3]

그런데 이러한 평가들은 주로 그가 1926년 유학을 마치고 귀국한 이후부터 항일전쟁 직전 시기에 이루어진 그의 학술활동을 대상으로 한 것으로 대략 다음 세 가지 면에 집중되어 있다. 첫째, 오사운동 이후 전개된 '신학술운동(新學術運動)'을 계승하여 사료 정리를 중심으로 한 과학적 역사학의 방법을 정립하였다는 점,[4] 둘째, 중앙연구원 역사어언연구소(中央研究院 歷史語言研究所) 창립을 주도함으로써 중국 근대 역사학의 제도화 과정의 일면을 추동하였다는 점,[5] 셋째, 다원적 고대사의 상(像)을 제

---

2 중국 근대 역사학을 '사료'에 대한 인식과 태도를 중심으로 정리하는 방식은 저우위퉁(周予同)이 제시하고, 쉬관싼(許冠三)이 발전시킨 것이다. 쉬관싼은 사료파, 해석파, 사관파, 의리파 등으로 구분하였는데, '사료파'는 사료의 고증, 분류, 분석만이 아니라 새로운 자료의 확충과 경전에 대한 비판적 해석 등을 포함하는 개념이다. 周予同, 1996,「五十年來中國之新史學」(1941), 朱维铮 整理,『周予同經學史論著選集』, 上海人民出版社; 許冠三, 1986,『新史學九十年』, 中文大學出版社 등.

3 李恩涵, 2006,「1949年後傅斯年與其史料學派對臺灣史學教研的影響」, 布占祥·馬亮寬 主編,『傅斯年與中國文化』, 天津古籍出版社; 陳弱水, 2010,「臺大歷史系與現代中國史學傳統(1950-1970)」,『臺大歷史學報』45期, 國立臺灣大學歷史學系.

4 王汎森, 2003,『中國近代思想與學術的系譜』, 聯經出版社; 桑兵, 2007,「傅斯年"史學只是史料學"再析」,『近代史研究』2007-9, 社會科學院近代史研究所.

5 근대 역사학의 '제도화'는 통상 전문 역사학자의 출현을 배경으로 한 대학, 학회, 전문 학회지 등 근대 역사학의 형성 과정에 수반하는 학술제도를 말한다. 중국의 경우에도 근대 역사학의 수용과 함께 이러한 제도를 도입하였으나, '대학과 사회과학원/중앙연구원'이라는 이중 체제로서 발전하였다. 이는 중국의 근대 역사학이 정치권력으로부터 독립을 추구하는 서구와는 그 경로를 달리하였음을 시사한다. Chen Shiwei, 1998, *Government and Academy in Republican China: History of Academia Sinica, 1927-1949*, Dotorial Dissertation at Harvard University; 최은진, 2010,「中國國立中央研究院 歷史語言研究所(1928-1949)와 近代歷史學의 制度化」,『중국사연구』67.

시함으로써 National History로서 중국 고대사를 체계화할 수 있는 기초를 제공했다는 점 등이 그것이다. 그 외에 '만주사변' 이후 『동북사강(東北史綱)』(1932)을 저술하는 등 적극적으로 항전 상황에 대응하였던 점도 주목을 받고 있다.[6] 그의 역사학이 '과학적 방법'과 '제도', 그리고 '국민주의'로 상징되는 근대 역사학의 본질적 영역에 두루 미치고 있다는 점, 따라서 그에 대한 논의 역시 중국 근대 역사학 형성 과정 전반에 대한 조감을 전제로 하여야 한다는 것을 시사한다.

그런데 더욱 주목할 점은 푸쓰녠이 오사운동(베이징대학)과 중앙연구원으로 이어지는 근대 중국의 '주류'적 학술 노선을 대변하고 있다는 점이다. 이는 그가 상당한 학술 이력과 함께 과학주의를 표방하였다는 것만이 아니라,[7] 동시에 당시 학술자원을 독점하면서 학술사회 형성과 제도화를 주도하였다는 것을 의미한다. 또한 그의 역사학 자체가 이러한 주류적 노선을 구현한 것이었고, 그에 대한 평가 역시 같은 맥락에서 이루어져 왔을 가능성이 크다. 그러나 이러한 중국 근대 학술 주류에 대해서는 오사 당시부터 비판이 있었지만,[8] 최근 중국 근대 학술 전반에 대한 재평가작업과 함께 중국 근대 역사학에 대한 학술사적 정리가 새롭게 시도되

---

6 김창규, 2007, 「傅斯年의 민족문제 이해와 "동북" 인식」, 『歷史學報』 193; 이병호, 2008, 「'東北工程' 前史 - 傅斯年의 『東北史綱』 비판」, 『동북아역사논총』 20.

7 1896년 산둥(山東)에서 출생한 푸쓰녠은 베이징대학 문과 예과에 입학(1913)하였다. 1916년 동 대학 문과 본과에 진학한 그는 베이징대학(1916~1920) 시기 오사운동에 적극 참여하였으며, 런던대학(1920~1923)과 베를린대학(1923~1926)에서 유학하였다. 귀국 후 중산대학(中山大學) 문학원장(1927)을 거쳐, 곧 중앙연구원 역사어언연구소 소장(1928), 총간사(1937~)직을 수행하였다. 전후에는 베이징대학 대리교장(1945), 타이완대학 교장(1947)을 역임하였다. 그는 차이원페이(蔡元培), 후쓰(胡適), 구제강(顧頡剛), 천인커 등 당대 학술계 명류와도 시종 긴밀한 관계를 맺고 교류하였다.

8 陳以愛, 2002, 『中國現代學術研究機構的興起』, 江西教育出版社.

고 있다. 같은 맥락에서 그의 역사학 및 학술활동 역시 새롭게 음미할 필요가 있겠다.

이 글에서는 푸쓰녠의 역사학과 그것이 수행했던 사회적 역할을 다시 살펴봄으로써 중국 근대 사학사를 새롭게 조망할 수 있는 단서를 모색하고자 한다. 이를 위해 시종 주류로 활약했던 그의 역사학을 사료, 제도, 서술 및 이데올로기라는 측면에서 종합적으로 이해하되, 그에 대한 당대의 학술적 비판과 사회적 맥락을 함께 살펴볼 것이다. 그의 역사학과 학술활동을 과학과 민족주의의 연쇄관계 속에서 파악하고, 그 이데올로기성을 집중 분석하려는 것이다. 특히 그의 역사학의 방법으로서 과학주의에 주목하여 그것이 민족주의와 결합하는 방식을 살펴볼 것이다.

작업 과정에서는 이미 출간된 수종의 평전류 등 연구성과와 함께, 그의 저술과 당안(檔案)을 정리한 전집(全集), 그리고 서신집 등을 활용할 것이다. 특히 최근 출간된 방대한 분량의 '유찰(遺札)'은 그의 학술활동을 다양한 맥락에서 해석할 수 있는 가능성을 제공하고 있다.[9] 이러한 작업을 통해 푸쓰녠의 사학사상을 중국 근대 학술사의 맥락에서 재조명하면서, 중국 근대 역사학과 민족주의 문제를 새롭게 이해하는 데 기여할 수 있기를 기대한다.

---

9 傅孟眞先生遺著編輯委員會 編, 陳槃 等 校訂增補, 1980, 『傅斯年全集』, 聯經; 歐陽哲生 編, 2003, 『傅斯年全集』, 湖南教育出版社; 王汎森 等, 2011, 『傅斯年遺札』, 中央研究院歷史語言研究所. 푸쓰녠에 대해서는 많은 평전이 있지만, 본 주제와 관련하여서는 왕판썬[Wang Fan-sen(王汎森), 2000, *Fu Ssu-nien: An Intellectual Biography*, Cambridge University Press]과 악셀 슈나이더(Axel Schneider 著, 關山 等 譯, 2008, 『真理與歷史: 傅斯年, 陳寅恪的史學思想與民族認同』, 社會科學文獻出版社)의 저작이 대표적이다. 특히 전자는 독보적으로 사어소 소장 "傅斯年檔案"을 다수 이용하였다.

## II. 신화로서 과학적 역사학의 기원

푸쓰넨이 극단적이라 할 만큼 사료의 중요성을 강조했다는 점은 잘 알려진 사실이다. 또 이러한 연유로 그는 많지 않은 저술에도 불구하고, 중국 근대 역사학의 전범을 확립한 인물로 평가받고 있다. 특히 그가 「역사어언연구소 공작의 취지(歷史語言研究所工作之旨趣)」(1928)(이하 '「공작취지」')를 통해 천명한 "근대 역사학은 사료학(史料學)일 뿐"이라는 선언은 지금까지도 마치 무슨 경전처럼 회자되고 있다. 역사어언연구소(이하 '사어소')의 방향을 밝힌 이 「공작취지」는 글머리에서 다음과 같이 그 의미를 밝히고 있다.

> 역사학과 언어학은 모두 유럽에서는 최근에야 발달하였다. 역사학은 '역사를 저술하는 것(著史)'이 아니다. 역사를 저술하는 것은 어쨌든 고세(古世), 중세의 의미를 띨 수밖에 없고, 또 윤리가의 수단을 취하거나 문장가의 본사일 수 있다. 그러나 근대 역사학은, 사료학일 뿐이다. 자연과학이 우리에게 준 일체의 공구로, 일체의 사료를 정리하는 것이니, 역사학이 미치는 범위와 영역은 지질학에서 눈앞의 신문지에 이르며, 역사학 바깥의 다윈(진화론)이야말로 역사학 방법의 완성이라 할 수 있다.[10]

'사료' 정리를 근대 역사학의 본질로서 규정하면서, 자연과학적 '방법'의 활용을 강조하고 있다. 그는 같은 글에서, 본래 서구에 비해 일찍 발전

10 歷史語言研究所設立籌備處, 1928. 10,「歷史語言研究所工作之旨趣」,『國立中央研究院歷史語言研究所集刊』一本一分, 3쪽.

하였던 "중국의 역사학과 언어학은 왜 이렇게 뒤떨어지게 되었는가?"라고 자문하면서 역사학의 발전 방향을 다음 세 가지로 말하였다.

> 첫째, 자료를 직접 연구할 수 있으면 진보하고, 앞 사람의 연구나 앞 사람이 창조한 계통을 간접적으로 연구하면 후퇴하는 것이다. … 둘째, 무릇 학문은 자료를 확장할 수 있으면 진보하고 그렇지 않으면 퇴보한다. 셋째, 어떤 학문이든 연구에 응용할 수 있는 공구가 확충되면 진보하고 그렇지 못하면 퇴보한다. 공구(工具)는 단순한 방법만이 아니라 각종 기술 수단, 방법을 포함한다. 현대 역사학 연구는 이미 각종 과학적 방법의 집합처가 되었다. 지질학, 지리학, 고고학, 생물학, 기상학, 천문학 등 어느 것이든 역사 연구의 공구가 되지 못할 것이 없다.[11]

직접사료의 확충과 과학적 정리 방법의 확대를 근대 역사학의 발달 조건으로 삼고 있는 것이다. 이러한 입장은 그가 1930년대 베이징대학에서 행한 「역사학방법론(史學方法論)」 강의나 『"사료와 역사학" 발간사("史料與史學"發刊辭)』 등에서도 확인할 수 있다. 푸쓰녠은 또 "역사학 활동은 사료를 정리하는 것이지, 예술적인 건설이나, 소통(疏通)하는 사업이 아니다"[12]라면서, "존이불보(存而不補)", "증이불소(證而不疏)"라는 사료 정리의 원칙을 표명하였다.

> 우리는 소통(疏通)에 반대한다. 자료를 정리하기만 하면 사실(事實)은 자

---

11 歷史語言研究所設立籌備處, 1928. 10, 앞의 글.

12 傅斯年, 1980, 「史學方法論導論」, 『傅斯年全集』 第2冊, 聯經, 5쪽.

연스럽게 드러나기 때문이다. 하나의 자료가 있으면 하나를 내고, 열 가지 자료가 있으면 열 가지 물건을 내고, 자료가 없으면 물건을 내지 않으면 된다. 두 사실 간 약간의 거리가 있으면, 그것을 연결시키려는 여러 생각(涉想)은 경우에 따라 허용될 수 있다. 그러나 추론은 위험한 일이고, 가설은 성실하지 않은 짓이다. 보존하되 더하지 않는(存而不補) 것이 우리의 자료에 대한 태도요, 고증하되 설명하지 않는 것(證而不疏)이 우리의 자료 처리 수단이다.[13]

주관적인 해석을 배제한 사료의 객관적인 정리를 강조한 것이다. 이 때문에 기왕의 연구에서는 그를 '사료학파(史料學派)', 또는 '사료고증파(史料考證派)'로 분류하면서 그 학술적 내원을 랑케와 관련짓는 경향이 있었다.[14] 근대 역사학에서 독일 사학의 압도적인 영향력과 함께 그의 독일 유학 경험, 그리고 랑케 사학을 사료 고증학으로 수용한 중국 근대 학술의 맥락을 고려한 결과다.[15]

그러나 랑케 사학을 사료 처리 방식으로만 이해할 수 있는지도 의문이지만, 푸쓰녠을 랑케와 직결시키는 점에 대해서는 생각해 볼 점이

---

13 傅斯年, 1980, 「"史料與史學"發刊辭」, 『傅斯年全集』 第4冊, 聯經, 253, 262쪽.

14 張廣智, 1996, 「二十世紀前期西方史學输入中國的行程」, 『史學理論硏究』, 1996年 1期, 中國社會科學院世界历史研究所; 張廣智, 2004, 「傅斯年, 陈寅恪與蘭克史學」, 『安徽史學』 2004年2期, 安徽省社會科學院; 陈峰, 2008, 「趋新反入旧: 傅斯年, 史语所與西方史學潮流」, 『文史哲』 2008年3期, 山東大學.

15 중국에서 랑케 사학은 청 말 일본을 통해 수용되었다. 대부분은 에른스트 베른하임의 저서인 *Lehrbuch der Historischen Methode*(1889)의 번역본(『史學方法論』)을 통한 것이었다. 동서(同書)는 역사학의 개념과 본질, 사료의 분류와 수집, 사료의 고증, 종합과 서술 등 랑케 사학의 방법을 체계적으로 소개한 저작으로 알려져 있다. 李孝遷, 2006, 「中文世界中的蘭克形象」, 『東南學術』 2006年3期.

많다.[16] 우선 랑케는 유럽 근대사를 연구했기 때문에, 사료 비판 역시 주로 공문서(公文書)에 제한되었고, 그것도 저술의 수단으로서의 의미가 강했다. 어디까지나 유럽사(근대사)에 대한 생동감 있는 저술이 그 목표였던 것이다. 푸쓰녠이 고고학, 언어학, 인류학 등 현지 조사를 통한 직접 자료를 중시하면서도 극단적으로 통사 저술을 거부했던 태도 등은 분명히 랑케 사학과 차이가 있다.[17]

또 푸쓰녠은 유학 시절에도 역사를 전공한 적이 없으며,[18] 같은 독일 유학생 출신인 야오충우(姚從吾)와 달리, 사료학의 전범으로서 랑케를 거의 언급한 적이 없다. 그가 남긴 많은 장서에도 랑케 관련 서적은 보이지 않는다는 지적은 시사하는 바가 크다.[19] 그가 당시 랑케 사학을 잘 소개했다고 하는 에른스트 베른하임(Ernst Bernheim)의 원저(原著)를 읽었을 가능성을 제외하면, 직접 랑케의 영향을 받았다고 추론할 근거는 없는 셈이다.

이 때문에 푸쓰녠 사학의 사상적 연원을 당시 국제적인 한학(漢學) 연구나 특히 유럽의 동방어문학(Oriental Philology)과 관련시키려는 시각

---

16 黃進興, 2005, 「閱讀理論與史學理解」, 『新史學』 16卷2期; 마쓰이 다카시, 2009, 「일본의 동양사학은 어떻게 형성되었나?: 시라토리 구라키치(白鳥庫吉)의 역사학」, 『역사학의 세기: 20세기 한국과 일본의 역사학』, 휴머니스트.

17 악셀 슈나이더는 이 점을 들어 푸쓰녠의 역사학이 실증주의와는 관련될 수 있지만, 랑케식 역사주의와는 구별된다고 보았다. Axel Schneider 著, 關山 等 譯, 2008, 앞의 책, 169~172쪽.

18 푸쓰녠은 1919년 런던대학으로 유학하여 심리학을 전공하면서 물리, 화학 등 과목을 이수하였고, 1923년 베를린대학으로 전입한 뒤에는 '상대론'과 '비교언어학'을 이수하는 등 주로 서구의 자연과학을 수용하였다. 傅斯年, 1987, 「致胡適信」(1920. 8. 2), 『胡適來往書信選』 上冊, 中華書局, 106쪽.

19 Wang Fan-sen, 2000, 앞의 책, pp. 62~63.

도 있다.[20] 1925~1926년 푸쓰녠은 독일에서 비교언어학을 공부하였으며, 함께 유학하고 있던 천인커(陳寅恪)를 통해 동방어문학, 고증학의 영향을 받았고, 동시에 독일의 정통 역사학과 언어고증학을 수용했다는 것이다.[21] 당시 서양의 언어고증학은 문예부흥시대에 대한 연구방법으로서 등장한 것인데 문헌의 진위 및 그 의의에 대한 고증에서 출발하여, 여러 학문과 과학적 방법을 활용하여 고대를 중건하는 것을 목표로 했다. 특히 당시 유럽의 한학을 대표하는 폴 펠리오(Paul Pelliot, 1878~1945), 마르셀 그라네(Marcel Granet, 1884~1940), 에두아르 샤반(Édouard Chavannes, 1865~1918), 베른하르드 칼그렌(Bernhard Karlgren, 1889~1978) 등이 모두 그 영향하에 있었다. 이들이 실증주의 역사학(實證史學)을 주도하면서 고문헌, 고고학이 중요해졌던 것이다. 푸쓰녠은 이러한 서구 언어학 연구를 높게 평가하였을 뿐 아니라, 실제 그가 구사하는 연구방법론은 이들과 공유되는 점이 많다.[22]

같은 맥락에서 푸쓰녠의 사학사상을 랑케 이후 독일에서 유행한 과학주의와 관련하여 이해하려는 시도도 있다.[23] 과학적 연구 방식의 보편적 적용 가능성을 긍정하는 과학주의는 당대 큰 영향력을 가졌고, 오사세대로서 일찍 과학주의의 세례를 받은 푸쓰녠은 역사학이나 언어학 역시 자

---

20 王晴佳, 2007, 「科學史學乎“科學古學”乎?; 傅斯年“史學便是史料學”之思想淵源新探」, 『史學史硏究』 2007年4期; 張谷銘, 2016, 「Philology與史語所: 陳寅恪, 傅斯年與中國的「東方學」」, 『中央硏究院歷史語言硏究所集刊』 87本2分, 中央硏究院歷史語言硏究所.

21 王汎森, 2003a, 「思想史與生活史有交集嗎?; 讀“傅斯年檔案”」, 『中國近代思想與學術的系譜』, 聯經出版社, 313쪽.

22 傅斯年, 2012, 「引語」, 『性命古訓辨證』, 上海古籍出版社.

23 Wang Fan-sen, 2000, 앞의 책.

연과학과 같은 방법으로 접근해야 한다는 인식이 강했다.[24] 그러한 생각은 사어소 설립과 연구로 구체화되었다. 그가 시종 문헌자료를 넘어서 기계적 분석과 통계, 계측(計測)을 수반한 언어학, 고고학, 인류학 등 방법을 강조하였던 점을 고려하면 상당한 설득력이 있다.

무엇보다도 주목할 점은 푸쓰녠 자신이 유럽 근대사학의 흐름에 정통하고 있었다는 점이다. 서구 근대사학사에 대한 다음 미간 원고를 보자.

> 근대 사학의 발전은 다음 두 측면이다.
>
> 첫째, 관점(觀點): 근대사 관점의 출현은 사상적 변화라기보다는 신대륙의 발견과 같은 현실변화의 결과이다. 전문(傳聞), 고사(故事)가 끝없이 증대하고, 수많은 서로 다른 사람, 지역, 풍속 사물의 발견이 다양한 문제를 야기하였으니, … (기독교적) 일통론(一統論)이 근본적으로 동요하고, 낯선 문명에 대해 새로운 관념과 새로운 해석의 필요성이 발생하였다. 바꿔 말하면 (새로운) 통사(通史) 관념, 통사의 필요성을 야기하였다.
>
> 둘째, 방법: 유럽은 중세 때부터 교회가 보존한 사료가 적지 않았고, 각 지역별로 다양한 기록이 있었다. … 근대 역사학의 편집은 이러한 사료를 근거로 한 것이니, 이 사료의 수집과 정리 과정에서 배비(排比), 비교, 고정(考訂), 사료 편찬 등 근대 사학 방법을 발견한 것이다. 그래서 근대 역사학을 사료편집학(史料編輯學)이라 할 수가 있다. … 이후 각국은 사료 편찬 노력을 하였으니 … 사학계에서 진정으로 가치 있는 작품은 근대의 일이다.[25]

---

24 傅斯年, 2011, 「傅斯年致蔡元培」(1918. 8. 9), 『傅斯年遺札』 1, 1~2쪽.

25 傅斯年, 1995, 「中西史學觀點之變遷(未刊稿)」, 『中國文化』 1995年2期; 歐陽哲生

서구 근대 역사학이 특정한 사상운동이 아니라, 신대륙 발견 이후 신지식의 확대, 기독교 세계관으로부터 해방, 그리고 사료 정리를 바탕으로 한 독립적인 분과학문으로의 성장을 통해 형성되었음을 명확하게 인식하였던 것이다. 기독교적 세계관 등 일체의 편견으로부터 해방되는 것은 곧 자료에 대한 엄밀한 비판과 주관의 배제라는 논리와 통하는 것이었다. 그가 귀국 직후부터 직접자료의 확충을 통한 기왕의 인식으로부터의 해방, 즉 새로운 자료와 패러다임을 바탕으로 한 새로운 학문 건설을 주창한 것은 우연이 아니었다.[26]

같은 맥락에서 푸쓰녠은 중국의 전통 사학을 비판적으로 해부하였다. 중국에서 구양수(歐陽修)의 『집고록(集古錄)』처럼 직접사료를 연구한 오랜 전통이 있음에도 불구하고, (근대) 역사학이 발전하지 못한 이유는 수다한 전란에 따른 학문적 단절 탓도 있지만, 청대의 경우처럼 '정치적 이유'가 크게 작용한 결과라는 것이었다. 따라서 역대 통치이데올로기인 유가에 의해 윤색된 문헌들을 비판적으로 정리할 필요가 있었다. "유가와 거리가 멀수록 이상화되지 않은 사료이고 그 진확성(眞確性)이 더욱 크다"는 것이었다.[27]

이 같은 정리는 그 스스로가 추구할 역사학의 방향을 예고하는 것이었다. 이는 우선 근대 '과학'의 관점에서 유가 경전 등 전통 텍스트와 지식 체계를 해체·재평가하고, 그것을 대신할 새로운 역사학을 구축하는

---

編, 2003, 『傅斯年全集』 3, 湖南教育出版社, 149~158쪽.

26 傅斯年, 1927. 11. 1, 「"語言歷史研究所週刊" 發刊詞」, 『國立第一中山大學語言歷史研究所週刊』 1集.

27 歷史語言研究所設立籌備處, 1928. 10, 앞의 글; 歷史語言研究所設立籌備處, 「中西史學觀點之變遷」, 『國立中央研究院歷史語言研究所集刊』 一本一分.

것이었다. 문헌 비교 및 고증의 방법을 원용한 『통감고이(通鑑考異)』, 『집고록발미(集古錄跋尾)』나, 고염무(顧炎武), 염약거(閻若璩)의 학문 방법을 현대적으로 계승하고, 청 말 이래 갑골 등 고고학, 문자학 등 연구성과를 활용하는 방식이었다. 푸쓰녠이 당시에 학술 권세를 누리던 장빙린(章炳麟)의 국고학(國故學)을 신랄하게 비판한 것 또한 이와 같은 맥락에서였다. 그는 장빙린에 대해 "그 스스로 신자료를 쓰지 못했을 뿐 아니라, 다른 사람이 신재료를 쓰는 것을 막아서 (역사학의 발전을) 2천 년 이상 후퇴시켰다"라고 평하였다.

물론 이러한 그의 주장은 푸쓰녠 개인만의 독창적인 것은 아니었다. 오사 시기 대두된 '과학'주의 사조와 학술운동을 계승한 것이었다.[28] 그의 연구방법은 후스(胡適)가 주창한 "정리국고(整理國故)"나 구제강(顧頡剛)의 고사변운동(古史辯運動) 등 신학술운동과 상통한 것이었지만,[29] 사료와 방법론에 대한 새로운 인식은 이미 대학 등 학술제도를 통해서 보편화되고 있었다. 예컨대 베이징대학이 "현대 역사학은 이미 과학적 역사학이 되었다"는 전제하에 기본 과학이나 사료 학습을 강조하는 방향에서 사학과의 교육 과정을 개정하고[30] 또 1921년 연구소 개편 과정에서 국학문(國學門) 산하에 문자학, 문학, 철학, 사학과 함께 고고학연구실을

---

28 오사운동 이전부터 중국에서 과학은 압도적인 담론의 우위 속에 과학자 사회가 형성되고 '계통이 있는 지식'으로 분과학문체계가 정착하면서 새로운 학술운동으로 발전하고 있었다. 姜明喜, 2011, 「民國시대 中國科學社의 과학운동의 성격: 『科學』 잡지를 중심으로」, 『東洋史學硏究』 117.

29 傅斯年, 1919. 5. 1, 「毛子水〈國故和科學的精神〉識語」, 『新潮』 1-5; 逯耀東, 1996, 「傅斯年與《歷史語言硏究所集刊》」, 『臺大歷史學報』 20期.

30 「史學系課程指導書(十二年至十三年度)」, 『北京大學日刊』(1923. 9. 29); 「國立北京大學史學系課程指導書(十四年至十五年度)」, 『北京大學日刊』(1925. 10. 12).

설치한 것은 단적인 예였다.[31] "인류 진행 과정을 연구하기 위해서는 전적(典籍)외 실문자료(實物資料) 및 유적을 참고해야 한다"는 것이 그 취지였다.[32] 과학적 역사학이 제도화 단계에 들어선 것이었다.

그러나 시종 재정난에 허덕인 민국 초기 대학은 순항하지 못했고,[33] 학술운동의 성과는 미미하였다. 과학적 방법과 내용을 수반하지 않은 제도화는 무력할 뿐이었다.[34] 후스는 "정리국고는 이미 죽는 길이다. … 우리는 길을 바꾸어야 한다. 여러분의 과학 실험실에서 좋은 성적을 낸 뒤, 여력이 있으면 돌아와 국고를 정리해라"[35]라고 토로할 정도였다. 이러한 사정은 결국 당시 중국에서 강력한 국가 건설에 대한 열망과 함께 제도적으로 대학보다 상위의 중앙 학술기구 출현을 요구하는 객관적 배경으로 작용하였고, 차이위안페이(蔡元培) 등이 중앙연구원 설립에 착수하게 된 계기가 되었다. 푸쓰녠은 사어소의 설립을 주도함으로써 이에 부응하였다. 사어소는 바로 오사 시기 대두된 과학주의를 바탕으로 그의 역사학을 구현하는 제도적 대안이었던 셈이다.

---

31 桑兵, 2001,「東方考古協會」,『晚淸民國的國學硏究』, 上海古籍出版社.

32 1923,「重要紀事」,『國學季刊』 1-4.

33 백영서, 1991,「北京政府의 財政危機와 敎育經費 獨立運動」,『中國現代大學文化硏究』, 一潮閣.

34 陳洪波, 2008,『史語所的實踐與中國科學考古學的興起 1928-1949』, 復旦大學博士學位論文, 2쪽.

35 胡適, 1928,「治學的方法與材料」,『新月』 1-9, 新月社.

## III. 과학적 역사학의 제도화 및 체계화: 사어소의 설립과 고대사 연구

사어소는 주비단계(1928년 3~9월)를 거쳐 1928년 10월, 정식 설립되었다. 중앙연구원(中央研究院)은 북벌을 통해 들어선 난징 국민정부가 고조된 국민주의를 배경으로 설립한 최고 학술기구였다. 국가 건설에 필요한 과학의 제도화와 학술 사회의 형성 및 국가적 동원이 목표였다.[36] 정부의 국가 건설 계획의 일환으로 9개의 자연과학과 사회과학 연구소가 먼저 설치되었는데 사어소도 그중 하나였다.

푸쓰녠은 주비위원(籌備委員)과 (대리)소장 자격으로 시종 이 과정을 주도하였다. 차이위안페이와의 밀접한 관계, 그리고 그가 귀국 직후 중산대학(中山大學)에 설치했던 언어역사연구소(語言歷史研究所) 경험이 그 배경이자 기초였다.[37] 푸쓰녠은 먼저 「사어소조직대강(史語所組織大綱)」(1928. 5. 5) 및 「공작취지」 등을 통해 사어소의 방향과 조직을 정하는 한편, 관련 인사를 전관(專管)하였다. 우선 그는 중앙연구원의 설립 취지에 맞추어 사어소 역시 "천문, 지질, 물리, 화학 등 자연과학과 같은 방식으로 역사와 언어를" 연구해야 할 것임을 분명히 했다. 서구의 경우처럼 중국의 풍부한 사료를 과학적 방법을 활용하여 정리함으로써 새로운 발전을 기약할 수 있다는 것이었다.[38] 사료를 체계적이고 조직적으로 조사·

---

36 Chen Shiwei, 1998, 앞의 글.

37 逯耀東, 1996, 앞의 글.

38 「本所對于語言學工作之範圍及旨趣」, 『中央研究院十七年度總報告』; 「所務記載」(1928. 5), 『中央研究院十七年度總報告』; 「中央研究院歷史語言研究所十七年度報告」, 『中央研究院十七年度總報告』.

수집하고 이를 정리·분석하여 연구하는 것이 사어소의 과제였던 셈이다. 여기에는 문헌자료만이 아니라 갑골, 금석, 도자, 죽간, 목간 및 기타 실물, 그리고 지상의 고건축, 역대 사적, 당안, 지방지(方志), 필기(筆記), 문자 및 제도, 소수민족 언어, 가요(歌謠), 속곡(俗曲), 전설, 풍속 등이 두루 포함되었다.

이러한 구상은 사어소의 조직 편제로 구체화하였다.[39] 애초에는 사료학, 한어(漢語), 문적고정(文籍考訂), 민간문예(民間文藝), 고고, 한자(漢字), 인류학·민물학(民物學), 돈황자료(燉煌資料) 등 8개 조로 편제하였으나, 1929년과 1934년에 각각 개편과 확충을 통해 사학(천인커), 언어학[자오위안런(趙元任)], 고고학[리지(李濟)], 그리고 민족학[우딩량(吳定良)] 등 4개 조로 편제하였다. 그에 따라 사료 정리도 조직적으로 진행되었다. 주비 단계에서부터 명청내각고(明淸內閣庫)의 당안 정리, 안양(安陽) 상대(商代)의 유적 발굴, 서남민족 조사 등을 진행하였고, 정식 설립 후에는 장적(藏籍), 돈황문서(敦煌文書), 금석서(金石書) 및 거연한간(居延漢簡), 진한금문록(秦漢金文錄), 한위육조묘지명(漢魏六朝墓誌銘), 명실록(明實錄) 등을 정리하였다. 모두 근대 중국학을 대표하는 기초자료라 할 수 있다.

또한 고고 조사는 안양에 대한 지속적인 발굴과 함께 산시(山西), 산둥(山東)으로 지역을 확대하였다. 그리고 한장어(漢藏語, Sino-Tibetan languages)를 중심으로 전국 방언을 조사 정리하였으며, 한어사 연구와 함께 티베트어 및 기타 각종 언어의 비교 연구를 진행하였다. 이로써 "갑골, 금문을 이용한 상고사, 돈황자료 및 중앙아시아 출토자료를 활용한

---

39 사어소의 제도화 과정에 대해서는 최은진, 2010, 앞의 글을 참고할 수 있다.

중고(中古)시대, 명청내각 당안을 통한 근대사 연구"를 동시에 진행할 수 있는 제도적 틀을 갖춘 것이었다.[40]

푸쓰녠은 이러한 작업에 필요한 다수의 연구자를 초빙하였다. 서구에서 인류학 및 고고학, 동방학, 비교언어학 등을 전공한 리지, 천인커, 자오위안런, 그리고 우딩량 등이 대표적인 예다. 주목할 점은 이들은 서구에서 획득한 방법론을 바탕으로 자국사를 연구하려는 학술 민족주의적 성향이 강했다는 점이다. 천인커가 유럽 동방학의 성과를 활용하여 불교 역본의 중국 전래 과정 등 중국 불교사, 교섭사, 소수민족어 사료에 기초한 변강사를 연구한 것은 단적인 예다. 리지 역시 학위 논문의 제목이 『중국인의 형성*The Formation of the Chinese People*』(1923)이었는데 논문 작성 과정에서 체질인류학의 방법을 활용하여 현지 유학생 등 중국인에 대한 인체 측량을 진행하고, 중국인을 구성하는 5개 민족을 구별한 바 있었다. 그의 관심은 "중국인의 뇌용량을 분명히 하여 세계 인류의 그것과 비교함으로써 인류 발전단계에서 그것이 어느 단계에 속하는가를 밝히는 것",[41] 그리고 혈통(종)과 문화(족)의 동화와 혼혈 과정을 역사적으로 규명하여 중화민족의 형성 과정을 밝히는 것이었다.[42] 런던대학에서 고인류학을 익힌 우딩량 역시 이미 국제저널을 통해 몽골인, 일본인, 화북인, 복건인 등 각 인종의 체질적 특징에 따른 인종지도를 발표한 바 있

40 각 연도「歷史語言研究所工作報告」에 상세하다. 歐陽哲生, 2011,「新學術的建立; 以傅斯年《歷史語言研究所工作報告》爲中心的探討」,『文史哲』 2011年6期; 최은진, 2010, 앞의 글; 陳洪波, 2008, 앞의 책.

41 李濟, 2005,『中國民族的形成』, 江蘇教育出版社, 4쪽; 張光直, 1988,「人類學派的古史學家: 李濟先生」,『歷史月刊』(臺北)9.

42 王道還, 1998,「史語所的體質人類學家: 李濟, 史祿國, 吳正良, 楊希枚, 余錦泉」,『新學術之路』(上), 中央研究院歷史語言研究所.

었다.[43] 푸쓰녠이 타오멍허(陶孟和)의 반대를 무릅쓰면서 우딩량을 초빙한 이유도 은허에서 출토된 백 수십 구의 유골을 과학적으로 분석하여 중국 민족의 원형을 밝히는 데 있었다.[44] '과학적 고고학'의 조직화 과정인 셈이었다. 이처럼 사어소는 근대 학술 방법과 사료를 조직적으로 결합함으로써 학술 민족주의를 구현하는 제도화 과정이었던 것이다.

같은 맥락에서 푸쓰녠은 "과학적 동방학의 정통"의 창출을 선언하였다. 그것은 고고학, 지질학, 언어학, 인종학 등 서구의 신식 학술 방법을 채용한 중국 중심의 새로운 중국학의 구축과 국제적 발신을 의미하였다. 이러한 발상은 물론 당시 서구 및 일본의 동방학, 동양학에 대한 비판적 인식을 전제로 한 것이었다. 당시 푸쓰녠은 서구의 동방학이 언어학, 고고학 등을 기초로 이집트, 소아시아, 서아시아를 거쳐 인도, 아랍, 중국으로 연구영역을 확장하고 있고, 그러한 과정에서 중국의 자료를 이용한 흉노, 서역 및 몽골 연구를 통해 독자적인 체계를 구축하고 있는 상황을 잘 알고 있었다. 또 그러한 동방학이 세계적인 보편성에 치우쳐 여타 부분에 대해서는 소홀히 하는 편향성이 있다는 것도 잘 인식하고 있었다.

> 외국인은 세계 문화의 안목으로 관찰을 하고 인류 문화를 표준으로 하기 때문에 총체적인 문화적 의의를 얻을 수 있는 것이다. … 그러나 그들의 연구관점은 보편성에만 주목하기 때문에, 서양 문화와 관계없는 부분은 소홀히 한다. 외국인 고고학가는 순수하게 중국을 대표하는 것에는 관심이

---

43 T. L., Woo & G. M. Morant, 1932, "A Preliminary Classification of Asiatic Races Based on Measurement", *Biometrica* 24-2(吳小庄 編, 2014, 『吳定良院士文集』, 知識産權出版社).

44 傅斯年, 2011, 「傅斯年致吳定良(抄件)」(1933. 2. 11), 『傅斯年遺札』 1, 378쪽.

적고, 중·서 문화 접촉의 산물에만 주의를 기울인다. 이는 그들의 특별한 점이고, 원대한 점이다.[45]

서양인이 쓴 중국사를 보면, 대부분은 한적(漢籍) 중의 중외관계나 이미 경전화된 여행기를 통해 발견한 '반한(半漢)'적인 것들이다. 이런 것도 중요하지만, 중국사의 가장 중요한 문제는 보다 '전한(全漢)'적인 것, 보다 중국 사학 지식의 구축에 관련되는 것이 중요하다. 채색도기(彩陶)의 분포 등 외연적인 것도 중요하지만 중국 본토의 선사 문화가 어떻게 구축되어 왔는지가 중요한 것이다.[46]

인류사나 서구 근대 학문의 보편성을 전제하면서도 그와는 체계를 달리하는 새로운 중국학 구축의 필요성을 분명히 한 것이다. 따라서 서구 동방학과 접궤(接軌)하면서도 중국 역사와 언어의 고유한 체계를 종합적으로 밝히는 작업이 필요했다. 사어소의 사료 정리 등 주요 작업들이 모두 그러한 것이었다. 안양을 기준으로 여타 지역(산둥 및 산시)을 조사 비교함으로써 중국 고대사를 입체적으로 재구성하려 했던 것은 대표적인 예이지만 서남지역 및 티베트어 정리에 집중한 것도 같은 맥락이었다.

서남 각 민족의 문제가 중국사에서 가장 중요한 문제인 것은 언어뿐만은 아니지만 서남민족 언어 연구는 그들의 본질을 알 수 있는 첫걸음이다. 더욱이 티베트, 미얀마, 태국 및 윈난(雲南), 궤이저우(貴州), 광시(廣西), 쓰

45 傅斯年, 1930, 「考古學的新方法」, 『史學』 第一期一.

46 傅斯年, 1934, 「《城子崖》序」, 『國立中央研究院歷史語言研究所中國考古報告集』.

촨(四川) 등지의 비한족(非漢族)은 인도-차이나어계인 티베트-버마지(Tibeto-Burman支) 또는 중국-타이지(Sino-Tai支)에 속하는 즉 한어(漢語)와 동족이기 때문에 한어 연구, 특히 고대 한어 연구는 이러한 언어들과의 비교에 의존할 수밖에 없다.[47]

인도-차이나어계 등 서구 학계의 언어 연구성과를 바탕으로 한어의 위상을 정하는 것이 일차적인 목표였던 것이다.[48] 고고 발굴이나 티베트 문서 정리 역시 같은 맥락이었다.[49] 물론 여기에는 문헌사료만이 아니라 계측을 수반한 현지 조사가 동원되었다. 푸쓰녠은 이러한 작업을 '정통 과학적 동방학'으로 조직하였던 것이다.

한편 푸쓰녠은 이러한 과정에서 구제강의 고사변운동의 성과를 발판으로 스스로의 역사 연구 방법과 방향을 정립하였다. 구제강의 의고(疑

---

47 傅斯年, 1928. 10,「本所對于語言學工作之範圍及旨趣」,『國立中央硏究院歷史語言硏究所集刊』一本一分.

48 중국의 서남과 티베트 지역은 600여 개의 언어 집단이 공존할 만큼 다양해서 그 민족 및 언어의 분류와 유형화는 지금도 논란 중이다. 1924년 장 프르질루스키(Jean Przyluski, 1885~1944)는 인도차이나어계(印度支那語語系) 대신 '한장어계(漢藏语系, Sino-Tibetain)'라는 용어를 제안하여 관심을 끌었다. Owen-Smith, Thomas & Hill, Nathan, 2014, *Trans-Himalayan Linguistics: Historical and Descriptive Linguistics of the Linguistics of the Himalayan Area*, De Gruyter Mouton, pp. 11~16.

49 19세기 말부터 '인도학'을 배경으로 대두한 서역에 대한 국제적 관심은 당시 돈황문서 및 거연한간(居延漢簡), 그리고 다량의 티베트문 간독과 금석문 발견을 계기로 더욱 고조되었다. 당시 사어소는 위다오취안(于道泉) 등을 통해 티베트어 서적(藏籍) 정리에 착수하였다(김성수, 2018,「유럽과 미국의 티베트학, 성과와 과제」,『동북아역사논총』60, 236~237쪽). 또 1893~1908년 신강, 티베트 일대를 조사했던 스벤 헤딘(Sven Hedin)은 1926년 독일의 기금으로 중국-스웨덴 연합 고생물연구단을 구성하여 신강 지역을 재조사했고, 협화의원(協和醫院)의 데이비슨 블랙(Davidson Black)은 록펠러재단의 지원을 받아 중국의 고생물학 연구의 일환으로 저우커우디엔(周口店)의 베이징원인(北京猿人)을 조사하기도 했다.

古)적 방법론에 대한 비판을 전제로 한 것이었다.[50] 당시 구제강은 전통적 텍스트 비판을 통해, "제계(帝系), 도통(道通), 성경(聖經)을 파괴"하고 다원적 역사체계를 제시함으로써 학계에 대단한 영향력을 발휘하고 있었다. 푸쓰녠 역시 구제강의 작업을 "300년 중국 사학의 최고봉"으로 평가하면서 특히 그의 누층(累層)적 고대사론을 뉴턴의 역학법칙이나 다윈의 진화론에 비견되는, 중국 고대사 해석의 관건으로 이해하였다.[51] 그렇지만 동시에 푸쓰녠은 그것이 문헌사료를 해석할 수 있는 기준을 제시한 것에 불과한 것이므로 구체적인 역사 해석은 여전히 과제라고 보았다. 푸쓰녠은 나아가 고대사체계의 파기에 치중한 구제강의 의고작업을 방법적인 측면에서 비판하였다. 예컨대 구제강이 동주 이전 기록은 모두 믿을 수 없으며, 역대 공자에 대한 기록 역시 위조된 것이라고 한 데 대해 다음과 같이 논평하였다.

> 공문제자(孔門弟子)에서 량수밍(梁漱溟)의 공교전기(孔教傳奇)에 이르기까지, (그 기록은) 크게 보면 세 부류로 나눌 수는 있으나 … 한 층 한 층 그 껍질을 벗기면 공구(孔丘)는 정말 공구(空丘)가 될 뿐이다. 이쯤 되면 어떤 사람들은 공자가 역사적 인물이 아니라고까지 말할지도 모르겠다. 그러나 이는 참 웃기는 이야기이다. 주나라 애공(哀公)대에 틀림없이 공자(仲尼)라는 사람이 있었다. … 공자가 유명했음은 주말(周末) 유가만이 아니라 그 반대자들 중에서도 증거를 들 수 있기 때문이다.[52]

---

50 杜正勝, 1995,「從疑古到重建:傅斯年的史學革命及其與胡適, 顧頡剛的關係」,『中國文化』(中國藝術研究院), 1995年2期.

51 傅斯年, 2011,「傅斯年致顧詰剛」(1926. 9),『傅斯年遺札』1, 62~63쪽.

52 傅斯年, 2011, 위의 글, 71쪽.

> 내가 자신 있게 말할 수 있는 것은 선진(先秦)시대를 연구할 때는 문헌과 서적[文籍(書)]을 단위로 해야지 사람을 단위로 할 수 없다는 것이다. … 우리는 『논어』를 주제로 삼고, 또 『논어』의 공자를 논할 수는 있지만, 공자만을 따로 논할 수는 없는 것이다. … 공자 문제는, '문헌이 부족하기 때문에' 복원이 불가능한 부분이 있다는 것이다. … 『논어』를 단위로 분석하면 그 전부의 공자를 복원할 수 없다 하더라도, 일부분의 공자를 추출할 수 있으니, …[53]

사료의 제한성을 인정하면서도 단순한 의고나 담론 차원이 아니라, 그로부터 상대적이거나 부분적인 진실을 추출하는 것이 중요하다는 점을 강조한 것이다. 특히 사료 처리와 관련하여 푸쓰넨은 텍스트의 비판 및 고고자료의 활용을 강조하면서도 다음과 같이 언급하기도 했다. "우리가 고사(古史)를 연구할 때 완전히 회의(懷疑)하거나 믿는 것은 맞지 않다. 우리는 회의할 이유와 근거가 있으면 가능한 한 회의하고, 믿을만한 이유와 근거가 있으면 가능한 한 믿으라는 것이다. 이렇게 하려면 고고(考古)를 중시할 수밖에 없다." 또 "증거를 찾으면 있다고 할 수 있지만, 증거를 찾지 못했다고 해서 없다고 할 수는 없다"[54]고 부연하였다. 사료의 중요성을 전제로 하면서도 역사의 해체보다는 재구성을 중시한 것이었다.

푸쓰넨의 이러한 입장은 자연스럽게 '중국 초기 문화사' 연구로 구체

---

53 傅斯年, 1927. 12,「評春秋時代的孔子和漢代的孔子」,『國立中山大學語言歷史研究所週刊』1-7.

54 傅斯年, 1927. 11,「評秦漢統一之由來和戰國人對于世界的像想」,『國立中山大學語言歷史研究所週刊』1-2.

화되었다.[55] 전문적이고 과학적인 역사 연구에 착수한 것이다. 주목할 점은 그가 이미 오사 시기부터 중국사에 대한 체계적 이해를 염두에 두고 있었다는 점이다. 당시 그는 중국에서 널리 유통되던 지쓰조 쿠와바라(桑原騭藏, 1871~1931)의 『동양사요(東洋史要)』의 내용과 분기(分期) 문제를 비판하면서 한족의 상승과 변천이라는 일관된 기준, 즉 민족사의 관점에서 중국사를 분기할 것을 주장한 바 있었다.[56] 당시 그는 특별히 "종족(민족)적 관점"을 강조하였다. "일국의 역사를 연구하려면 먼저 그 종족을 판별하지 않으면 안 된다. … 종족은 그 종족성(種族性), 또는 색깔(Racial Colour)이 있어서 일체를 주재할 능력을 갖는 것이니, 종족이 변화하면 역사 역시 그 면모를 바꾸는 것"[57]이라는 것이었다. 이에 따라 그는 중국사에서 민족 구성의 변화가 두드러진 수·당(隋唐)과 당·송(唐宋) 교체를 기준으로 각각 "제일중국"과 "제이중국"으로 이해하였다.

푸쓰녠의 작업은 이러한 전제를 더욱 구체화하는 데서 출발하였다. 우선 그는 한·당과 당·송의 차이에 주목하여, 영가의 난(永嘉之亂) 이전을 "제일중국"으로, 그 이후인 수·당을 "제이중국"으로 보았다. "수와 당은 오호탁발(五胡拓拔)에서 기원하였으니, 당의 문물 습관은 남조를 따랐으나, 정신생활은 전혀 달랐다. 문화상으로는 제일중국을 따랐으나, 부분적으로는 역시 부견(符秦) 탁발을 근거로 한 것이다." 그리고 "대략 300년 일통(一統) 후, 대란(大亂)을 거쳐, 문화가 가장 세밀(細密)한 송조(宋朝)가 출현하였다"는 것이었다. 민족 구성과 대외 접촉을 기준으로 중국사

---

55 傅斯年, 2011, 앞의 글.

56 傅斯年, 1918. 4. 17~23, 「中國歷史分期之硏究」, 『北京大學日刊』; 傅斯年, 1980, 『傅斯年全集』 第1冊, 聯經, 21~36쪽.

57 傅斯年, 1918. 4. 17~23, 앞의 글.

를 이해한 것이다.

그렇지만 이러한 가설의 설정이 민족사 형식의 통사 집필로 이어진 것은 아니었다. 오히려 푸쓰녠은 "은·주 교체기에 중국 문화가 크게 열렸다고 하나 종족관계는 알 수 없다. 요컨대 중국 역사와 인종의 관계는 연구할 가치가 있다"고 하여,[58] 구체적으로는 구제강이 해체한 하·은·주(夏殷周) 삼대 일통론(一統論)을 민족, 인종 간의 흥쇠라는 관점에서 새롭게 해석함으로써 "제일중국"인 한(漢) 제국의 성립 과정을 체계화하고자 하였다. 이를 위해 『좌전』, 『춘추』, 『국어(國語)』, 『논어』, 『맹자』, 『주관(周官)』 등의 문헌을 비판적으로 해석하고, 갑골문 등 고고 발굴 성과를 최대한 활용하여 '고대 민족의 기원과 이동'을 추적하였다.

푸쓰녠은 특히 고대 저작에 나타난 사상 문맥과 문체 등을 비교하여 진위를 가리고 '경전의 역사지리적 배경'을 적극적으로 고려함으로써 그 '부분적 진실'을 추적하였다. 「강원(姜原)」(1930), 「대동소동설(大東小東說)」(1930), 「은의 동봉과 은 유민(殷東封與殷遺民)」(1934) 등 일련의 성과는 이러한 작업의 결과였다. 특히 「이하동서설(夷夏東西說)」은[59] 하·은·주 정통 왕조 간의 교체를 '민족 교체(民族代興)'와 지리적 관점을 결합하여 설명한 대표작이었다. "삼대 및 삼대 전기에는 대체로 동과 서가 서로 다른 계통이 있었다. 동과 서가 대치하여 상쟁상멸(相爭相滅)하는 것이 바로 중국 삼대사이다. 하대의 이하지쟁(夷夏之爭)은 이(夷)가 동(東)이고 하(夏)가 서(西)였다. 상대(商代) 하상지쟁(夏商之爭)은 상(商)이 동이고 하가 서였다. 주의 건국(建業) 과정에서는 상은 동인 반면 주

58 傅斯年, 2011, 앞의 글.

59 傅斯年, 1933, 「夷夏東西說」, 『國立中央研究院歷史語言研究所集刊』 外篇第一種.

는 서였다"[60]는 것이었다.

작업 과정에서 사어소가 진행하고 있던 고고 발굴, 금문, 갑골 연구 등을 적극 활용하고 있다는 점이 두드러지지만, 특이한 점은 지역적 범위로서 동을 산둥, 회수(淮水) 연안과 동북, 조선을 포함하는 하나의 문명 단위로 설정했다는 점이다. 푸쓰녠은 특히 상이 동북에서 기원하였음을 역설하였다. 동북과 조선에서 회이(淮夷) 지역에 이르기까지 『시경』「상송(商頌)」 편의 현조(玄鳥) 및 유융씨(有娀氏) 신화와 같은 난생 설화, 인강(人降) 신화의 편재성, 은대의 고지명 및 "상토열열(相土烈烈), 해외유절(海外有截)"과 기자동래 따위의 상관 기사, 그리고 갓 발견된 고고 발굴의 성과를 염두에 둔 것이기도 하였다. 또 은·주 교체 등 민족 간 경쟁을 단순한 정치사건으로서가 아니라 오랜 식민화 과정으로 설정하였다. 이는 '제일중국=한 제국'의 성립에 이르는 중국 문명의 기원을 하·상·주 및 이적(夷狄) 등 제 민족의 경쟁과 융합 과정으로 설명함으로써 중국 고대사를 다원적인 틀로서 해석하려는 것이었다.[61] 이는 같은 관점에서 당 제국의 성립을 연구한 천인커와 호응하면서 중국사를 체계화할 수 있는 틀을 제공하였다.[62]

---

60 傅斯年, 1933, 앞의 글.

61 王汎森, 2003b, 「一個新學術中觀點的形成: 從王國維的「殷周制度論到傅斯年的「夷夏東西說」」, 『中國近代思想與學術的系譜』, 聯經出版社.

62 傅斯年, 2011, 「傅斯年致陳寅恪」(1931. 10), 『傅斯年遺札』 1, 378쪽.

# IV. 과학주의와 민족주의의 긴장 및 연쇄

## 1. '역사'에서 '민족'으로: 항전의 논리와 맥락

푸쓰녠의 학술활동과 관련한 쟁점 중 하나는 민족주의 문제이다. 동아시아에서 근대 역사학은 민족주의와 무관할 수 없지만, 일본의 만주 침략으로부터 시작된 중국의 1930~1940년대는 특히 변강과 '민족' 문제가 중심화하면서 현대 중국의 다원적 정체성이 재구성되는 시기였다.[63] 여기에 민족학, 인류학, 지리학 등과 함께 역사학이 동원되는 것은 당연한 일이었다. 관건은 푸쓰녠의 개입 과정인데, 이는 그가 추구했던 근대 학문으로서 역사학의 이데올로기성과 직결된 문제로 살펴볼 필요가 있다.

민족주의와 관련하여 특별히 푸쓰녠이 거론되는 것은 주로 다음 몇 가지 사항 때문이다. 우선, 그는 '만주사변' 직후 『동북사강』을 저술하고 『독립평론(獨立評論)』을 중심으로 항일여론을 조직하는 등 정국에 적극적으로 대응했다. 기획 저술인 『동북사강』은[64] 특히 '만주'라는 지명을 중국의 동북으로 대칭(代稱)함으로써 당시 폭발하기 시작한 대중의 항일여론을 선도하였다. 상고부터 위진까지 고대 중국 왕조(주로 북부 중국)와

---

63 유용태, 2005, 「中華民族論과 東北地政學: "東北工程"의 論理根據」, 『東洋史學硏究』 93; J. Leibold, 2016, *Reconfiguring Chinese Nationalism: How the Qing Frontier and its Indigenes Became Chinese*, Palgrave Macmillan.

64 본래 이 책은 푸쓰녠(고대동북사), 팡좡여우(方壯猷)(수에서 원 말), 쉬종수(徐中舒)(명청시대의 동북), 사오이산(蕭一山)(청대 동북의 관제 및 이민), 장팅푸(蔣廷黻)(동북 외교) 저자 5명의 5권으로 기획된 것이었다. 제1권인 푸쓰녠의 저술만 출간되었고, 리지(李济)가 그 내용을 축약한 *Manchuria in History: A Summary with Maps and a Chronological Table*(1932, Peking Union Bookstore)가 유엔조사단에 제출되었다. 傅斯年, 1932, 「告白」, 『東北史綱 初稿(古代之東北)』.

만주 및 조선 지역 간 인종, 정치, 문화, 언어 등 관계를 밝힘으로써 일본의 만주 침략의 부당성을 입증하려는 것이었다. 고대 중국은 동이(東夷)와 동류의식이 있었으며, 한 무제의 동점(東漸) 이전부터 만주 및 조선반도로 중국인의 진출과 확장이 거듭되었고, 대대로 지역의 군장(君長)으로서 통치하였으니, "무제가 성공할 수 있었던 것은 바로 본 지역에 원래부터 상당한 민족적 근거를 가지고 있었기 때문"이라는 추단이었다.[65] 이를 위해 인종학, 고고학, 문헌학적 연구성과를 동원하고 읍루족(만주계), 예맥족(韓系) 등 고대 동북의 제 민족관계에 대한 정리를 시도하였다. 저술의 기획성·목적성과 중국사를 구성하는 방식에 대해서는 의문의 여지가 있지만, 그의 고대사 연구성과를 유감없이 발휘한 것이었다.

또 푸쓰녠은 일제가 만주를 넘어 '화북자치'와 '외몽독립'을 공공연하게 획책하던 1935년, 대중을 향해 「중화민족은 하나다(中華民族是一個)」라는 시론을 발표했다. 중화민족은 한인과 비한인이 수천 년의 역사 과정에서 구성된 역사적 실체라는 논리를 바탕으로 '민족'과 '공간'을 일치시킴으로써 일제의 침략 논리를 비판한 것이었다. 역시 그의 고대사 인식을 대중화 한 것인데, 특히 공간 인식이 주목된다.

> 은(殷) 이후 서로 다른 민족이 통일을 이루는 과정에서 대일통 사상이 뿌리내렸고, 기원전 221년 정치도 통일되었다. … 북은 삭북(朔北), 남은 경애(瓊崖), 교지(交趾), 서로는 류사(流沙), 동은 계림(鷄林), 현토(玄免)에 이르기까지 이것이 하늘이 내려준 중화민족의 전원(田園)이다.[66]

---

65 傅斯年 저, 정지호 역, 2017, 『동북사강』, 주류성, 86~90쪽.

66 傅斯年, 2003, 「中華民族是整个的」, 『傅斯年全集』 4, 湖南教育出版社, 125쪽.

푸쓰녠은 또 1939년, 윈난에서 『변강부간(邊疆附刊)』을 간행하고 있던 구제강에게 편지를 보내 다음 사항을 요구했다. 첫째, 『변강부간』이라는 제호를 '윈난', '지리', '서남' 등으로 바꾸고 변강이라는 용어는 쓰지 말 것. 둘째, 지리, 경제, 토산, 정정 외 민족 관련 논의는 중지할 것, 셋째, '중화민족은 하나다'라는 대의에 따라 이한일가(夷漢一家)임을 증명하되 한족의 역사로써 증거를 삼을 것 등이었다.

> 여기에서 근신해서 사용해야 할 2개의 명사가 있다. 첫째, '변강'이다. '변인(邊人)'은 옛부터 비칭(賤稱)이었다. '변지'는 자고로 '미개(不開化)'의 다른 이름이었다. 윈난의 선비(讀書人) 중에 이를 아는 사람이 없을 수 없다. … 다음은 소위 '민족'이다. 5~6년 전 우리 연구소에서 링춘성(凌純聲) 선생의 『허저족 연구(赫哲族研究)』를 간행할 때 나는 '허저민족'이란 용어를 쓰지 말자고 힘써 주장했다. … 지금 서남에서는 이 일이 정치적으로 더욱 중요한 듯하다. 지금 윈난인이 이미 '오직 하나의 중국민족이 있을 뿐이다'라고 하여 그 근본을 탐색하려 하지 않는데, 하필 거기에 기려(羈旅)하는 우리가 각종 민족의 명목을 애써 세운단 말인가? 지금 일본인이 섬라(暹羅)에서 광시와 윈난이 모두 타이족(泰族)의 고거(故居)라고 선전하며 실지 회복을 사주하고 있고, 영국인은 미안마에서 국계(國界) 내의 토사(土司)를 끌어들이고, 화공(華工)을 수용하여 널리 전교(廣事傳教)하는 형편이니, … 우리는 마땅히 '중화민족은 하나다'라고 말해야 하는 것이다. 개인적인 학문 연구결과를 … 학술 간행물에 발표하거나, 정치적 참고를 제공할 때는 사실에 근거해서 거리낄 것이 없어야 한다. 그러나 그것을 민중화해서는 안 되는 것이다.[67]

이상에서 그가 '만주사변' 이래 항일 민족주의의 전면에 섰음을 알 수 있다. 주목할 점은 그의 논점이 '역사적 연고론'에서 '중화민족론'으로 전환하고, 동화를 전제로 변강의 소수민족을 포함하는 단일민족론을 제기한 점이다.[68] 즉 변강 소수민족을 단일민족의 범주로 포함시켜 중화민족을 새롭게 개념화하고 역사적으로 실체화함으로써 항일은 물론, 타이족의 역사연고론에 근거한 민족주의(Pan-Thaism)에 대응하였던 것이다.[69]

---

67 傅斯年, 1939. 2. 1,「傅斯年致顧頡剛」(抄件),『傅斯年遺札』1, 953~954쪽.

68 애초 '중화민족'은 청 제국의 해체를 배경으로, 단일국가로서 중국은 단일한 중화민족으로 구성되어야 한다는 민족국가(Nation-State) 건설의 논리를 배경으로 등장한 것이었다. 그리고 그것은 한족에 의한 제 종족의 정복과 동화에 따라 새롭게 주조되고 창출되어야 할 주체를 의미하였다. 그렇지만 국민당의 이념인 '오족공화'나, '국족론(國族論)'처럼, '민족'은 늘 공동의 조상과 혈연에 기초한 상징적 경계였다. 코민테른이 발명하고, 1920년대부터 국민당과 공산당이 사용하기 시작한 '소수민족'이라는 용어도 같은 맥락이었다. 유용태, 2009,「근대 중국의 민족제국주의와 단일민족론」,『동북아역사논총』23; 拙稿, 2014, 앞의 글; 劉曉原, 2018,『邊連地帶的革命』, 中文大學出版社, 41, 66쪽.

69 1932년 군주입헌제 개혁을 단행한 시암은 1939년 국호를 태국(Thailand)으로 고치면서 극단적인 타이 민족주의 정책을 표방하였다. 내부의 각 타이어계는 물론 비타이어계 집단에 대한 강력한 동화정책과 함께 '타이족'으로 간주되는 중국 서남의 타이-루오족, 동인(僮人, 장족) 및 라오스와 태국 연변에 대한 실지(失地) 회복을 선언했다. 또 이 과정에서 새로운 국가사, 즉 민족사를 창출했다. 원래 타이족은 알타이에서 발원하여 3천 년 동안, 한족에 쫓겨서 지속적으로 남하하였으며, 7세기 중엽 윈난 서부에 대제국인 남조국(南詔國)을 세웠으나, 이후 몽골의 침략을 피해 다시 남천하여 건국한 것이 현재 태국 지역의 최초의 왕조인 수코타이(Shkhothai) 왕조(1257~1436)라는 것이다. 이처럼 남소를 태국, 타이족과 연계하여 인식하면서 태국에서는 고토수복(故土修復)과 동포구출론을 포함하는 대타이주의가 유행하였다. 당시 대동아공영권에 가입한 태국은 일본과 함께 여러 차례 시상판나 지역을 공습했다. 푸쓰녠은 "섬라(暹羅)가 자기 역량을 모르고 대타이주의를 제기했다"고 비난하고, "중국 내 타이어를 말하는 자가 2천만쯤 되겠지만, 모두 중국인일 뿐이다"라고 일축했다. 동시에 인도차이나반도를 중남(中南)반도로 개명하고, "龍州泰語(용주태어)"라는 이름의 책을 "龍州土語(용주토어)"로 바꾸었다. 傅斯年, 2011,「傅斯年致朱家驊, 翁文灝, 葉企孫」(1942. 4. 29),『傅斯年遺札』3, 1255~1256쪽; 謝世忠, 2004,『國族論述-中國與北東南亞的場域』, 臺大出版中心, 5, 111~113쪽.

푸쓰녠이 이렇게 단일민족으로서 '중화민족'을 강조한 것은 물론 일제의 만주 침략과 몽골 등의 분리정책에 대한 위기감의 표현이지만, '만주사변'에 대한 국제연맹의 조사보고 및 만주 문제 처리 과정이 역사적 원인을 "추원(追源)"하기보다는 현대 국가로서 관리 능력을 근거로 현상 유지에 급급해서, 문제 해결에 무효하였다는 판단이 우선 작용했을 것이다.[70] 그렇지만 또 하나 생각할 점은 당시 국민정부 역시 중화민족과 민족정신을 강조하는 한편 황제를 공동의 조상으로 소환하는 등 단일혈통에 근거한 중화민족론을 제기했었다는 정치 사회적 맥락이다.[71] 특히 1935년 당국은 황제를 중화민족의 시조로 규정하고 황제릉(黃帝陵) 치제(致祭)를 국가 의전으로 공식화하였다. 1937년에는 국공 양당 대표 및 각계 인사가 공동 치제를 진행할 정도였다.[72] "중화민족은 분할할 수 없는 정체(整體)이고 모두 황제의 자손"이라는 논리를 국가 이데올로기로 삼은 것이었다.[73] 국민 동원에 필요한 민족 문화의 상징체계를 재구성함으로써 국민적 정체성을 강화하려 한 것인데, 이러한 국가 주도의 인종적 민족주의(Racial nationalism)는 소수민족에 대한 행정적, 제도적 차원을 포함하는 강력한 동화 및 동원 정책을 수반하였다.[74] 특히 묘족(苗族), 이

70 傅斯年, 1933. 10. 16,「國聯調査團報告書一瞥」,『獨立評論』22, 獨立評論社.

71 J. Leibold, 2016, 앞의 책, pp. 119, 129~131.

72 중국공산당은 항전 이후 현실적 민족 정책을 정립하면서 '중화민족론'을 수용하였다. 동조동근론을 제외한 단일민족론을 승인한 것이었다. 劉曉原, 2018, 앞의 책, 118~121, 128쪽.

73 黃興濤, 2017,『重塑中華: 近代中國「中華民族」觀念硏究』, 北京師範大學出版社, 177, 189~190쪽.

74 林孝庭, 2018,『西藏問題; 民國政府的邊疆與民族政治』, 中文大學出版社, 148~151쪽.

족(彝族) 등 소수민족에 대해서는 복장(漢式), 성명, 혼인 정책을 포함하는 강력한 동화정책을 실시하였다.[75]

그러나 이러한 중화민족론은 삼민주의에 대한 해석의 변경이었을 뿐 아니라, 오사 이래 신사학의 성과나 당시 인류학, 민족학적 상식과도 부합하지 않았다. 일부 인사들은 1929년 저우커우디옌에서 발견된 베이징 원인을 오족동근동원론(五族同根同源論)의 근거로 삼기도 했으나[76] 조야의 비판을 피할 수 없었다. 우선 고사변운동을 전개했던 구제강은 상황적인 불가피성을 전제로 단일민족으로서 중화민족은 승인하였다.[77] 그러나 그는 혈연적 원리에 기초한 '종족'과 달리 '중화민족'을 근대적인 정치의식과 제 민족의 공동의 이익에 기초한 운명공동체로 정의함으로써,[78] 국민당식의 동조동근론을 부정하였다. "중국에 수다한 민족은 없다. 오로지 한(漢), 회(回), 장(藏) 문화집단이 있을 뿐이다"라는 것이었다. 또 미국에서 인류학을 연구한 우원짜오(吳文藻) 등은 민족과 종족, 'Nation'과 'State'를 구별하고, '변강민족(邊疆民族)'과 '변정학(邊政學)'이라는 용어로써 소수민족 중심의 통합정책을 제시하였다. 특히 정치, 경제, 문화적 실체로서 소수민족의 자율성을 인정하되, 소수민족의 분리 독립을 허용하지는 않는 조건으로 자율성을 인정해야 한다는 것이었다.[79] 이를 모두

---

75 張兆和, 2008, 「从"他者描写"到"自我表述": 民國时期石启贵关于湘西苗族身份的探索与实践」, 『廣西民族大學學報』 2008年1期, 廣西民族大學.

76 熊十力, 2001, 「中國歷史講話」, 『熊十力全集』 2, 湖北教育出版社, 634쪽.

77 顧頡剛, 1939. 2. 13, 「中華民族是一個」, 『益世報·邊疆週刊』.

78 顧頡剛, 1937. 1. 10, 「中華民族的團結」, 『申報星期論壇』; 박장배, 2017, 「1930년대 顧頡剛의 역사지리 인식과 변강학 연구」, 『중국근현대사연구』 76.

79 吳文藻, 2012, 「民族與國家」, 王銘銘, 『超越新戰國』 三聯書店; 吳文藻, 1942, 「邊政學發凡」, 『邊政公論』 1卷5·6合期.

종합해보면 결국 이들은 국민당의 통합정책의 불가피성을 인정하지만, 민족적 동일성이라는 신화를 활용한 강제적 동화정책에 대해서는 비판한 것이다.

그런데 푸쓰녠은 바로 이러한 구제강이나 우원짜오의 주장을 비판하였다. 특히 우원짜오에 대해서는 "제국주의의 지원을 받아 국족 분열의식을 야기하고 있다"고 통탄하고 본질적으로 제국주의 식민지 학설을 베낀 것에 불과하다고 혹평하였다.[80] 미국 록펠러재단(Rockefeller Foundation)의 경비 지원을 받아 사회 조사에 나선 점도 그렇지만, "이른바 (그가 구사하는) '이론'이라고 하는 것은 부분적으로 도리가 없는 것은 아니지만, 제자와 제자에 전해지면 판박이(印版)일 뿐 실제 학문(實學)이 아닌" 허구적 학문(虛學)이라는 판단이었다.[81] 구제강이 고고학 자료를 활용하지 않는 점에 대한 비판과 함께 우원짜오에 대한 비판 역시 그의 과학적 입장에 따른 것이었다.

동시에 그는 "한인은 이미 대혼합을 통해 형성된 민족"이고, 서남 지역은 "천년 전 장강(長江)"과 같이 동화가 진행되고 있는 중이라고 하였다. 또 역사적으로 귀화(歸化)는 한인에 대한 문화적 동화를 내용으로 하기 때문에 히틀러식의 인종주의와는 다르다고 주장하였다. "마땅히 한인의 번이(蕃夷)의 침탈을 엄금하고, 아울러 한화(漢化)를 가속화하면서 일체 비한자(非漢字)를 유포하는 것을 제지하고 단기간에 한족의식(漢族意識)을 관철시키는 것이 정도인 듯하다"라고 하여 서남민족에 대한 적극적인

80 傅斯年, 2011, 「傅斯年致朱家驊·杭立武」(1939. 7. 7), 『傅斯年遺札』 2, 1012~1016쪽; 傅斯年, 2011, 「傅斯年致杭立武」(1939. 8. 11), 『傅斯年遺札』 2, 1027~1028쪽.

81 傅斯年, 2011, 「傅斯年致陶孟和」(1943. 1. 14), 『傅斯年遺札』 3, 1376쪽; 傅斯年, 2011, 「傅斯年致朱家驊」(1943. 1. 15), 『傅斯年遺札』 3, 1379~1380쪽.

한화정책을 주장했다.[82] 전형적인 대한족주의(大漢族主義)적 발상이자 사실상 국민정부의 정책 노선과 같은 방향이었던 셈이다. 실제 그는 국민정부에 서남민족에 대한 급격한 한화정책 및 선전을 강화할 것을 요구하면서, 학문에 대한 '합리적' 관리의 필요성을 제기하였다. 당 중앙비서처, 중앙선전부, 교육부, 내정부(內政部), 중앙연구원이 함께 위원회를 만들어 출판 사항 및 연구 계획을 심사하고, 외국인의 개입을 금하며, 간행물이 쑨원 선생의 종지에서 어긋나지 않도록 관리해야 한다는 것이었다. 국난의 상황에서 수사(修史)의 자유 등 학술적 자유에 앞서 당국의 입장을 옹호한 것이다.[83]

## 2. 학술 민족주의와 과학의 동원 방식

상술한 바와 같이 푸쓰녠은 시종 당국의 입장을 학술적으로 옹호한 혐의가 있다. 그러나 그것을 그의 학술적 정체성과 동일시할 수 있을까? 정부의 정책 노선에 대한 동조는 최고 학술기구인 중앙연구원에서 수행해야 하는 그의 직책에서 연유할 수 있기 때문이다. 실제 그 자신은 정책과 학술을 엄격하게 구별했고, 당국의 정책을 선전·보급하는 일에 직접 나서지는 않았다. 예컨대 그는 대중의 항일의식을 고취하기 위해 좋은 역사 교과서와 통사 서술의 필요성을 인정했지만, 그것과 연구를 구별했다.[84] 당국의 통사 서술 요청에도 장인린(張陰麟)이나 덩즈청(鄧之誠)을 추천

---

82 傅斯年, 2011, 앞의 글, 954쪽.

83 傅斯年, 2011, 「代蔡元培擬國史辦法」(1928. 11), 『傅斯年遺札』 1.

84 傅斯年, 1935. 10. 1, 「閑談歷史教科書」, 『教與學』 1卷4期.

하여 대행케 했을 뿐이었다.[85] 그리고 중앙연구원에 변강문화연구소 또는 변강연구소를 주비하라는 교육부의 요구에 대해서는 교육이나 보급 또는 정책적 속효성이 아니라 장기적, 학술적 대응을 고집했다. 중앙연구원은 정부에 대한 학술적, 기술적 방조를 본질로 하기 때문에 지나치게 정치적이어서는 안 되며, 실사구시의 원칙상 속효를 기대할 수는 없다는 이유에서였다.[86] 중국의 고대사 문제를 단순한 문헌이 아니라 갑골, 금문, 기물(器物) 및 고고학 등으로 해결하는 것이 사어소의 과학적 학풍이라는 생각을 견지하였으니,[87] 중앙연구원의 국책 수행 기능을 학술 연구로 국한시킨 셈이었다. 따라서 그의 학술적 이념성 역시 그가 대표한 중앙연구원이나 사어소의 학술활동을 중심으로 분석할 필요가 있다.

물론 중앙연구원은 처음부터 항전에 적극 대응하였다. 더욱이 1935년에는 적극적인 항전 및 국책 수행을 위해 조직 운영체제를 중앙 집중형으로 크게 개편하였다. 당시 총간사였던 딩원장(丁文江)의 언급은 이를 대변하고 있다.

> 중국의 통일이 쉽지 않은 이유는 공공의 신앙이 없기 때문이다. 이러한 신앙의 기초는 자기에 대한 인식 위에 세워지는 것이다. … '과학적 방법'으로 우리의 역사를 연구해야 신앙의 기초를 조성할 수 있다. 역사도 그러하고 다른 것도 그러하다. 동방 각 민족의 근본은 큰 차이가 없고, 측량이 가

---

85 張陰麟, 1934, 『中國史綱』(浙江大學史地教育研究室(石印); 鄧之誠, 1934, 『中華二千年史』.

86 傅斯年, 2011, 「傅斯年致朱家驊」(1942. 2. 13·15), 『傅斯年遺札』 3, 1222~1223, 1225~1226쪽.

87 傅斯年, 2011, 「傅斯年致楊向奎(抄件)」(1944. 8. 15), 『傅斯年遺札』 3, 1522쪽.

능하다는 것을 이해해야 한다. 각종 방언은 일종 언어의 변상이며, 그 변천의 규칙을 발견할 수 있다는 것. 중화민국은 완정한 경제단위이며, 분열되면 존재할 수 없다는 것을 이해해야, 통일의 기초가 국민의 자각에 구축되는 것이다.[88]

당시 난국(難局)을 현대 국가 건설을 통해 대응하려는 입장에서 국민국가 건설에 필요한 자국의 역사, 언어 연구의 중요성을 강조한 것이다. 특히 중앙연구원은 일찍부터 민족학, 변강학, 인류학 등을 총동원하여 강역과 민족을 연구함으로써 '중화민족'을 학술적으로 구축하고자 하였다. 딩원장 자신이 직접 연구에 나섰지만,[89] 1934년 링춘성이 간행한 『송화강 하류의 허저족(松花江下游的赫哲族)』은 대표적인 성과였다. 1929년 동북에서 진행한 민족 조사 보고서로서 고서와 현지 조사를 통해 동북 제 민족의 역사적 원류 및 전통문화를 민족지 형식으로 정리한 것이었다. 이 보고서에서는 동북의 제 민족을 동이로 포섭하여 『동북사강』과 같은 효과를 의도하였다.[90]

그러나 푸쓰녠의 학술적 정치성과 민족주의를 잘 드러낸 예는 사어소가 주도한 서남민족 조사였다. 민족주의를 표방하며 등장한 국민정부는 오족공화를 공식 이념으로 하였지만, 권력의 정당성 차원에서 변강과 민족 의제를 다루었다.[91] 다만 항전이 막바지로 치달으면서, 지정학적 고

---

88 丁文江, 1935, 「中央研究院的使命」, 『東方雜志』 1935-2, 商務印書館.

89 丁文江, 「民族學硏究稿」(中國第二歷史檔案觀 소장, 당안번호: 393. 2098).

90 凌純聲, 1991, 『松花江下游的赫哲族』, 中央硏究院歷史語言硏究所, 34쪽.

91 林孝庭, 2018, 앞의 책.

려 속에서 주변과 민족정책을 정리하는 한편 서남 소수민족을 통합하여 동원해야 하는 문제가 실제적으로 대두되었다. 사어소는 여기에 적극 협조한 셈이었다. 사어소는 루이이푸(芮逸夫), 링춘성 등 민족학자를 중심으로 1933년 상시 묘족에 대한 조사를 시작으로, 1946년까지 10여 차례에 걸쳐서 광시-미얀마(滇緬) 남단, 궤이저우(大定, 花溪), 쓰촨(叙永, 汶川, 康定) 등지의 소수민족 조사를 진행하였다. 각 민족의 거주 지역, 인종, 언어, 직업, 관념, 기원과 계보 등에 대한 민족지적 연구였다. 한적(漢籍)을 절대화하고 시종 소수민족의 한화 과정으로 묘사하는 타자적 서술로 일관했다는 비판도 있지만, 지족(支族)의 동화 과정을 밝혀서 "구 제국 시기 변연(邊緣)의 만이(蠻夷)를 '소수민족' 형식의 국민으로 편입하여 중화민족을 재건"하려는 것이었다.[92] 특히 당국의 민족 이론과 정책을 학술적으로 뒷받침하는 것이 실제적 목표였으니, 루이이푸가 장제스의 종족론(宗族論)을 보완할 수 있는 "중화민족(中華國族)" 개념을 창출한 것이 그러한 예이다.[93]

푸쓰녠은 사어소 소장 겸 중앙연구원 총간사(1937~)로서 시종 이러한 과정을 기획하고 주도하였다. 그러나 그의 실제 의도는 다른 데 있었다. 바로 민족학과 같은 문화인류학이 아니라 과학적인 방법, 즉 체질인류학을 통해 문제에 접근하려 한 것이다.[94] 링춘성의 '허저족' 조사의 의의는 인정하지만, 그의 조사 방법은 '박학한 지리학' 정도이지 과학이라고는

92 張兆和, 2008, 앞의 글; 黃克武, 2016, 「民族主義的再發見: 抗戰時期中國朝野對中華民族的討論」, 『近代史研究』 2016-4.

93 芮逸夫, 1942, 「中華國族解」, 『人文科學學報』 1-2.

94 傅斯年, 2011, 「傅斯年致朱家驊」(1942. 2. 15), 『傅斯年遺札』 3, 1225~1226쪽.

여기지 않았기 때문이었다.[95] 따라서 민족 분류 과정에 사회문화적 요소와 함께 과학적으로 측정 가능한 체형, 혈액형, 체격, 모발, 등 체질 특징과 성운 중심의 언어학을 활용하여 중화민족을 밝히려는 것이었다.

사실 유학시절 이래 푸쓰녠의 체질인류학에 대한 그의 관심은 지대한 것이었다.[96] 그것은 인종, 민족을 인류사의 발전 속에서 규명하는 한편, 중화민족의 확장, 이동, 각 민족 간의 교류 및 동화 과정을 과학적으로 밝히는 데 기여할 것으로 기대되었기 때문이었다.[97] 저우커우디옌에서 현생인류 화석이 발견됨에 따라 '인류의 아시아적 기원' 문제가 국제학계의 화두로 대두된 상황하에[98] 은허에서 출토된 인골을 분석하여 중국의 고대사 체계를 새롭게 구축하는 것은 절실한 과제였을 것이다. 상술한 것처럼 푸쓰녠이 리지, 우딩량을 사어소에 초빙한 것도 같은 맥락이었다. 실제로 리지와 우딩량은 사어소 부임 이후 적극적으로 체질인류학의 방법을 활용한 연구에 몰두하였다. 중국 경내의 여러 인종의 체질적 특색을 측량하여 여러 지역과 비교함으로써 중화민족의 원형과 형성 과정을 추적하려는 연구였다.[99] 전후에도 같은 연구를 통해 인종학(Galton

---

95 傅斯年, 2011, 「傅斯年致朱家驊」(1934. 1. 15), 『傅斯年遺札』 3, 1380쪽.

96 Axel Schneider 著, 關山 等 譯, 2008, 앞의 책, 165쪽.

97 費孝通, 1999, 「分析中華民族人種成分的方法與嘗試」(1934. 10. 17), 『費孝通全集』 1, 群言出版社.

98 杜靖, 2013, 『中國體質人類學史研究』, 知識産權出版社.

99 吳金鼎, 1931, 『山東人體質之硏究』, 中央研究院歷史語言研究所; 吳定良,1938, 「An Anthropometric Study of the Chinese Clavicle based on the Hsiao t'un and Hsiu chiu ahsn Specimens」, 『國立中央研究院人類學集刊』 1(1-2); 吳定良, 1940, 「On Metopism of Chinese skulls and its relation to the size of cranial measurements」, 『國立中央研究院人類學集刊』 2(1-2)(吳小庄 編, 2014, 앞의 책).

Laboratory), 우생학(Eugenics) 연구로 발전시킬 계획이었다.[100] 체질인류학 자체가 이념적 함의가 강하지만, 적어도 푸쓰녠에게는 과학적인 방법으로 민족을 규명하려는 발상이었음은 분명하다.[101]

실제 푸쓰녠은 1943년부터는 장제스가 지시한 "민족 소질 제고"를 위해 사어소의 제4조를 체질인류학연구소로 독립시키고, 우딩량을 투입하여 관련 연구를 진행하였다.[102] 은대 유골 연구를 현재 한족의 체질 연구로 확대함으로써 고대 유골과 현재 한족과의 상관성, 특히 한족의 몇 가지 주요 체질상의 특징과 분배를 연구하고 한족과 변강 각 민족의 체질상의 관계를 비교하여 그 내원을 밝히려는 것이었다. 이는 당시 사상전, 이념전으로 치닫고 있던 항전 수행의 일환으로 서남 제 민족을 중화민족으로 편입하여 동원하고 우월한 인종을 창출하려는 것이었으니, 결국 국책 수행을 위해 모든 과학을 총동원한 셈이었다.[103]

한편 당시 전시 상황에서 푸쓰녠은 『성명고훈변증(性命古訓辨證)』(1940) 등을 간행하였지만 적극적으로 학문 연구에 몰두할 수는 없었다. 그럼에도 불구하고, 그는 우월한 학술자원과 정치적 위상을 발판으로 학술적 주류를 자처하였다. 여기에는 정부의 항일정책을 비판하면서 자유주의적 여론을 주도한 그의 언론활동도 한몫하였다. 당연히 그에 대해서는 비판이 많았다. '통사' 서술을 중시한 첸부(錢穆)나, 마르크스주의 역

---

100 傅斯年, 1942. 2. 13, 「傅斯年致朱家驊」, 『傅斯年遺札』 3, 1222~1223쪽.

101 王道環, 1998, 앞의 글.

102 「中央研究院研究提高民族素質案, 194308-194410」(中國第二歷史檔案館 中央研究院檔案 소장, 당안번호: 393. 2124).

103 傅斯年, 2011, 「中央研究院致立法院法制委員會」, 『傅斯年遺札』 3, 1450쪽; 『中央研究院1944年度工作成績考察報告, 體質人類學研究所籌備處工作報告, 計畫, 政績 比較表 1944-46』(中國第二歷史檔案館 中央研究院檔案, 당안번호: 393. 2502).

사학을 토대로 중국 고대사의 체계를 재구성한 궈모러(郭沫若)의 비판과 도전은 대표적인 예였다.[104] 특히 당시 중국이 처한 상황을 계기적으로 설명함으로써 항전에 대한 국민적 동원을 목적으로 보수주의(학형 그룹)나 마르크스주의, 또는 타오씨성(陶希聖)류의 사회사 연구 등이 활발하게 진행되었고 또 다양한 방식의 대중용 통사도 저술되었다.[105] 중국 근대 역사학이 서술과 해석의 단계로 진입하였던 것이다. 그러나 푸쓰넨처럼 새로운 사료의 지속적인 확충과 과학적 방법론의 도입, 그를 통한 국책과제의 수행만으로는 이러한 상황에 부응할 수 없었다.

푸쓰넨은 이러한 상황을 거치면서 단순한 사료 고증만이 아니라, 세계문화의 안목과 인류문화를 표준으로 역사에 대한 총체적 이해를 추구해야 한다는 입장에서 진화 사관이나 유물 사관 등에 대한 자신의 견해를 밝히기도 하였다.

> 최근 100여 년 이래 문사학문(文史學問)은 고증을 지향했는데, 고증은 하나의 방법이지 목적은 아니다. 그러나 인류의 활동에서 목적과 방법을 구별하기는 쉽지 않다. 고증학의 발달 결과 소제대주(小題大做)는 상품(上品)이고 대제소주(大題小做)는 하류(下流)가 되었다. 그래서 문사학보(文史學報)는 늘 주가 붙고, 외국의 문자, 또는 상고시대나 이역의 문자가 추가

---

104 錢穆, 1995, 「引論」, 『國史大綱』, 商務印書館; 문명기, 2010, 「民國時代 학술사회의 분기와 수렴-'傳統派' 錢穆과 '新派' 傅斯年의 離合을 중심으로-」, 『중국근현대사연구』 46; 郭沫若, 1940, 『中國古代社會研究』, 大同書局. 푸쓰넨과 궈모러는 학술 교류가 있었으나, 학술 방법상의 분기는 뚜렷하였다. 王戎笙, 2005, 「傅斯年與郭沫若」, 『文史哲』 2005年3期.

105 오병수, 2017, 「항전시기 중국의 "중국 근대사" 서술과 동아시아 인식의 변용 및 그 유산」, 『서강인문논총』 50.

> 되어 전문가라도 읽을 수 없는 글이 되었다. … 주관과 객관의 문제, 이성주의 시대에 저서 입론가들은 … 그의 말을 객관적이라고 생각했다. 그러나 마르크스주의 등장 이후, 사회과학은 객관이 없고, 모두 특정 일 계급의 문화를 입점으로 삼아서 객관적 시비가 없다는 것이다. … 이러한 주관·객관 논쟁은 한마디로 해결하기 어렵고, 절대적 주관이나 절대적 객관도 성립하기 어렵다. 공작자들은 객관적 견해라 여기지만 여기에는 많은 편견이나 가설이 작용한다. 다원주의로 이러한 주관적 편견을 극복해야 한다.[106]

그의 방법론의 한계를 성찰하면서 다원성, 총체성의 개념으로 보완하려는 것이었다. 모든 이론을 '실제 학문(實學)'이 아닌 '허구적 학문(虛學)'으로 간주한 데서 한 걸음 나아갔을 뿐 아니라, 주류 사학으로서 그의 역사학의 입장을 잘 표현한 것이라 할 수 있다.

전후 국민정부와 함께 타이완으로 옮겨간 푸쓰넨을 따라 그의 역사학도 고스란히 타이완에 이식되었다. 푸쓰넨은 1950년 사망하기까지 타이완대학 총장으로서 대학과 중앙연구원 개조에 적극 참여하였다.[107] 베이징대학과 사어소를 타이완에 재건한 격이었으니, 푸쓰넨의 역사학이 여전히 정통 주류로서 득세할 수 있는 제도적 틀을 갖춘 셈이었다.[108] 그러나 냉전이 강요한 학술 상황에서 상당한 변화는 불가피하였다. 무엇보다도 역사학은 자료 수집, 그리고 이론보다는 사실을 밝히는 방식이 지배하였고, 사료 정리는 문헌 사학으로 축소되었다. 푸쓰넨 사학의 함의 역시

---

106 傅斯年, 1950, 「國立臺灣大學法學院《社會科學論叢》發刊辭」, 『臺大社會科學論叢』 1.

107 Axel Schneider & Daniel Woolf, 2015, *The Oxford History of Historical Writing: Volume 5: Historical Writing Since 1945*, Oxford University Press.

108 王晴佳, 2017, 『臺灣史學史; 從戰後到當代』, 上海古籍出版社, 23~33쪽.

그러하였다. 민족과 과학이 반공을 의미하는 냉전 상황에서 역사학이 할 수 있는 일은 사료 정리뿐이었기 때문이다.[109]

역시 냉전을 배경으로 민족의 원형과 형성 과정을 과학적으로 추적하려는 과학적 고학은 학술 민족주의를 바탕으로 양안에서 지속적으로 계승되었다. 대륙에서는 사어소 출신이었던 샤딩(夏鼎)이나 우딩량의 뒤를 이은 우루캉(吳汝康), 우즈신(吳智新) 등에 의해 베이징원인이 현재 중국인의 조상일 뿐 아니라 세계 인종의 조상이라는 식의 연구가 진행되었고,[110] 중앙연구원에서는 은허 출토 인골에 대한 분석을 통해 중국 인종의 형성 과정을 밝히는 연구가 진행되었다.[111] 과학을 민족에 동원하는 전통은 여전히 계속된 것이다. 그리고 그것을 수행한 리지의 다음과 같은 언급은 그의 민족주의가 여전히 계승되었음을 시사한다.

> 양 천년 이래 중국 사학가는 진시황에게 속아서 중국 문화 및 민족을 장성 이남의 사정으로 여겼다. 이는 큰 착오라는 것을 알아야 한다. 우리의 더욱 오래된 - 민족과 문화의 - 고향은 중국 본토 외에 만주, 내몽고, 외몽고, 및 시베리아 일대이다. 이 모든 지역에는 중화민족의 조상들이 영원히 잠들어 있다. 진시황 대에 장성을 쌓음으로써 이 지방은 영원히 '이족'에게 끊어 주게 된 것이다. 그래서 현대인은 '상토열열(相土烈烈), 해외유절(海外有截)'을 신선하게 읽고, 낯설어하는 것이다.[112]

---

109 이 점은 대륙의 중국사회과학원도 마찬가지였다. 趙雲慶, 2010, 「論1950年代中科院近代史研究所的學術研究」, 『思與言』 48-2.

110 杜靖, 2013, 앞의 책, 279~288, 306쪽.

111 李濟, 1970, 『中國文明的開始』, 商務印書館.

112 李濟, 1952, 「記小屯村出土之青銅器(中編)」, 『臺灣大學文史哲學報』 4.

다른 글에서 다루어야 할 내용이나, 이후 양안의 냉전과 탈냉전이 거듭되면서 푸쓰넨에 대한 기억과 평가는 다양하게 계승되고 변주되었다. 푸쓰넨 사학 자체가 새로운 방법에 기초한 사료 정리에서 나아가 주류적 입장의 민족주의를 대변하면서 늘 새롭게 해석될 여지를 열어두고 있기 때문이다.

## V. 맺음말

동아시아에서 근대 역사학이 민족주의, 근대주의와 밀접한 관련이 있다는 점은 잘 알려져 있다. 그렇지만 이 문제에 좀 더 천착하기 위해서는 학문으로서 역사학의 이데올로기성에 주목할 필요가 있다. 과학과 민족주의라는 서로 다른 차원의 이데올로기가 근대 역사학의 형성 과정에서 어떻게 결합하고 착종하는지를 밝히는 것이 관건이라 할 수 있다.

이 글에서는 중국 근대 역사학 구축 과정에서 핵심적인 역할을 수행한 푸쓰넨을 통해 이러한 문제에 접근해 보았다. 그의 역사학을 '과학적 방법'과 '제도', 그리고 '국민주의'라는 측면에서 분석·복원하고, 그것을 사회적 맥락에서 재해석하는 한편 과학과 민족주의의 결합에 주목하여 그 이데올로기성을 분석한 것이다.

오사 시기 과학주의 세례를 받은 푸쓰넨은 런던과 베를린 유학 이후 엄격한 사료 비판과 과학적 방법을 활용한 사료 정리, 그리고 그를 바탕으로 한 중국 고대사의 체계화를 주도함으로써 중국 근대 역사학의 기초를 다졌다. 특히 중앙연구원의 사어소 설립을 주도하고, 학술 민족주의에 바탕을 둔 정통 과학적 동방학을 선도하여 학계의 주류로서 행세하였다.

난징 국민정부를 배경으로 등장한 사어소의 활동은 고고학, 지질학, 인종학, 민족학 등 서구의 학문 방법을 활용하여 새로운 중국학의 창출하고 세계에 발신하는 학술 민족주의를 제도화한 것이었다.

이 같은 푸쓰녠의 학술 민족주의는 항전에 대응하는 과정에서 적극적으로 발휘되었다. 푸쓰녠은 '만주사변' 발발 직후 『동북사강』을 저술하고 항전여론을 조직하는 데 앞장섰다. 이후 그는 항전 진행 과정에서 당국이 주창한 단일민족으로 중화민족을 옹호하고, 이를 과학적이고 조직적으로 증명하기 위해 집중하였다. 특히 사어소의 우월한 학술자원과 체질인류학 등의 방법을 동원한 서남민족 조사는 바로 이러한 목적에 따른 국책사업이었다. 이 같은 그의 사상과 활동은 시종 과학적 방법을 바탕으로 한 것임에도 불구하고, 결국 변강의 위기를 중심화함으로써 중국의 정체성을 창안하고자 했던 중국 민족주의의 주류 노선을 대변한 것이었다.

이 글에서는 자세히 다루지 않았으나, 전후 타이완으로 옮겨간 푸쓰녠의 역사학은 여전히 정통 주류를 자처하였다. 그러나 그의 역사학은 냉전 상황과 맞물려 문헌사료 정리의 의미로 축소되었다. 다만 양안의 체제 경쟁 과정에서 민족을 대변하기 위해 과학을 동원하는 시도는 계속되었다. 최근 냉전과 탈냉전을 거듭하면서, "역사학은 사료학이다"는 언설로 대변되는 푸쓰녠 사학은 중대한 도전에 직면하고 있다. 그럼에도 그에 대한 기억과 평가가 다양하게 계승·변주되고 있는 것은 그의 사학이 새로운 방법에 기초한 사료 정리에서 나아가 주류적 입장의 민족주의를 대변하면서 늘 새롭게 해석될 여지를 열어두고 있기 때문일 것이다.

## 참고문헌


자료

傅斯年, 1932, 『東北史綱』 初稿, 中央研究院歷史語言研究所.

傅斯年 저, 정재서 역주, 2011, 『이하동서설』, 우리역사연구재단.

傅斯年 저, 정지호 역, 2017, 『동북사강』, 주류성.

傅孟眞先生遺著編輯委員會 編, 陳槃 等 校訂增補, 1980, 『傅斯年全集』, 聯經.

歐陽哲生 編, 2003, 『傅斯年全集』, 湖南教育出版社.

凌纯聲, 1991, 『松花江下游的赫哲族』, 中央研究院歷史語言研究所 影印.

凌纯聲 · 芮逸夫, 1993, 『湘西苗族調査報告』, 中央研究院歷史語言研究所 影印.

吳小庄 編, 2014, 『吳定良院士文集』, 知識産權出版社.

王汎森 · 潘光哲 · 吳政上, 2011, 『傅斯年遺札』, 中央研究院歷史語言研究所.

陳寅恪, 1994a, 『唐代政治史述論稿』, 台灣商務印書館.

______, 1994b, 『隋唐制度淵源略論稿』, 台灣商務印書館.

단행본

葛兆光, 2011, 『宅玆中國－重建有关"中國"的歷史論述』, 中華書局.

葛兆光 · 徐文堪 · 汪榮祖 · 姚大力, 2016, 『殊方未遠: 古代中國的疆域, 民族與認同』, 中華書局.

杜靖, 2013, 『中國體質人類學史研究』, 知識産權出版社.

杜正勝, 2004, 『新史學之路』, 三民書局.

林孝庭, 2018, 『西藏問題; 民國政府的邊疆與民族政治』, 中文大學出版社.

馬亮寬, 2009, 『傅斯年社會政治活動與思想研究』, 中國社會科學出版社.

謝世忠, 2004, 『國族論述－中國與北東南亞的場域』, 臺大出版中心.

蘇同炳, 2012, 『手植楨楠已成蔭: 傅斯年與中研院史語所』, 學生書局.

王汎森, 2003, 『中國近代思想與學術的系譜』, 聯經出版社.

王晴佳, 2017, 『臺灣史學史; 從戰後到當代』, 上海古籍出版社.

劉龍心, 2007, 『學術與制度: 學科體制與現代中國史學的建立』, 新星出版社.

劉曉原, 2018, 『邊連地帶的革命』, 中文大學出版社.

中央研究院歷史語言研究所, 1998, 『新學術之路』 上 · 下.

陳以愛, 2002,『中國現代學術研究機構的興起』, 江西教育出版社.

陳洪波, 2008,『史語所的實踐與中國科學考古學的興起 1928-1949』, 復旦大學 博士學位論文.

布占祥·馬亮寬 主編, 2006,『傅斯年與中國文化』, 天津古籍出版社.

蔡樂蘇·歐陽軍喜·張勇·王憲明, 2018,『中國近代史學科的興起』, 清華大學出版社.

許冠三, 1986,『新史學九十年』, 中文大學出版社.

黃興濤, 2017,『重塑中華: 近代中國「中華民族」觀念研究』, 北京師範大學出版社.

Schneider, Axel, 2008,『眞理與歷史: 傅斯年, 陳寅恪的史學思想與民族認同』, 社會科學文獻出版社.

Moloughney, Brian & Peter Zarrow ed., 2011, *Transforming History; The Making of a Modern Academic Discipline in Twentieth-Century China*, Chinese UP.

Shiwei, Chen, 1998, *Government and Academy in Republican China: History of Academia Sinica, 1927-1949*, Dotorial Dissertation at Harvard University.

Dikotter, Frank, 1998, *The Construction of Racial Identities in China and Japan: Historical and Contemporary Perspectives*, Univ. of Hawaii Pr.

Leibold, J., 2016, *Reconfiguring Chinese Nationalism: How the Qing Frontier and its Indigenes Became Chinese*, Palgrave Macmillan.

Fan-shen, Wang, 2000, *Fu Ssu-nien: An Intellectual Biography*, Cambridge University Press.

논문

문명기, 2010,「民國時代 학술사회의 분기와 수렴-'傳統派' 錢穆과 '新派' 傅斯年의 離合을 중심으로-」,『중국근현대사연구』46.

박장배, 2017,「1930년대 顧頡剛의 역사지리 인식과 변강학 연구」,『중국근현대사연구』86.

오병수, 2014,「중국 근대 역사 교과서의 자국사 구축과정과 '중화민족'」,『歷史教育』132.

유용태, 2009,「근대 중국의 민족제국주의와 단일민족론」,『동북아역사논총』23.

이병호, 2008,「'東北工程' 前史-傅斯年의『東北史綱』비판」,『동북아역사논총』20.

최은진, 2010,「中國國立中央研究院 歷史語言研究所(1928-1949)와 近代歷史學의 制度化」,『중국사연구』67.

______, 2017, 「傅斯年(1896~1950)의 학술사상에 나타난 '科學主義'와 그 含意」, 『중국학보』 81.

邢廉君, 1996, 「回憶追隨傅斯年先生的往事點滴」, 『臺大歷史學報』 20期.
王銘銘, 1999, 「民族與國家: 從吳文藻的早期論述出發」, 『云南民族學院學報』(哲社版), 1999年6期.
王晴佳, 2007, 「科學史學乎?"科學古學"乎?; 傅斯年"史學便是史料學"之思想淵源新探」, 『史學史研究』 2007年4期.
______, 2000, 「錢穆與科學史學之離合關係1926~1950」, 『臺大歷史學報』 26期.
______, 2005, 「陳寅恪, 傅斯年之關係及其他; 以台湾中研院所見档案为中心」, 『學術研究』 2005-11.
李泉, 1996, 「傅斯年與中國近代實證史學」, 『臺大歷史學報』 20期.
張谷銘, 2016, 「Philology與史語所: 陳寅恪, 傅斯年與中國的「東方學」」, 『中央研究院歷史語言研究所集刊』 87本2分.
張廣智, 2004, 「傅斯年, 陈寅恪与兰克史學」, 『安徽史學』 2004-04.
張光直, 1988, 「人類學派的古史學家: 李濟先生」, 『歷史月刊』 (臺北)9.
張兆和, 2008, 「从"他者描写"到"自我表述"; 民國时期石启贵关于湘西苗族身份的探索与实践」, 『廣西民族大學學報』 2008年5期.
張太原, 2010, 「發现史料之外的历史 - 以傅斯年研究为例」, 『近代史研究』 2010-03.
趙雲慶, 2010, 「論1950年代中科院近代史研究所的學術研究」, 『思與言』 48-2.
陳峰, 2008, 「趋新反入旧: 傅斯年, 史语所与西方史學潮流」, 『文史哲』 2008-5.
____, 2010, 「傅斯年, 史语所与现代中國史學潮流的离合」, 『清华大學學报』 2010年3期.
陳弱水, 2010, 「臺大歷史系與現代中國史學傳統(1950-1970)」, 『臺大歷史學報』 45期.
黃克武, 2016, 「民族主義的再發見: 抗戰時期中國朝野對中華民族的討論」, 『近代史研究』 2016-4.

6장

# 구제강(顧頡剛)의 역사지리 인식과 변강학 연구

박장배 | 동북아역사재단 연구위원

# I. 머리말

신해혁명(辛亥革命) 시기 만주, 몽골, 신장, 티베트로 이어지는 중국 북방 변경벨트에는 변경 위기가 발생하였고 이는 점차 심화되었다. 만주 황실이 주도하던 청 제국과 새롭게 탄생한 공화국인 중화민국은 국가의 체제와 통합이념에 이르기까지 매우 이질적인 국가였다. 중화민국은 청조의 영토를 계승한다고 주장했으나, 기존의 다원적 정치체들로 구성된 만청 제국의 판도를 영토화시키는 과정에서 변강 문제가 발생하였고, 변경벨트의 상당 지역에서 통제력을 상실하거나 매우 미약하게 행사했다.

1928년 형식적으로나마 중국 판도를 통합했던 장제스의 국민정부는 1929년 대공황 이후 더욱 극심해진 변경 위기를 겪고 있었다. 우선 1931년 '만주사변'으로 동북 지역이 중화민국의 지배력을 완전히 벗어났다. 이러한 상황에서 당시 중국 학계에서는 변강(邊疆), 변정(邊政) 연구가 활발해졌다.[1] 이 변강 연구의 중심에는 우공학회(禹貢學會)가 있었는데, 구제강(顧頡剛, 1893. 5. 8~1980. 12. 25)은 그 핵심 인물 중 하나였다. 정치와는 거리가 먼 것으로 보였던 인물인 구제강이 '구국'이라는 목적의식 속에서 어떻게 현실 연구와 변강 연구에 천착하게 되었는가 하는 점은 흥미로운 문제다.

---

* 이 글의 대강은 동북아역사재단 공동 연구의 일환으로 수행된 연구이다(동북아역사재단-2016-기획연구(공동)-2). 연구 후 이 글은 『중국근현대사연구』 76(2017. 12)에 「1930년대 顧頡剛의 역사지리 인식과 변강학 연구」라는 제목으로 실렸다. 익명의 심사위원의 도움에 감사드린다.

1 1930년대에 중국에는 정부의 기구, 학회, 간행물들이 쏟아졌다. 현재까지 확인되는 변강 관련 잡지는 20여 종이나 된다(박상수 외, 2007, 「중국 근대 '민족국가'(nation-state)의 창조와 '변강'문제–청말~민국시기 '변강' 인식의 변천」, 『중국의 변강 인식과 갈등』, 한신대출판부, 224쪽).

구제강은 '만주사변' 후 중국 고대사뿐만 아니라 역사지리학 연구에도 심혈을 기울였다. 그는 역사지리 연구를 활성화하기 위해서 학술잡지를 창간하거나 관여하였다. 그는 1933년 베이징대학(北京大學)과 옌징대학(燕京大學)에 '중국고대지리연혁사'과를 개설하였다. 또 1934년에 탄치샹(譚其驤) 등과 우공학회를 준비(1934년 준비위원회 설립, 1936년 공식 설립)하고 『우공(禹貢)』 반월간(半月刊)을 창간하였으며 「우공학회변강연구계획서(禹貢學會研究邊疆計劃書)」를 작성하였다. 변강 연구계획은 중국의 변강 위기에 학술적으로 대응하기 위해 작성한 것으로 만주국 수립 등 변강 위기에 대한 대응작업의 일환이었다.

구제강은 1939년 「중화민족은 하나다(中華民族是一個)」라는 글을 발표하였는데, 그는 바로 이 '중화민족은 하나'라는 관점에서 역사지리 연구를 진행하였다. 구제강은 다양한 주제의 고대사 연구에 매진하였지만 이제는 서북 지리에 대한 연구에 관심을 기울였다. 따라서 구제강의 연구는 학술적인 엄밀성과 정책적인 필요성 양면에서 검토할 필요가 있다. 국내 학계에서 구제강의 역사지리 연구에 대한 검토는 상대적으로 소략한 편이다.[2] 현재까지 국내에서 이루어진 연구내용을 보면 구제강의 고대

---

2 국내에서 이루어진 구제강에 대한 연구의 일단을 꼽아보면 다음과 같다. 이윤화, 2011, 「고힐강(顧頡剛)과 손진태(孫晉泰)의 역사 인식(歷史認識)」, 『중국사연구』 75; 강인욱, 2015, 「특집-북한 고조선 연구의 기원과 성립: 리지린의 고조선 연구와 조중고고발굴대-顧頡剛(고힐강)의 자료를 중심으로-」, 『선사와 고대』 45; 이유진, 2006. 3, 「플롯 개념으로 顧頡剛 읽기: 중국의 신화와 역사에 대한 독법의 하나로서」, 『중국소설논총』 23; 이유진, 2005, 「顧頡剛의 신화관」, 『중국어문학논집』 31; 이유진, 2006. 2, 「전통과 반전통의 관점에서 바라본 顧頡剛의 신화관」, 『중국어문학논집』 36; 이유진, 2004. 2, 「顧頡剛을 통해서 본 신화와 역사」, 『중국어문학논집』 26; 이유진, 2005. 6, 「顧頡剛 신화관의 형성 배경」, 『중국어문학논집』 32; 顧頡剛 저, 김병준 역, 2012, 『고사변 자서』, 소명출판; 윤세병, 2011. 2, 「중국 역사교과서의 역사지도」, 『역사와 담론』 60; 오병수, 2014. 12, 「중국 근대 역사 교과서의 자국사 구축과정과

사 연구나 신화 연구 등에 치우쳐 있고 일부 역사 인식과 역사지리 문제에 대한 언급도 있다. 오병수는 오족공화(五族共和)의 연속성을 지적하는 가운데 구제강의 인식을 분석하였으며,[3] 하주형은 구제강의 개인적 사상 변화를 정리하였다.[4] 또한 구제강의 변강 연구의 성격, 특히 1920년대와 1930년대의 중화민족에 대한 인식 변화에 대해서는 선행 연구가 이미 지적한 바 있다.[5] 그러나 국내 기존 연구에서 1930년 이후 구제강의 주요 연구활동이라고 할 수 있는 '변강' 연구 부분이 충분히 규명되지는 않았다.

구제강의 연구활동 중에서 매우 큰 비중을 차지하는 것은 변강 연구라고 할 수 있기 때문에 우선 이 부분에 대한 내용을 정리하고, 더 나아가 역사지리학과 일제 침략의 문제의 연관관계, '만선 사관' 등의 영향도 보다 유기적으로 조망할 필요가 있다. 이런 점들을 염두에 두고 구제강이 어떤 배경하에서 어떤 내용의 역사지리 연구를 진행하였는지를 확인하고 그의 '변강학' 연구의 내용을 살펴보려 한다. 그리고 특히 그의 동북지역 인식에 주목하고자 한다. 필자는 이를 통해 구제강의 '변강' 연구의 시대적 특성과 그 일단을 재음미해 볼 것이다.

---

'중화민족'」, 『역사교육』 132; 조법종, 2016. 8, 「리지린의 『고조선연구』와 북경대 顧頡剛 교수와의 관계」, 『신라문화』 48.

3 오병수, 2014. 12, 앞의 글 참조.

4 하주형, 2009. 12, 「학술과 救國의 사이: 民國 시기 顧頡剛의 '學術救國' 인식과 中華民族論」, 서울대학교 동양사학과 석사학위논문 참조.

5 "변강 및 변강민족 부정론은 유명한 고힐강(顧頡剛)과 부사년(傅斯年)의 경우에 하나의 전형을 이룬다"(박상수 외, 2007, 『중국의 변강 인식과 갈등』, 한신대출판부, 254쪽).

## II. 구제강의 역사지리 인식과 1930년대 중국 학계의 강역 연구 추세

구제강은 중국 고대사 연구자로서 민국 시기라는 중국의 근대 학문 형성기에 매우 중요한 역할을 하였다. 구제강의 성장 배경은 그의 학자로서의 활동 내역을 통해 선행 연구에서 다양하게 검토된 상황이다. 이에 대해서는 자세하게 거론할 필요는 없겠지만 우선 이 글의 논지에 필요한 부분을 중심으로 그의 이력과 활동을 짚어보도록 하겠다.

구제강은 쑤저우의 명문 가정에서 태어났다. 그의 고향은 청대에 한학(漢學)이 발달한 중심 지역이었다. 그는 1916년 24세에 고향을 떠나 베이징대학 문과에서 정식으로 중국 철학을 배우고, 소년 시절에 받은 전통 유학교육에 의문을 가졌다. 이 시기는 그에게 있어 인생의 전환기였다. 당시의 '민간으로 가라'는 구호 속에서 그는 사대부 문화의 범위를 넘어서 민간 지식과 문화에 관심을 갖게 되었다. 그의 민속학적 관심은 후에 변강학의 토대가 되었다.

구제강의 학술활동도 중국 근대 역사학의 형성과 제도화 과정 속에서 이해할 수 있다. 1902년 량치차오(梁啓超)는 『신사학(新史學)』을 발표하여 봉건적인 구사학을 맹렬히 성토하고 사학혁명을 주창하였으며 신사학의 수립을 제안하였다. 20세기 초 청 제국이 멸망하기 전에 신사학 사조의 유행에 따라 다수의 역사 교과서가 출간되었다.[6] 사실 이것은 본격

---

6 儲著武·湯城, 2005. 9, 「歷史教科書與新史學－以夏曾佑·劉師培爲中心探討」, 『河北學刊』, 139쪽. 예컨대 샤쩡유(夏曾佑, 1863~1924)는 『最新中學中國歷史教科書』(1904~1906, 商貿印書館)를 썼다. 1책은 1902년에 써서 1904년에 출간하였고, 3책까지 출간하였으나 전체가 출간되지 못하고 수대에 그쳤다. 이 책은 1933년 2판에서

적인 역사 연구에 앞서 사회적, 교육적 수요 등에 부응하는 역사 관련 저작물이 대거 출현하였다는 것을 말해준다.

오사운동을 전후하여 1930년대 일제의 침략이 노골적으로 표면화되기 전까지 중국의 학술적 분위기는 일반적으로 유학 전통에 대한 반발과 함께 서구 사조의 직접적인 영향이라 할 수 있는 과학주의 풍조와 과학적 방법론이 유행하였다. 구제강은 신문화운동의 중심지 베이징대학에 있으면서 격변하는 시대의 새로운 사상을 직접 체험할 수 있었다. 과학에는 모든 학설과 제도, 심지어 진리까지도 검증을 거쳐야만 하는 가설일 뿐이라는 정신이 담겨있었다. 구제강의 실제적인 고사(古史) 연구와 관련한 "누층적으로 구성된 고대사(層累地造成的古代史)"라는 주장이나, "우(禹)는 동물이고 구정(九鼎)에서 나왔다"고 한 것 역시 가설이었다.

구제강은 '학문을 위한 학문을 연구한다'는 의식에서 현실 문제보다는 고대사 연구에 매진하는 학구형 인물이었다. 「고사변 자서(古史辨自序)」에서 그는 "현재 편집이 된 두 책의 범위는 고대사에 국한되어 있는 것이 아니다. 그런데도 고대사라는 말로 제목을 지은 까닭은 단지 내 연구의 목적이 늘 고대사 방면에 있어왔고, 또 모든 연구가 고대사로 귀결되었기 때문이다"라고 하였다.[7]

동시에 구제강은 1920년대에도 중국의 영토 확장과 중화민족의 오랜 내력에 대해 관심이 많았던 것으로 보인다. 그는 "몽골 영토의 확장"을 언급하면서 이렇게 지적했다. "그들의 공적은 현재의 중화민국에서 볼

---

는 제목을 『중국고대사』로 개명하였다.

7 구제강은 『고사변』 관련 경과에 대해서는 『고사변 자서』에 그 내용을 상세히 설명하고 있다(顧頡剛 저, 김병준 역, 2006, 『고사변 자서』, 소명출판).

때 말할 것이 많다. 예컨대 윈난(雲南)은 당 이래 중국에 속하지 않았는데, 그들이 그것을 친 이후 중국의 지방이 되었다. 또 시짱(西藏)의 경우에는 종래 몽골과 관계가 없었지만, 몽골이 그들을 친 이후, 그들의 국교를 자기의 국교로 하고 두 민족의 정의가 특별히 융합되었다."[8]

다소 도식적으로 표현하자면 1930년대 중국 사학계에는 우공파(禹貢派)와 식화파(食貨派)라는 2개의 유파가 있었다. 구제강과 타오시성(陶希圣) 두 사람은 공동의 학술적인 주장이 있었고, 모두 사료의 수집과 정리를 중시했다. 『우공(禹貢)』과 『식화(食貨)』의 발간에는 모두 구제강의 고무와 노력이 작용하고 있었다.[9] 미래에 대한 예측이 어려운 불안한 시대를 살면서도 이들은 모두 역사 연구에 종사하면서 현실과 일정한 거리를 유지한 채 나름대로 자신의 학문적 세계를 구축하고 있었다.

구제강은 1929년 5월 옌징대학 국학연구소 연구원과 역사 교수를 맡은 이후, 역사지리 연구에도 관심을 기울였다. 정확히 말하자면 구제강은 대중을 위한 항일서적을 편찬하는 데도 힘을 기울였다.[10] 또한 일제가 중국을 동쪽으로부터 침략하는 와중에 당시 중국에서는 '서북으로 간다'는 슬로건이 내세워졌다. 민국정부는 '서북 개발'을 전개했다. 많은 학자

---

8 顧頡剛, 1924. 10~1925. 10, 「國史强化」, 『顧頡剛全集』 13冊, 中華書局(2010), 297쪽.

9 黄静, 2003. 3, 「禹貢派與食货派的學術關聯」, 『學海』. 『식화』 반월간은 1934년 12월에 창간되어 1937년 7월에 정간되었고, 모두 5권(매 12기)과 6권 1기(총 61기)를 출판했으며, 150여 인의 345편 문장을 포함한다.

10 『고사변 자서』 앞부분에서 구제강은 다음과 같이 설명하고 있다. "1931년 9·18사변 이후 나는 일본 제국주의의 침략에 저항하기 위해 대중을 위한 읽을거리를 편찬하여, 항일(抗日)의 주장을 선전하고 전 민족이 궐기하여 항일할 것을 환기시켰다. 그러나 후스(胡適)는 '민중'은 건드려서는 안 되며, 불을 지르면 걷잡을 수 없으니, 나보고 괜히 자기가 지른 불에 타 죽지 말라고 권고했다"(顧頡剛 저, 김병준 역, 2006, 앞의 책).

들이 변강 연구에 종사하여, 청 말 이래 두 번째의 변강 연구 풍조가 일었다. 1933년 베이징대학과 옌징대학에 '중국고대지리연혁사'과가 개설되었으며 1934년에는 구제강 등에 의해 『우공』 반월간이 창간되고, 1936년에 구제강과 탄치샹 등에 의해 우공학회가 정식으로 조직되었다. 구제강 등은 또한 1936년에 변강연구회를 창립했다. 이것은 역사지리학의 공전의 번성이라고 할 수 있으며 동시에 '변강학'의 본격적인 출발이라고도 할 수 있을 것이다.

당시 구제강의 활동은 역사관의 변화, 고대사 연구의 심화와 체계화, 민족 이론의 제출, 통속 역사 독서물의 편찬 등 4개 방면에서 살펴볼 수 있다. 일제의 침략이 더욱 노골화되었던 시기에 구제강은 「중화민족의 단결(中華民族的團結)」(1937)에서 "혈통이 같은 집단을 종족", "공동의 역사 배경과 생활 방식, 단결 일치하는 민족 정서를 가진 집단을 민족"이라 하여 그 개념을 구분하여 사용하였다. 아울러 신해혁명 후 '오족공화'의 기치를 내걸었지만 중국의 판도 내에는 분명 하나의 중화민족만이 있다고 확신하고, 중화민족 안의 종족들은 "그들의 이해영욕이 일치하니 멀어지면 함께 다치고 합치면 함께 번성한다. 우리가 중국을 하나의 자유로운 독립국가로 만들고자 한다면 먼저 국내 각 종족들이 단결하는 것으로부터 시작하지 않으면 안 된다"고 하여 '종족'을 혈통적 개념으로 제한하고, '민족'을 정신적, 문화적 동일체라고 인식하였다.[11] 이런 점에서 구제강은 사실상 동화정책을 추진하는 당시 국민정부의 민족정책과 변강의 다원성과 독자성을 부정하는 국가주의적 논리 위에 서 있었다.

하지만 구제강은 『중국민족사(中國民族史)』와 『지리연혁사(地理沿革

---

11 顧頡剛, 2010, 『顧頡剛全集』 13冊, 中華民族的團結(申報, 1937. 1. 10).

史)』를 편찬하려는 계획을 세우고, 우공학회와 『우공』 반월간을 창립하였다. 구제강은 1936년 「우공학회변강연구계획서」에서 '변강' 연구를 강화할 의향을 비쳤다. 또한 『우공』 반월간을 발간하여 지리와 민족의 불가분성을 강조하고 '본부'라는 용어가 변경 지역이 중국의 것이 아니라는 암시를 준다고 비판하였다.[12]

1937년 10월 「중화민족의 단결」을 발표하여 중화민족의 일체성을 강조한 구제강은 1936년 9월에 탄치샹과 함께 옌징대학 변강문제연구회를 개최하고, 1937년 4월 서북개발이민개간촉진회(西北開發移墾促進會)를 조직하여 7월에 서북고찰단을 이끌고 내몽골과 간쑤 등을 고찰하였다. 1936년 쿤밍에서 「'중국 본부' 명칭은 빨리 폐기해야 한다('中國本部'一名亟應廢棄)」와 1939년 「중화민족은 하나다」를 발표하였다. 1941년에 그는 청두에서 중국변강학회를 설립하고 『변강주간(邊疆周刊)』을 간행하였다.

구제강은 '과학'과 중국 전체의 변강, '신강'·서북에 대해서는 꽤 관심을 보였으나, 중국 동북의 요서나 요동에 대한 언급은 매우 드물었다. 『중국강역연혁사(中國疆域沿革史)』(1938)에는 "국초 설치한 특별구역에는 4곳이 있는데 러허(熱河)·차하르(察哈爾)·수이위안(綏遠)·쓰촨볜(川邊)이 그것이다. 그곳은 중국본부 및 몽골, 티베트 사이에 위치하고 있으며, 러허·차하르·수이위안은 대부분 내몽골의 고지(故地)다"[13]라고 하여 변강 전역에 대한 관심을 보여주고 있다. 또한 "한(漢)의 동북에 자리하고 있는 것은 조선이다", "당은 총장(總章) 초에 동정(東征)하여 평양성에

---

12 1934, 「發刊詞」, 『禹貢』 第1卷 第1期.

13 顧頡剛, 2010, 『顧頡剛全集』 6冊, 189쪽.

안동도호부를 설치하였고 동변은 이때부터 크게 안정되었다"는 등 요동에 대한 언급이 보이기는 하지만 구체적으로 변경에 대한 조사나 경험을 한 것은 서부와 서남 지역이었다. 1930년대 이래 구제강은 서부 지역과의 인연을 이어갔다. "1948년, 나는 또 서북에 이르러 란저우대학(蘭州大學)에서 교수직을 맡았다. 강의에 바빠서 멀리 다닐 수 없었다"[14]라고 하면서도 그는 쿤룬(崑崙) 전설과 강융(羌戎) 문화 등에 지대한 관심을 보였다. 그는 1949년 이전 만주에 대해서는 본격적인 연구서를 내지 않았으나 서북 지역을 고찰하고 『서북고찰일기(西北考察日記)』(1949)를 내놓기도 했다. 나아가 티베트 지역에 대한 경험과 현실정치적 필요성 때문에 티베트에 대한 관심도 종종 드러냈다.[15]

당시 『우공』 잡지에는 서북과 서남 변경 지역에 대한 연구가 많이 게재되었는데, 이는 항일전쟁의 전제로 민족 간의 단합을 공고히 하겠다는 중국 민족주의적 목적이 내포된 것이기도 했다. 우공학회의 취지에 동참했던 당시 참여자 탄치샹, 허우런즈(侯仁之), 스녠하이(史念海), 퉁수예(童書業), 양샹쿠이(楊向奎), 바이서우이(白壽彝)에 주목할 필요가 있다. 이들은 향후 중화인민공화국의 역사지리학자로서 중요한 인물로 활동했기 때문이다.[16] 근대 중국의 역사지리학계는 중국지학회(中國地學會,

14 顧頡剛, 2010, 『顧頡剛全集』 6冊, 195쪽.

15 '신중국' 수립 후 구제강은 티베트에 대해 발언한 적이 있었는데 이때 그는 관변학자로의 면모를 보여주었다. 顧頡剛, 1959, 「西藏簡史」, 『顧頡剛全集』 6冊에 실렸다. 목차는 다음과 같다. 1. 羌人과 發羌(기원전 20세기에서 기원전 1세기), 2. 노예제하의 吐蕃國(기원전 1세기에서 9세기), 3. 西藏은 중국의 분할할 수 없는 일부분이다(9세기에서 18세기), 4. 제국주의 마수의 西藏 침투와 퇴출(18세기에서 20세기).

16 최은진·유현정, 2016. 8, 「譚其驤의 《中國歷史地圖集》 編纂과 中國現代歷史地理學의 誕生」, 『中國史硏究』 第103輯, 202쪽.

1910), 사지연구회(1921, 난징고등사범학교), 우공학회(1934, 베이핑) 등의 학회들로 조직되었으며, 줄곧 강렬한 학술구국의 영토의식을 표출하고 있었다. 종종 지적되듯이, 『우공』의 내용은 초기의 연혁지리에서 후기의 변강역사지리로 상당히 많이 달라졌다.[17]

구제강이 변강지리에 주목하고 "중화민족은 하나다"라는 주장을 하게 된 것은 변강 문제에 대한 5차례의 주시가 바탕이 되었다. 첫 번째의 개략적인 주시는 『초중본국사교과서(初中本國史教科書)』를 편집한 것이었다. 그는 중화민족이 쇠약해졌다고 생각했는데 '만주사변' 이후 기사회생의 희망을 보았다. 둘째는 1923년 판첸라마가 달라이라마의 압박을 받아 베이징 등지로 피해온 사건이었다. 그때 많은 몽골인들이 경배하는 것을 보고 "이러한 종교 열정은 한인(漢人)에게 결핍된 것이니 흡수해야 한다"고 느껴 몽·한(蒙漢)관계를 개선하고자 했다. 셋째는 '만주국'이 '민족자결'의 구호하에서 성립하는 것을 본 것이다. 이때 그는 '민족' 두 글자를 신중하게 사용해야 한다고 느꼈다. 넷째는 1934년 바이링먀오(百靈廟)에서 '민족자결'을 명분으로 내몽골 자치를 선언한 차하르 뎀칙동롭(德王, Дэмчигдонров)과 그 부족 주위를 보았던 것이다. 뎀칙동롭은 한어를 잘 알고 있었지만 실제 만나면 한어를 잘하지 못한다고 얘기했다. 구제강은 몽골인들의 이런 태도를 보고 빨리 '민족' 관념을 교정해야 한다고 느꼈다. 그렇지 않으면 한인과 몽골인이 더 이상 '중화민국'과 '중화민족'을 얘기할 수 없다고 보았다. 다섯 번째는 루거우차오사변(蘆溝橋事變) 후 서북을 돌면서 한인, 회족(回族), 번족(番族) 간의 격리와 비

17 孫喆, 2013. 5, 「以沿革地理學重構邊疆: 顧頡剛及《禹貢》半月刊對邊疆問題的研究」, 『求是學刊』 第40卷 第3期, 169쪽.

협조를 목격한 것이다. 여기에 제국주의 세력이 민족을 분화시키고 있다고 보고, 구제강은 한 세트의 이론을 구성하고자 했다. 이렇게 나온 것이 「중화민족은 하나다」라는 기고문이다.[18]

구제강은 "많은 사람들이 내가 순수 학자라고 하는데 내 사업심(事業心)의 강렬함이 구지욕(求知欲) 위에 있다는 것을 알지 못한다. 내가 하는 모든 것, 남이 훼손하고 기리는 것은 사업심으로 설명해야 그 진상을 볼 수 있다"고 하였다(1942. 5. 31).[19] 물론 그 사업심은 학술문화 부문에 해당되는 것이지 정치는 아니었다. 1939년 봄, 부친이 별세했으나 안전이 염려되고 길이 멀고 일이 바쁘다는 등의 이유로 구제강은 쑤저우에 직접 가지 못했다. 이때는 부인 인루안(殷履安)이 대신 움직였다. 1943년 5월에는 인루안의 병이 깊어 치료할 수 없었다. 구제강은 국난과 유랑 때문에 부친과 부인의 임종을 보지 못했다. 그는 개인적인 문제를 위해 고향에 갈 수는 없었으나, 현지 조사를 위해 서북 지역으로 나가거나 봉직으로 멀리 여행하기도 하였다.

이렇게 변강 문제에 집중하고 '중화민족은 하나'임을 역설한 구제강은 스넨하이와 함께 『중국강역연혁사』를 출간하였다. 사실상 이것저것 할 일이 많았던 구제강보다는 스넨하이가 많은 작업을 한 것으로 보이지만 대체로 공동 저자로서 동의한 내용일 것이다. 이 책의 출간은 진위푸(金毓黻) 등의 『동북통사』(1941) 출간과 함께 여러 가지 측면에서 주목할 만하다.

먼저 주목할 만한 동북통사는 푸쓰넨(傅斯年)의 저술을 들 수 있다. 독

18 汪洪亮, 2013, 「顧頡剛與民國时期的邊政研究」, 『齊魯學刊』, 2013年 第1期, 44쪽.

19 汪洪亮, 2013, 위의 글, 42쪽.

일 실증주의 역사학을 표방하는 푸쓰녠은 『동북사강초고(東北史綱草稿)』(1932, 이하 '『동북사강』')를 썼다. 일본의 야노 진이치(矢野仁一)가 주장한 "만몽은 역사적으로 중국 영토가 아니다"라는 설을 비판했다. 푸쓰녠은 '만주(滿洲)'라는 용어도 근거 없는 용어라고 부정했다. "침략국의 어용학자 야노 진이치는 만철사회역사조사부가 제공한 자료에 근거하여 지리한 비판을 하였다"고 논박하였다.[20]

당시 중국 학계의 이러한 움직임은 '만주사변'과 '만주국' 수립이 중국사회에 준 거대한 충격의 크기를 보여준다고 하겠다. 근대 이후 중국에는 두 차례의 변강 연구 고조기가 있었다. 청 말의 '서북사지학(西北史地學)'과 민국 시기의 '변정학(邊政學)'을 대표로 한다. 구제강은 민국 시기 변정학 조류의 일관된 중심인물이다. 1930년대와 1940년대의 '변정학'과 '변강학' 고조기에는 여러 분야의 성과가 있었는데 그 부분에 대한 분석은 다음 장에 넘기고, 구제강과 관련하여 두 가지 주요 성과를 음미할 필요가 있다. 그 하나는 앞서 지적한 바가 있는 『중국강역연혁사』의 출간이고, 또 하나는 『동북통사』의 발간이었다.

중국문화사 총서 중 하나로 들어간 『중국강역연혁사』는 구제강이 스녠하이와 공동으로 1938년 7월 상무인서관(商務印書館)에서 펴낸 것이다. 당시는 중국의 입장에서 민족과 변강의 위기가 나날이 심화되는 시점이었고, 특히 항일전쟁의 수행이 국가적 과제였다. 구제강은 책에서 일본의 만주 침략에 대항하는 것이 이 책을 집필한 핵심적인 목적이라는 것을 밝히고 있다.

---

20 封磊, 2013. 1, 「20世纪三四十年代的中國邊疆: 知識分子爱國情怀與學術研究的共同场域」, 『江蘇師範大學學報』, 第39卷 第1期, 哲學社會科學版, 81쪽.

> 근년 이래 강한 이웃(强隣)이 기회를 엿보며 우리 땅을 마음껏 얻고자, 만주·몽골이 우리 옛땅이 아니라고 말하는데, 이는 한(漢)의 요동(遼東)·현도(玄菟)가 실상 지금의 요령 각지였고 우북평(右北平) 속현이 대부분 열하 경내에 있다는 것을 모르는 것이다. 당대의 안동도호부 치소는 실제 지금의 압록강 이남에 있었고 그 소속 주군은 또 한반도에 산포되어 있었다. 강린 침략의 야심은 진실로 사실을 말살하는데, 국인들은 또 다수가 선조를 잊고 부화뇌동하니 어찌 그릇된 것이 아니겠는가![21]

거기에는 원봉(元封) 3년에 한사군이 설치되었고 한의 요동·현도가 실상 지금의 요령 각지였다는 것, 당이 총장 초(668)에 동정하여 평양성에 안동도호부를 설치하였고 동변은 이때부터 크게 안정되었다는 것, 명대 장성과 구변(九邊), 청대 후기 실지(失地) 등을 서술하고 있다. 특히 저자는 "갑오전 후에 아국은 대패하였고 일본인은 우리 조선, 요동 반도, 타이완, 펑후 열도를 할양해 갔다. 다행히 러시아, 독일, 프랑스 3국의 간섭이 있어 요동은 돌려받았고, 기타는 이민족에게 돌아갔다. … 200년 동안, 국세는 더욱 약해지고 외환은 날로 많아지고 번속은 탈취되고 영토는 날로 손상되니 매우 비통하다!"고 밝혔다.[22]

『중국강역연혁사』는 중국 전체의 강역사를 서술하고자 한 것으로 중화민국 시기까지 시대별로 첨부 지도를 붙이고 있기도 하다. 첨부 지도가 그리 상세하지는 않다. 당시 영토의 많은 부분을 상실한 중화민국의 영토적 주장은 일면 수긍이 가는 면도 있으나, 「청대도(靑代圖)」 등의 경우에

---

21 顧頡剛, 2010, 『顧頡剛全集』 6冊, 6쪽.

22 顧頡剛, 2010, 『顧頡剛全集』 6冊, 187~188쪽.

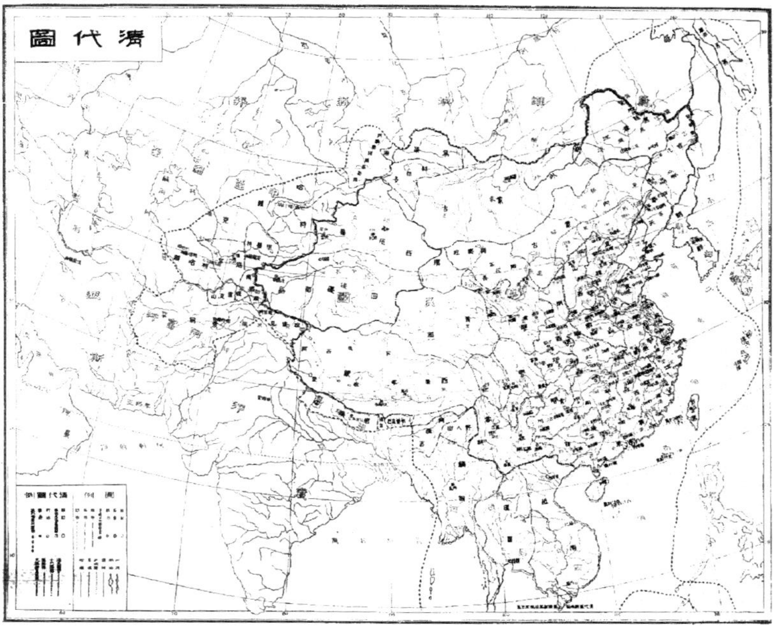

그림 1 「청대도」(1991)

는 당시 중국 조야의 강역 인식에 역사의 실제와 맞지 않은 부분이 있다는 점을 지적할 수 있을 것이다.[23]

청대 영토와 조공권 지도는 1930년대 중국 역사지리학계가 인식한 중화세계의 최대 판도였다. 이것은 주변국의 역사·영토 인식과 충돌하는 지점들이 존재했는데 이는 심지어 역사 분쟁까지 촉발될 수 있는 사안이었다. 1939년 12월 마오쩌둥 명의로 발표된 「중국혁명과 중국공산당」에

23 민국총서 제3편 69의 『중국강역연혁사』, 1991, 上海書店, 272~273쪽에 실린 첨부 지도에는 〈그림 1〉과 같은 「청대도」가 포함되어 있다. 이 「청대도」에는 국경뿐만 아니라 번속지역의 경계까지 표시되어 있다. 국경 자체도 문제가 있지만 책봉조공제도의 인식에도 문제가 있다고 할 수 있다.

서는 조선 등을 "속국"이라고 표현했는데 1952년 출간된 『마오쩌둥선집』에서는 이 "속국"이라는 표현이 "원래 중국이 보호하고 있던 국가"라고 수정된 것은[24] 이런 문제를 예방하기 위한 조치로 보인다.

『중국강역연혁사』 출간에 이어 구제강은 직접 역사 지도집의 제작에도 참여하였다. 서북이나 서부로 떠돌던 중일전쟁 시기에는 이런 작업을 하기 어려웠고, 내전 시기에도 어려웠으며, 1950년대에 들어와서야 비로소 실제 작업이 진행되었다. 구제강이 편찬에 참여한 『중국역사지도집: 고대사 부분(中國歷史地圖集: 古代史部分)』은 1955년 3월에 공개 출판되었는데 1956년 11월에 국계와 소수민족 지역을 처리한 내용에 타당하지 않은 여러 부분이 있어서 내부 발행으로 돌렸다.[25] 이 역사 지도를 살펴보면 전국시대 중국 동북 남부와 서북한 지역을 연(燕)이 차지한 것으로 되어 있고 원대(元代)에는 고려왕국 자체를 표시하지 않고 원 제국의 일부로 인식하는 등 한국 측의 인식과는 거리가 컸다. 또한 발해와 거란을 국경 밖에 표시했는데 이는 중국 측의 현재 인식과도 거리가 있었다. 중국 학계에서도 '중국'의 경계와 영역을 정리하기가 쉽지 않았다는 것을 알 수 있다.

당시에 구제강은 "조선, 류큐, 타이완, 안남, 미얀마, 사할린 및 외흥안령 남쪽, 함해(鹹海)의 동쪽, 우리가 잃어버린 광대한 토지는 어느 한 곳도 변상(邊上)에 있지 않은가. 동북 4성을 빼앗긴 것도 그것이 동북 각

---

24 박장배, 2005. 3, 「현대 중국학계의 고구려사 연구사업의 등장배경」, 『역사와 현실』 55, 157쪽(김지훈, 2004. 12, 「中日戰爭期 中國共產黨의 韓國認識」, 『역사학보』 184, 22쪽. 재인용).

25 顧頡剛·章巽 編, 譚其驤 校訂, 1955. 3, 『中國歷史地圖集: 古代史部分』, 地圖出版社, 서두 부분.

상에 있다", "변강 여러 지역은 중국 판도에 열거되며, 최초의 것은 이미 2천여 년 전에 있었고(만주, 몽골, 서역), 최근의 것도 이미 500년이 되었다"고[26] 인식하고 있었다.

한편, '동북통사'는 푸쓰넨의 『동북사강』에서 시작하여 진위푸의 『동북통사』(1941)로 이어진다. 이들 '통사'는 전자가 고대사(진한위진 시기까지)만을 다루고 있고 후자가 원대까지를 다루고 있다는 의미에서 미완의 통사들이다. 이들 두 통사는 한국 학계에도 번역되어 활용되고 있을 정도로 한국 학계에도 학설사적인 의미를 갖고 있다. 푸쓰넨의 『동북사강』은 본래 5권으로 기획되었다. 푸쓰넨이 제1권 『고대의 동북, 최초부터 수 이전까지』, 팡좡여우(方壯猷)가 제2권 『수에서 원 말까지의 동북』, 쉬종수(徐中舒)가 제3권 『명청 시대의 동북』, 사오이산(蕭一山)이 제4권 『청대 동북의 관제 및 이민』, 장팅푸(蔣廷黻)가 제5권 『동북의 외교』를 출판할 것이라고 예고되었으나 제1권만 출간되었다.[27] 이 책에서 푸쓰넨은 '만주'가 지역명이 아니라며 '동북'이라는 용어를 사용하는 이유에 대해 자세히 밝히고 있다. 이 책의 핵심 내용은 동북 지역이 역사적으로 중국의 속지였다는 것이다.[28]

푸쓰넨은 이 책을 바탕으로 쓴 「이하동서설(夷夏東西說)」(1933)을 통해 중국의 일체성을 밝히고자 하였다. 황하 중류의 신석기 문화인 양사오 문화와 구별되는 룽산 문화가 황하 하류에서 발견되자, 푸쓰넨은 1933년 이하동서설, 즉 "이족은 동쪽에 거주했고 하족은 서쪽에 거주했다"는 학

---

26 顧頡剛, 2010, 『顧頡剛全集』 36冊, 129쪽.

27 傅斯年 저, 정지호 역, 2017, 『동북사강』, 주류성, 8쪽.

28 傅斯年 저, 정지호 역, 2017, 위의 책, 12쪽.

설을 발표했다.[29] 그는 "경제적, 문화적 발전 여건이 좋은 동평원구(東平原區)에서 이(夷)와 은(殷)이 성립되고, 지형상 무력이 강한 조건을 지닌 서고지계(西高地系)에서 하(夏)와 주(周)가 성립되어 이와 하 간의 대립 구도가 형성되었음을 주장하고, 상고시대부터 한대(漢代)에 이르기까지 동서 간의 대립, 투쟁을 도표화하여 제시"했다.[30] 「이하동서설」은 중국의 고대 문명을 남북 간의 이항구조로 보는 관점을 뒤집어 동서 간의 대립으로 중국 고대 문명을 보는 시각을 변화시켰다는 점에서 연구사적인 의의가 있다.[31] 많은 문제와 한계에도 불구하고 당시 중국 학계에서는 새로 드러난 룽산 문화를 중국의 고대 문명체계 속에 통합할 필요가 있었고 그 과제에 부응하고자 한 것이 「이하동서설」이라고 할 수 있다. 푸쓰녠이 비슷한 시기에 쓴 「이하동서설」과 『동북사강』은 당시 중국의 대표적인 학자가 어떻게 중국 고대사의 큰 그림을 그려 나가는가를 보여주는 중요한 연구라고 하겠다. 이것들은 모두 외세의 침략에 대응하는 목적을 갖고 있었다고 할 수 있다.

한편 진위푸는 『동북통사』를 출간하고 동북사 프레임을 제시하여 만주가 중국 판도에서 떨어져 나간 현상에 대항하였다.[32] 치밀한 고증을 통해 오늘날에도 많은 연구자들의 귀감이 되고 있지만 "역사 전략가로서 그는 중국사로서의 '동북사'를 위치시키는 데에" 큰 족적을 남겼다.[33] 고구려사에 대한 진위푸의 인식이 오늘날 이른바 '동북공정식 역사관'과

29 김인희, 2017, 『치우, 오래된 역사병』, 푸른역사, 168쪽.

30 傅斯年 저, 정재서 역주, 2011, 『이하동서설』, 우리역사연구재단, 41쪽, 정재서의 해제.

31 傅斯年 저, 정재서 역주, 2011, 위의 책, 42쪽.

32 金毓黻 저, 동북아역사재단 역, 2007, 『김육불의 東北通史(상·하)』, 동북아역사재단, 6쪽.

33 金毓黻 저, 동북아역사재단 역, 2007, 위의 책, 30쪽.

완전히 일치하는 것은 아니지만,[34] 한국 학계에서는 고조선, 고구려 등 한국사의 일부라고 인식되던 내용을 중국사로 편입시킨 점에 대해 매우 비판적으로 평가하고, 동북공정식 역사 인식의 기점으로 보기도 한다. 진위푸의 『동북통사』도 근대적인 연구방법론에 입각하여 사료를 최대한 동원하여 학문적 객관성을 확보하고자 노력하는 점에서 이후 파장을 예고하고 있었다고도 볼 수 있다.

1930년대 당시 중국의 중견 학자들이 이렇게 강역, 변강, 만주(동북) 연구에 휩쓸렸던 것은 외세의 침략 속에서 자연스런 현상일 수 있지만, 중국의 인문사회학계가 '학술구국'이라는 명분하에서 일종의 '정책 연구'에 경도되었다는 점을 지적하지 않을 수 없다. 아무튼 1930~1940년대의 항일투쟁의 일환으로 출판된 책들은 당시 중앙정부였던 국민정부로서는 매우 유용한 역사정책의 성과였다고 할 수 있다.

## III. 구제강의 변강학 연구

### 1. 변정학의 성장과 변강사회 조사운동의 활성화

구제강은 자신을 고대사 연구자로 인식하고 있었다. 그런데 과학적 역사 연구를 강조하였던 이 아카데믹한 학자가 시간이 지날수록 변강정책 등 국가 전략에 관심을 크게 기울였다.

---

34 김현숙, 2015. 3, 「金毓黻의 廣開土王碑 연구에 나타난 고구려사 인식 변화」, 『고구려발해연구』 51, 117쪽.

> 1934년에 우리 역사학계의 많은 동료들은 베이핑(北平)에서 우공학회를 조직하여 중국민족사와 강역연혁사를 연구하였다. 나 개인은 고대사를 연구하는 쪽이므로, 고대의 민족과 강역 범위에서 두서를 찾아야 했고, 『산해경(山海經)』·『우공(禹貢)』·『직방(職方)』·『왕회(王會)』·『목천자전(穆天子傳)』 등이 주의를 집중할 대상이었다.[35]

이 같은 표현은 중국민족사 연구가 학술보다는 현실정책적 목적을 위해서 진행되며 곧 학술적 접근 방법이 정책적 연구의 도구로 활용되고 있는 사정을 드러낸다. 이에 대해 구제강은 승평지세(承平之世)에 학술은 구용(求用)에 급급하지 않고 "학문을 위해 학문하는" 태도를 가져야 하며, "한뜻으로 진리를 탐구하며, 그 효과가 어떠한가는 물을 필요가 없다. … (그러나) 우리 나라가 금일 처한 지위의 위난은 학술상에서 낭비를 허용하지 않으므로, 그 가치의 고하를 정하여 쓸모 여부를 형량의 표준으로 삼아야 한다"[36]고 주장했다.

이어서 구제강은 "청 도광 후에 중국 학술계는 변강학의 운동을 격발하였고", "변강학이라는 것은 경세치용의 대단(大端)이다"라고 하여 변강학을 일종의 경세학으로 정의했다.[37] 정의상 도광 이후의 중국 사회는 '학문을 위한 학문'을 할 여유가 없었다고 할 수 있다. 실용을 위한 연구 중에서도 구제강은 변강학 연구에 매진하였고 그 조류의 첨단에서 활약했다. 그는 당시를 "변강학 연구의 제2 발동" 시기라고 하며, 변강 현지

---

35 顧頡剛, 『顧頡剛全集』 6冊, 194쪽.

36 顧頡剛, 1936. 1. 2, 「禹貢學會研究邊疆學之旨趣」, 『顧頡剛全集』 36冊, 215쪽.

37 顧頡剛, 2010, 『顧頡剛全集』 36冊, 216쪽.

조사를 추진하고 변강총서를 발간하고자 했다.[38] 문제는 이런 연구의 결론이 사실상 이미 정해져 있다는 점이다. 구제강은 "변강은 일국 영토의 외연지대로, 지리상 내지와 그 부위를 달리하며, 국가주권 및 정치제도상에서 모두 내지와 일체로 합치된다. … 이른바 변강과 내지의 경계 구분은 실제 지리 환경과 생활 문화의 특과(特科)를 가리킨다"[39]고 했다. 이는 변강 문제를 지리와 문화의 차이 문제로 환원하는 경향이 농후하다고 하겠다. 이것은 원천적으로 변경부정론에 가깝다고 할 수 있다. 당시에 구제강은 이런 문제들에 대해서는 그리 심각하게 생각하지 않았다.

당시에 많은 인문사회과학 연구자들은 일제의 침략에 대항한다는 목적을 위해 현실정책의 수요에 부응하는 연구를 진행하였다. 항일전쟁 기간에 대후방(大後方)에서는 '변강학', '변정학' 연구 풍조가 일어 많은 연구자들의 활약 속에서 많은 변강 관련 연구단체와 간행물이 출현하였다. 1938년 롱청(청두)에는 화시대학(華西大學)을 중심으로 화시변강연구소가 설립되었다. 또 이곳에서 민족 연구자들은 중국민족학의 구심점이 되는 민족연구소를 설립하였다. 이들 변강 연구에는 국민정부 교육부의 역할이 막중했음도 유의할 점이다.[40]

---

38 顧頡剛, 2010, 『顧頡剛全集』 36冊, 221쪽.

39 顧頡剛, 1941. 2, 「중국변강학회선언」(成都), 『顧頡剛全集』 33冊, 49쪽.

40 封磊, 2013. 1, 앞의 글, 83쪽. "1938년에 롱청(蓉城)에는 쓰촨대학(四川大學)과 화시대학(華西大學), 그리고 중앙대학의학원, 진링대학(金陵大學), 진링여자문리학원, 치루대학(齊魯大學)가 옮겨왔다", "옌징대학(燕京大學) 외에 중앙대학의학원과 중화기독교변강복무부(中華基督教邊疆服務部) 등은 여름방학 동안에 변강복무단을 조직하고 교육부의 협조를 받아 우한대학과 쓰촨대학 및 서강기예전과학원(西康技藝專科學校), 장쑤의학원(江蘇醫學院)과 협력하여 천서대(川西隊)와 서강대(西康隊)로 나누어 변강복무와 연구활동에 종사하였다. 그 조사성과인 「천서조사기(川西調查記)」는 교육부 몽장교육사(蒙藏教育司)를 거쳐서 출판되었다."

또한 서남과 서북 각 대학의 변강학과와 유관한 학생들도 여름방학 동안에 변경 지역을 방문하여 현지 조사활동에 종사하였다.[41] 1939년에 푸단대학(復旦大學), 윈난대학(雲南大學)은 처음으로 변강학과(邊疆課程)와 변정학과(邊政課程)를 개설하였고, 1944년에는 중앙대학과 시베이대학이 변정학과(邊政學系)를 창립하였다. 1946년에 이르러 국민정부는 변강연구를 확대하여 변강 건설을 돕도록 하였는데, 국민정부 교육부는 국내 몇 개의 원교(院校)를 지정하여 변강건설 과목 및 강좌를 설치하고 연구범위를 규정하였으며 7개 원교를 증설하였다.[42] 이 역시 변강학 활성화에 국민정부의 역할이 상당히 컸음을 보여주는 사례들이라고 하겠다.

대학 외에 또 '변강'이라는 명칭이 붙은 사회단체와 간행물이 만들어졌다. 사회단체들은 각기 간행물을 냈으므로 그 종류가 상당수에 달했다. 중국민족학회의 『서남변강』, 중국변강문제연구회의 『변강문제』, 중국변강문화촉진회의 『변강연구계간』, 중국변정학회의 『변정공론(邊政公論)』, 중국변강학회의 『중국변강』, 중국변강학회 산시분회의 『서북각(西北角)』, 중화기독회 전국총회 변강복무부의 『변강복무통신』 등이 있었다.[43]

---

41 封磊, 2013. 1, 앞의 글, 49쪽. "1938년 쿤밍으로 이동한 베이징대학(北京大學), 칭화대학(清華大學), 난카이대학(南開大學)이 연합하여 설립한 서남연합대학은 1940년 전문적인 변강 연구 학술단체인 난카이대학문과연구소 변강인문연구실을 설립하고, 『변강인문(邊疆人文)』, 『어언인류학전간(語言人類學專刊)』을 출판하였다. 1942년에 서남연합대학 사범학원 교육과는 변강교육복무단을 설립하고 윈난성 루난현(路南縣, 현 스린이족자치현)을 중심으로 변강교육의 과거 상황과 현황을 조사하여 장래 변강교육을 확대하는 참고자료로 삼고자 하였다. 서북에서는 시베이대학(西北大學)이 산시성 구현(固縣)으로 이동하여 베이핑대학(北平大學) 법상학원과 서북연합대학을 구성하였다. 여기에서 1944년 변정학과를 만들고 변정학회를 설립하여 『변강문화』를 출판하였다."

42 封磊, 2013. 1, 위의 글, 83쪽.

43 封磊, 2013. 1, 위의 글, 83~84쪽.

앞서 인용한 기존 연구에서 밝혔듯이 변강 관련 간행물이 20여 종이 넘었다. 이들 간행물에 대한 연구는 해외 학계에서 비교적 상세하게 이루어졌다고 할 수 있지만, '변강 연구 고조기'의 특성에 대해서는 좀 더 검토해 볼 여지가 있다고 생각된다.

우선 변강 지역 조사단체의 활약과 변강 조사 및 연구의 활성화에는 국가적 관심과 지원이 매우 유효했음을 강조할 필요가 있다. 또한 국민정부나 중국 학계의 조사, 연구는 사실 외부인의 선도가 있었다는 점도 강조할 필요가 있다. "민국 이래 외부인의 침략은 더욱 급해지고 변번(邊藩)의 땅, 예컨대 동북, 몽골, 신장, 칭하이, 시짱 등처에 대해 그들은 모두 상세한 조사가 있었다."[44] 이런 사실과 함께 서북과 서남을 전쟁의 대형 후방기지로 삼고 지역 개발까지 하고자 했던 국민정부의 국가적 관심과 활동은 관련 조사와 연구의 활성화가 절실히 요구되었다. 변강사회 조사운동의 흥기는 국민정부가 서부 지역으로 거점을 옮기자 인문학과 사회과학 분야의 지식인들도 대거 서부로 이동함으로써 서부에서 전례 없는 인문학 연구의 기풍이 일었던 현상에 기인한 바가 컸다.

서부로 이동한 지식인들은 변강과 민족 문제에 대해 민족학, 민속학, 언어학, 인류학 등의 조사 연구에 종사하여 많은 성과를 냈고 '변강사회 조사운동'이라고 할만한 풍조를 만들었다. 1938년(민국 27) 봄에 국립중앙연구원 역사어언연구소와 국립베이징대학 문과연구소 조직이 쿤밍으로 이동했다. 여러 가지 조건이 열악한 가운데 민족학자들은 변강의 민족 연구에, 사회학자들은 변강의 사회 조사에, 언어학자들은 변강의 어문 연구에 종사하였다. 1940년대 초에 이들은 중국의 독자적인 민족학을 만들

44 顧頡剛, 1937. 4. 1,「禹貢學會工作計劃」,『顧頡剛全集』36冊, 226쪽.

어갔다. 1930~1940년대는 중국변강학 분야도 변강학의 '중국화'의 현장이었다.[45]

변강학 연구의 토대는 무엇보다도 국가의 정책적 지원과 학계의 활발한 현지 조사였다고 할 수 있다. 구제강도 몇 번의 변강 조사를 경험했다. 서북 변강민족과의 접촉을 통해 구제강은 '중화민족' 내부의 다원성과 복합성을 체득했고, 이러한 것들을 전제와 기초로 해서 '중화민족은 하나다'라는 주장을 내세웠다. 이런 당위적인 주장은 역설적으로 변강의 이질성과 원심력을 드러내는 것이라고 할 수 있다.

여기에서 보다 구체적으로 구제강의 현지 조사 내용을 살펴볼 필요가 있다. 기존 연구에서 지적되는 내용을 정리하면 대체로 구제강의 현지 조사 내역 중에서 주목할 만한 것들은 다음과 같다.[46] 1931년 봄에 구제강은 허베이, 허난, 산둥, 산시 등지에서 국민혁명 이후의 유적을 고찰하였고, 후에 여러 차례 중요한 변강 고찰활동에 참여하였다. 1934년 여름 옌징대학의 동료들과 수이위안을 답사했고, 1936년 7월 우공학회 오르도스 수리조사단을 조직하여 20여 일 동안 고찰하였다. 1937년 9월에는 서북교육을 고찰하였다. 이후 충칭, 쿤밍과 청두 등지에 가서 항일전쟁 전후에 줄곧 윈난대학, 란저우대학 그리고 항일전쟁 후에 서쪽으로 이동한 치루대학, 푸단대학 등에서 교육을 맡았다. 항전 시기에 구제강은 서북에서 1년, 쿤밍에서 1년, 청두와 충칭에서 6년을 지냈다. 구제강의 변강 문제와 관련한 중요한 고찰은 두 차례를 들 수 있다.

---

45 封磊, 2013. 1, 앞의 글, 85쪽.

46 趙夏, 2002. 4,「顧頡剛先生對邊疆問題的实践和研究」,『北京社會科學』참조. 이하 수이위안 고찰과 서북교육 조사에 대한 내용은 자오샤(趙夏)의 관련 연구를 참조한 것이다.

첫 번째는 수이위안 고찰이었다. 1934년 여름 그와 고찰단은 내몽골 자치운동에 일본인의 지원이 있다는 것을 알고 변강 문제의 엄중성을 인식하였다. 제국주의 세력과 소수민족의 결합은 이들에게 심각한 위기감을 불러왔다고 할 수 있다. 이후 『우공』 반월간의 내용은 전통적인 연혁지리에서 변강 현실 문제에 더욱 주의를 기울였다. 이러한 변화에서 1934년의 수이위안 고찰은 핵심적인 사건이었다. 당시 구제강은 베이징대학, 옌징대학에서 중국고대지리연혁사를 강의하고 있었고, 탄치샹과 『우공』 반월간을 발간하고 있었다. 이후 「왕퉁춘의 오르도스 개발기(王同春開發河套記)」, 「왕퉁춘에 관한 세 편의 글 소개(介紹三篇關于王同春的文字)」 등을 발표하여 사회적인 반향을 일으켰다.[47]

두 번째는 서북교육 조사였다. 구제강은 1937년 9월에서 1938년 9월까지 1년 동안, 중영경관위원회(中英庚款董事會)의 요청에 따라 간쑤, 칭하이의 교육 상황을 고찰하였다. 거기에서 그는 티베트인들의 문화와 역사를 접했다. 이때의 상황에 대해 구제강은 "1937년 일본 군대가 베이핑을 점거하여 나는 그곳을 떠나야 했고 비통하게 학술작업을 내려놓았다. 그때 정부는 나를 간쑤성 등에 파견하여 교육을 설계하도록 했고, 나는 서북 청년을 돕기 위해 그곳으로 갔다"고 했다. 또는 그는 자신의 융(戎)문화 연구계획을 실현하기 위해 그곳으로 갔다고도 했다.[48] 그는 린타오(臨洮)와 웨이위안(渭源) 등지에서 인재 배양을 위한 학습반을 가르치기도 했고, 간쑤 청년이 운영하는 『노백성(老百姓)』 순간(旬刊)을 간행하기도 했다. 또한 그는 교육 고찰의 결과로 서북의 교통 불편의 실상에 대해

---

47 趙夏, 2002. 4, 앞의 글, 120쪽.

48 顧頡剛, 2010, 『顧頡剛全集』 6冊, 194쪽.

「서북교육보조설계보고서(补助西北教育設計報告書)」를 제출했다.[49] 이처럼 구제강은 국민정부의 서북 개발에 부응하는 교육 발전을 위한 기초 작업을 수행했다. 이 과정은 일종의 변경 조사이기도 했다.

요컨대 구제강은 현지 조사를 통해서도 변강 문제에 대한 지식을 흡수하고 인식을 심화시켜 나갔지만, 그의 심리 속에는 기존의 역사지리 인식이 여전히 강하게 자리 잡고 있었다는 것도 사실이다. 현지 조사를 통해서 많은 결과를 얻었지만, 기존의 민족과 변경에 대한 인식을 바꾸기는 쉽지 않았다고 생각된다. 또한 구제강은 국가적 통합이라는 과제를 위해 중심부의 입장에서 변경 현지를 조사했다고 할 수 있다.

## 2. 변강학 연구성과와 구제강의 변강인식

상당히 많은 서부 변경지대 조사성과가 나오는 가운데 이런 조사와 연구의 선도자 중의 하나인 구제강의 독서필기, 일기, 문장과 서신 속에는 변강에 관한 연구 내용이 매우 많다. 첫 번째 종류는 변강 역사지리 연구로, 가장 주된 것은 1938년 3월 상무인서관에서 출판된 『중국강역연혁사』이다. 앞서 2절에서 언급했던 이 책은 스넨하이와 함께 저술한 책으로, 하(夏)에서 중화민국까지 각 왕조의 민족 및 활동 구역의 연혁과 변천을 논술하고, 강역 연혁과 유관한 지방제도, 행정 구역, 인구 변동 등의 문

---

49 趙夏, 2002. 4, 앞의 글, 121쪽. "이 보고서는 서론, 서북교육 현황, 교육 개선 설계 방안, 예산서와 결론 등 5장으로 구성되었다. 각 현에 중학을 설립하여 보편적으로 중등교육을 받도록 하고, 동시에 각 현에 여자소학을 설립하여 여자아이들이 소학교육을 받도록 해야 한다고 주창했다. 이러한 보고서는 일부 실제 교육 개선에 반영되었다. 그러나 그는 교육청 청장의 질시를 받아 1년 후에 간쑤를 떠나 윈난으로 가야 했다."

제를 서술했다. 또한 거기에는 『우공』과 기타 간행물에 발표한 역사지리 관련 논문들이 있다.

두 번째 종류는 변강 현실에 관한 고찰보고와 논설이다. 그는 서북교육 고찰을 집대성한 『서북고찰일기』에서 서북교육 조사의 전체 과정과 소견을 전면적으로 기록했다. 변강에 관한 논설에는 다음과 같은 것들이 있다. 「우리는 왜 서북으로 가는가」, 「변강교육과 변강문화」, 「어떻게 중화민족을 단결하게 할 것인가」, 「서북회민(西北回民)이 가져야 할 각오와 책임」, 「서북교육 보조 설계보고서」, 「변강 문제」, 「서북을 고찰한 후의 감상-중앙정치학교 부속 몽장(蒙藏)학교에 관하여」, 「랍랑 일별(拉卜楞一瞥)」, 「중화민족은 하나다」, 「서북」, 「'중국 본부' 명칭은 폐기되어야 한다」, 「변강 문제 및 그 대책」, 「중국역사와 서북문화」, 「중국통사와 변강사료」, 「간쑤교육에 대한 나의 견해」, 「중국변강학회 총서」 등의 글이 1937~1939년에 집중되어 있다.[50]

구제강은 본래 '만주'니 '본부'니 하는 용어를 자연스럽게 사용하고 있었다. 그러다가 그는 '오족' 개념과 '본부' 개념을 폐기하고 '중화민족' 개념을 써야 한다고 주장했다. 구제강에 의하면 '중국 본부'라는 용어는 일본의 지리 교과서에서 나왔다.[51] 또 "체질, 언어와 문화는 모두 민족을 구성하는 조건이 아니다. 진정으로 민족을 구성하는 조건은 단지 하나가 있는데 바로 '단결의 정서'이다. 민족의 구성은 정신적이고 비물질적이며, 주관적이고 비객관적이다",[52] "예로부터 중국인은 문화 관념만 있

---

50 趙夏, 2002. 4, 앞의 글, 122쪽.

51 顧頡剛, 1939. 1. 1, 「"中國本部"一名亟應廢棄」, 『顧頡剛全集』 36冊, 90쪽.

52 顧頡剛, 1939. 5. 29, 「續論"民族"的意義和中國邊疆問題」, 『顧頡剛全集』 36冊, 125쪽.

을 뿐 종족의 관념이 없다", "우리에게는 하나의 중화민족만 있으니 오랫동안 이 중화민족이 있었다!",[53] "현재 5개 종족의 인민과 거주 구역은 청대 형성된 것이다",[54] "오족은 만청 통제하의 명칭이다. 만청이 중국을 통제한 후 중국을 5부(18성, 만주, 몽고, 서장, 회부)로 나누었다. 그래서 오족이라고 하였고 지금까지 말해지지만, 이미 부적합하다. … 현재는 중화민족이라고 할 수 있을 뿐이고, 한교(漢教), 회교(回教), 장교(藏教) 등 3개 문화집단으로 나눌 수 있다",[55] "신해혁명 이래 중국에는 5족의 명칭이 있었는데, 이것은 사실 중화민족에게 가장 불리하다. 실재를 말하면 본래 한족이 없고 이른바 한족이란 것은 만(蠻), 이(夷), 호(胡), 월(越) 등의 민족이 융화되어 이루어진 것으로 족(族)을 일컫는다면 매우 부당하다", "일본인들은 우리 나라 지리상에서도 공연히 '중국 본부'라는 명칭을 창안하였다. … 이것은 완전히 일본인이 이 명사를 이용하여 우리를 분화시키려고 하는 독책(毒策)이다"[56] 등의 언급을 하였다.

이처럼 구제강에게 지리와 민족은 연동성이 큰 개념이었다. 그러나 본질적으로 구제강은 동화론에 가까운 입장을 보이고 있었다. 한족과 기타 민족의 사이가 나쁜 것도 일부 관리의 잘못이었다. "관리는 '하늘은 높고 황제는 멀다(天高皇帝遠)'는 상황의 편리함을 이용하여 변민을 압박하여 자기를 살찌우고 극대의 반감을 일으킨다"[57]고 보았다.

위의 내용은 시국 평론가로서의 구제강의 모습을 보여주는 사례들

---

53 顧頡剛, 1939. 2. 13, 「中華民族是一個」, 『顧頡剛全集』 36冊, 95, 105쪽.

54 顧頡剛, 1937. 1. 1, 「中華民族的團結」(北平), 『顧頡剛全集』 36冊, 49쪽.

55 顧頡剛, 1938. 9. 4, 「변강 문제」(甘肅學院 강연), 『顧頡剛全集』 36冊, 77쪽.

56 顧頡剛, 1938. 10. 18, 「考察西北後的感想」, 『顧頡剛全集』 36冊, 85쪽.

57 顧頡剛, 1946, 「切實推進邊政案(草稿)」(봄), 『顧頡剛全集』 36冊, 335쪽.

이다. 그런데 한편으로, 사실 구제강이 활동한 본령은 학계였다. 특히 중요한 학술플랫폼인 우공학회 준비모임은 구제강의 리드로 1934년 2월에 조직되었고 『우공』 반월간을 창간하였다. 『우공』 반월간은 모두 7권 82기가 간행되었고 그 내용에는 대량의 변강 역사지리 논문, 해석, 번역, 고찰기록 등이 포함되어 있다. 지역으로 보면 동북, 서북, 북방, 서남 및 동남 연해를 포함하고, 왕조로 보면 주조, 진한에서 민국 시기까지 포함하고 있으며, 연구의 내용으로 보면 강역연혁, 지명, 민족, 고고유적, 변강과 관련된 문헌 연구, 변강과 중원의 관계, 변강에 대한 관리정책, 변강의 고대·근대 인물, 근대인의 고찰과 여행기, 외국인의 중국 변강에 대한 연구 등이 포함되어 있다.[58]

앞서도 말했지만, 1934년 구제강이 수이위안을 고찰한 이후 『우공』의 종지(宗旨)에도 변화가 있었다. 이전보다 변강 현실 문제에 대한 연구와 관심이 강조되었다. 1936년 「우공학회변강연구계획서」 발표에서 변강조사 특집호의 부단한 간행에 이르기까지 변강의 현실 문제에 관심이 커졌다. 『우공』의 변강 연구는 연혁지리의 범주에 한정되지 않고 역사지리 연구에서 정치, 경제, 국방, 종교, 민족관계 및 여러 가지 사회 현실 문제로 중점이 이동했다.[59]

기존 연구들에서 지적되고 있는 바이지만 『우공』에서 내놓은 특집호는 모두 11호인데, 변강에 관한 것이 8개 호로 가장 많다. 서북 연구 특집호, 이슬람과 회족 특집호, 동북연구 특집호, 오르도스(後套) 수리조사(水利調査) 특집호, 남양 특집호, 강장(康藏) 특집호, 찰수(察綏) 특집호, 이슬

58 趙夏, 2002. 4, 앞의 글, 123쪽.

59 趙夏, 2002. 4, 위의 글, 123쪽.

람 특집호가 그것이다.[60]

구제강과 우공학회의 활동은 당시의 학술계와 사회에 큰 반향을 일으켰고, 『우공』 반월간은 독자의 환영을 받아 발행량이 크게 늘었다. 구제강이 이끌었던 『우공』의 변강에 대한 공헌은 논저 자체보다도 훨씬 광범위하다. 특히 변강 인식 제고와 관련 연구 인력 배양이 눈에 띈다.

1937년 루거우차오사변이 발생한 후 시국이 어렵고 회원들이 분분히 베이징을 떠나서 우공학회도 활동을 멈췄다. 1934년 3월에서 1937년 7월까지 모두 7권 82기가 출간된 『우공』 반월간은 708편의 문장을 발표했으며, 회원 수는 매년 증가하고 있었다. 항일전쟁이 끝나자 구제강은 1946년 충칭에서 베이핑으로 돌아와 우공학회를 회복하려고 했다. 구제강은 1946년 3월 10일 태묘(太廟, 현 노동인민문화궁)에서 우공학회 회복 회의를 열고 『우공』 반월간을 회복할 수 없는 상황에서 『국민신보』에 「우공주간」 전용란을 열어 두었지만, 뒤에 시국이 변화하고 자금이 붙지 않아 정간할 수밖에 없었다.[61]

구제강의 서북과 서부 지역 연구를 보면 그의 경험이 주로 서남과 서부와 관련된다는 점을 주목할 만하다. 『우공』 자체는 전체 변강을 대상으로 하고 있었다. 구제강 자신도 이렇게 말하고 있다. "본간 작자는 변강과 인국을 연구한 이가 적지 않은데, 만주·조선은 펑자성(馮家昇) 선생이 있고, 일본은 왕지우(王輯五)·저우이량(周一良) 선생이 있고, 신장은 황원비(黃文弼)·왕리웨이(王日蔚) 선생이 있고, 시짱은 우위녠(吳玉年)·푸

---

60 趙夏, 2002. 4, 앞의 글, 123쪽.

61 杨亚男, 2014. 2, 「顧頡剛和禹對貢學會對中國歷史地理學的貢獻」, 『寧波教育學院學報』, 93쪽.

청용(傅成鏞) 선생이 있고, 몽골의 경우에도 양(楊) 선생과 허우런즈 선생이 있다."[62] 물론 구제강은 자신의 책에서 꾸준히 동북(만주)을 언급하고 있다. "연(燕)이 요동군을 설치하기 전에 그 땅은 조선에 속했고, 대개 진개(秦開)가 5군을 열어 그 4군은 동호에게 얻었고, 1군은 조선에게 얻었다."[63] 이 부분을 보면 요동은 조선에 속했다. "숙신(肅愼)이 중국에 북제(北齊) 천보(天保) 5년 갑술에 이르기까지 조공했고, 말갈(靺鞨)은 중국에 북제 하청(河淸) 2년 계미에 처음 조공했으니 모두 『책부원구(冊府元龜)』에 보인다."[64] 여기에서 숙신과 말갈은 중국과 상대하는 외교 대상으로 서술되고 있다. 그리고 그는 "역사를 가지고 말하면, 주 초에 이미 숙신 및 조선과 통하였고, 전국 시기에는 이미 요동군과 요서군을 설립하였고", "일본과 제정 러시아가 만주를 빼앗기 위해 전쟁한 후, 양국은 협조하여 장물을 나누었는데 여기에서 '남만(南滿)'과 '북만(北滿)'의 명사가 있게 되었다"고 했다. 또 영국은 민국 초년에 티베트 내정에 간섭하지 말라고 요구하면서 '내장'과 '외장'의 명사를 제기하였다고 다음과 같이 비판하였다.[65] "영국인이 계획한 '대서장국'은 진실로 이룰 수 없는 큰 거짓 나라(大僞國)였다", "이 상상 속의 거짓 나라(僞國)의 면적은 거짓 '만주국'보다 컸다."[66]

이런 설명을 보면 구제강은 동북 지역보다는 서남 지역에 대해 더 잘

62 顧頡剛, 2010, 『顧頡剛全集』 34冊, 9쪽.

63 顧頡剛, 1954. 2, 「法華讀書記(19)」, 『顧頡剛全集』 21冊, 240쪽.

64 顧頡剛, 2010, 『顧頡剛全集』 21冊, 66쪽.

65 顧頡剛, 1939. 5. 10, 「再論"本部"和"五族"兩個名詞」, 『顧頡剛全集』 36冊, 118쪽.

66 顧頡剛, 2010, 「英帝國主義與中國邊疆」(1938. 1. 17), 『顧頡剛全集』 36冊, 370, 372쪽.

알고 그쪽의 사정을 설명하기 위해서 동북과 같은 지역의 사례를 인용한 것으로 보인다. 구제강의 연구를 보면, 그가 직접 동북사를 본격적으로 다루지는 않았다. 1950년대 말에 직접 심사평을 써준 「'고조선연구'의 심사보고('古朝鮮硏究'之審査報告)」(1961. 6. 29)라는 박사학위논문 저자인 북한학자 리지린을 지도할 때도 동북사와 한국사에는 큰 관심이 없었던 것 같다. 그렇다고 1930년대 중국의 변강학 연구를 규정한 가장 중요한 요인인 일본의 만주 침략에 대한 대응이 소극적인 것은 아니었다.

『우공』 반월간 제5권 제1기(1936. 3. 1)에 구제강과 함께 언급되던 탄치샹이 교체되었다. 구제강의 학생이었던 펑자성이 구제강과 함께 편집책임자가 되었다. 펑자성은 일본 만몽학과의 학술지도권 쟁탈을 벌이고 있었다. 그는 『우공』에 20여 편의 논문을 실었다. 펑자성은 「나의 동북사지 연구계획(我的硏究東北史地的計劃)」에 거시적인 연구계획을 밝혔다. 펑자성은 「나의 동북사지 연구계획」에서 "동북 4성은 역사상, 지리상, 법률상 명백히 중국의 영토이며, 일본인은 영토의 야심을 펴기 위해 일찍이 몇 년 전 국제 간에 그들의 '만몽은 지나가 아니라는 논리(滿蒙非支那論)'를 선전했다. 안타깝게도 중국 학자들은 하나도 힘 있게 반박하지 못했다. 동시에 일본인은 이러한 기조를 실현하기 위해 많은 학인을 고용하여 전문적으로 '만선학(滿鮮學)'이나 '만몽학(滿蒙學)' 연구에 진력하기 시작하였다"고 비판하였다. 또 그는 "중일전쟁 전에 '조선학'이 있었고, 조선이 멸망하고 러일전쟁 전에 '만선학'이 있었다. 랴오닝성이 함락되고 '만주사변' 이전에 '만몽학'이 있었고 4성이 망했다. 지금의 일본인은 또 이른바 '동아학(東亞學)'을 고창하고 있다"고 격렬히 지적했다.[67]

---

67 馮家昇, 1936, 「日人對于我東北的硏究近狀」, 『禹貢』 第5卷 第6期.

여기서 1930~1940년대 중국 변강학의 특성을 확인할 수 있다. 일제의 침략에 대응한다는 급박한 현실적인 필요 때문에 변강학은 번성하였으나 외세에 대한 대응의 의지만큼 학술연구가 뒷받침되지는 않았다고 할 수 있다. 1930~1940년대 중국의 변강 연구는 여전히 건설 및 형성 중이었다. 주된 문제점은 서남·서북 연구와 동북 연구의 성과가 전체적인 틀 속에서 다듬어진 것은 아니었다는 것이다. 그 와중에서 구제강은 언제나 객관적인 역사 사실을 강조하였다.

중화인민공화국 수립 이후에도 구제강은 객관적인 역사 사실을 강조하였다. 구제강이 역사 박물관의 역사 지도에 대하여 언급한 내용은 이를 드러내주는 사례 중 하나이다. 그의 주장은 분명한 부분까지도 이웃 나라를 배려한다는 핑계로 얼버무리지 말라는 것이 요지였다. 조선과 월남은 "진한시대에 일부분이 중국 강토 내에 들어 있었는데", "역사 박물관 벽에 그린 진·한 지도는 진 장성의 동변이 조선이 이르지 않고, 서변의 상군(象郡)은 월남에 이르지 않는다. 한 제국 동북에는 조선 4군(玄菟, 眞番, 臨屯, 樂浪)이 없고, 서남에는 월남 3군(交趾, 九眞, 日南)이 없다. 박물관에서 그렇게 한 것은 그때의 대한족주의를 표현할까 두려워하고 현재의 국제간 우호를 방해할까봐 그런 것이라고 들었다. 이 주관적인 동기는 좋은 마음이지만, 안타깝게도 객관적인 효과는 반과학, 반마르크스주의적이다"[68] 이것은 구제강식의 객관성 주장이었다.

이후에도 구제강은 역사 사실의 존중을 강조하였다. 그는 한반도 민족주의에 대한 우려를 다음과 같이 표현하였다.

---

68 顧頡剛, 2010,「請糾正歪曲歷史事實的歷史地圖案」(1957. 2. 19),『顧頡剛全集』34冊, 413쪽.

> 민족전쟁에 대해 말하자면, 한곳이 때때로 주인이 바뀌기도 하는데 이것은 본래 늘상 있는 일로 피차 서로 말하기를 거리낄(諱言) 필요가 없다. 그러나 금일에 이르러 이를 근거로 하여 '실지 수복'의 주장자가 있다. 예컨대 조선은 민족주의의 흥성(渙發)으로 압록강을 그 서쪽 경계로 하는 것을 달게 여기지 않고 요동 반도가 옛 땅이었다고 선전하고 화목한 이웃관계를 파괴할 뿐만 아니라 역사 사실을 돌보지 않는 것이다.[69]

'역사 사실'을 존중해야 한다는 입장이야 충분히 공감할 수 있는 명제지만 사실 구제강을 비롯한 중국의 현대 변강학 전문가들의 학술연구를 보면 매우 중원중심적이었던 것도 사실이다. 이런 측면에서도 그들의 견해와 전제들에 대해 보다 깊은 연구와 분석이 필요하다고 생각된다. 변강이라는 용어 자체가 중심지향적이고 중원지향적인 것이라고 할 수 있다. '중화민족'이나 '소수민족' 등도 당시에 여전히 논쟁거리였지만 제대로 검토되지 않았다. 이런 측면에서 '학술구국'의 이름 아래 중심지향적인 흐름은 당시 학계에 큰 영향을 미치고 있었다고 할 수 있다.

## IV. 맺음말

변강학은 방어의 필요성에 따라 제기되기도 하지만 확장의 요구를 담고 있을 수도 있다. 1930~1940년대 중국의 변경학은 다양한 사회 조사운동의 조사 보고서 등 많은 부산물을 남겼으며, 이것은 여전히 다각도로 그

---

69 顧頡剛, 2010, 「致歷史所史地組」(1976. 1. 23), 『顧頡剛全集』 41冊, 538쪽.

내용을 분석해 볼 여지가 적지 않을 것이다. 이 글에서는 구제강의 학술 활동 속에서 변강 관련 내용이 어떻게 드러나는지를 확인하고자 하였다.

구제강은 오사운동의 세례를 듬뿍 받은 인물로 과학적 방법론에 입각하여 고대사 연구에 매진했다. 동시는 그는 평민의 발견이라는 오사정신에 따라 사대부의 울타리를 벗어나 민간 차원까지 포괄하는 새로운 학술 활동에 뜻을 두었다. 그 결과 그는 민요 수집 등 민속학적인 조사와 연구에도 힘을 쏟았다. 1930~1940년대 중국의 '변강학'과 '변정학'은 국가적·민족적 위기의 산물로 방법론 자체는 철저한 과학적 접근 방법, 객관적 학술연구를 표방하고 지향하는 것이었다.

매우 아카데믹한 인물이었던 구제강은 시대에 맞춰 호흡하는 과정에서 몹시 현실적이면서도 국가정책에 부응하는 연구를 진행하였다. 『우공』 반월간의 창간은 이러한 차원에서 중요한 사건이었다. 『우공』의 내용은 서북 지역에 대한 현지 조사가 이뤄지기 전에는 연혁지리에 중점을 두고 있었는데, 현지 조사 이후에는 내용에 큰 변화가 있었다. '만주사변'과 만주국 수립이 중국인들에게 안겨준 충격은 심대한 것이었다. 이러한 내용상의 변화는 중화민국의 정부와 대학들이 서부로 이동한 뒤에 현지 조사를 하면서 더욱 확연하게 나타났다.

제국주의 열강이 여차하면 변강 지역을 중국 본토로부터 분리하려고 한다고 의심하고 있는 터에 청 제국이 개척한 최대 강역을 보존하려고 하는 중화민국 정부와 구제강을 비롯한 중국 연구자들은 산적한 난제를 안고 있었다. 한족과 기타 민족 사이의 소원함이 얼마나 큰지, 그 해소 방법은 무엇인지 확인하고, 서구에서 발전한 '민족' 이론이나 '민족자결'과 같은 용어와 개념들이 얼마나 실효성이 있는지 확인해야 했다. 구제강은 현지 조사를 통해 구체적인 문제점을 발견했다. 그러한 문제점을 해결하는 방법으로 민국정부의 '서북 개발'에 못지않게 '중화민족' 의식의 개발과 확산을 제시했다. 이런 의미에서 1930~1940년대 중국의 '변강 연구'는 다분히 국가중심적, 한족중심주의적인 지향을 갖고 있었다. 물론 중국 학계 내부에서 여러 견해들이 치열한 논쟁을 벌이고 있었지만, 상당히 주목할 만한 것은 정부의 지원과 협조를 쉽게 받을 수 있었던 변정학 연구 경향이었다고 생각된다. 현실적 필요에 따라 급조된 통합의 논리는 이후 중국 사회에서 계속 변주되면서 나타났다. 특히 중국의 세계적 부상이 화제가 된 1990년대 후반 이후 나타난 일련의 변강 역사 프로젝트들은 1930~1940년대의 방어 논리와는 다른 팽창 논리의 일면을 보여줄 소지가 다분하다고 할 수 있을 것이다. 후쿠자와 유키치(福澤諭吉)가 주창한 '탈아론'과 같은 측면이 있다고 할 수 있을 것이다.

1990년대 이후 확대·강화된 변강 연구와 역사정책의 뿌리는 깊다. 1930년대 중반 구제강은 "중화민족은 하나다"라는 매우 민족주의적인 구호를 내세웠다. 이것은 '중국은 하나'라는 개념과 짝을 이루는 것이라고 할 수 있다. 그러나 '중국'의 범위를 설정하는 것은 매우 복잡한 작업이었다. 1955년에 구제강이 관여하여 편찬한 역사 지도집은 그 일면을 보여주는 사례였다. 이 역사 지도집은 1955년 3월에 공개 출판되었으나, 국계와 소수민족 지역을 처리한 내용에 논란의 여지가 있는 부분이 많아 내부 발행으로 바뀌었다. 역사 지도 출간이 내부본으로 표시된 저간의 사정은 분명하지 않으나 중국 관변학계의 중국 영역 인식이 '정리'되지 않았다는 내부 사정을 반영한 것이다. 지도집에는 전국시대에 연나라가 중국 동북 남부와 서북한 지역을 차지한 것으로 되어 있고, 원대는 고려왕국을 국가로서 표시하지 않고 단지 원 제국의 일부로 여기는 등 한국 측의 역사 인식과는 괴리가 있었다. 이는 동시에 현재 중국 측의 입장과도 거리가 있는 것이다. 발해와 거란을 국경 밖에 표시했기 때문이다. 어쨌든 변강학이란 것은 당시에는 매우 생소한 것이었을 것이나 변강 문제와 변경 위기 속에서 그것은 일정한 학술자원, 전략자원의 가치를 가지고 있었다. 민족학 연구에서 변강학 연구로 연구의 중점이 이동한 최근에는 문화자원, 관광자원의 가치를 발굴하는 역할을 하기도 한다.

## 참고문헌


단행본

顧頡剛 저, 김병준 역, 2012, 『고사변 자서』, 소명출판.

金毓黻 저, 동북아역사재단 역, 2007, 『김육불의 東北通史(상·하)』, 동북아역사재단.

박상수 외, 2007, 『중국의 변강 인식과 갈등』, 한신대출판부.

傅斯年 저, 정재서 역주, 2011, 『이하동서설』, 우리역사연구재단.

傅斯年 저, 정지호 역, 2017, 『동북사강』, 주류성.

顧洪·張順華 編, 2010, 『顧頡剛全集』 1~62冊, 中華書局.

顧頡剛·章巽 編, 譚其驤 校訂, 1955, 『中國歷史地圖集: 古代史部分』, 地圖出版社.

顧頡剛, 1991, 『中國疆域沿革史』, 上海書店.

禹貢學會 編, 『禹貢』 第1·5卷, 禹貢學會.

논문

김지훈, 2004, 「中日戰爭期 中國共産黨의 韓國認識」, 『역사학보』 184.

김현숙, 2015, 「金毓黻의 廣開土王碑 연구에 나타난 고구려사 인식 변화」, 『고구려발해연구』 51.

오병수, 2014, 「중국 근대 역사 교과서의 자국사 구축과정과 '중화민족'」, 『역사교육』 132.

윤세병, 2011, 「중국 역사교과서의 역사지도」, 『역사와 담론』 60.

이유진, 2006, 「전통과 반전통의 관점에서 바라본 顧頡剛의 신화관」, 『중국어문학논집』 36.

이윤화, 2011, 「고힐강(顧頡剛)과 손진태(孫晋泰)의 역사 인식(歷史認識)」, 『중국사연구』 75.

조법종, 2016, 「리지린의 『고조선연구』와 북경대 顧詰剛 교수와의 관계」, 『신라문화』 48.

최은진·유현정, 2016, 「譚其驤의 《中國歷史地圖集》 編纂과 中國現代歷史地理學의 誕生」, 『中國史研究』 第103輯.

하주형, 2009, 「학술과 救國의 사이: 民國 시기 顧頡剛의 '學術救國' 인식과 中華民族論」, 서울대학교 동양사학과 석사학위논문.

封磊, 2013, 「20世纪三四十年代的中國邊疆: 知識分子爱國情怀與學術研究的共同场域」, 『江蘇師範大學學報』, 第39卷 第1期.

孫喆, 2013,「以沿革地理學重構邊疆: 顧頡剛及《禹貢》半月刊對邊疆問題的研究」,『求是學刊』第40卷 第3期.
杨亚男, 2014,「顧頡剛和禹對貢學會對中國歷史地理學的貢獻」,『寧波教育學院學報』.
汪洪亮, 2013,「顧頡剛與民國时期的邊政研究」,『齊魯學刊』, 2013年 第1期.
儲著武·湯城, 2005,「歷史教科書與新史學－以夏曾佑·劉師培爲中心探討」,『河北學刊』.
趙夏, 2002,「顧頡剛先生對邊疆問題的实践和研究」,『北京社會科學』.
馮家昇, 1936,「日人對于我東北的研究近狀」,『禹貢』第5卷 第6期.
黄静, 2003,「禹貢派與食货派的學術關聯」,『學海』.

7장

# 민국 시기 문화 보수주의와 역사 연구

## 동남국학(東南國學)의 사지지학(史地之學)을 중심으로

전인갑 | 서강대학교 사학과 교수

## I. 머리말: 중국 근대 학문, 또 하나의 길

문명으로서의 중화는 보편 문명이었고, 가치로서의 중화 역시 보편 가치였다. 중국인이 맞이한 근대는 중화의 보편성이 급속히 부정되는 문명사적 고통의 연속이었다. 이와 함께 중화가 부정되는 상황에서 중국이라는 정체성이 사라질 수 있다는 인식 역시 깊어졌다. 정체성의 위기가 갈수록 심화되는 상황에서 근현대 중국의 '사대부' 지식인들은 중화 문화의 가치와 역사성을 어떻게 유지할 것인가 혹은 어떻게 청산 또는 재구성해야 할 것인가를 두고 '고통'스러운 사상적·문화적 실험을 진행했다. 19세기 말 20세기 전반기에 집중적으로 탐색된 실험은 대체로 2개의 방식으로 대별할 수 있다. 그 하나는 중화 문화의 역사성 계승에 중점을 두고 중화성(中華性)을 재구성하는 길이었고, 다른 하나는 서구의 가치와 문명을 표준으로 삼아 유럽의 역사와 문화에 뿌리를 둔 근대성(modernity)을 추구하는 길이었다.[1]

대청 제국이 망하고, 중화민국을 거쳐 중화인민공화국이 건국되어 사회주의 시장경제체제가 뿌리를 내린 오늘날에 이르는 20세기 100년 동안 중화성과 근대성이라는 두 명제는 격렬한 문화논쟁을 야기했다. 여러 차례에 걸친 문화논쟁에도 불구하고 중화성과 근대성의 융합 문제는 여전히 해결해야 하는 과제로 남아있다. 근대성을 중국에 구현해야 한다는 인식이 20세기 중국을 압도했다. 그리하여 서구의 근대 수용에 매진하

---

1 급진과 보수로 나뉘는 두 가지 길과 중서문화논쟁에 대한 연구는 중국근현대사 연구의 주요 주제의 하나이다. 이를 소개하는 것은 별다른 의미가 없지만 李世濤 主編, 2000, 『知識分子的立場: 激進與保守之間的動蕩』, 時代文藝出版社는 양 진영의 입장을 이해하는 데 요긴하다.

여 서구를 모델로 근대적 국민국가를 건설하고 서구 문명이 내포한 보편성(보편적 가치와 보편적 질서로서의 서구 문명)을 중국에 뿌리내리게 하는 일이 시대적 과제가 되었다. 이것이 20세기 시대성(時代性)의 핵심 내용이었다. 그런데 그러한 시대성이 굴절 없이 현실에서 구현되기란 불가능하다. 서구의 역사 경험 속에서 발원한 근대성은 중국화 과정, 곧 중국적 재해석 혹은 중국적 재구성 없이 중국에 뿌리내릴 수 없기 때문이다.

근대라는 '우상'을 수용하는 길이 이러했듯이 중화성 재구성의 길 역시 같은 운명에 처했다. 전통의 재구성이든 '전통의 창조적 전환'[2]이든 중화의 본질적 가치를 긍정하고 계승하는 것을 전제로 한다. 여기서 말하는 중국의 본질적 가치란 중화성(중국을 중국답게 하는 정체성의 본질적 요소)을 의미한다. 여하튼 이 전제에서 출발하여 전통을 창조적으로 계승하여 새로운 전통을 열어가려는 것이 중화성 재구성의 길이었다. 그런데 이 길이 성공하기 위해서는 근대성을 중화성 재구성의 필수 불가결한 자원으로 삼아야 했을 뿐 아니라 무엇보다 전통을 창조적으로 파괴하고 새로운 전통을 창조적으로 만드는 데 매진해야 했다.

필자는 20세기 중국에서 '전통의 근대적 재구성'과 '근대의 중국적 재구성'을 위한 문명사적 실험이 동시에 진행되었다는 점을 지속해서 강조해 왔다. 이 두 과제는 보수와 진보 양 진영에 공통적으로 주어진 난제였다. 전통 부정과 근대성 추구를 명제로 삼아 중국을 개조하려 한 급진사조는 20세기 역사의 전면을 화려하게 장식했다. 우리는 이러한 흐름을 '계몽'이라 총칭한다. 20세기 전반기 베이징대학과 칭화대학을 중심으로 하는 징파이(京派) 학자가 주도했으며, 천두슈(陳獨秀), 리다자오(李

---

2 余英時, 1992, 「再論中國現代思想中的保守與激進」, 『二十一世紀』, 第4號.

大釗), 후스(胡適), 푸쓰넨(傅斯年), 구제강(顧頡剛) 등이 대표적인 인물이다. 한편 급진 사조만큼은 주목받지 못했으나 전통의 보존과 중화성의 재구성을 자신들의 사상적 과업으로 삼아 중국의 방식으로 중국의 문명을 중건하려 한 보수 사조가 '계몽' 사조와 경쟁하며 사상적·문화적 영향력을 확장해 갔다. 이 사조에 대해서는 본문에서 상세하게 살펴보겠다. 이 중심에는 둥난대학(東南大學), 중앙대학(中央大學)과 저장대학(浙江大學) 그리고 난징대학(南京大學)을 무대로 보수적 학문활동을 전개한 국학자들이 있었는데, 이들의 학문적 경향을 '동남국학(東南國學)'이라 부른다. 류이정(柳詒徵), 주커전(竺可楨), 우미(吳宓), 천인커(陳寅恪), 탕용통(湯用彤), 장치윈(張其昀), 첸종슈(錢鍾書), 장인린(張蔭麟) 등이 이에 속한다. 1920년대 이후 학문적·문화적 흐름상 남북학계는 확연한 차이를 보여 '학분남북(學分南北)'의 형국이었다.[3] 동남학풍이 보수적 경향인 반면 신문화운동을 주도한 베이징의 학풍은 급진적 경향을 보였다.[4]

이 글은 보수 사조가 도도한 시대적 흐름이었던 계몽이라는 과제를 어떻게 수렴하여 '전통의 근대적 재구성'을 시도했는가에 초점을 두었다. 사실 이러한 움직임은 다양한 양상으로 전개되었다. 오사신문화운동 이후 계몽의 조류가 거대한 흐름으로 전 사회를 압도하는 속에서도 보수 사조는 중화의 본질적 가치를 수호하면서 새로운 전통을 창안하려는 움직임을 멈추지 않았다. 말하자면 청산이 아니라 긍정을 통해 전통과 중화의 가치를 새롭게 발견하고 중화 문화의 미래를 열어가려 한 흐름이 보

---

3 桑兵, 2001,『晚清民國的國學研究』, 上海古籍出版社, 49쪽.

4 두 사조가 추구한 사상적·문화적 탐색은 일견 평행선을 그리며 격렬히 대립했던 것처럼 보인다. 그러나 그 심층을 분석해 보면 두 사조 종국의 지향점은 같았다고 생각된다. 그것은 '근대의 중국적 재구성'과 '전통의 근대적 재구성'이다.

수 사조였다. 이러한 지향의 사조에는 학형파(국고신지론), 중국문화본위파(중국문화본위론), 국가주의파(현학파), 동방문화파 등이 있었다. 그중에서도 이론적으로 높은 수준의 정합성을 갖춘 신유학 사조는 1930년대 이후 지금에 이르기까지 유학의 창조적 재구성을 모색하는 대표적인 보수 사조이다. 동남국학이 그 뿌리라고 할 수 있다. 슝스리(熊十力)와 펑유란(馮友蘭), 첸무(錢穆) 그리고 머우쭝싼(牟宗三)과 탕쥔이(唐君毅), 허린(賀麟)이 대표적인 신유학자들이다. 문화 보수주의로 총칭되는 보수 사조는 국학, 특히 사학을 가장 핵심적인 이론적·문화적 자산으로 삼았다.

여기에서는 민국 시기 근대 역사학의 확립에 깊은 영향을 끼치고, 오늘날 중국 역사학의 학문적 기반을 제공한 동남국학의 역사 연구를 분석 대상으로 삼는다. 이는 다음과 같은 이유에서이다. 우선 역사 연구는 동남국학의 근간이 되는 분야이므로 민국 시기 문화 보수주의의 실체를 파악하기 위해서는 이에 대한 연구가 기반이 되어야 하기 때문이다. 또한, 동남국학 역사 연구에 대해 객관적인 평가를 하기 위해서이다. 그간 동남국학의 역사 연구는 베이징을 중심으로 활동한 북방의 역사 연구 특히 구제강, 푸쓰녠이 주도한 고사변파(古史辨派)나 사료학파(史料學派)에 비해 주목받지 못했다. 그러나 전술했듯이 민국 시기 동남국학은 베이징의 '계몽' 사조의 학풍과 더불어 민국의 학문 세계를 양분하고 있었다. 뿐만 아니라 동남국학을 주도한 인물들은 중화인민공화국과 중화민국(타이완)에서 학술활동을 지속하여 현재까지도 영향력이 있다.

이 점에서 그동안 소홀히 다루어진 문화 보수주의 계열의 역사 연구를 객관적으로 복원하여 이에 대한 재평가를 시도하려 한다. 다만 이 작업은 한두 편의 논문으로 분석되고 복원될 수 없기에 그 단초를 마련하고자 하는 것으로, 동남국학의 역사 연구가 민국 시기 근대 학문으로서의 역사학을 정립하는 데 어떠한 학문적 기반을 제공했는가를 추적하려 한다. 분과학문이 근대 학문으로 불리기 위한 필수 조건은 분과학문으로서의 전문화와 제도화이다. 이에 따라 동남국학계에서는 역사학의 전문화와 제도화를 실현했는가를 살펴보며, 동남국학이 어떠한 과정을 거쳐 근대 학문체계를 확립해 갔던가를 규명하려 한다. 이러한 분석을 통해 근대 역사학을 수용하는 과정에서 전통 역사학이 어떠한 작용을 했으며, 결과적으로 근대 역사학을 중국의 개념과 사유 방식으로 어떻게 재구성했던가를 이해할 수 있는 계기가 되었으면 한다.

## II. 문화 보수주의 사조와 동남국학: 학맥

문화 보수주의는 논평자의 입장과 시대적 상황에 따라 양극단의 평가를 오갔다. 혹자는 이를 수구로 깎아내리고, 혹자는 중화 전통의 '성찰적' 계승자로 치켜세웠다. 여하튼 문화 보수주의의 사상적 성찰은 중국의 학술·문화 전통과 그 깊이에 천착하는 데서 출발했으며, 중화의 본질적 가치를 수호하고 지속시키기 위해 사상적으로 분투한 것은 분명하다. 또한, 문화 보수주의의 중화에 대한 천착은 급진 사조에 편승한 혹은 급진 사조가 조장한 지적·문화적 조급성으로 야기된 사상적 진공과 문화적 정체성의 위기를 완화하는 역할을 담당했음은 부정할 수 없다.

20세기 문화 보수주의는 학술·문화계의 과도한 서구 편향을 견제하고, 근대성을 일방적으로 수용하기보다는 성찰적으로 수용하게 하는 역할을 했으며, 중국의 정체성이 어떠해야 하는가를 끊임없이 질문하면서 '중화'의 연속성을 고민하게 했다. 문화 보수주의는 1930~1940년대에 중국에서 문화 담론으로 유행하며 주류적 위치를 점했고, 21세기 벽두부터 중국의 문명 담론을 주도하고 있다.[5] 20세기 중반기와 21세기 초 문화 보수주의 담론 주도자 사이에 직접적인 사승(師承)관계가 있는 것은 아니지만, 최근 민국 시기 문화 보수주의 이론이 작금 문화 보수주의의 이론적 자양분으로 활용되고 있음도 이에 주목하는 까닭이다.[6]

동남국학이 대표적인 사례이다. 민국 시기 동남국학은 난징과 항저우를 무대로 활발한 학술·문화 활동을 했다. 이들은 대학으로는 난징고등사범학교(南京高等師範學校)에서 시작하여 둥난대학, 중양대학과 저장대학으로 학맥이 이어지고, 학인 그룹으로는 난징고등사범학교 시절의 사지학파(史地學派), 1920년대의 학형(學衡) 그룹, 국풍(國風) 그룹과 사상여시대(思想與時代) 그룹으로 분화·발전하였다. 동남국학은 잡지『학형(學衡)』창간을 계기로 학술상의 결집이 본격적으로 이루어지고 그 후에는 분과학문의 전공에 따라 학문적 분화가 진행되었다. 하지만 역사학과 지리학이 동남국학의 본령인 것은 변함이 없었다.

학형 그룹은 베이징 중심으로 전개된 급진적 '계몽'에 비판적인 동남 지역의 지식인이 중심이 되어 결성하였다. 이들은『학형』을 창간하여 본

5 이에 대한 구체적인 내용은 20세기 초부터 21세기 초까지 문화 보수주의의 부침을 종합적으로 정리한 전인갑, 2019, 「오사 100년, '신화'에서 '역사'로: 현대중국 문화담론의 반전」, 『현대중국연구』 21-2을 참고.

6 20세기 중국 사상계의 저류에는 중국의 인문전통, 문화전통과의 연속에 큰 비중을 둔 지적·문화적 사조가 존재했는데, 이 흐름은 1990년대 이후 국학열(國學熱)로 시작한 전통(중화의 본질적 가치)을 재평가하는 사상적 분위기의 확산- 대표적인 사례로 인문정신을 중건하자는 사조와 '중화성'을 대안으로 제시한 중국의 포스트모더니즘-에 힘입어 새롭게 조명되어 21세기 문화 보수주의 이론 확충에 적극적으로 활용되고 있다. 인문 학술 전통에 천착하였던 학형파나 천인커 등의 인물로 대표되는 문화 보수주의 흐름이 대표적인 사례이다.

격적으로 베이징 신문화운동 진영의 학술활동을 비판하기 시작하였다. 이들은 신문화운동을 주도한 '계몽' 세력과 사상적으로 첨예하게 대립했기 때문에 반(反)신문화 혹은 국수적 보수주의로 평가되었다. 학형 그룹을 비롯하여 20세기 전반기 문화 보수주의에 대한 평가와 관련해서는 별고를 통해 검토한 바 있다.[7] 결론적으로 말하자면 이러한 '일반적' 평가는 논거가 취약할 뿐 아니라 편향적인 해석으로 흐르는 경우가 많아, 전체적으로 보자면 균형감을 잃은 평가라 하겠다.

학형 그룹으로 결집한 동남국학에 대한 연구는 20세기 중국사 해석의 편향성을 극복하고 사상(史像)을 다양하고 풍부하게 이해하는 데 도움을 준다. 나아가 이들로 인해 근현대 중국인이 근대성을 추구하는 과정에서 중국이 만들어 가는 근대성의 내실이 풍부해졌다는 사실도 주목해야 한다. 이들의 지적 성찰과 모색은 중국의 근대 이행이 전통과 근대가 중층적으로 작용하면서 진행되었다는 사실을 잘 보여주는 사례였다.[8] 이들은 중국에도 본체가 있고, 서구에도 본체가 있다는 전제에서 출발하여 중화의 본질적 가치와 서구의 본질적 가치를 융합하는 길을 찾았다. 이러한 문화론은 중화에 강조점이 찍힌 중체서체론(中體西體論)이라 하겠다.

1930~1940년대는 국민정부의 적극적인 지원을 배경으로 문화 보수주의가 주류적 문화 사조로 확산된 시기였다.[9] 이 시기는 삼민주의를 지

---

7 전인갑, 2019, 앞의 글; 전인갑 외, 2006, 『공자, 현대중국을 가로지르다』, 새물결.

8 이 문제는 전인갑, 2013, 「적응 담론으로서의 문화 보수주의: 문화 중건의 정치학」, 『동양사학연구』 124에서 비교적 자세히 분석하였다.

9 1930년대 난징 국민정부와 문화 보수주의 확산의 상관성, 그리고 난징 국민정부의 전통문화 계승 정책의 추진 실태 및 그 원인에 대해서는 박경석, 2004, 「남경국민정부의 '공자탄신기념'과 민족주의」, 『중국사연구』 30과 이재령, 2010, 「남경국민정부시기 유교교육의 지향과 한계-1930년대 독경논쟁을 중심으로」, 『중국학보』 61 그리고 이재

도이념으로 하는 '전민혁명(全民革命)', 즉 권위주의적 국가 통합 방식을 추진하여 자본주의적 국가 건설과 항일전쟁 대응에 매진하던 때였다. 항일전쟁 이전까지만을 볼 때 난징 국민정부의 이러한 정책은 큰 성과를 거두었다. 문화 보수주의는 난징 국민정부가 추진한 권위주의적 국가 통합에 필요한 '가치(values)'를 제공하는 역할[10]을 함으로써 주류 담론이 될 수 있었다.

문화 보수주의의 주류 담론화는 20세기, 특히 1930년대 '중국의 부상'－1930년대 국민당 정부하 번영의 10년－과 맥을 같이 하는 현상으로 오사신문화운동에서 본격적으로 확산한 '계몽'의 흐름과는 명백히 대립하는 흐름이었다. '계몽' 진영의 담론은 서구를 진리로 삼아 미래의 중국을 건설하려는 것이었다. 이 진영은 서구적 근대의 적극적 수용, 즉 근대화를 달성해야 할 의제로 설정하였다. 반면 문화 보수주의는 중화의 본질적 가치를 견지한 속에서 근대를 수용하여 중화 정체성이 있는 미래 중국을 건설하려 한 담론이다. 이 흐름은 중화의 근대적 재구성과 근대의 중국적 재구성을 어젠다로 설정하였다. 이 점에서 문화 보수주의와 이에 기반을 둔 국가 건설의 모색은 전통(중화)과 근대(서구)가 혼효(混淆)된 근대 이행 프로젝트였다.

20세기 중국의 문화 보수주의의 형성 과정과 유파(流派) 그리고 진화

---

령, 2009, 「남경국민정부의 훈육정책과 학교훈육실태－훈정기 '국민' 만들기」, 『중국학보』 59를 참고하라.

10 삼민주의가 이끄는 새로운 중국, 말하자면 삼민주의라는 이념·원리를 구현하는 규범과 제도를 만드는 데에 문화 보수주의가 이론적 자원을 제공했다는 의미이다. 즉 국가 건설을 위한 제도를 만드는 데 기준과 규범을 제공했다는 의미인데, 가치는 규범을, 규범은 제도를 만드는 원천이다.

과정은 매우 복잡한 양상을 보여 논자에 따라 논의가 분분하다.[11] 문화 보수주의의 여러 유파 중에서 동남국학 계열을 중심으로 문화 보수주의의 형성과 발전 과정을 간략하게 소개하면 다음과 같다.

1910~1920년대 중국 학술계의 학풍은 남북이 크게 달랐다. 이를 두고 '학분남북'이라 말하기도 한다. 북방의 학풍은 주로 베이징대학이 주도했고, 남방의 학풍은 둥난대학과 그 후신인 중양대학이 이끌었다. '학분남북'의 양상은 베이징대학 학풍을 대표하는 후스의 다음과 같은 발언을 통해 확인할 수 있다. "중양대학은 9년 전에는 난징고등사범학교(南京高等師範學校)였는데, 당시 나는 베이징대학(北大)에 재직하였다. 난징고등사범학교는 온건, 고수와 긍지(保守自持)를, 베이징대학은 급진과 개혁을 업(業)으로 삼았다. 이 두 종류의 서로 다른 학풍은 즉, 그 당시 남북 양 학파의 상징이었다. 그러나 당시 베이징대학 사람들은 난징고등사범학교를 경쟁자로 인식하거나 적대시하지 않았을 뿐 아니라 (오히려) 경모했고, 베이징대학 동인(同人)을 도와 문화혁신에 더욱더 노력할 수 있을 것으로 생각했다. (현재의 상황은 베이징대학교는 그 당시의 베이징대학교가 아니지만) 난징고등사범학교는 둥난대학(東大) 시기를 거쳐 중양대학이 되었다. 경비는 옛날 베이징대학에 비해 3배의 여유가 있으며, 인재 역시 차고 넘친다."[12]

---

11 楊念群, 2020, 「晩淸中體西用說與文化保守主義的生成與轉型」, 『齊魯學刊』 2020年 3期와 張迪, 2020, 「當代文化保守主義思潮的發展」, 『文化學刊』 2020年 1期는 문화 보수주의의 대두와 전개 그리고 최근 문화 보수주의 확산 현상과 그 원인에 대한 분석이 상세하다.

12 胡適, 2003, 『胡適全集 第31卷 日記(1928~1930)』, 安徽教育出版社, 117쪽(『胡適全集 第20卷 教育語言雜著』, 108쪽에도 수록되어 있으나 문장이 약간 차이가 있다). 이 글은 1928년 5월 21일 후스가 난징에서 개최된 전국교육회의 참석 후 중앙대학 교장

남북 학술계의 학풍은 큰 차이가 있었다. 북방의 학풍은 오사신문화운동을 주도한 '계몽'적 학풍이었다. 이 학풍을 주도한 학인들은 널리 알려진 바와 같이 유럽이나 미국 그리고 일본의 학자들과 널리 교류하며 서구 최신의 학술동향을 접했다. 또한, 서구와 일본의 학술연구 방법론을 적극적으로 수용하였다. 북방의 학술계는 새로운 학술사상의 수용에도 적극적이었다. 후스를 비롯한 계몽사상가들, 특히 역사 영역의 학술계에서는 구제강, 푸쓰넨 등이 대표적인 인물이다. 그런데 북방 학술계에는 지금 살펴본 서구 학술사상과 방법론 수입에 진력한 일군의 학자들뿐 아니라 캉유웨이(康有爲), 량치차오(梁啓超)를 대표로 하는 금문(今文) 공양학(公羊學) 전통을 계승한 일군의 학인군(學人群)이 활발하게 활동하였다. 왕궈웨이(王國維) 역시 베이징대와 칭화대를 무대로 국학 연구의 새로운 전범(典範)을 모색했다. 북방의 이러한 국학 연구의 전통은 구제강과 푸쓰넨에게도 큰 영향을 미쳤다.

남방의 학풍은 북방의 진취적이고 혁신적인 기풍과는 큰 차이가 있었다. 동남 지역은 명청 이래 중국에서 경제가 가장 발전한 지역으로 그중에서도 난징, 쑤저우, 항저우 그리고 상하이는 중심 도시로서 경제적으로 가장 부유하고 화려한 곳으로 전국에 이름을 떨쳤다. 이와 같은 사회경제적 번영을 배경으로 학술과 문화 역시 높은 수준으로 발전했고, 저명한 학자를 전국에서 가장 많이 배출했다. 또한 이 지역은 동림파(東林派)의 발원지로서 경세치용(經世致用)의 학풍이 우세했다. 명대 이후 장쑤(江蘇), 저장(浙江), 안후이(安徽)는 학문의 중심지였고, 학술상으로는 이

---

장나이옌(張乃燕)의 초청으로 차이위안페이(蔡元培)와 함께 중앙대학 연회에 참석하여 행한 연설이다.

들 지역의 학문을 통칭하여 장저학파(江浙學派)라고 부르기도 한다. 청대에 와서는 저장 특히 저둥(浙東) 지역을 무대로 활동한 저둥학파(浙東學派)가 박학(博學)과 양명학 연구의 흐름을 주도했다.

이처럼 동남 지역은 전통 학문의 영향이 강하게 지속하던 지역이었다. 이 때문에 동남학풍이 보수적 색채, 특히 전통 학문의 방법론은 물론이고 학문하는 태도와 정신을 강하게 계승하는 특성을 보인다. 말하자면 1920~1930년대에 북방이 급진적 반(反)전통, 신학문, 반공(反孔)을 추구한 반면 남방의 학풍은 보수적 전통 재구성, 구학문 계승, 존공(尊孔)을 추구했다는 점에서 북방의 학풍과 선명한 대조를 이룬다. 북방과 남방 학풍의 외형만을 보면 양자를 신과 구로 대립한다고 평가할 수도 있을 것이다. 역사학 분야[13]로 좁혀 살펴보자면 북방의 학풍은 후스와 왕궈웨이의 영향을 받은 구제강에서 완성된 의고(疑古)학풍인 반면 동남의 학풍은 기본적으로 신고(信古)학풍으로 류이정, 왕보항(王伯沆)을 비롯하여 장치윈, 장인린 등이 대표적인 학자이다.[14]

동남국학 학맥의 연원은 명청 학술계로까지 소급할 수 있으나 이 글에서는 문화 보수주의의 형성과 발전 과정에서 근대 역사학의 내실과 제도화가 어떻게 이루어졌는가를 살펴보는 연구의 목적에 중점을 두어 학맥의 연원을 문화 보수주의가 등장한 청말민초부터 정리하고자 한다.

민국 시기 동남 지역의 문화 보수주의적 학풍과 동남국학자들의 주된 활동 무대는 난징고등사범학교와 그 후신 고등교육기관이었다. 그 계열

---

13 이 시기 역사학은 신고(信古), 의고(疑古), 석고(釋古)의 학풍으로 나뉘었는데, 이에 대한 자세한 분석은 李學勤, 1994, 「談信古, 疑古, 釋古」, 『原道』 第1期를 참고하라.

14 북방의 의고학풍과 동남의 신고학풍은 다음 절에서 분석한다.

을 살펴보면 첫째, 난징고등사범학교는 청 말 양강우급사범학교(兩江優級師範學校)로 개교하여 민국에 와서 난징고등사범학교로 개칭했고, 그 후 둥난대학, 중앙대학으로 발전하였다. 중화인민공화국 건국 후에 중양대학은 난징대학으로 이름을 바꾸어 오늘날에 이르고 있다. 중양대학의 주요 국학자 중 일부는 1949년 이후 홍콩과 타이완으로 대학을 옮겨 활동을 계속했는데, (타이완의) 중양대학은 이들의 주도로 설립한 대학이다.

그리고 난징고등사범학교-둥난대학을 거쳐 저장대학을 무대로 활동한 일군의 문화 보수주의자들이 있었다. 후술하는 바와 같이 주커전의 주선으로 (난징의) 중양대학에 재직하던 학인들이 저장대학으로 옮겨 연구를 계속했다. 이들 중 일부는 대륙에 잔류하여 중앙연구원 원사(院士) 등으로 활동했으며, 일부는 타이완으로 옮겨 중국문화학원(中國文化學院, 현 중국문화대학)을 설립하여 오늘날에 이른다. 한편 또 다른 그룹도 있는데, 둥난대학에서 활동하던 학자 중에서 베이징의 칭화학교(清華大學)-국립칭화대학(國立清華大學, 1926)으로 적을 옮겨 북방에서 문화 보수주의의 흐름을 지속시킨 이들이 있었다. 우미, 천인커 등이 대표적이다.

둥난대학과 중양대학을 무대로 활동한 동남국학자들의 학문적 연원과 학맥을 살펴보면 다음과 같다. 이들은 고문경학을 학문적 원류로 삼는 학자들이다.[15] 고문경학은 청대에 한학, 박학으로 불리며 주류 학문으로 번

15 청 중기 이래 고문경학과 금문경학이 쌍벽을 이루며 경세(經世) 사조를 주도했고, 그러한 학문적 기풍은 청말민초에도 지속되었다. 그 원류에 해당하는 것이 고문경학에서는 동성고문파(桐城古文派) 및 강절고문파(江浙古文派)이고, 금문경학에서는 상주공양학(常州公羊學)이다. 상주(常州)학파는 한(漢) 대 금문경학(동중서, 하휴와 공양전 중시)을 계승했고, 공자진, 위원, 캉유웨이 등이 그 영향을 받았다(조병한, 1997, 「清 乾嘉朝 이래의 경세사조 부흥: 고증학 융성기의 桐城古文派와 常州公羊學」, 『명청사연구』 6-1).

창했다. 난징고등사범학교-둥난대학-중앙대학/저장대학으로 이어지는 동남국학은 장저학파의 박학 전통과 경세치용 정신, 동성파(桐城派, 대표 학자로는 증국번, 린수, 옌푸 등)의 문이재도(文以載道) 학풍과 도통(道統) 중시 의식을 계승하였다. 이 계열의 학인들은 청말민초 국수학파(國粹學派), 오사신문화운동 시기 국고파(國故派)로 활동했으며, 동남국학파로의 본격적인 결집은 둥난대학과 중앙대학 및 저장대학에서 이루어져 베이징 중심의 의고적 국학 연구와 대립하는 학문적 흐름을 완성해 갔다. 그리고 『학형』을 비롯하여 『국풍(國風)』 반월간과 『사상여시대(思想與時代)』는 동남국학자들의 주요 활동 공간이었다.

국수학파는 장빙린(章炳麟)의 제자인 류스페이(劉師培), 황칸(黃侃)을 비롯하여 덩스(鄧實), 황제(黃節), 주종위안(諸宗元), 천단란(陳澹然), 왕궈웨이 등이 국수 보존과 창달을 기치로 국학보존회(國學保存會)를 조직하고 『국수학보(國粹學報)』를 발간(1905)하였다. 오사신문화운동 시기에는 베이징대학 내에 신문화파와 국고파가 사상·문화적으로 적극적으로 대치하는 지형이 형성되었다. 이때 저둥학파의 학맥을 계승하는 류스페이, 황칸 등이 신문화파의 잡지 『신조(新潮)』에 대항하여 "중국 고유의 학술을 창명(昌明)한다는 종지(宗旨)"로 『국고(國故)』 창간을 주도했다. 국고파는 『국고』 월간사를 중심으로 활동했는데, 여기에는 황제(黃節),[16] 린쑨(林損)이 합류했고, 학생이던 위스전(俞士鎮), 쉐샹쑤(薛祥綏), 장쉬안(張煊)이 실무를 처리했다.

---

16 『학형』의 핵심 리더인 우미는 스스로 천타오(陳濤, 캉유웨이의 문인, 우미의 고모부, 공거상서에 참여, 학형에 여러 차례 시문 투고)와 황제(남사 사원, 국고파)의 영향을 가장 많이 받았다고 회고한 바 있다.

동남국학의 또 하나의 학맥은 청말민초 남사(南社)이다. 1909년 11월 소주에서 창립된 남사의 남(南)은 동남을 의미하고 장쑤, 저장 등 장저 학맥을 상징한다. 사(社)는 이 지역에서 활동했던 명말 복사(復社)의 사(社)에서 따왔는데, 이는 복사를 전범으로 삼는다는 의미였다. 이들은 문학을 통해 국수·국고·국혼을 창달하고 애국애족해야 한다는 것을 종지(宗旨)로 제시했다. 이 점에서 이들은 문화 민족주의 성향이 강했다고 하겠다. 남사의 설립은 천취빙(陳去病), 류야즈(柳亞子) 등이 주도했다. 사원으로는 후셴쑤(胡先驌), 메이광디(梅光迪), 주종위안, 예위썬(葉玉森), 우메이(吳梅), 황제, 우공헝(吳恭亨), 차오징위안(曹經沅), 양취안(楊銓), 쉬잉(徐英), 천주(陳柱), 린쉐양(林學衡)이 활동했는데, 이들 대부분은 1920년대 본격적인 문화 보수주의의 등장과 동남국학의 본류 형성을 의미하는 학형 그룹에 참여했다.

동남국학의 또 다른 홀시할 수 없는 지적 원천은 하버드대학의 문화 보수주의 학맥이다. 1910~1920년대에 하버드대학을 풍미했던 문화 보수주의는 신인문주의였다. 하버드대학을 거점으로 활동한 신인문주의자들은 그리스 고전문화를 표준으로 하고, 르네상스 시기 인문주의의 회복을 기치로 내건 보수적 문화이론이었다. 어빙 배빗(Irving Babbitt), 폴 모어(Paul Elmer More), 윌리엄 브로넬(William Brownell) 등이 신인문주의 사조를 주도했다. 이 사조는 그 후 스튜어트 셔먼(Stuart Sherman), 노먼 포레스터(Norman Forester) 등의 제자들에게 계승되어 1930년대에 그 영향력이 최고조에 달했다. 훗날 중국 문화 보수주의와 동남국학의 주요 인물인 탕용통, 우미, 천인커는 이 대학에서 유학하며 신인문주의를 비롯해 서구 보수주의 계열의 지적 세례를 강하게 받았다. 그 외에도 메이광디, 후셴쑤, 러우광라이(樓光來), 린위탕(林語堂), 량스추(梁實秋), 궈빈허(郭

斌龢), 판춘중(氾存忠) 등이 신인문주의에 깊이 경도되었다.[17]

위 세 학맥은 난징고등사범학교-둥난대학으로 합류(1920년 전후)하여 문화 보수주의의 본류를 형성하기 시작했다. 학술적으로 보자면 동남국학이 문화 보수주의의 핵심적인 지적 자원이었다. 문화 보수주의 본류 형성에서 분기점이 된 일이 『학형』의 창간이다. 학형에 참여한 대표적인 학자로는 류이정, 주커전,[18] 우미, 메이광디, 마청쿤(馬承堃), 후셴쑤, 사오쭈핑(邵祖平), 탕융퉁, 장인린, 궈빈허, 뮤펑린(繆鳳林), 징창지(景昌極), 쉬전어(徐震堮) 등이다. 이 그룹은 다음과 같은 세 갈래의 출신 배경으로 나눌 수 있었다. 난징고등사범학교-둥난대학 출신, 하버드대학 유학생 출신 그리고 칭화대학 출신이 그것이다.[19]

난징고등사범학교-둥난대학의 국학 특히 사학 분야에서 대표적인 학자는 류이정이다. 그는 장저학파의 맥을 계승하는 학인으로 난징고등사범학교-둥난대학-중앙대학/저장대학으로 이어지는 동남국학의 문사지리(文史地理) 연구의 원류라 해도 과언이 아니다. 또한, 이들은 전통 학문의 세례를 깊이 받은 학문적 배경을 갖고 있었다. 메이광디, 우미, 후셴쑤는 장저(江浙) 지역 명문 집안 출신으로 어려서부터 전통 학문의 훈육을 받았고, 그 후에는 미국으로 유학하여 하버드에서 서구 보수주의의 훈도(薰陶)를 받았다. 메이광디나 후셴쑤는 과거에 합격하여 수재(秀才) 학위

17 동남국학은 하버드대학 신인문주의의 영향을 많이 받았는데, 이에 대해서는 전인갑, 2016, 『현대중국의 제국몽』, 학고방, 131~138쪽에서 상세하게 다루었다.

18 하버드대학에서 유학하여 지리학을 전공했다. 둥난대학을 거쳐 저장대학 교장을 역임했고, 중화인민공화국에서는 초대 중앙연구원 원장에 취임하였다. 그는 둥난대학과 중앙대학에서 동남국학을 주도했던 학자 다수를 저장대학으로 초빙하여 저장대학을 국학 연구의 새로운 중심지로 발전시켰다.

19 沈衛威, 2007, 『學衡派譜系』, 江西教育出版社, 30~35쪽 참고.

를 취득했고, 남사에 참여하기도 했다. 류이정 역시 수재 출신으로 일본에 유학하여 근대 학문을 접했으며, 신인문주의에 깊은 이해를 갖고 있었다. 학맥으로 보아도 후셴쑤는 린수(林紓)에게, 우미는 황제에게서 고문경학을 배웠다. 학형 그룹에 참여하고, 학형의 리더인 우미의 1926년 칭화학교 국학연구원에 부임한 천인커는 고문경학을 중시하는 장저학파의 일원인 천싼리(陳三立)의 자제였다. 그의 형인 천헝커(陳衡恪)도 이 그룹에서 활동했다.

학형 그룹으로 결집했던 동남의 문화 보수주의 흐름은 1930년대 국민정부의 정치적 안정화 및 국가 정체성(중화 정체성) 확립 정책에 힘입어 사상·문화계의 주류로 등장한다. 그 중심은 중앙대학과 저장대학이고, 칭화대학도 일정한 역할을 지속했다. 이 글에서는 전자 두 대학을 진지로 하는 동남국학의 흐름만 간단히 정리한다. 우선 중앙대학의 경우이다. 중앙대학의 학맥은 류이정을 원류로 하며, 난징고등사범학교부터 배출한 제자로는 뮤펑린, 징창지, 장치윈, 왕환뱌오(汪煥鑣), 왕융(王庸), 자오완리(趙萬里), 샹다(向達), 정허성(鄭鶴聲), 루웨이자오(陸維釗), 후스잉(胡士瑩), 쉬전어 등이 있다. 1930년대 동남국학은 이들의 노력으로 그 수준이 심화되었다. 이들은 중앙대학을 학문적 기지로 삼아 잡지 『국풍』을 통해 동남국학의 성과를 확산시켰다. 국풍 참여자들의 면면은 〈표 1〉과 같다.

저장대학의 학맥은 류이정, 주커전을 원류로 한다. 저장대학이 동남국학의 새로운 중심지로 부상한 것은 주커전이 동 대학 교장으로 부임하면서부터이다. 그는 중앙대학에 있던 장치윈을 초빙하고, 뒤이어 요절한 '천재적 역사가' 장인린을 동 대학의 국학 연구에 합류시킨 것이 큰 계기였다. 저장대학의 동남국학은 장제스의 지원하에 크게 발전했는데, 『사상여시대』가 이들의 주된 활동 공간이었다. 여기에 참여한 국학자들 역

표 1『국풍』참여자

| 출신 | 구분 | 인물 |
|---|---|---|
| | 『국풍』 주도 | 胡先驌, 柳詒徵, 湯用彤, 吳宓, 梅光迪 |
| 난징사범고<br>·<br>둥난대<br>·<br>중앙대 | 『학형』의 주요 필진 | 汪煥鏞, 汪辟疆, 王伯沆, 繆風林, 景昌極, 張其昀, 王庸, 向達, 劉永濟, 徐震堮, 歐陽竟無, 張爾田, 徐英, 劉朴, 鄭鶴聲, 錢基博, 郭斌龢, 蒙文通, 張蔭麟, 趙萬里, 陳訓慈, 陳柱 등 |
| | 과학 관련 필진 | 翁文灝, 秉志, 竺可楨, 熊慶來, 顧毓琇, 戴運軌, 胡敦復, 張江樹, 盧于道, 錢昌祚, 嚴濟慈, 謝家榮, 凌純聲, 孫鏞, 李書華, 劉咸, 樊德芬 등 |
| | 지리학 관련 필진 | 張其昀, 胡煥庸, 任美鍔, 葉蓮夫 등 |
| 칭화대 등 | 새로운 필진 | 章炳麟, 朱希祖, 錢鍾書, 胡光煒, 范存忠, 唐圭璋, 盧前, 任中敏, 唐君毅, 賀昌群, 錢南揚, 騰固, 謝國楨, 蕭一山, 李源澄, 朱偰 등 |

표 2 저장대학 중심의『사상여시대』참여자

| 출신 | 구분 | 인물 |
|---|---|---|
| | 『사상여시대』 주도 | 張其昀, 張蔭麟, 錢穆, 梅光迪 |
| 난징사범고<br>·<br>둥난대<br>·<br>중앙대<br>(『학형』,<br>『국풍』 계열) | 『국풍』 참여<br>(전공별 구분과 중복) | 張其昀, 張蔭麟, 景昌極, 梅光迪, 郭斌龢, 樓光來<br>唐君毅, 徐近之, 吳宓, 劉永濟, 朱炳海, 翁文灝, 汪煥鏞<br>繆風林, 陳訓慈, 胡先驌, 繆鉞, 竺可楨, 盧于道, 謝家榮<br>賀麟, 賀昌群, 范存忠, 任美鍔, 方豪, 錢寶琮 |
| | 역사학 필진 | 錢穆, 張蔭麟, 繆風林, 賀昌群, 王繩祖, 陳樂素, 周一良, 王栻, 楊聯陞 등 |
| | 지리학 필진 | 竺可楨, 張其昀, 任美鍔, 徐近之, 葉良輔 등 |
| | 철학 | 馮友蘭, 熊十力, 朱光潛, 謝幼偉, 賀麟, 洪謙, 唐君毅 등 |
| | 서양문학 | 梅光迪, 郭斌龢, 樓光來, 吳宓, 田德望, 范存忠, 張月超 등 |
| | 고전문학 | 劉永濟, 繆鉞, 夏承燾 등 |
| 신진 참여 | | 錢穆, 馮友蘭, 熊十力, 朱光潛, 謝幼偉 |

시 난징고등사범학교-둥난대학-중앙대학의 학맥을 가진 인물들이 주류를 이룬다. 그 면면을 전술한 『학형』, 『국풍』의 참여자들과 비교해 보면 이러한 점을 더욱 명확히 확인할 수 있다. 〈표 2〉는 저장대학을 기지로 활동한 동남국학자들의 면면이다.

## III. 동남국학과 역사 연구의 제도화

역사학이 문이재도의 경세학(經世學)이나 제왕지학(帝王之學)에서 벗어나 근대 학문으로 정립되기 위한 가장 핵심적인 요소는 역사학의 분과학문화 즉, 전문화이다. 동남국학의 역사 연구는 1920년대 초부터 현대 학문의 체계에 따라 제도화되기 시작하였다. 주지하다시피 근대 학문은 전문화와 세분화를 본질적 특징으로 한다. 이를 기초로 분과학문체계가 만들어지고, 근대 학문은 이 체계에 의해 유지된다. 역사 연구의 제도화는 이러한 체계를 구축하는 과정인 것이다. 근대의 모든 학문 분야가 그러하지만, 역사학 영역에서 제도화를 위한 필수 요소에는 세 가지가 있다. 대학(역사학과), 전문 역사 연구기관(역사학 전문학회), 전문학술잡지(역사학 학술지)가 그것이다. 이 삼자의 정립이 완성되어야 역사 연구의 제도화가 이루어졌다고 평가할 수 있다.

동남국학 역사 연구의 제도화는 국립 둥난대학의 개교(1921)와 더불어 본격적으로 시작되었다. 이 대학은 국립종합대학으로, 베이징대학과 함께 민국 시기 중국 고등교육 양대 축의 하나였다. 1928년에는 둥난대학이 난징사범대학, 난징농업대학, 장쑤대학 등을 합병하여 국립 중앙대학으로 확대 개편하였다. 초대 교장에 취임하는 궈빙원(郭秉文)을 비롯하여 장첸(張騫), 차이위안페이(蔡元培), 왕첸팅(王正廷), 황옌페이(黃炎培), 위안시타오(袁希濤) 등이 난징고등사범학교 교지에 새로운 대학 설립을 요청하고 북양(北洋)정부가 이를 비준함으로써 국립 둥난대학의 설립이 결정(1920. 12)되었다. 그 후 1921년 7월 「둥난대학조직대강」을 교육부가 핵준하고 8월 신입생을 모집하여 9월 정식으로 개학했다. 국립 둥난대학은 청 말 삼강사범학당(三江師範學堂, 1902)과 양강우급사범학당(兩江優級師範學堂, 1906)의 설립 정신과 학풍을 계승한 난징고등사범학교(1915)를 모태로 한 대학이다. 삼강사범학당-양강우급사범학당-난징고등사범학교는 장쑤, 저장, 안후이 지역의 높은 학문적 수준에 대한 자부심과 중화의 이상을 유지하려는 독특한 지적·문화적 분위기와 중체서용의 기풍 속에서 출범한 학교였다.

분과학문체계를 기반으로 학제를 편성한 것은 난징고등사범학교 때부터였다. 물론 삼강사범학당과 양강우급사범학당 시절에도 초보적 수준의 분과학문체계가 적용되기는 했다. 예컨대 양강우급사범학당의 경우를 보면, 학제(1907)는 보습과(補習科)와 분류과(分類科)로 구분되는데 분류과는 본과에 해당한다. 분류과는 학문의 전문성을 높이는 교육 시스템으로 이화수학부(理化數學部)와 농학박물부(農學博物部), 도화수공부(圖畫手工部)가 있었고, 역사지리학은 예과와 보습과가 있었다.

「난징고등사범학교 간장(簡章)」과 「난징사범학교초고 간장」에 따르면 난징고등사범학교의 학제는 본과에 해당하는 문리과(文理科)를 비롯하여 공예전수과(工藝專修科), 농업전수과, 상업전수과, 교육전수과, 체육전수과, 국문전수과, 영문전수과 등 8개의 학부로 구성되었다. 문리과에는 도문계(圖文系), 영문계, 철학계, 역사계, 수학계, 물리계, 화학계 등의 학과가 설치되었다. 지금까지 살펴본 바와 같이 난징고등사범학교에

서부터 근대적 학문체계를 대학의 교육체계와 매치시켜 학제를 편성했음을 알 수 있다. 역사학 분야 역시 난징고등사범학교 시절에 역사학과가 설치되어 대학에서 근대 학문체계상 역사학이라는 분과학문을 독립적으로 연구하고 교육할 수 있는 제도가 형성되었다. 여기에 참여한 학자들에 대해서는 후술하겠지만 류이정과 쉬양추(徐養秋) 그리고 철학 교수로 문사지부(文史地部) 주임(1920)을 역임한 류바이밍(劉伯明), 지리학자 주커전이 직간접적으로 교육과 연구에 참여했다. 전술한 것처럼 샹다, 뮤펑린, 장치윈 등 그 후 동남국학의 역사 연구를 주도하는 학문 후속세대가 여기서 양성되었다.[20]

둥난대학의 학제를 살펴보면 다음과 같다. 둥난대학은 5개의 학부로 편제되었다. 둥난대학 시기에 와서 학제가 더욱 치밀하게 정비되고 특히 문리과가 둥난대학 최고의 학부로 발전하였다. 둥난대학의 문과는 전국적인 명성을 가진 국학자들이 운집했는데, 그중에서도 사학 분야의 류이정, 문학 분야의 천중판(陳中凡)은 해당 분야 최고의 학자로 정평이 있었다. 역사학계 주임은 오랫동안 쉬양추가 맡았고, 동남의 역사 연구는 류이정과 샹다가 주도했다. 류이정의 제자인 샹다는 그 후 중국과학원 원사에 취임하였다. 사학 분야 이외의 국학 연구에서도 주목할 만한 학자들이 이 대학에서 활동했는데, 예컨대 구스창(顧實長)은 소학, 장위차오(蔣維喬)는 불학, 리선옌(李審言)은 병려문, 우메이창(吳梅長)은 사곡(詞曲), 량스추는 산문과 문학평론, 탕융퉁은 중국 철학에서 뛰어난 학문적 능력을 발휘했다.[21]

---

20 張其昀, 1985, 「南高的學風」, 『中央大學七十年』, 臺灣國立中央大學印行.

21 王德滋·龔放·冒榮, 2002, 『南京大學百年史』, 南京大學出版社.

국립 중앙대학은 둥난대학의 학제를 기본으로 하고 흡수 통합한 여러 전문대학을 단과대학으로 편제하는 방식으로 학제를 만들었다. 〈표 4〉 국립 중앙대학 원계(院系) 현황에서 이를 확인할 수 있다. 그런데 역사학과는 중앙대학 개교 때에는 사회과학원에 속했는데, 1928년 8월 학제 정비를 통해 사회과학원을 폐지하고 그 속에 있던 사지학계를 문학원에 소속시키고 명칭도 사학계로 변경하였다.[22] 중앙대학 개교 시에 둥난대학 때의 역사학계를 사지학계로 변경하고 이를 또다시 사학계로 명칭을 바꾼 것에 주목해야 하는데, 이에 대해서는 뒤에서 비교적 자세히 서술하겠으나 둥난대학-중앙대학으로 이어지는 동남국학의 역사 연구에서 사지학은 학과의 명칭으로 사용될 만큼 중시되었다는 점은 기억해야 한다. 중앙대학 사학계의 교학(教學) 인원은 둥난대학 교학 인원의 연속이었으므로 특별히 서술할 내용은 없다. 다만 주커전이 저장대학 교장으로 취임한 후 중앙대학 사학계의 장치윈 등 주요 교학 요원을 초빙해 가서 저장대학 역사 연구의 기틀을 다졌다는 사실을 부기한다.

대학(학과)과 더불어 역사 연구 제도화의 또 다른 한 축은 역사 연구 전문학회와 전문학술지이다. 최초의 동남국학 역사학만의 전문학회는 시기적으로 다소 늦은 1929년 설립된 난징중국사학회(南京中國史學會)라고 할 수 있다. 이 학회를 살펴보기 전에 전문학회라고 평가하기는 어려우나 학생들이 중심이 되고, 교수들이 지도하는 연구회가 난징고등사범학교와 둥난대학 시기에 활발하게 활동했다. 그중 사지연구회(史地研究會)가 있다.

사지연구회는 1920년에 난징고등사범학교의 문사지부(文史地部) 학

---

22 王德滋·龔放·冒榮, 2002, 앞의 책.

표 3 둥난대학 학부 편제

<table>
<tr><th>학부</th><th colspan="2">설치 학과</th></tr>
<tr><td rowspan="2">문리과</td><td colspan="2">국문계, 역사학계, 철학계, 영문계, 서양문학계, 지학계, 법정학계, 경제학계<br>물리학계, 화학계, 수학계</td></tr>
<tr><td>문과 주요 교원</td><td>劉伯明, 柳詒徵, 王伯沆, 顧實長, 張士一, 徐養秋, 王伯秋, 吳宓, 湯用彤<br>梁實秋, 陳逸凡, 陳衡哲, 宗白華, 黃侃, 梅光迪, 樓光來, 蕭純錦, 方東美<br>郭斌華, 李瑪利, 羅家倫, 陳鍾凡, 吳梅, 胡小石, 蔣維喬, 林天蘭, 錢基博<br>龔質彬, 夏雨行 등</td></tr>
<tr><td>교육과</td><td colspan="2">교육학계, 체육학계, 심리학계</td></tr>
<tr><td>농과</td><td colspan="2">생물학계, 농업화학계, 축목학계, 원예학계, 병충해계, 농예계, 농업시험장</td></tr>
<tr><td>상과</td><td colspan="2">공상관리계, 은행계, 회계계</td></tr>
<tr><td>공과</td><td colspan="2">기계공정계, 토목공정계, 전기공정계</td></tr>
</table>

표 4 중앙대학 학부 편제(1928년 기준)

| 단과대학(院) | 설치 학과(系·科) |
|---|---|
| 문학원 | 중국문학계, 외국문학계, 철학계, 사회학계, 사학계 |
| 이학원 | 수학계, 물리학계, 화학계, 지학계, 생물학계, 심리학계 |
| 법학원 | 정치학계, 경제학계, 법률학계 |
| 교육학원 | 교육학계, 사자과(師資科), 예술전수과(專修科), 체육전수과(專修科) |
| 농학원 | 식물농예과, 동물농예과, 농산제조과 |
| 공학원 | 기계공정과, 전기공정과, 토목공정과, 건축과, 광야(鑛冶)공정과<br>화학공정과, 염직과 |
| 상학원 | 은행과, 회계과, 공상관리과, 국제무역과 |
| 의학원 | 기본계, 임상계 |

생들이 조직한 역사지리학 연구단체로 1921년 둥난대학이 설립된 후에는 남고사지연구회(南高東大史地研究會)로 개칭했다. 통상적으로 사지연구회로 부른다. 류이정의 제자인 장치윈, 후환용(胡煥庸), 왕융 등 민국

시기뿐 아니라 1960~1970년대까지 이 분야의 연구를 주도했던 연구자들이 사지연구회에서 활동했다. 천쉰츠(陳訓慈), 샹다, 후환용이 총간사를 맡았고, 류이정과 주커정이 함께 동 연구회를 지도하였다. 량치차오도 둥난대학에서 강의했을 때(1920) 동 연구회의 지도교수로 역할했다.[23]

동남국학 역사 연구의 가장 큰 특징이 '사지의 학(史地之學)'이고, 난징고등사범학교와 둥난대학의 사지연구회를 시작으로 중앙대학, 저장대학의 역사지리 관련 학인이 '사지학파'라 불리게 된 것도 이 연구회의 학풍과 연구방법론의 전통이 그 후에도 이어졌기 때문이었다. 이 연구회에 참여한 전술한 학인들–주로 장치윈을 비롯한 류이정의 제자–이 사지학을 독자적인 학문 분야로 발전시켰다. 그런데 이 연구회와 『사지학보』를 지도하는 과정에서 사학과 지리학 분야의 지도교수는 각기 존재하여 각 분야의 전문성을 높였다. 사학은 류이정, 지리학은 주커정이 담당했다.

사지연구회는 『사지학보(史地學報)』를 발행하였다. 1921년 11월에 창간하여 1926년 10월에 정간하기까지 총 20호에 걸쳐 300여 편의 글을 게재하였다. 이 학술지는 사학과 지리학의 전문화와 학문 발전을 촉진하는 목적 외에도 "근년 이래 서학이 크게 유행하고 관련 저술이 많아지는 데 비해 구적(舊籍)의 연구는 날로 피폐해지는 상황"에 처했으니 이러한 현상을 비통하게 생각하여 전통 학문의 성과를 정리하고 선양하여 향후의 정진(精進)을 기약한다는 의도가 컸다.[24] 이러한 지향은 류이정이

---

23 陳寶雲, 2010, 『學術與國家–史地學報及其學人群研究』, 安徽教育出版社, 36~37쪽. 사지연구회의 지도원은 류이정, 주커전, 량치차오, 쉬쩌링(徐則陵), 바이메이추(白眉初), 왕위샹(王毓湘), 천헝저(陳衡哲), 구타이라이(顧泰來), 주진즈(朱進之), 샤오춘진(蕭純錦), 쩡잉롄(曾膺聯), 두징후이(杜景輝) 등이었다.

24 1922. 5, 「編輯要則」, 『史地學報』 1卷 3號.

쓴 『사지학보』의 서(序)에 잘 나타나 있다. 여기서 그는 "나라에는 진문(珍聞)이 있고, 집안에는 괴보(瑰寶)가 있는데, 학자들은 그것을 덜어내어 버리며, 그것을 보고도 알지 못하니 현재 우리나라는 무학(無學)의 상태로 전락할 상황이라, 이를 부끄럽게 여겨 사지학보를 만든다"고 천명하였다.[25] 『사지학보』를 창간한 주역들은 위에서 보는 바와 같이 이 학술지를 창간한 것은 학술연구를 진작하는 목적에만 머물지 않고 이 잡지를 통해 학술보국(學術保國)을 실천하려 했다.[26]

둥난대학의 사지연구회가 학회의 면모를 갖추게 된 것은 중국사지학회(中國史地學會)로 확대 개편한 이후이다. 동 학회는 1926년 류이정, 주커정, 뮤펑린, 장치윈, 천쉰츠, 샹다, 후환용 등이 발기인으로 참여했다.[27] 이 학회는 발기인의 면면에서도 알 수 있듯이 사지연구회의 주도자들이 사지학의 학문적 발전과 전문화를 지향하며 설립한 학회였다. 1920년대 후반 역사학계에는 역사학과 지리학을 함께 연구하고 학술지를 발행하는 분위기가 확산되었다. 베이징의 경우 베이징사범학원 사지학회에서 『사지총간』을 발행하고, 쓰촨(四川), 광저우(廣州) 등에서도 사지 관련 학회와 학술지가 발행되는 등 사지학 연구가 전국적으로 확산하는 데는 동남국학의 사지학 연구가 결정적인 시발점이었다. 물론 구제강과 푸쓰

25 柳詒徵, 1921. 11, 「史地學報 序」, 『史地學報』 1卷 1號.

26 『사지학보』의 구성은 특별히 의미를 둘 것은 아니지만 학술지의 전체적인 면모를 엿보기 위해 간단히 소개한다. 이 잡지의 구성은 『학형』이나 『국풍』 등 종합 학술잡지와 유사하다. 이 잡지의 구성은 호수에 따라 다소의 이동(異同)이 있지만, 전체적으로 연구, 통론, 잡철(雜綴), 지리교학(地理敎學), 평술(評述), 지지(地志), 사전(史傳), 서보(書報) 소개, 신서(新書) 소개 등으로 구성되어 있다.

27 발기인은 류이정, 주커전, 뮤펑린, 천쉰츠, 장치윈, 정허성, 류산리(劉掞藜), 판시쩡(范希曾), 샹다, 황징위안(黃靜淵), 후환용, 류홍투(陸鴻圖) 등이었다.

넨이 역사지리연구를 강조하고 우공학회(禹貢學會)를 창설하고, 『고사변(古史辨)』이나 『우공(禹貢)』에 역사지리학 관련 연구를 게재했지만, 이는 1930년대의 일이고 역사지리학 즉 사지학은 동남국학에서 선도하고 그 영향이 확산한 결과라 하겠다.

이 학회는 전문학술지인 『사학여지학(史學與地學)』을 발행하였다. 이 학술지는 불과 4차례 발행(1926년 1기~1928년 4기)에 그쳤다. 그 이후 1929년 난징중국사학회 창립이 결정적인 계기가 되어 학회와 학술지가 사학과 지리학 분야로 각각 분리되는데, 이는 동남국학에서 주도한 사지학이 사학과 지리학으로 분화 발전하였음을 의미한다. 이 잡지에 게재된 글을 살펴보면 이 잡지 및 중국사지학회의 성격을 잘 이해할 수 있어 이를 〈표 5〉로 소개한다.[28]

동남국학의 '사지의 학(史地之學)'은 1930년대 구제강, 푸쓰넨 등의 역사지리학 연구[29]와는 대비되는 특징이 있다. 무엇보다 이들은 장저 지역의 전통적 학풍, 즉 박학 전통에 기반하여 사지학 연구를 진행했는데, 이들은 주로 역사 문헌의 고증에 중점을 두었고, 현지 조사를 통해 과학적 실증 연구를 심화하는 방법론을 취했다. 말하자면 동남국학의 사지학은 신고(信古)를 전제로 과학적 연구를 추구했다고 할 수 있다.

---

28 柳詒徵 編, 1971, 『史學與地學』, 文海出版社 影印.

29 고사변파나 사료학파의 역사지리학 연구는 갑골문, 돈황문서 등 신자료를 이용하여 역사적 사실을 의고하는 데서 출발하였다. 뮤평린의 부친이고, 류이정의 스승인 뮤취안쑨(繆荃孫)이 난징에서 국학도서관을 관장했는데, 이때 예풍당(藝風堂)의 1만 800종에 달하는 연구가치가 있는 금석문 탁본을 베이징대학에 줘버렸다. 후스는 이 자료를 매우 중시했고, 자신의 제자인 뤄얼강(羅爾綱)에게 정리·연구하게 하였다. 베이징의 역사학계는 이를 적극 활용하여 연구한 반면 1920년대 후반 국학도서관장으로 있었던 류이정은 이 자료를 볼 수 없었다(沈衛威, 2007, 앞의 책, 312쪽).

표 5 『사학여지학』 제1~4기 목차

| 구분 | 내용(필자) |
|---|---|
| 1926년 제1기 | 중국 사학의 쌍궤(雙軌)(柳詒徵), 지리학을 어떻게 할 것인가(竺可楨), 독사미언(讀史微言)(繆風林), 근 40년 이래 미국의 역사학(向達 譯), 각가(各家) 후한서 종술(鄭鶴聲) 인생 지리학의 태도와 방법(張其昀), 중국의 도시(梁任公), 중국회교사(陳漢章) 희랍 사대 사학가 소전(陳訓慈) |
| 1927년 제2기 | 사해통고(四海通考)(王庸), 중국의 도시(속)(梁任公), 세차(歲差)를 활용하여 상서 요전의 춘하추동 별의 연대를 정하다(竺可楨), 송태종실록 교증(校證)(柳詒徵), 인생지리학의 의의와 방법(속)(張其昀), 쌍흘뢰탁본 발(跋)(張蔭麟) |
| 1928년 제3기 | 원조비사의 주인 역아견고(王國維), 직예 지리의 환경과 수재(竺藕舫), 청덕종의 대혼(大婚)(柳詒徵), 신러시아의 토지제도(胡煥庸), 중국 사서에서의 마리그놀리사절에 관한 기록(張星烺), 라시드 원사고(元史考)(何炳松 譯), 고본 죽서기년 집교보정(輯校補正)(錢穆), 송태종실록 교증(柳詒徵), 왕정안 선생 저작 목록(趙萬里 編) |
| 1928년 제4기 | 역사상의 연화(演化) 문제와 그 연구법(何炳松), 소방호재(小方壺齋) 여지총초점감(輿地叢鈔點勘) 요략(要略)(陳漢章), 중국 산악의 분류(張其昀), 청 초의 노환(奴患)(陳守寔), 천주방고기(泉州訪古記)(張星烺), 난징의 기후(竺可楨), 몽고탐험기(陳訓慈) |

1929년 중국사학회(中國史學會)의 창립은 동남국학 역사 연구에서 획기적인 사건 중의 하나이다. 난징중국사학회로 불리기도 하는 이 학회는 1928년 난징고등사범학교 문사부 출신의 후환용이 프랑스 유학에서 돌아와 중앙대학에 취임하고 장치윈과 함께 『지리잡지(地理雜誌)』를 창간(1928. 7)하게 된다. 이 과정에서 동남의 사지학파 사이에서 역사학과 지리학의 분리 그리고 중국사학회 설립이 본격적으로 논의되었다. 그러다가 1929년 1월에 중국사지학회를 중국사학회로 개명하여 독립적인 역사학회로 공식 출범하였다.

이 학회 설립은 류이정의 실질적 지휘하에 장치윈, 뮤펑린, 천쉰츠, 정허성 등 그의 제자 그룹이 주도했다. 사실 역사학과 지리학을 분리하여 학회를 조직하는 문제는 이미 난징고등사범학교·둥난대학 시절 사지연구회가 활동하던 시기부터 논의가 있었다. 실제 천쉰츠가 1922년 3월 『사지학보』 1권 2호(1922. 3)에 「조직중국사학회문제」라는 글을 발표한 바도 있다. 중국사학회의 설립은 중국의 근대 역사학 연구에서 획기적인 의미가 있는바, 그것은 난징에서 설립된 이 학회가 중국 최초의 역사 전문학회라는 사실 때문이다. 또한 이 학회의 설립은 중국 역사학계는 지리학 혹은 언어학과 결합된 학회가 아니라 역사학 단독의 독립적인 전국성 전문학회를 만들게 되는 계기가 되었다.[30]

난징중국사학회는 1929년 3월 역사학 전문학술지를 창간하게 되는데, 제명을 『사학잡지(史學雜誌)』라 하여 사지학에서 역사학이 분리했음을 명확히 하였다. 이로써 동남국학의 역사 연구는 사지학에서 출발하여 역사학 전문학회(중국사학회) 및 역사학 전문학술지(『사학잡지』)와 지리학 전문학회(중국지리학회)[31] 및 지리학 전문학술지(『지리잡지』)로 전문화하는 방향으로 발전했다. 이는 중국의 동남국학계가 근대적 학문체계에 자연스럽게 적응해 가는 과정이기도 했다. 여하튼 『사학잡지』는 류이정이 총간사를, 장치윈, 뮤펑린, 판시쩡(范希曾), 천쉰츠 등이 편집을 비롯한 실무를 맡았다.

중국사학회를 만든 직접적인 이유는 몇 가지 있다. 물론 동남국학자들의 일관된 지향이 학회 발기의 근원이라 하겠다. 이들은 근대 이후 쇠락의 병원(病源)을 오로지 공자 탓으로 돌리고 중화의 가치를 부정하는 세

30 중국사학회가 민국 시기 학술계에서 점하는 의미에 대한 분석은 吳忠良, 2005, 「南高史地學派與中國史學會」, 『福建論壇』(人文社會科學版) 2005-2와 桑兵, 2004, 「二十世紀前半期的中國史學會」, 『歷史研究』 2004-5 두 논문이 참고할만하다.

31 1933년 난징에서 성립하였다. 주커정, 장치윈, 웡원하오(翁文灝) 등이 발기하였다.

태를 비판하고, 그러한 분위기를 주도하는 신문화 '계몽' 진영의 학문적 부박성(浮薄性)을 끊임없이 강하게 비판해 왔다. 신문화 진영의 문화적 부박성에 맞선 류이정의 발언에서 확인되듯이 동남국학의 학인들은 중화의 본질적 가치를 계승하는 한편 중화를 창조적으로 재구성하는 것을 당위적 사명으로 여겼다.[32] 중국사학회를 통해 중화의 가치를 담고 있는 전적(典籍)을 정리하고 연구하여 중화 문화의 창달이라는 의무를 다할 뿐 아니라 서학의 팽창으로 과도하게 폄하되고 있는 전통 학문과 문화를 정당하게 평가하는 연구를 체계적으로 진행할 전문연구기관으로 중국사학회를 시작했던 것이다.

사학회 발기의 직접적인 요인으로는 첫째, 전술한 것처럼 역사학과 지리학을 독립된 분과학문으로 분리해야 한다는 인식의 확산을 들 수 있다. 류이정은 『사학잡지』 발간사에서 작년(1928)부터 장치윈이 대학에서 지리학 잡지 창간을 주장하고, 올해(1929)에는 뮤펑린, 판시쩡, 천쉰츠, 정허성 그리고 장치윈이 사학 잡지 창간을 주장했다고 하여 중국사학회와 『사학잡지』가 출범하게 된 분위기를 전하고 있다. 또한 세월의 변화에 따라 학문의 전문화를 추구하여 전문적인 심화 연구와 교육을 진행하는 것 역시 거스를 수 없는 추세라는 점도 고려되었다고 한다.[33] 실제 당시 동남국학계에서는 두 분과학문의 분리, 두 분과학문의 전문학회 및 전문학술지의 필요성이 널리 공유되었다. 동남국학계의 이러한 분위기가 중국사학회 창립과 『사학잡지』 창간으로 결실을 본 것이다.[34]

32 柳詒徵, 1922. 3, 「論中國近世之病源」, 『學衡』 第3期.

33 『사학잡지』 발간사인 柳詒徵, 1929. 3, 「史學雜卷·發刊稿」, 『史學雜誌』 1卷 1期 참고.

34 판훙샤(范紅霞)는 중국사학회 설립은 고대 사관(史官)제도와 설관수사(設官修史) 방식의 사서 편찬이 가진 단점을 극복하기 위한 목적도 있다고 설명한다(范紅霞,

둘째는 동남국학계의 학문적 자존심이 훼손되었기 때문이었다. 중국이 유서 깊은 역사와 문화 그리고 문물을 소유한 '문명 대국'임에도 1920년대 중국 역사학계는 세계 역사학계의 각종 행사에 참여하지 못하고 있던 실정이었다.[35] 특히 세계역사학년회 조직위원회에서 1923년에는 중국대표단의 회의 참석을 공식적으로 요청했는데, 여기에 참석할 중국대표단을 구성할 수 없는 처지였다. 중국 학계가 학회 차원－대표성을 확보한 공식적 참여－에서 국제역사학회의 활동에 참여하기 위한 것도 중국사학회 설립을 서둘렀던 주요 이유였다.[36]

『사지학보』, 『사학여지학』, 『사학잡지』 등 전문학술지 외에도 『학형』, 『국풍』, 『사상여시대』는 동남국학의 학인들이 자신들의 주장을 개진한 전문적인 공간이었다. 이들 잡지는 종합성 학술잡지로 전문학술지와 견줄만한 높은 수준의 연구성과를 실었다. 이들 잡지에 대해서는 이미 분석한 바가 있으므로 이 글에서는 제명만 소개하는 것으로 한다.[37]

---

2010, 『柳詒徵文化思想硏究』, 人民出版社, 157쪽). 그 근거로 장치윈의 다음과 같은 주장을 제시하고 있으나 이는 동 학회 설립의 직접적인 이유라고 보기는 어렵고 근대 학문으로서의 역사학이 전문화, 분업화, 탈정치화, 탈윤리화해야 한다는 광범위한 컨센서스가 형성되어 있었고, 이것이 역사 전문학회의 창립을 촉진한 요인이라고 할 수는 있을 것이다. 장치윈은 중국사학회 발기의 주요 목적을 다음에 두고 있다고 설명하였다. "우리는 이전 세기의 사관지국(史館志局)의 실패를 거울로 삼았다. 금후에 중국사학회는 조직을 만들고(講究), 노선을 확정하고, 과조(科條)를 명확히 하고, 구역을 심정(審定)하고 편찬에 강령을 만들고, 편집을 분업하게 되면 할 수 없는 것도 쉽지 할 수 있게 될 것이다. 혹은 분석하고, 종합하게 되면 두서가 정연할 것이다"(張其昀, 1922, 「讀史通與文史通義校讎通義」, 『史地學報』 第1卷 第4期).

35 1921년 베이징에서 개최된 국제미술사평의회와 비엔나동방문물박람회에 중국은 참여하지 못했다.

36 范紅霞, 2010, 위의 책, 158쪽. 1923년 벨기에 브뤼셀에서 개최된 제51회 세계역사학년회(世界歷史學年會)에 평의회 측에서 중국대표단 파견을 공식 요청하였다.

37 전인갑, 2009, 「학형의 문화 보수주의와 '계몽' 비판」, 『동양사학연구』 106. 1923년 등

## Ⅳ. 동남국학과 신고(信古): 문이재도(文以載道)에서 과학으로

민국 시기 동남국학은 청대 이래 중국의 학술계와 문화계를 독점하다시피 한 장저 지방의 인적 자원과 학문적 자원을 기반으로 삼았다. 참고로 〈표 6〉은 송 이래 전국 각 지역의 인재 배출 현황이다. 이를 통해서도 알 수 있듯이 장저 지역과 장강 삼각주 및 태호 유역 출신 인사들이 압도적으로 많다. 또한 1948년 중앙연구원이 출범했을 때 원사 81명이 선출되었는데, 그중에서 장쑤, 저장, 안후이 출신이 71명을 차지했다.

장저 지역의 풍부한 인적 자원은 이 지역 학문과 문화 발전의 원천이었다. 이를 바탕으로 청대 이래 이 지역은 전국에서 가장 학문이 발전했는데, 특히 경세치용학과 박학이 크게 융성했으며, 문이재도의 학풍과 도통 계승의식이 매우 강했다. 경세치용학과 박학 전통은 고문경학을 통해, 문이재도의 학풍과 도통 계승의식은 동성파의 학문적 지향[38]을 통해 발현·계승되었다. 민국 시기 동남국학 역사 연구는 이러한 토양 속에서 발아하고 발전했음은 전술한 동남국학의 학맥에서 이미 살펴보았다.

동남국학 역사 연구에서 박학 전통은 신고학풍으로, 경세치용학의 전통은 학문에 임하는 근본 태도로 계승되어 중화문화와 중국을 위한 복무, 학문의 사회적 기능 수행이라는 학문의 경세성(經世性)은 동남국학

---

난대학 국학연구회에서 발행한 『국학총간(國學叢刊)』도 종합성 학술잡지로서 난징고등사범학교와 둥난대학 사지학과 연구자들의 주요 학술활동 공간이었다.

38 문이재도의 학문 태도와 도통 계승에 대한 고문경학이나 베이징의 학풍(의고)에 영향을 미친 금문경학 계열의 입장은 동성파의 입장과 크게 다르지 않다. 다만 문인을 중심으로 결집한 동성파의 문학 및 그 연구에서 이러한 경향이 두드러지고 있다는 점을 강조할 따름이다.

학술활동의 시작과 끝이었다. 그 중심에 류이정이 있다. 그는 민국 학술사에서 박학과 경세학 전통을 충실하게 체현하여 동남국학 역사 연구의 학풍을 정립하고 학문 후속세대를 성공적으로 육성한 인물이다.

동남국학 역사 연구에 있어 류이정은 그 학문적 원천이라 해도 과언이 아니다.[39] 베이징에서 구제강이 '신사학'을 이끌었다면 동남에서는 류이정이 동남국학계의 국학 및 역사 연구를 이끌었다. 역사학 영역에서 보자면 신고학풍을 대표하는 류이정이 동남을 대표하고, 의고학풍을 선도한 구제강이 베이징의 역사학계를 대표하는 남류북구(南劉北顧)의 형국이었다. 그의 학문적 업적이 구제강에 비해 현저히 과소평가된 것은 사실이다. 그는 1948년 중앙연구원 제1기 원사 81명 중 역사학 분야 원사 5인 중의 한 사람이었다.[40] 그는 동남국학 역사 연구의 태두로, 그의 사학 분야 제자로는 베이징대학 역사학과 교수를 역임한 샹다 그리고 셰궈전(謝國楨), 샤오이산(蕭一山)[41] 등이 있다. 또한 함께 국학 연구에 매진했었던 학형 그룹 동인 첸지보(錢基博)의 아들 첸종슈(문학), 탕용통(철학)의 아들 탕이제(湯一芥) 등을 통해 직간접적으로 중화인민공화국 역사학과 국학 연구에 지대한 영향을 미쳤고 나아가 장치윈, 첸무 등을 통해 타이완 역사학계의 학문적 토대를 제공하였다.

동남국학의 학문적 경향에 대한 분석은 우선 경세 전통을 먼저 살펴보

---

39 張其昀, 1968, 「吾師劉翼謀先生」; 胡先驌, 1995, 「博學之精神(南京高師20周年)」, 『胡先驌文存』, 江西高校出版社.

40 중앙연구원 제1기 원사는 해당 분야 전문가의 선거로 뽑았는데, 역사학 분야의 원사는 류이정, 천유엔(陳垣), 천인커, 구제강, 푸쓰넨이었다.

41 셰궈전과 샤오이산은 학형 이후 동남국학자들의 활동 공간인 『국풍』 반월간의 주요 성원이었다.

표 6 『중국대백과전서』에서 소개된 인물의 출신 지역 분포

| 구분 | 송 | 원 | 명 | 청 | 근대 | 현대 |
|---|---|---|---|---|---|---|
| **장쑤(江蘇)** | **15** | **13** | **29** | **74** | **48** | **240** |
| **저장(浙江)** | **44** | **12** | **36** | **53** | **53** | **212** |
| 허난(河南) | 32 | 9 | 7 | 6 | 2 | 33 |
| 허베이(河北) | 14 | 15 | 1 | 12 | 6 | 87 |
| 산둥(山東) | 20 | 7 | 6 | 8 | 2 | 61 |
| 안후이(安徽) | 4 | 1 | 26 | 29 | 6 | 57 |
| 푸젠(福建) | 22 | 2 | 12 | 6 | 16 | 85 |
| 광둥(廣東) | - | - | 4 | 10 | 46 | 82 |
| 후난(湖南) | 2 | - | - | 11 | 3 | 95 |
| 장시(江西) | 43 | 10 | 22 | 3 | 6 | 31 |
| 쓰촨(四川) | 14 | 1 | 3 | 3 | 4 | 63 |
| 산시(陝西) | 5 | - | 10 | 3 | 2 | 9 |
| **장강 삼각주** | **31** | **14** | **79** | **106** | **89** | **565** |
| 타이후(太湖) 유역 | 20 | 9 | 54 | 80 | 49 | 345 |

출처: 藍勇 編著, 2002, 324쪽에서 재작성.

고 그 후 신고학풍을 검토하고자 한다. 동남국학이 청대 장저 지역 경세학의 전통을 계승하여 경세성을 학문하는 기본 태도로 삼았는데, 이러한 학문적 자세가 갖는 의미를 이해하려면 당시 신학문, 신문화, 신사학(新史學)을 선도한다고 '자부'하면서 동남국학의 지향과 현저한 대비를 보이는 베이징의 학문적 분위기를 먼저 이해할 필요가 있다.[42]

---

42 여기서 한 가지 전제할 것은 베이징의 학풍에 학문의 사회적 복무나 사회적 기능을 지향하는 측면이 없었다는 것은 아니다. 베이징의 학풍 역시 그 근저에 학문의 경세성을 내포했다. 동남의 학풍이 이를 학문하는 기본 태도로 강조했지만 베이징의 학풍에서는 학문의 과학성이 훨씬 강조되었다는 의미로 이해할 필요가 있다.

베이징의 학풍은 전문성과 과학성을 무엇보다 중시하는 경향이었다. 역사학의 전문화와 과학화가 신사학의 핵심 테제였다. 근대 학문은 민국 시기에 뿌리내리기 시작했는데, 주지하듯이 근대 학문은 '학문을 위한 학문' 즉 순수 학문을 지향한다. 민국 시기 근대 학문으로서의 역사학 역시 순수 학문화가 불가역의 추세였다. 역사학 영역에서 이를 주도한 것이 구제강과 푸쓰녠이다. 고사변파 혹은 사료학파로 불리는 이들의 역사 연구는 역사학의 순수 학문화를 선도했다.

구제강은 연구결과의 사회적 활용이 아니라 사실을 설명하는 것이 연구의 목적이라는 확고한 입장을 견지했다. 푸쓰녠이 랑케 사학의 영향을 받았다는 사실은 널리 알려진 사실이지만 '역사학은 사료학이다'라는 그의 입장은 역사학의 순수 학술화를 상징하는 대표적인 선언이었다. 말하자면 역사학 연구는 엄격한 훈련을 거친 수준 높은 전문가의 영역으로 일반인을 고려하여 학문할 필요가 없고, (랑케식의) 과학적 접근(과학성)이 핵심이라는 의미였다.[43] 순수 학술화하는 민국 시기 신사학의 지향을 푸쓰녠의 다음과 같은 주장에서 명확히 확인할 수 있다. 신사학을 함께 연구할 학문적 동지라면 꼭 갖추어야 할 덕목을 그는 다음과 같이 정리하였다. "1. 전통적 혹은 자조적(自造的) 인의예지(仁義禮智)와 기타 주관(主觀)이 역사학, 어언학과 혼재된 사람은 절대로 우리의 동지가 아니다. 2. 역사학과 어언학을 생물학, 지질학처럼 건설하려고 한다면 우리의 동

---

43 구제강은 『國立中山大學語言歷史學研究所年報』第6集의 서문에서 전문적 학문은 대중적으로 보급할 필요는 없다는 점을 강조하였다. 다만 그는 대중에게서 최소한의 양해를 구해야 한다고는 했다(王建偉, 2007, 「專業期刊與民國新史學」, 『二十一世紀』 2007年 2月號(總59期), 7쪽). 여하튼 전문적 학문활동은 대중적 영향을 고려하기보다는 수준 높은 순수 학문화를 추구해야 한다는 것이 당시 베이징의 일반적인 학계 분위기였다.

지이다. 3. 우리는 과학적 동방학의 정통이 중국에 있게 해야 한다"[44] 그의 이러한 주장은 역사학이나 어언학은 자연과학과 같은 과학성과 전문성이 있어야 한다는 의미였다.[45]

동남국학의 경세성은 민국 시기 동남학풍의 일관된 흐름이었다. 류이정은 학문을 위한 학문, 고증을 위한 고증을 인정하지 않았다. 학문의 전문화는 필요하지만 학문이 실용과 사회적 응용을 무시하고 오로지 순수 학문화만을 추구한다면 학문의 사회적 기능이 사장(死藏)되기 때문이었다. 진리를 추구하는 학문활동은 역사학 연구의 본령이며, 이와 동시에 치용(治用)의 기능을 하지 못하면 역사 연구의 가치는 상실하게 된다는 것이 동남국학계의 기본적인 입장이었다.[46]

치용의 측면에서 볼 때 사지지학은 학술은 현실과 맞닿아 있고 또한 현실에 깊이 개입해야 한다는 동남의 학풍이 낳은 자연스러운 결과라고 할 수 있다. 무엇보다 제국주의 열강에 의해 중국의 영토가 위협을 받고 있는 데다, 문화적으로도 중화의 본질적 가치가 심각한 도전에 봉착하여 중화 문화가 청산의 운명에 처하게 된 상황에 학문적으로 대응하기 위한 학술활동이 사지학이었다. 이는 마치 청 말에 열강의 위협으로 인해 신강을 비롯한 서북 지역이 분할될 위기에 처하자 이를 극복하기 위해 서북

---

44 沈衛威, 2007, 앞의 책, 293쪽.

45 그렇다고 푸쓰녠이 학술구국과 학문의 사회적 역할에 관심이 없었다고 할 수 없다. 다만 시대적 상황에 따라 1920년대에는 학문의 과학성과 전문성을, 1930년대에는 학술구국 등 학문의 경세성을 강조했다. 예컨대 1930년대 이후 푸쓰녠이 사지학에 관심을 갖고 현지 조사 등을 거쳐 『동북사강』을 저술한 것이 대표적인 사례이다. 일본의 만주와 대륙 침략이 본격화하는 민족적 위기 상황에서 학술구국의 차원에서 연구의 방향이 바뀐 결과가 동북 지역의 사지 연구였다. 『동북사강』과 푸쓰녠의 사지 연구의 의미에 대해서는 傅斯年 저, 정지호 역, 2017, 「역자 서문」, 『동북사강』, 주류성을 참고하라.

46 范紅霞, 2010, 앞의 책, 105쪽.

사지학이 발전한 것과 같은 이유였다. 전술한 것처럼 류이정이 전통 학문을 정리하여 중화의 정체성을 지키고, "무학(無學)의 상태"에 빠지는 것을 극복하기 위해 사지 연구를 한다고 한 것은 동남국학의 경세성을 잘 드러낸다. 학술구국(學術救國)이 동남국학의 정신이고, 학문하는 출발이자 목적이었던 것이다.

학문에 대한 이러한 기본 태도는 그 후 학형 그룹과 중앙대학-저장대학의 학풍으로 이어진다. 급진적 신문화운동 반대, 중국 정체성의 확립, 존공(尊孔), 국학의 강조 그리고 서구 인문주의, 즉 서구의 인문정신인 신인문주의를 거름망으로 국학을 재구성하여 새로운 시대의 중국 문화를 창조하려는 노력은 난징고등사범학교를 거쳐 둥난대학과 중앙대학 및 저장대학에서 발현된 동남의 학풍과 학문 정신에서 일관되게 나타난다. 동남국학계가 만들었던 『학형』을 비롯한 『국풍』 반월간, 『사상여시대』 등 각종 출판물은 이러한 학문 태도가 발양된 매체였다. 전통문화의 계승과 재구성, 중화의 본질적 가치에 대한 존중, 중화 문화를 근간으로 하는 정체성의 추구, 서구의 수준 높은 인문주의 전통과 과학 정신의 수용 및 중서융관(中西融貫) 그리고 국가적 위기 극복을 위한 전략적 학문 연구는 학형 그룹의 활동 이후에도 동남국학계의 일반적 경향이었다.[47]

동남국학 역사 연구는 신고이다. 이 자세는 고문경학 학문 태도의 연속으로, 청대 박학의 연구방법론, 즉 청대의 문헌 고증학을 계승한 것이다. 후스는 1920년대 중국 역사학계의 동향을 "남방사학은 근고(勤苦)하나 지나치게 신고(信古)하며, 북방사학은 의고(疑古)에 능하나 학문이 너무 간루(簡陋)하다. 앞으로 중국의 신사학은 북방의 의고 정신과 남방

---

47 전인갑, 2009, 앞의 글, 제3장 참고.

의 근학공부(勤學工夫)를 겸비해야 한다"고 정리한 바 있다.[48] 후스가 말한 것처럼 1920년대 중국의 역사학계는 북방은 의고, 남방은 신고로 양분되어 학문적으로 서로 경쟁하였다.

민국 시기 신사학은 구제강, 푸쓰녠으로 대표된다는 점은 주지하는 바이다. 민국 시기 베이징대학 역사 연구의 방향은 이들에 의해 정해졌는데, '의고변위(疑古辨僞)'가 기본 방향이었다. 이들의 연구는 동남의 학계가 중시하는 고전 문헌자료를 불신하고 그 진위를 판별하는 데서 출발하였다. 또한, 갑골문이나 돈황문서 등 신자료를 중시하고 현지 조사를 병행하여 새로운 역사 해석을 시도하였다. 반면 동남국학은 시대를 풍조로 대두한 의고에 매우 비판적이었다. 류이정은 고사의 진위를 재고증해야 한다는 고사변파나 사료학파의 전제를 전혀 인정하지 않았다.[49] 의고학풍에 대한 이 같은 비판을 동남학계에서 찾기란 어렵지 않다.[50]

동남국학의 신고학풍이 고사변파나 사료학파의 반전통과 '서구 방법론' 추종에 대한 반발인 것은 분명하다. 류이정뿐 아니라 동남국학의 학인들은 신문화를 건설해야 한다는 것과 서구의 인문 전통과 방법론을 수

48 이 발언은 1922년 8월 26일 일본 학자와 후스의 대화 내용으로 沈衛威, 2007, 앞의 책, 301쪽에서 재인용.

49 范紅霞, 2010, 앞의 책, 105쪽.

50 후셴쑤는 「비평가의 책임을 논하다(論批評家之責任)」에서 "오늘의 비평가는 … 청년의 염고희신(厭故喜新), 외난추이(畏難趨易), 호기립이(好奇立異), 도덕도설(道德塗說)의 약점을 이용하여 선배와 구적(舊籍)에 대해 망령되이 평격(抨擊)을 가하고, 조금이라도 이의(異義)를 가진 자에 대해 저기만매(詆諆謾罵)함이 이르지 않는 곳이 없다. 더욱이 우리 나라 5천 년 문화와 사회, 국가가 탁명(託命)한 미덕에 대해 추번(推翻)하지 않음이 없다"고 하여 고전 문헌을 부정하는 풍조를 비롯하여 소위 신문화, 신학문 진영의 학술적 무고(誣告)와 거짓 그리고 급진성을 격렬히 비판하였다(胡先驌, 1922. 3, 「論批評家之責任」, 『學衡』 第3期, 2쪽).

용해야 한다는 데에는 전혀 이견이 없었다. 다만 이들이 건설하고자 한 신문화는 후스나 구제강, 푸쓰녠이 그리는 신문화와 차원이 다른 신문화였다. 이들은 반공(反孔)이 아니라 존공(尊孔), 반(反)유학이 아니라 유학의 창조적 계승, 사적(史籍)의 단장취의가 아니라 전면적 이해를 통해 신문화와 신사학을 건설하려 했다. 류이정이 의고파를 직접 비판한 글에서 이와 같은 지향의 차이를 확인할 수 있다. 1924년 『고사변』 제1책에 실린 글에서 그는 "단장취의(斷章取義)", "심문주납(深文周納)", "매우 경멸(太輕蔑)" 등의 용어를 쓰며 구제강, 첸쉬안퉁(錢玄同), 웨이젠궁(魏建功) 등의 의고학파를 격렬히 비난하였다. 이런 자세를 취한 것은 존고(尊古)를 전제로 학문을 해야 한다는 기본 입장으로부터 연원했다. 또한, 같은 글에서도 지적했듯이 의고는 "진리를 발견(求眞)"하려는 자세가 아니며, 사학의 실용성과 경세성을 배격하는 것으로, 학문을 위한 학문일 뿐이라는 생각이었다.[51] 류이정은 '중국문화사' 저술을 통해 자신의 신고 입장과 사학 원리를 검증해 보였다.[52] 류이정의 사관이 전형적으로 반영된 거작인 『중국문화사(中國文化史)』는 그의 강의안을 기초로 『학형』에 시리즈로 게재된 글을 정리하여 1932년에 단행본으로 출판한 것이다.[53]

신고에 대한 동남국학계의 천착에는 전통 학문의 계승이라는 소명의식이 기저에 깔려 있다. 이 문제는 이미 필자가 학형 연구를 통해 다음과

---

51 柳詒徵, 1924, 「論以說文證史必先知說文之誼例」, 『古史辨』 第1冊, 217쪽 참조.

52 류이정의 사관 전모를 간명하면서도 조리 있게 정리한 글로는 李洪巖, 「史術通貫經術－柳詒徵之史觀」(guoxue.com/master/lyzh/lyzh08.htm)을 참고할 만하다.

53 『중국문화사』는 1932년 난징 종산서국(鍾山書局)에서 2책으로 출판했다. 1949년 이후 거의 잊혔다가 내용을 새롭게 교감하여 『中國文化史(上·下)』(2008, 東方出版社)로 출판하였다.

같이 주장한 바 있다. "국고파괴운동의 결과 전통 학문마저 무가치한 것으로 치부됨으로써 학문이 천박해지고 외골수로 빠지게 되었다는 것이 학형의 인식이었다.[54] 그러므로 이러한 상황을 타개하는 한편 학술과 문화의 표준을 세우고, 권위를 확립하여 경박한 무리들이 대가연하는 학술계의 혼란을 타개하는 것이 시급한 과제[55]가 아닐 수 없었다."[56] 또한 "국학에 대해서는 전통 학문과 문화를 계승한다는 소명의식과 엄격한 연구방법론으로 국고(國故)를 정리하여 문화의 연속성을 수호해야 하는 소임을 완수하는 한편 후세를 위해 그 진수를 전수할 수 있는 길을 제시하는데 노력할 것임을 밝혔다. 여기서 말하는 진수란 우량한 인문주의 전통을 지칭한다. 보편성을 갖춘 인문정신을 잘 보존하여 중국 문화를 만세(萬世)토록 영속시킬 수 있게 하는 학문적 분투를 『학형』의 사명으로 설정"했다.[57] 국고에 대한 신뢰는 전통의 발양과 재창조 그리고 그 영속이라는 동남국학의 사명에 도달하는 출발점이었다.

---

54 탕용통은 이러한 상황을 두고 "시학(時學)의 폐해는 천박(淺)과 협애(隘)라 할 수 있다. 천애하면 시비(是非)가 전도되고 진리가 매몰"된다. 또한 "근원을 탐구하지 않고", "오류를 진술"하게 된다고 경고했다(湯用彤, 1922. 12, 「評近人之文化硏究」, 『學衡』 第12期, 2쪽).

55 梅光迪, 1922. 4, 「論今日吾國學術界之需要」, 『學衡』 第四期, 1쪽.

56 전인갑, 2016, 앞의 책, 151쪽.

57 전인갑, 2016, 위의 책, 143쪽.

## V. 맺음말

필자는 20세기 중국에서 '전통의 근대적 재구성'과 '근대의 중국적 재구성'을 추구하는 문명사적 실험이 동시에 진행되었다는 점을 지속해서 강조해 왔다. 이 두 과제는 보수와 진보 양 진영에 공통적으로 주어진 난제였다. 그런데 양 진영을 대표하는 보수 학계와 진보 학계는 1920년대 이후 학문적·문화적 흐름상 '학분남북'의 형국이었다. 동남의 학풍은 보수적 경향임에 반해 신문화운동을 주도한 베이징의 학풍은 급진적 경향이었다. 그런데 두 사조가 추구한 사상적·문화적 탐색은 일견 평행선을 그리며 격렬히 대립했다. 하지만 그 심층을 분석해 보면 종국의 지향점에서는 별다른 차이가 없었다. 그것은 '근대의 중국적 재구성'과 '전통의 근대적 재구성'이었다.

전통 부정과 근대성 추구를 명제로 삼아 중국을 개조하려 한 급진 사조는 20세기 역사의 전면을 장식했다. 우리는 이러한 흐름을 '계몽'이라 총칭하며, 20세기 전반기 베이징대학과 칭화대학을 중심으로 하는 징파이(京派) 학자가 주도했다. 천두슈, 리다자오, 후스 등이 대표적인 인물이다. 역사학의 영역에서는 구제강과 푸쓰녠이 고사변파와 사료학파를 주도하며 근대적 역사 연구의 뿌리를 내리고 근대 역사학의 지평을 확장하는 데 핵심적인 역할을 했다.

급진 사조만큼은 주목받지 못했으나 전통의 보존과 중화성의 재구성을 자신들의 사상적 과업으로 삼아 중국의 방식으로 중국의 문명을 중건하려 한 보수 사조가 존재했다. 이 사조는 난징과 항저우 지역을 무대로 베이징의 '계몽' 사조와 사상적·문화적으로 경쟁하며 영향력을 확장해 갔다. 이 사조를 주도한 사람은 둥난대학, 중앙대학과 저장대학 그리고 난징대학에서 보수적 학문·문화 활동을 전개한 국학자들이었다. 이들의 학문을 동남국학이라 부른다. 류이정, 주커전, 우미, 천인커, 탕용통, 장치윈, 첸종슈, 장인린 등이 이에 속한다. 역사학의 영역에서는 류이정이 토대를 닦았고, 그의 영향을 받은 학인 그룹—예컨대 샹다, 장치윈, 장인린, 셰궈전, 샤오이산 등—이 동남국학의 역사 연구를 심화 발전시켰다.

동남국학 역사 연구의 학맥은 난징고등사범학교를 시작으로 둥난대학을 거쳐 중앙대학 및 저장대학으로, 1949년 이후에는 대륙에서는 난징대학, 타이완에서는 중앙대학 및 중국문화대학 등으로 이어졌다. 학인 그룹으로는 난징고등사범학교 때 만들어진 사지학파를 시작으로 학형 그룹, 국풍 그룹과 사상여시대 그룹으로 분화 발전하였다. 역사 연구의 전문화 및 제도화 역시 이들에 의해 뿌리내렸다.

동남국학의 본령은 사지학 즉 역사학과 지리학이었고, 둥난대학을 거쳐 중앙대학에 이르러 역사학과와 지리학과라는 학과체제가 확립되었다. 이는 역사학의 전문화가 대학 학제로 제도화되었음을 의미한다. 이에 따라 사지학이 중심이던 동남국학의 연구분야도 전문화의 길로 가게 되는바, 역사학과 지리학으로 분화 발전하였다. 분과학문의 학과(대학)의 존재 여부와 함께 학문의 전문화·제도화를 결정짓는 또 다른 요소는 분과학문 전문학회의 유무이다. 사지학회로 시작한 동남국학은 그 후 분화 발전하여 역사학 영역에서는 1929년 중국사학회(난징), 지리학 영역에서는 1933년 중국지리학회가 창립됨으로써 역사학과 지리학 분야에서 각각 학과-전문학회 체제를 갖추게 되었다.

동남국학의 학문적 지향은 류이정이 대표한다 해도 과언이 아니다. 베이징에서 구제강이 '신사학'을, 푸쓰녠이 '사료학파'를 이끌었다면 동남에서는 류이정이 그러한 역할을 했다. 주지하듯이 구제강과 푸쓰녠은 의

고학풍을 선도했다. 반면 류이정은 신고학풍을 정립했다. 그리하여 민국 시대 역사학계는 '남류북구(南劉北顧)'의 형국이었다고 할 수 있다. 그럼에도 후세의 평가는 구제강에 편중되어 류이정이 소홀히 다루어진 점이 적지 않다. 류이정은 장저 지역의 박학 전통을 신고학풍으로, 경세치용(경세)의 전통을 학문에 임하는 20세기 학자의 근본 태도로 계승하게 하여 학문의 경세성–중화(문화)와 중국을 위한 복무, 학문의 사회적 기능 수행–을 동남국학 학술 활동의 시작과 끝으로 승화시키는 역할을 했다.

동남국학 역사 연구의 학문 배경은 다음 세 흐름으로 정리할 수 있다. 첫째는 장저학파의 고문경학 전통(박학과 경세치용학)을 계승하였고, 문이재도와 도통을 중시하는 동성파의 학문 태도를 이었다. 이 점은 금문경학의 영향을 받은 베이징의 역사 연구와 대비되는 지점이다. 둘째는 명말 복사(復社)를 전범으로 삼아 국혼을 창달하고 문화 민족주의를 강조한 남사(南社)의 정신이다. 셋째는 미국 하버드대학의 신인문주의이다. 이와 같은 동남국학 역사 연구의 학문적 원류를 통해 볼 때, 동남국학의 역사 연구와 문화 보수주의가 수구적이라는 평가는 지나치게 편향적 평가라 하겠다.

## 참고문헌


단행본

전인갑, 2016, 『현대중국의 제국몽』, 학고방.

전인갑 외, 2006, 『공자, 현대중국을 가로지르다』, 새물결.

藍勇 編著, 2002, 『中國歷史地理學』, 高等敎育出版社.

柳詒徵 編, 1971, 『史學與地學』, 文海出版社 影印.

李世濤 主編, 2000, 『知識分子的立場: 激進與保守之間的動蕩』, 時代文藝出版社.

范紅霞, 2010, 『柳詒徵文化思想硏究』, 人民出版社.

桑兵, 2001, 『晩淸民國的國學硏究』, 上海古籍出版社.

王德滋·龔放·冒榮, 2002, 『南京大學百年史』, 南京大學出版社.

陳寶雲, 2010, 『學術與國家－史地學報及其學人群硏究』, 安徽敎育出版社.

沈衛威, 2007, 『學衡派譜系』, 江西敎育出版社.

胡適, 2003, 『胡適全集 第31卷 日記(1928~1930)』, 安徽敎育出版社.

논문

박경석, 2004, 「남경국민정부의 '공자탄신기념'과 민족주의」, 『중국사연구』 30.

이재령, 2009, 「남경국민정부의 훈육정책과 학교훈육실태－훈정기 '국민' 만들기」, 『중국학보』 59.

______, 2010, 「남경국민정부시기 유교교육의 지향과 한계－1930년대 독경논쟁을 중심으로」, 『중국학보』 61.

전인갑, 2009, 「학형의 문화 보수주의와 '계몽' 비판」, 『동양사학연구』 106.

______, 2013, 「적응 담론으로서의 문화 보수주의: 문화 중건의 정치학」, 『동양사학연구』 124.

______, 2019, 「오사 100년, '신화'에서 '역사'로: 현대중국 문화담론의 반전」, 『현대중국연구』 21-2.

조병한, 1997, 「淸 乾嘉朝 이래의 경세사조 부흥: 고증학 융성기의 桐城古文派와 常州公羊學」, 『명청사연구』 6-1.

柳詒徵, 1922, 「論中國近世之病源」, 『學衡』 第3期.

______, 1924, 「論以說文證史必先知說文之誼例」, 『古史辨』 第1冊.

李學勤, 1994,「談信古, 疑古, 釋古」,『原道』第1期.

李洪巖,「史術通貫經術 - 柳詒徵之史觀」(guoxue.com/master/lyzh/lyzh08.htm).

桑兵, 2004,「二十世紀前半期的中國史學會」,『歷史研究』2004-5.

楊念群, 2020,「晚淸中體西用說與文化保守主義的生成與轉型」,『齊魯學刊』2020年 3期.

余英時, 1992,「再論中國現代思想中的保守與激進」,『二十一世紀』, 第4號.

吳忠良, 2005,「南高史地學派與中國史學會」,『福建論壇』(人文社會科學版) 2005-2.

王建偉, 2007,「專業期刊與民國新史學」,『二十一世紀』2007年 2月號(總59期).

張其昀, 1922,「讀史通與文史通義校讎通義」,『史地學報』第1卷 第4期.

______, 1985,「南高的學風」,『中央大學七十年』, 臺灣國立中央大學印行.

張迪, 2020,「當代文化保守主義思潮的發展」,『文化學刊』2020年 1期.

湯用彤, 1922,「評近人之文化硏究」,『學衡』第12期.

胡先驌, 1922,「論批評家之責任」,『學衡』第3期.

8장

# 중국에서의 몽원사(蒙元史) 전통과 신경향

## 원조사에서 제국사로 나아가는 이행과 지체

설배환 | 전남대학교 사학과 교수

# I. 머리말

칭기즈칸(재위 1206~1227)은 몽골국의 창건자다. 몽골리아에서 몽골인의 정체성이나 사회적 기억(social memory)에 관한 어떠한 연구도 그를 빼고서는 완성될 수 없다. 12세기 이래 그의 탄생과 성장, 역사적·민족적 계승은 현대 몽골국으로 이어지고 있다.[1]

동시대 관찰자는 그의 특별한 풍모와 새로운 시대의 징험을 전한다. 어린 시절의 칭기즈칸, 테무진은 아홉 살 때 그의 장인 데이 세첸에게 "눈에 불이 있고, 얼굴에 빛이 있는 아이"로 비쳤다.[2] 1221년에 송나라의 한 사절이 견문한바, 59세의 칭기즈칸은 보통의 몽골인-제일 키가 큰 사람도 불과 5척(尺) 2~3촌(寸)(약 162.8cm)-과 달리, 크고 장대한 풍모와 넓은 이마에 긴 수염을 지닌 인물이었다.[3]

칭기즈칸과 몽골의 성장은 주변 종족·왕국에 종종 두려움을 안겼다. 예컨대 1210년 4월(음력, 이하 동일) 몽골의 남벌을 예지하듯 금(金)나라 북방에 검은 기운이 동서로 길게 하늘을 뒤덮었다.[4] 이듬해 2월에 몽골의 침략을 알리는 하늘의 경고가 보다 현실적인 징험으로 나타났다. 2월

---

* 이 글은 설배환, 2020, 「중국에서 蒙元史 이해의 전통과 신경향-"元朝史"에서 "제국사"로의 이행과 지체-」, 『중앙아시아연구』 25-2를 수정, 보완한 것이다.

1 Christopher Kaplonski, 2004, *Truth, History and Politics in Mongolia: The Memory of Heroes*, RoutledgeCurzon, p. 22.

2 유원수 역주, 2004, 『몽골비사』, 사계절, 제62절.

3 『蒙韃備錄校注』(續修四庫全書本), 「立國」, 515上쪽.

4 『金史』 13, 「衛紹王本紀」 大安二年四月條, 292쪽. 몽골 제국의 멸망에 앞서 1368년에 명의 대군이 대도(大都, 현 베이징)를 핍박해 왔을 때, 경성(京城)에 붉은 기운과 검은 기운이 잇달아 출현했다(『元史』 47, 「順帝本紀」 10 至正二十八年秋七月癸酉/乙亥條, 985쪽).

에 북쪽에서 불어온 큰 바람이 집을 들어올리고 나무를 부러뜨렸다.[5] 칭기즈칸 시대는 기본적으로 약탈 전쟁을 진행한 때였다. 그의 후손은 13세기에 유라시아의 세계제국을 건설하는 데 성공했다.[6]

그림 1 칭기즈칸(1162~1227)
타이완 고궁박물원 소장

이후 칭기즈칸은 몽골 민족주의에서 가장 유명한 민족의 아들이자 영웅으로서 중국과 러시아를 굴복시킨 위대한 통합자로 기능했다. 소비에트체제에서 그는 대중의 압제자이자 반동분자로 전락했다.[7] 1990년 민주 혁명 이후 칭기즈칸은 선견지명 있는 몽골국의 창건자, 곧 몽골에 법과 질서를 가져온 인물로 재평가받는다.[8] 21세기에 들어서는 기념의 경쟁과 찬사의 과잉[9]이 그를 신으로 만들고 있다. 2019년 몽골 칭기즈칸대학(Chinggis Khaan

---

5 『金史』 13, 「衛紹王本紀」 大安三年二月條, 293쪽.

6 陳得芝, 2005, 「忽必烈與蒙哥的一場鬪爭－試論阿蘭答兒鈎考的前因後果」, 『蒙元史研究叢稿』, 人民出版社, 360쪽. 칭기즈칸은 생전에 세계제국을 건설하겠다는 명시적 의지가 없었다. 다만 그의 정복은 종국에 세계제국을 향한 첫걸음이 되었다(김호동, 2013, 「몽골제국의 세계정복과 지배: 거시적 시론」, 『역사학보』 217, 82쪽).

7 Michal Biran, 2007, *[Makers of the Muslim World] Chinggis Khan*, One World, pp. 142~143.

8 Christopher Kaplonski, 2004, 앞의 책, p. 1.

9 기념의 정치는 21세기 한국에서 경제적 실체로서 '폭주'하고 있다. 예컨대 서울시는 기념사업으로 2016년 87억 3866만 원, 2017년 39억 3105만 원, 2018년 38억 2580만 원, 2019년 43억 4190만 원을 지출하고 있다(서울특별시 서울정보소통광장(통계정보>서울의 재정>사업별 지출 정보), 검색어 "기념", opengov.seoul.go.kr/spending?items_per_page=50&searchKeyword=%EA%B8%B0%EB%85%90, 2019. 12. 10. 검색).

University) 총장 하그바수렝(Kh. Lkhagvasuren)은 "몽골인에게 그(칭기즈칸)는 거의 예수 그리스도와 같습니다. 그들은 그와 아주 가깝다고 느끼죠"라고 AFP통신과 인터뷰했다.[10]

칭기즈칸에 관한 가장 오래된 몽골어 기록물인 『몽골비사*Mongqol-un niuča*』는 칭기즈칸을 몽골 혈통으로 설명한다.[11] "칭기즈칸이 언제 중국인이 되었는가?"[12]라는 한 반문이 표명하는 바와 같이, 칭기즈칸과 중국의 관계는 명약관화하다.

그런데 칭기즈칸의 정체를 둘러싼 '중국인'의 인식이 반드시 명쾌하지도, 단일하지도 않다. 중국에서 그의 민족·국적 정체성 변화는 원조(元朝)의 탄생에 깊게 뿌리박혀 있다. 칭기즈칸과 원조를 향한 인식에는 학술·정치·대중의 욕망이 다양하게 얽혀 있다. 그는 근대 중국(Modern China)의 매우 유의미한 상징으로 변했다. 특히 쿠빌라이카안(재위 1260~1294)[13]이 중화 황제임을 선포한 이래, 중국 학계 내외에서는 칭기즈칸이 원조의 창건자가 됐다고 공인해 왔다.[14]

중국 대중은 칭기즈칸을 '중국인'으로 승인하는 이유를 몇 가지로 말한다. 그것은 다음과 같다.

---

10 BBC, 2006. 7. 11, "Mongolians honour Genghis Khan", BBC News, news.bbc.co.uk/2/hi/asia-pacific/5167718.stm, 2019. 12. 10. 접속.

11 유원수 역주, 2004, 앞의 책, 23~39쪽.

12 影子摩西·紅軍排長·jokerman(zzz), 2010. 8. 30, "爲什麼中國歷史上就成吉思汗一個人打到歐洲?", douban.com/group/topic/13684657/?start=02010/8/30, 2019. 8. 21. 접속.

13 몽골 군주 '카안'은 황제, '칸'은 왕, 제왕(諸王)을 뜻한다. 이 구별은 몽골 제국 제2대 군주 우구데이카안(재위 1229~1241)에 의해 확고해졌다.

14 Michal Biran, 2007, 앞의 책, p. 145.

(1) 금나라는 동북의 중국 고대 왕조에서 발원했고 칭기즈칸은 금나라 속지(屬地)의 한 부락의 우두머리에서 성장했다.

(2) 칭기즈칸의 황금가족과 그 직속 부락은 후룬 부이르(呼倫貝爾)에서 외몽골로 옮긴 이후 다시 외몽골에서 내몽골 동부 하르친(喀喇沁)으로 이주해 현재까지 줄곧 생활하고 있다. 그들이 바로 할하 몽골이다.

(3) 칭기즈칸의 4대 오르두는 모두 내몽골 동부와 훌룬 부이르 지역에 있었다. 이곳을 네 명의 황후에게 분할, 관리시켰으므로 그의 집안은 내몽골에 있었다. 대오르두는 몽골 사상에 들어맞는 어린 아들 후계자가 계승한다. 칭기즈칸의 대칸 지위는 실제로 쿠빌라이가 계승하였다.

(4) 황금씨족은 최후에 내몽골에서 계속 생활한 지 수백 년에 이르렀고 최후의 대칸 릭단칸(재위 1604~1634)이 그곳에서 전사했다.

(5) 외몽골의 할하 몽골은 칭기즈칸의 직속 부락이 아니며 칭기즈칸에게 정복된 부락으로 목노(牧奴)에 불과했다. 릭단칸 사후 청조 황제는 홍타이지로부터 몽골 대칸의 지위를 계승했다. 1636년 몽골 16부(部)와 49명의 대영주(大領主)가 공동으로 홍타이지를 복드 세첸 칸, 곧 몽골 대칸으로 간주한다. 청조 황제는 이로부터 산해관 서쪽 혹은 가곡관 동쪽의 관내(關內)에서는 황제, 관외(關外)에서는 대칸이 되었다.[15]

또 다른 한 블로거는 "고대에 전(全) 몽골이 중국에 속해 있었으므로 의심할 바 없이 칭기즈칸은 중국인"이라고 주장한다. 다만 몽골이 내·외

15 精兵堂, 2017. 11. 19, "成吉思汗是中國人嗎? 五大理由告訴你 成吉思汗是哪國人", baijiahao.baidu.com/s?id=1584479773379379931&wfr=spider&for=pc, 2019. 8. 22. 접속.

몽골로 분할된 근대 이후로 몽골국에서 칭기즈칸을 자신들의 대영웅으로 숭앙하는 한편, 중국 또한 칭기즈칸을 원조의 '개국황제(開國皇帝)'로 간주한다고 그는 설명한다. 그가 제시하는 근거는 다음과 같다.

(1) 활동 범위로부터의 관점: 칭기즈칸이 비록 몽골국에서 태어났으나 후에 활동 범위가 중국에 있었기 때문에 그는 중국에 속한다.

(2) 법률적 관점: 어떤 한 사람이 어디에서 출생했는지에 따라 그(녀)는 어느 나라 사람이 된다. 칭기즈칸은 현 몽골국 헨티아이막에서 출생했으므로 몽골국에 속한다고 말할 수 있다.

(3) 상징적 대표성: 칭기즈칸을 진정으로 상징하는 차하르부(Chahar部)는 내몽골, 곧 중국에 있다.[16]

위 세 관점에서 칭기즈칸은 그의 고향이 몽골국에 있었을지언정, 칭기즈칸 자신은 중국에 있었다고 주장되는 것이다. 한편 중국의 한 온라인 토론방에서 다음과 같은 질문이 제기되었다. "원조는 중국에 속했는가?: 먼저 저는 원(元)이 중국이라고 알고 있어요. 다만 그가 몽골인이었고 중국이 식민지라면, 어떤 사람은 왜 칭기즈칸을 중국이라고 간주하나요?" 이에 한 네티즌은 "원조는 중국의 끝없는 역사의 강물 속에 있는 한 왕조예요. 몽·원(蒙元)이 금을 병탄하고 송을 멸망시켰죠. 그들은 금과 송을 몰락시켰지만, 중국을 멸망시킨 적이 없어요. 오히려 그들이 자신을 변화시켜 중국이 됐어요. 이같이 칭기즈칸과 쿠빌라이 등등은 모두 중국의 역

16 娛樂圈的新秀, 2018. 8. 14, "成吉思汗究竟屬於中國, 還是屬於蒙古國?這三點告訴你答案!", baijiahao.baidu.com/s?id=1608751885413564450&wfr=spider&for=pc, 2019. 8. 22. 접속.

사 인물이 됐고 원조는 중국 역사의 왕조가 됐죠"[17]라고 응답한다. 그 질의에 달린 10여 개의 댓글은 '하나같이' 원조가 중국이고 칭기즈칸이 중국인이 됐다—답변에 약간의 편차가 물론 존재한다—고 확고히 강조한다.

칭기즈칸과 몽골 제국, 원조를 향한 21세기 일부 중국인의 인식은 어떻게 형성됐는가? 이는 근대의 발명인가, 혹은 과거의 유물인가? 현대 전문 학술연구와는 어떻게 맞닿아 있는가? 이 질문은 '몽골 제국 혹은 원조, 몽원 제국을 어떻게 볼 것인가'라는 문제와 직결돼 있다. 칭기즈칸과 원조는 중국 정부의 중화민족 만들기와 긴밀하게 맞닿아 있다. 역사 연구가 '진실'을 향한 학술이라면 중국의 일부 지식인은 다른 방향에 가있다—이 비판은 한국의 일부 지식인과 대중도 피할 수 없다. 역사 해석이 한 지역, 예컨대 중국의 문화와 역사·정치에 복무하기 위한 (이따금 자의적인) 해석이라면, 이는 정치·문화·경제에 강력한 파급력과 지속성을 갖는다.

현대 중국의 몽원사(蒙元史)와 칭기즈칸 인식은 역사적 맥락에서 문헌적·학술적 견고함을 더해 온 산물이다. 이 글은 중국에서 원조와 그 역사관이 탄생하고 지속하는 주요 역사적·학술적 연결을 추적하고 원조사의 핵심에 13~14세기 한인(漢人)의 역사 정통성 발견과 20세기의 민족주의의 문제가 자리해 있음을 밝힌다. 이로써 칭기즈칸을 창작·소비하는 현대 중국의 지적·대중적 욕망을 비판적으로 이해할 수 있다.

이 주제의 탐구를 위해 Ⅱ절은 몽골 대칸의 한화와 대일통 그리고 몽골사를 중국사로 개조하는 동시대와 현대 지식인의 연결을 발견한다. Ⅲ절은 몽골의 한화론이 역사적 허약성에도 불구하고 장기 지속하는 정치성과 편의성을 살핀다. Ⅳ절은 20세기 전환기 칭기즈칸이 중화민족의 영웅

---

17 "元朝到底屬於中國不?", zhihu.com/question/68513674, 2019. 12. 12. 접속.

으로 진화하는 근대적 발명을 탐색한다. V절은 21세기 전후 몽골사를 둘러싼 세계 학계의 지적 격동을 맞아 중국 학계의 학술 성취와 '공황', 그리고 그 이후의 급격한 정치적 반격을 조명한다. 이로써 중화민족을 만들기 위한 근대 프로젝트의 중심에 놓인 칭기즈칸을 발견한다.

칭기즈칸의 한화는 중국의 역사 정통의 문제다. 정체성·정통성[18] 논쟁은 혈연·지연·문화가 주요한 공통 지표다.[19] 이 글이 중국사의 정통 문제를 비판적으로 이해하는 길잡이를 제공하리라 고대한다. 또한 역사의 '진실(truth)' 논쟁에서 사실상 진실은 궁극적으로 무관하며 '역사 논쟁은 정치 논쟁'이라는 학술 주장[20]을 새삼 상기시킬 것이다.

---

18 민족 감정(feelings of nationality)을 진작하는 8개 요소는 다음과 같다. ① 지리적 통합성 또는 공통 거주, ② 인종 공동체, ③ 언어·전통·문화 공동체, ④ 공통 종교, ⑤ 공통의 정치 지향, ⑥ 공통 역사, ⑦ 공통 이익, ⑧ 공통 정부와 공통 행정(H. Sharma, "Top 8 Elements that Promote the Feelings of Nationality", Preserve Articles, preservearticles.com/political-science/top-8-elements-that-promote-the-feelings-of-nationality/30555, 2019. 12. 12. 접속). 인권법에 기초한 '국적을 가질 권리(the right to a nationality)'에 따르면, 국적은 ① 특정 국가 영토(territory)에서의 출생, ② 특정 국가 국민(national)의 혈통, ③ 귀화(naturalization)의 세 방법으로 획득된다("CITIZENSHIP & NATIONALITY", International Justice Resource Center, ijrcenter.org/thematic-research-guides/nationality-citizenship/#Legal_Protections, 2019. 12. 12. 접속).

19 위진남북조시대 정통성 구조는 대체로 세 가지로 요약된다. ① 한인(漢人) 집단은 혈연에 근거해 조위-서진-동진-송-제-양-진으로 이어지는 정치 정통을 확립했다. 그 정통성의 핵심은 신성한 혈통에 있었고 권력 교체는 모두 선양(禪讓)으로 완성되었다. ② 조위-서진-조-연-진-북위 등은 중원 정통성이 정권의 중심이라고 여겼다. ③ 조위-서진-북위-북조(북주, 북제)-수 등의 정권은 문화정통론을 내세웠다. 문화정통론은 유교 문화를 핵심으로 하는 유교 국가체계를 지향하는 것으로 해석된다. 정통성 논쟁은 분열의 국면을 끝내는 통일의 상징이 되었다(Yang Yang, 2019, 『魏晉南北朝시대 正統論 연구』, 전남대학교 사학과 박사학위논문, 227~231, 235쪽).

20 Christopher Kaplonski, 2004, 앞의 책, p. 3; Jacques Le Goff, 1996, *History and Memory*, Columbia University Press, p. 54.

## II. 원조의 탄생: 한화론의 원형과 중화의 대칸 만들기

현대 중국 학계는 원조(元朝), 즉 원 왕조의 관점에서 몽골 시기를 시대 구분한다. 몽골시대에 한인 지식인은 '예케몽골울루스(Yeke Mongɣol Ulus, 대몽골국)'의 한자 국호인 '대원(大元)'에서 유래한 '원조'가 상당한 정도의 한화(漢化)를 거쳐서 결국 중국적 왕조로 변모한 것이라고 간주했다.[21]

칭기즈칸 시기에는 한자 국호 '(대)원'이 없었다.[22] 당시 한자 번역어는 '대조(大朝)'였다. 1260년 이전의 몽골 제국에 관한 사실을 전할 때, 동시대인이 '아원(我元)',[23] '원 태조(元太祖)'[24]나 '대원태조성무황제(大元太祖聖武皇帝)'[25]의 어휘를 사용하는 것은 '원'을 칭기즈칸에게 소급하여 적용한 것이다. 이들 어휘는 한자 사용자에게 편의적인 예케몽골울루스의 번역어였다. 한자 번역어 '대원' 혹은 '원'은 몽골시대 '중국'을 지

---

21 김호동, 2015, 「'변방사'에서 세계사 읽기–중앙유라시아사를 위한 변명」, 『역사학보』 228, 74쪽.

22 몽골 제국 국호 문제는 김호동, 2006, 「몽골제국과 '大元'」, 『역사학보』 192 참조.

23 『牧庵集』 6([元]姚燧, 王雲五 主編, 1935, 『叢書集成』, 商務印書館; 『全元文』 304(李修生 主編, 2004, 鳳凰出版社), 「姚燧」 6 千戶所廳壁記, 431~433쪽); 설배환, 2013, 「몽골제국에서 詔令의 對民 전달–粉壁과 口頭 사례 분석」, 『고문사연구』 43, 50~51쪽.

24 설배환, 2014, 「18세기 조선 士人의 異域 인식–『欽英』의 『同文廣考』 옮겨 적기를 통한 고찰」, 『한국문화』 65, 167쪽.

25 周淸澍, 2012, "A critical examination of the year of birth of Chinggis Khan", *Chinese Scholars on Inner Asia*(edited by 羅新, translated and edited by Roger Covey), Indiana University, p. 346(羅振玉 輯, 『宋季三朝政要』 6(宸翰樓叢書), 9a쪽 原載).

그림 2 허형(1209~1281)

칭하는 용어로 정착하며 본래의 몽골어 국호 예케몽골울루스와 카안울루스를 잠식했다. 원조는 동시대 한자 세계의 언어이자, 개념으로 승화했다.

쿠빌라이카안에게 한법(漢法)의 채택을 강조한 사람 중에서 대표적인 인물이 허형(許衡, 1209~1281)이다. 그는 "북방에서 중하(中夏, 중원)를 차지하면 반드시 한법을 시행해야 오래갈 수 있다. 그러므로 나중에 요(遼)와 금(金)이 한법을 활용해 (한인과 여타 종족 사이에 통치의) 연대를 최다로 할 수 있었고 나머지는 실제로 한법을 쓰지 않아 혼란과 멸망이 잇달았다. 이는 역사서에 자세히 실려있으니 (그것을) 명백히 볼 수 있다. 국조(國朝, 몽골 제국)는 여전히 한(漢)을 멀리하며 이를 논할 필요가 없었으나, 반드시 오늘날 형세를 다스리는 데 한법을 쓰지 않으면 안 된다"[26]라며 대칸의 한법 채용을 열망했다.

허형의 인식은 현대 중국 학계의 시각과 연결돼 있다. 예컨대 천더즈(陳得芝)는 중원의 역대 왕조는 풍부한 통치 경험을 축적한 후 완전하게 정비한 봉건 정치·경제 제도, 즉 한법을 형성했다고 서술한다. 몽골 제국 시대에 한인 유가(儒家)가 주장한 한법은 주로 "기강을 바로 세우고 법도를 정하며 성(省)·부(部)를 설치하고 인재의 등용과 축출을 명확히 한다. 연호와 국호를 만들며 농경·양잠을 중시하고 부세를 관대히 하고 요역

26 『許魯齋先生集』 2([元]許衡, 同治正誼堂本), 「奏議」 立國規模, 2a쪽.

을 줄이며 부채를 없애는 것 등이었다."[27] 농업생산 기술과 수리(水利)시설 개선 등을 통한 농경의 장려는 쿠빌라이카안이 "낙후한 유목 경제와 약탈 방식을 버린 것"이라고 때로 이해되었다.[28]

몽골 통치자는 고도의 문명을 더 많이 접촉하고 한인·키탄(거란)·위구르 등 지식인의 도움을 받으면서 자신의 통치 방식을 변모시켰다. 중국의 일부 연구자는 그것을 저항할 수 없는 '역사법칙(歷史規律)'이라고 인식했다. 그들에게 쿠빌라이는 이 역사 법칙에 순응한 몽골 통치자였다. 쿠빌라이는 같은 시기 몽골 상층 귀족 가운데 한화에 경도된 대표 인물로 간주된다. 그는 어렸을 때 한족 사대부와 비교적 많이 접촉했다. 뭉케카안(재위 1251~1259) 즉위 초에 쿠빌라이는 대칸의 명령으로 고비 남쪽 한지(漢地)의 군무를 관할하며 한인 막료의 건의를 수렴했다. 형주[邢州, 현 허베이 싱타이(邢台)]의 안무사(安撫司), 변량[汴梁, 현 허난 카이펑(開封)]의 허난경략사(河南經略司), 경조[京兆, 현 산시 시안(西安)]의 산시안무사(陝西安撫司)가 쿠릴라이가 추진한 한법 개혁의 시험대였다.

쿠빌라이의 즉위는 "몽골 정권의 국가 본위와 통치 정책에 중대한 변화를 일으켰다. (이로써) 초원 본위의 대몽골국(大蒙古國)이 전변하여 중국 중심의 원 왕조가 되었다."[29] 그는 한법에 부합하는 "부회한법(附會漢法)" 조치를 채택하며 고도로 발전한 중원의 봉건 경제와 정치·문화 전

27 陳得芝, 2005, 앞의 글, 362쪽.

28 朱耀廷, 1992·1998, 「論元世祖忽必烈政策的轉變」, 『北京聯合大學學報』; zhaojiayou8204, 2010. 4. 18, "'元世祖的統治政策和以前的皇帝相比有哪些創新之處'의 질문에 대한 回答", Baidu知道, zhidao.baidu.com/question/148017602.html, 2020. 7. 12. 접속.

29 陳高華·張帆·劉曉, 2009, 『元代文化史』, 廣東教育出版社, 151쪽.

통에 적응했다. 그는 스스로 몽·한(蒙漢) 지주계급의 대표가 되었다.[30]

물론 쿠빌라이의 한법 채용이 완전히 몽골의 옛 제도를 포기하는 것은 아니었다.[31] 몽골제국기부터 현대까지 한인 지식인에게 한법은 제도적 한화를 의미했다.

한화는 화화(華化, sinicization)로도 표현되었다. 역사학자 천위안(陳垣)은 '화화'를 다음과 같이 규정한다. "후천적으로 획득된 것으로서 화인(華人, the Chinese)이 독자적으로 보유한 것이다. 충의·효우(孝友)·정치의식(political sense) 등, 혹은 선천적으로 부여된 것에서 출현한 것, 혹은 인류에 공통된 것은 화화라 부를 수 없다. … 이들 사례는 중국에 정착한 서역인이 고대에 아주 많았다는 것을 보여 준다. 그러나 서역인은 중국 문명에 어떠한 기여도 하지 않았다. 그들에 관해 아무것도 말할 것이 없다. 화언(華言)과 한전(漢典)에 철저히 친숙한 사람들도 있었다. 예컨대 『고승전(高僧傳)』에 언급된, 경전을 번역한 서역 출신 승려나 명말청초의 예수회 선교사는 화학(華學, sinologists, 중국학자)이라고 칭할 수 있으나 화화라고 부를 수 없다."[32] 천위안의 화화는 보다 광범한 의미를 지닌 한화와 상당한 거리가 있다.

한법과 한화는 고대 중국의 대일통(大一統) 사상과 연결돼 있다. 『춘추(春秋)』는 대일통을 "천지의 영구불변한 법칙이고 고금의 보편적 도리"[33]

---

30 韓儒林 主編, 1986, 『元朝史』, 人民出版社, 254쪽.

31 韓儒林 主編, 1986, 위의 책, 263쪽.

32 陳新會(陳垣), 1989, 『元西域人華化考』, 世界書局, 3ab쪽; 陳新會(陳垣), 1966, *Western and Central Asians in China Under the Mongols: Their transformation into Chinese 元西域人華化考*(translated and annotated by 錢星海 & L. Carrington Goodrich), Monumenta Serica at the University of California, pp. 6~8.

33 『漢書』 56, 「董仲舒傳」 26, 2523쪽; Yang Yang, 2019, 앞의 책, 6~7쪽.

라고 정의한다. 『춘추』의 대일통 관념은 고대 중국에서 정치권력을 확보하는 하나의 수단이었다.[34] 거자오광(葛兆光)은 중국과 주변 문제를 논할 때, 그 안과 밖 사이에 있는 두 원(圓), 곧 수복(綏服)과 요복(要服)을 어떻게 관찰하고 이해하느냐에 요점이 있다고 주장한다. 고대 중화 제국의 대일통 이상에 의하면 그것은 외국에서 중국으로 변화돼야 했다.[35]

칭기즈칸 이래 몽골인의 제국 건설은 종족과 영토의 장기 병합이었다. 이것은 한자로 "(대)일통", "혼일(混一)", "천하일가(天下一家)" 등으로 표현되었다. 몽골의 광대한 영토 통일을 지리적·가시적으로 묘사한 표현물은 『대원대일통지(大元大一統志)』(1291)(이하 '『대일통지』'), 『대원혼일방여승람(大元混一方輿勝覽)』, 「혼일강리도(混一疆理圖)」([元]清浚, 1370) 등이 있다.

1346년 허유임(許有壬)의 「대일통지서(大一統志序)」에 따르면, "강남이 평정되고 사해가 하나로 된 지 10년"이 된 1286년에 부하라 출신의 천문학자 자말 앗 딘은 "방금 한 자(尺)의 땅과 한 사람의 백성도 빠짐없이 모두 장부(版籍)에 들어왔으니, 마땅히 글로써 일통을 명백히 해야 할 것"이라고 쿠빌라이카안에게 건의했다. 카안이 이를 승인했고 자말 앗

34 Yang Yang, 2019, 앞의 책, 6~7쪽.

35 葛兆光 저, 김효민·송정화·정유선·최수경 역, 2019, 『전통 시기 중국의 안과 밖』, 소명출판, 43쪽. 『우공(禹貢)』에서 전통 시대 중국인은 왕기(王畿)의 바깥을 500리 단위로 구획했다. 그것은 경성에서 멀리 바깥으로 향하면서 전복(甸服, 농업 위주의 직접 통치구), 후복(侯服, 제후 통치구), 수복[綏服, 혹은 빈복(賓服), 반드시 위무해야 하는 지구], 요복(要服, 변경 지구), 황복(荒服, 오랑캐의 황량한 지구)으로 나뉘며 5복이라 칭해졌다(葛劍雄, 2018, 『古今之變』, 九州出版社, 4쪽). 거자오광에 따르면, 중국 질서의 세 동심원 가운데, 역사적으로 중국의 밖이었던 황복은 수복·요복과 마찬가지로 때로 화이의 중간지대가 될 수 있었다. 몽골 제국 시대 몽골리아나 몽골인·색목인 등이 그 사례다.

딘과 오응룡(虞應龍) 등이 1291년에 755권의 『대일통지』를 완성했다. 이 『대일통지』는 소실 우려 때문에 1346년에 재차 간각(刊刻)되었다.[36] 자말 앗 딘 등에게 "일통"은 강남의 평정이었고 몽골리아와 티베트를 제외한, 북중국과 강남이 대상이었다.[37] 여기에 중서성에서 관할하는 상도로[上都路, 오늘날 내몽골 정란치(正藍旗) 일대]가 포함됐다.[38]

이와 달리 『대원혼일방여승람』은 중서성 관할의 복리(腹裏)와 강남뿐만 아니라, 몽골리아의 영북등처행중서성(嶺北等處行中書省), 티베트의 서번(西蕃), 서역의 소국과 부락으로 선선(鄯善)·차말(且末)·고창(高昌)·쿠차(龜茲)·페르시아(波斯)·대월지·소월지·발화(鉢和)·파지(波知)·안국(安國, 부하라)을 열거한다. 이에 수록된 「혼일제도지도(混一諸道之圖)」는 또한 주변에 동쪽으로 고려와 일본, 남쪽으로 경(瓊, 하이난성), 서남쪽으로 천축과 교지, 북쪽으로 거란을 시야에 넣고 있다.[39] 한 걸음 더 나아가 「혼일강리도」와 이를 계승한 조선의 「혼일강리역대국도지도」는 앞서의 지리지를 넘어선 더 넓은 아프로-유라시아 세계를 묘사한다.

몽골 제국에서 '일통'은 꼭 한인만의 주장이 아니었다. 그 범주와 시점은 논자와 시기에 따라 달랐다. 예컨대, 1219년 5월에 칭기즈칸이 전진

---

36 『全元文』 1189, 「許有壬」 8 大一統志序, 124~125쪽.

37 김호동, 2010, 「몽골제국과 『大元一統志』의 편찬」, 『중앙아시아연구』 15, 140~141쪽. 1331년에 감찰어사 진사겸(陳思謙)은 "우리 왕조가 개국한 지 100여 년이고 혼일(混一)한 지 60여 년이 흘렀다"라며 "천하일통"의 시작을 1270년대 강남 병합으로 간주한다. 『元史』 184, 「列傳」 71 陳思謙, 4238쪽.

38 『元一統志』 1([元]孛蘭肹 等 撰, 趙萬里 校輯, 1966, 中華書局), 中書省統山東西河北之地·上都路, 62쪽.

39 『大元混一方輿勝覽』([元]劉應李 原編, 詹友諒 改編, 郭聲波 整理, 2003, 四川大學出版社), 五쪽(「混一諸道之圖」), 759, 761~762쪽.

교(全眞教) 도사 구처기(丘處機)를 초빙할 때, 칸은 직접 손으로 쓴 조서에서 다음과 같이 언명했다. "내 천성이 중원의 사치스럽고 화려하며 원초적 혼돈의 기운(太極)을 싫어한다. … 소박한 화합을 도모하고 소박한 축적을 은혜롭게 여겼다. 나는 수많은 무리를 단련하는 것에 앞장섰고 수많은 전투에서 내 뒤를 생각지 않았다. 나는 7년 만에 대업을 달성하고 천지사방의 육합(六合) 안을 일통했다." 조서에 따르면, 그의 일통은 금의 정치가 혼란해지는 등 하늘(텡그리)의 도움을 받은 것이었다. 이로써 남쪽으로 송, 북쪽으로 위구르(回紇), 동하(東夏, 동진)와 서쪽 오랑캐가 모두 자신에게 신하를 자처했다고 칸은 자부한다. 곧 칭기즈칸의 일통은 "칭신(稱臣)"을 포함했다.[40]

『원사(元史)』에 따르면, 쿠빌라이카안은 즉위 후 연호 중통(中統)을 선포해 "천하 일가의 뜻"을 보이고자 했다.[41] 그의 후예 카이샨카안(재위 1308~1311)은 1308년 여름 수도 상도에서 즉위할 때, 칭기즈칸이 무공으로 "천하"를 안정시키고 쿠빌라이카안이 "해내(海內)"를 통일했다고 인식했다.[42] 그는 7개월 후 지대개원(至大改元)의 조서에서 선조가 강토를 개창하고 화하(華夏) 일통을 달성했다고 강조했다.[43] 툭테무르(재위 1328~1329, 1329~1332)는 1329년에 대칸에 재차 즉위하면서 쿠빌라이카안이 "대일통"을 달성했다고 선언한다.[44] 1301년에 조정의 한 인물

---

40 『全元文』 1, 「元太祖」 召丘神仙手詔【己卯 · 太祖十四年五月初一日】, 5쪽(『正統藏』 金蓮正宗仙源像傳).

41 『元史』 4, 「世祖本紀」 1 中統元年五月丙戌, 65쪽.

42 『元史』 22, 「武宗本紀」 1 大德十一年五月甲申, 478쪽.

43 『元史』 22, 「武宗本紀」 1 大德十一年十二月庚申, 493쪽.

44 『元史』 33, 「文宗本紀」 2 天曆二年八月己亥, 737쪽.

은 쿠빌라이카안을 "일통"을 개창한 군주로 거론한다.[45] 몽골 군주가 인식한 대일통은 해석의 여지를 안고 있는 한편, 대개 중국의 범주를 넘어섰다. 쿠빌라이카안에게 일통의 범주는 중국과 이슬람 지역을 포함한 제국 전체였다.[46]

반면 한인 유자(儒者)의 일통은 뚜렷이 화하에 집중하는 경향을 보였다. 예컨대 전진교 도사 희지진(姬志眞)은 몽골 조정이 제하(諸夏)를 차지한 후 삭남(朔南, 고비 이남)·한북(漢北, 후베이성 한수이 북부)·동해·서량(西涼, 간쑤성 및 칭하이성, 내몽골 일부 지역)이 모두 귀의하고 일통을 이뤘다고 주장했다.[47] 서악상(舒岳祥)은 송이 멸망한 후 벼슬길에 나아가지 않은 인물이었다. 그는 1291년에 "황제가 남북을 통일한" 후 "일통의 군주"는 반드시 공자를 존중하고 유술(儒術)을 융성시켜야 한다고 요구했다.[48] 대일통은 대몽골국을 삼대·한·당과 성세로 연결했다.[49] 몽골의 송 장악은 대일통의 완성이었다.[50] 몽골의 대일통과 한·당의 연결은 왕운(王惲)이 1292년에 쿠빌라이에게 한·당의 치도(治道)를 요구하는 논설로 이어졌다.[51]

몽골 정치의 유가화(儒家化)는 문명화의 필연이라고 간주된다. 쿠빌

---

45 『元朝名臣事略』 4([元]蘇天爵 輯撰, 姚景安 標校, 2019, 中華書局), 「丞相順德忠獻王」, 60쪽.

46 『秘書監志』 4([元]王士點·商企翁 編次, 高榮盛 點校, 1992, 元代史料叢刊, 浙江古籍出版社), 「纂修」, 72~75쪽.

47 『全元文』 52, 「姬志眞」 4 京兆普濟孤魂碑, 113쪽.

48 『全元文』 89, 「舒岳祥」 1 寧海縣學記, 225~226쪽.

49 『全元文』 122, 「郝經」 3 上宋主陳請歸國萬言書, 130쪽.

50 『全元文』 1791, 「王大本」 杭州路重建廟學碑, 4쪽.

51 『全元文』 168, 「王惲」 2 上世祖皇帝論政事書, 16~17쪽.

라이의 "유교를 존숭하는 한화(尊儒漢化)"는 중대한 역사적 의의가 있었다.[52] 송 이래 유가의 도통론(道統論)은 원 세조, 곧 쿠빌라이카안을 요·순의 후예로 편입했다. 특히 도학가 구양현(歐陽玄)은 세조를 추승하고 원조 통치의 합리성을 위해 철학 논증을 진행했다.[53] 그는 「허선생신도비(許先生神道碑)」에서 세조 쿠빌라이카안이 삼황오제를 계승한 "불세출의 군주"라고 평한다.[54]

> 깊이 생각건대 성스러운 원(元)은 천고의 세월을 넘어선다. 세조 황제께서는 하늘이 부여한 자질로써 (과거의) 제왕이 전하지 못한 학문을 얻으시고 위로는 복희·신농·황제·요·순이 전하지 못한 왕통에 이어져 불세출의 군주(不世之君)가 되셨다.[55]

「허선생신도비」는 "세조께서 즉위하기 전에 제유(諸儒)가 그를 숭상해 '유교 대종사(儒教大宗師)'라고 불렀다. 오호라! 한·당·송의 창업 군주가 어찌 그 칭호를 얻을 수 있었겠는가? 이는 하늘이 도통(道統)으로써 세조를 귀속시킨 것이다"[56]라고 서술한다. 이는 선행 연구에서 조명한 것

---

52 對酒對花, 2015. 7. 24, "忽必烈儒化: 一次華麗的歷史轉身", 個人圖書館(來願: 搜狐歷史), 360doc.com/content/15/0724/22/19485026_487198408.shtml, 2020. 7. 12. 접속.

53 周平尚, 2020. 5, 「元儒歐陽玄哲學思想探微」, 『大理大學學報』, 46, 49쪽.

54 周平尚, 2020. 5, 위의 글, 49쪽.

55 [元]歐揚玄 撰, 「神道碑」 元中書左丞集賢大學士國子祭酒贈正學垂憲佐理功臣大傅開府儀同三司上柱國追封魏國公謚文正許先生神道碑, 『圭齋文集』 9, 四部叢刊集部, 1a쪽; [元]歐陽玄 著, 魏崇武·劉建立 校點, 2009, 「神道碑」, 『歐揚玄集』 9(元代別集叢刊), 吉林文史出版社, 92쪽.

56 [元]歐陽玄 著, 魏崇武·劉建立 校點, 2009, 위의 글, 94쪽.

처럼 몽골인을 개조하는 유가의 현실 요구였다.[57]

한편 문화·제도적 한화는 지리와 경제 방면으로 확장될 수 있었다. 대도의 건설과 강남의 강조는 경제적·지리적 측면에서 한화 혹은 중국 의존이었다. 예컨대 『원사』「해운」조에 따르면, 연(燕)에 도읍(대도)이 건설된 후 백사(百司)와 인구가 늘자, 물자의 공급을 강남에 의지했다.

> 원조가 연에 도읍을 세웠다. 그곳은 강남에서 대단히 멀었으나 각종 관사와 관부가 번성하고 위사(衛士)와 편민(編民)이 많아 강남에 물자 공급을 바라지 않음이 없었다. 승상 바얀(伯顔, 1236~1295)이 해운을 건의한 후부터 강남의 곡식이 봄과 여름으로 나눠 두 차례 운송됐다. 대개 경사(京師)에 도달한 것이 1년에 많게는 300만여 석이었다. 백성에게 운수의 노고가 없었으며 국가에 물자를 비축하는 풍요가 있었으니, 어찌 한 시대의 좋은 방법이 아니겠는가![58]

『원사』는 강남의 곡식을 향한 대도 관·민의 열망과 해운의 가치를 묘사한다. 위 기록은 원조가 각종 물자와 곡물, 곧 세량(稅糧)을 강남에 의존한 인상을 준다. 이 현상은 주덕윤(朱德潤)이 "국가경비는 오로지 동남을 바라볼 뿐"[59]이라고 말한 원통 연간(1333~1335)의 논평, 그리고 "국가

---

57 周平尚, 2020. 5, 앞의 글, 49~50쪽.

58 『元史』 93,「食貨志」 1 海運, 2363쪽.

59 『存復齋文集』 5([元]朱德潤, 歷代畫家詩文集, 臺灣學生書局印行)「送顧定之如京師序」, 7a쪽(141), "元統中 … 而比年中原水澇相仍, 穀麥不登, 湖廣地接猺蜑, 難制易擾, 供給之餘, 耕桑俱廢, 國家費獨仰於東南而巳." 『全元文』 1273에는 좌기의 문장이 「送張尚書序」에 실려있다. 본고는 『存復齋文集』을 따른다.

경비의 수입은 대부분 동남에 의지하며 절성(浙省, 현 저장성)이 최다를 점한다"라고 평가한 1349년의 논술[60]에서 입증된다. 강남 조량(漕糧)의 단절은 원조를 급속히 멸망하게 한 원인 중 하나로 해석된다.[61] 사실 앞의 상황은 중원 지역의 수해와 흉년 때문에 비롯된 것이었다.

실제로 강남은 원조의 한인에게 중요한 식량 공급처였다. 예컨대 1286년 보고에 따르면 강남으로 가 식량을 구하는 한민(漢民)이 많았다. 또 관원을 따라 남방으로 간 이들이 임기를 채우고도 대부분 돌아오지 않았다. 원조는 사신을 보내 그들을 모두 북쪽으로 귀환시켰다. 이는 원조에서 황하·장강·회수의 각 나루에 역참 관찰관인 토드카순(todqasun, 脫脫禾孫)을 배치하는 도화선이 되었다. 한민은 공문을 휴대하지 않고 남쪽으로 가는 것이 금지되었고 상인만이 예외였다.[62]

다만 강남의 경제적 중요성은 카안울루스와 제국 경제지리에서 그곳을 과도하게 강조하는 결과를 낳는다. 대도와 상도 그리고 이 양 도의 주변부는 재화 총량에서 강남에 열세였지만 황실 물자의 지대한 공급처로 기능했다.[63] 더불어 『존복재문집(存復齋文集)』 「송담청숙지사부하남성연서(送譚清叔知事赴河南省掾序)」에 의거하면, 하남행성은 관건의 땅이

---

60 『全元文』 1275, 「朱德潤」 5 善政詩序【至正九年二月】, 530쪽, "國家經費所入, 多藉於東南, 而浙省居最. 浙省統賦諸郡, 而平江爲尤最, 歲嘗以稅糧百餘萬石儲備海漕."

61 원조의 아주 빠른 멸망은 농민전쟁, 해운 불통, 조량 단절, 그리고 여러 해 계속된 대도의 대기근 때문이었다(陳高華·黨寶海 編, 2009, 『陳高華說元朝』, 上海科學技術文獻出版社, 71쪽).

62 『元史』 14, 「世祖本紀」 11 至元二十三年夏四月己未, 289쪽, "以漢民就食江南者多, 又從官南方者秩滿多不還, 遣使盡徙北還. 仍設脫脫禾孫於黃河·江·淮諸津渡, 凡漢民非賫公文適南者止之, 爲商者聽."

63 설배환, 2017, 「몽골제국에서 賦稅의 시행과 그 帝國的 체계 이해를 위한 試論」, 『東洋史學研究』 139, 190~194쪽.

었다. 그곳은 땅이 비옥하고 백성이 우수해 중원의 도회가 되었다. 하남의 힘은 안으로 충분히 경사를 호위할 만했고 그 기세는 밖으로 충분히 중국을 제어할 만했다. 또한 그곳의 연간 생산량은 병부(兵賦)에 공급할 만큼 충분했다.[64] 이른바 하남행성은 수도를 지탱할 경제·군사 역량을 지녔으나 그 생산력은 군사력으로 활용되었다. 카안울루스 경제에서 강남의 가치는 양도와 그 주변부 경제에 대한 경시, 하남의 역할 변화, 14세기 30년대 이래 자연재해와 흉작으로 한층 강화된 '착시'였다.

요컨대 대칸을 중화 왕조로 개조하는 기획의 출발과 중심에 허형과 구양현 등이 있었다. 허형은 국가 기강을 바로 세우기 위해 북방의 풍속을 중국의 법으로 고칠 것을 요구했다. 구양현은 쿠빌라이를 유교의 큰 스승이자, 삼화오제의 계승자로 개조했다. 카안울루스의 한화론은 대도와 강남의 등장으로 지리와 경제 방면으로 확장되었다.

## III. 허약한 한화론의 장기 지속

카안울루스에서 몽골의 한화론은 다층적이었고 출현 초기부터 확고하지는 않았다. 제국 정치의 상층부에서 칭기즈칸과 쿠빌라이카안의 한화와 대일통을 발견·발명하는 동안 권력 하층부의 지식인, 특히 강남 사인은 송조를 기억하고 찬미하면서 원조를 향한 불만과 우려를 표했다. 과거를

---

64 『存復齋文集』 4, 「送譚清叔知事赴河南省掾序」, 13a쪽(117); 『全元文』 1273(李修生主編, 2004, 鳳凰出版社), 「朱德潤」 3 送譚清叔知事赴河南省掾序, 487쪽, "國家自中州入職方, 而河南行省尤爲關鍵之地. 蓋其背山帶河, 土腴民秀, 爲中州都會. 其力足以內藩京師, 其勢足以外控諸夏, 而其歲産之入, 又足爲兵賦之供也."

회상하는 강남 사인의 언론은 강남에서의 몽골 통치를 개량하는 방식이었다.[65]

많은 원시(元詩)에 몽골을 경멸하는 '호(胡, 오랑캐)', '로(虜, 오랑캐)', '성전(腥膻, 비린내와 노린내가 나는 더러운 물건)' 등의 어휘가 종종 쓰였다. 일부 작품은 '한을 탓하거나(訟漢)', '송을 그리워하는(懷宋)' 심리를 표현한다. 일례로 구양현은 장강 연변의 태호(太湖)에서 행해진 고기잡이 정경과 계절 변화를 시 「제포어도(題捕魚圖)」에 서사한다.

구양현은 시의 이면에서 몽골을 수용하는 동시에 부인하고 있으며 저항과 원망을 표현한다. 시에 등장하는 표현 중에서 '강로(強虜, 강한 오랑캐)'와 '성성(猩猩, 몸은 개와 같고 주홍색 긴 털이 있으며 인간의 말을 이해하고 술을 좋아한 상상의 동물)'은 몽골군을, '백구(白鷗, 흰 갈매기)'는 1276년 남송의 수도 임안(臨安, 현 항저우)을 정벌한 몽골 장수 바얀을 은유한다.

| | |
|---|---|
| 太湖三萬六千頃, 靈槎倒壓青天影 | 태호의 3만 6천 경, 신령한 뗏목이 푸른 하늘 그림자를 (가르며) 압도하도다. |
| 大魚吹浪高如山, 小魚卷鬣爲龍盤 | 큰 물고기가 일으킨 물결이 산처럼 높으니, 작은 물고기가 지느러미를 말아 용반, 곧 은둔 호걸이 될걸세. |
| 羣魚聯腴伐桴鼓, 勢同三軍戰強虜 | 여러 마리 물고기가 기름진 배를 잇대 북채와 북을 두드리니(물고기들이 배를 드러내고 몸과 지느러미를 파닥거리는 모습을 형용), 그 기세가 3군(좌·중·우군)과 같아 강로(몽골군)와 전투할 만하도다. |
| 長綱大罟三百尺, 攔截中流若環堵 | 긴 줄에 큰 그물이 300척에 달해, (그물로) 중류를 단절하는 것이 흙담으로 둘러싼 집 같아라. |

65 申萬里, 2012,「懷舊情結－元代江南士人精神世界初探」,『理想·尊嚴與生存掙紮: 元代江南士人與社會綜合研究』, 中華書局, 16~44쪽.

| | |
|---|---|
| 吳王宮中宴未闌, 銀絲斫膾飛龍鸞 | 오왕(吳王)이 궁중에서 연회를 마치지 못했는데, 흰머리의 노인이 생선회를 뜨자 용란(현사)이 날아가네. |
| 太官八珍奉公子, 猩猩赬脣鯉魚尾 | 태관이 여덟 가지 진미를 공자에게 바치고, 성성의 붉은 입술에 잉어 꼬리가 물려 있어라. |
| 洞庭木落天南秋, 黃蘆滿天飛白鷗 | 동정호에 나뭇잎이 떨어지고 천남, 곧 남방에 가을이 찾아오자, 누런 갈대가 하늘을 가득 채우고 흰 갈매기(바얀)가 날아오네. |
| 江頭吹笛喚漁舟, 與君大醉嶽陽樓 | 강어귀에서 피리를 불어 고기잡이배를 부르고, 그대(혹은 군주)와 더불어 악양루(岳陽樓)에서 크게 취하리.[66] |

시어에서 몽골을 원망하면서도 시대 변화를 수용하는 구양현의 복합적인 감정을 읽을 수 있다. 시어는 제임스 스콧(James C. Scott)이 규정한 은닉 대본(hidden transcript)의 범주에 포함될 수 있다. 공식 대본(public transcript)과 달리, 은닉 대본은 실권자의 직접적 관찰을 벗어나 '무대 밖'에서 벌어지는 담론을 지칭한다. 은닉 대본은 공식 대본을 확인하거나 반박하고 굴절시키는 무대 밖 발언·몸짓·행위로 구성된다.[67] 흥미롭게도 시 「제포어도」는 시어라는 공식 대본 안에 은유의 은닉 대본을 숨기고

66 『元詩選』(初集·丁集)([清]顧嗣立 編, 1987, 中華書局) 圭齋集·歐陽承旨玄·題捕魚圖, 1180쪽.

67 James C. Scott, 1992, *Domination and the Arts of Resistance: Hidden Transcripts*, Yale University Press, pp. 4~5(James C. Scott 저, 전상인 역, 2020, 『지배, 그리고 저항의 예술: 은닉 대본』, 후마니타스). 제임스 스콧은 종속된 자와 지배하는 자 사이에 공개된 상호작용을 묘사하는 한 방식을 "공식 대본(public transcript)"이라 정의한다. 반면 "은닉 대본(hidden transcript)"은 지배자의 등 뒤에서 말해지는 권력 비판을 일컫는다. 공공영역에서의 행위에 지배받는 자와 지배하는 자가 관련돼 있으므로 각자의 은닉 대본이 있다고 스콧은 주장한다(James C. Scott, 1992, 위의 책, pp. xii, 2, 5; Christopher Kaplonski, 앞의 책, pp. 10~11).

그림 3 「중산출유도」

있다. 그 시어는 스콧이 설정한 두 대본 사이의 명백한 구분과는 다소 거리가 있는데, 이는 시어의 은유성·다의성에서 기인한다.

놀랍게도 구양현은 1315년 카안울루스의 첫 과거에 합격한 후 국자감과 한림원(종1품의 학사승지)에서 거의 40년간 고관으로 임직하는 등 원대 후기 정계와 문단에서 중요한 지위를 차지한 인물이었다.[68] 그는 대칸을 위해 봉직하면서도 송·원 교체를 불편한 시선으로 바라보았다.

일부 한인 화가 또한 몽골 통치를 향한 불만을 시각화했다. 송말원초의 화가 공개(龔開, 1222~1307)는 그의 그림 「중산출유도(中山出遊圖)」에서 몽골인을 요괴로 그렸다. 몽골인 요괴는 도교의 신 종규(鍾馗)에 의해 제어돼야 하는 존재였다.[69]

그런데 몽골 통치자는 구양현이나 공개처럼 자신에게 불만을 품은 지식인을 금압하거나 죄를 묻지 않았다. 이는 그들이 "원대에 사상·문화 영역에서 문인의 저술에 관용과 방임의 태도를 보인 것"이었다. 그들은 장

---

68 解國旺, 2014. 9, 「元代後期歐陽玄的文學批評觀」, 『河南大學學報』(社會科學版), 97쪽.

69 Chun-Yi Joyce Tsai, 2015, "Imagining the Supernatural Grotesque: Paintings of Zhong Kui and Demons in the Late Southern Song(1127-1279) and Yuan(1271-1368) Dynasties", Doctorial Dissertation in the Graduate School of Arts and Sciences, Columbia University.

기간 "질박하고 문자가 없으며 호방하고 거친 유목민의 성격"을 유지하면서 한족 사인을 중용하지 않았다. 그리고 그들은 사상과 언론에서 결점을 들추어내며 예민하게 굴지 않았다.[70] 명나라 거사 축정심(祝廷心)에 따르면, "원조(元氏)는 (1276년에서 1368년까지) 온 중국을 차지한 92년 동안 정치의 중추에 많은 사인을 포함하지 않았으나 또한 법도로써 그들을 유혹하지 않았다. 벼슬길에 나아간 사인이 진실로 이치를 따르며 자신을 지킬 경우, 명예와 지위를 달성할 수 있었고 재앙이 없었다."[71]

원조의 한화론이 갖는 허약성 혹은 유동성은 오덕종시설(五德終始說)의 '종말'을 통해서 엿볼 수 있다. 예컨대 중국 학자 류푸장(劉浦江)에 따르면, 오덕종시설은 남송 멸망 이후 종결되었다. 다만 오운설(五運說)은 장기간 존속하며 때로 정치적으로 일정하게 작용했다. 몽·원 시기에 한인은 여러 차례 덕운(德運) 문제를 거론했는데, 그중 한 명이 왕운이었다.

> 무릇 듣자 하니, 예로부터 천하의 군주는 하늘에 순응해 혁명을 일으키고 오운(五運)을 추론해서 (국가) 창업의 시작을 분명히 했습니다. 예컨대 요는 불, 순은 (흙)으로 왕을 삼았고 하는 쇠(金), 은·주는 물과 나무로 왕을 삼았으며 한·당은 불과 흙으로 왕을 삼은 것이 그것입니다. 멸망한 금은 태화(泰和)에 덕운을 이미 확정해 납월(臘月)의 이름과 복색을 그에 따라 일신했습니다. 지금 국가가 중원(區夏)을 차지한 지 60여 년이 지났으나 덕운의 일이 아직 논의되지 못했고 이에 대일통의 도(道)가 결여된 것 같

70 陳高華·張帆·劉曉, 2009, 앞의 책, 175쪽.

71 『皇明文衡』 40, 「序」; 祝廷心·藥房居士集序; 陳高華·張帆·劉曉, 2009, 위의 책, 175쪽.

습니다. … 주(奏)를 올려 중서성과 원로(元老) 대신, 조정의 유자가 그것을 추론, 강구해서 자세히 확정하면 어떻겠습니까?[72]

그러나 몽골 조정은 왕운의 건의를 채택하지 않았다. 쿠빌라이 즉위 이후에도 몽·원 일대(一代)에 한화의 정도는 높지 않았다. 몽골 통치자는 낮은 한학(漢學) 지식으로 왕운이 말한 덕운을 이해하기 어려웠다.[73]

덕운을 향한 대칸의 무관심은 테무르카안(재위 1294~1308)의 사례에서 엿볼 수 있다. 그의 즉위 초인 1295년에 남인(南人) 홍유학(洪幼學)이 상주문을 밀봉해 올렸다. 그가 망령스럽게 오운을 언급하자, 대칸이 그에게 태형(笞刑)을 내리고 내쫓았다.[74] 이처럼 원조에서 덕운이 두 번 다시 강구될 수 없었던 까닭은 근본적으로 송대 유자의 사상 계몽 이후 사람들이 오운설을 향한 믿음을 잃었기 때문이었다. 다만 명나라 사람들은 오히려 원조의 수덕설(水德說)을 주장했다. 이 또한 민간에서 유행하는 견해에 불과했다.[75] 카안울루스를 중화 왕조로 전환하려는 문명화의 성과는 한인 지식인의 거부와 몽골인의 무관심으로 그리 확고하지 못했다.

원조를 정통 왕조라고 확고하게 인정하는 것은 오히려 명 초의 인식이었다. 1372년 명조는 남경에 역대 제왕묘를 건립하고 제왕 16인을 선정해 제사를 올렸다. 제왕의 선정은 매우 엄격했다. 이 가운데 11명은 삼황오제 등 상고의 제왕이었고 진조(秦朝) 이후의 제왕은 5명으로, 곧 한

---

72 『秋澗先生大全文集』 85([元]王惲, 四部叢刊集部 景明弘治本) 「請論定德運狀」, 4a쪽.

73 劉浦江, 2017, 『正統與華夷 - 中國傳統政治文化研究』, 中華書局, 80~81쪽.

74 『元史』 18, 「成宗本紀」 1 元貞元年閏四月庚申, 393쪽.

75 劉浦江, 2017, 위의 책, 81쪽. 명·청 시대 이래 오운설의 영향은 점차 쇠미해졌다. 청조는 더 이상 덕운을 기록하지 않았다(劉浦江, 2017, 위의 책, 86쪽).

고조·광무제, 당 태종, 송 태조와 원 세조였다. 제왕묘를 건립할 당시 저술된 「칙건력대제왕묘비(敕建歷代帝王廟碑)」의 한 문장에는 (양)한·당·송·원의 4조(朝)를 대일통 왕조라고 상찬한다.[76] 묘비는 "원에 이르러서 온 우주(寰宇)를 통일(混一)할 수 있었고 진실로 천하를 통일할 수 있는 이는 성인(聖人)"이라고 기술한다.[77]

명인(明人)의 관점은 이후 다시 동요했다. 맨 처음 원조의 정통에 의문을 제기한 문인은 저명한 방효유(方孝孺, 1357~1402)였다. 원조의 정통을 철저히 부정하는 인식이 가정 연간(1522~1566)에 사대부의 주류 관점이었다. 그것은 쿠빌라이의 제사에 영향을 끼쳤다. 마침내 가정제(嘉靖帝)는 "원은 본래 오랑캐(胡夷)"라고 언명하고 남북 양경(兩京)에서 쿠빌라이를 향한 일체의 제사를 폐지했다. 이에 명조는 긍정에서 부정으로 종전과는 다른 새로운 몽원정통론(蒙元正統論)을 완성했다.[78]

요컨대 원조의 한화론은 13세기 중엽, 원조의 탄생과 함께 본궤도에 올랐다. 동시에 몽골을 향한 한인 지식인의 거부 반응이 적지 않았다. 몽골의 한화는 몽골인뿐만 아니라 한인 사이에서도 확정적이지 않았다. 그 인식이 시대와 논자에 따라 다층적이었던 것이다. 따라서 원조의 한화는 확고한 사실이라기보다 중국 정치문화에서 중화주의·문명주의·대일통주의가 빚어낸 역사적 과정이자, 역사적 복합이었다. 원조의 한화론은 유

---

76 談史說事, 2018. 6. 27, "明朝初年祭祀元世祖, 嘉靖年间撤去, 明朝人正统观的变化", 搜狐, sohu.com/a/234158208_100130739, 2020. 7. 12. 접속.

77 "《皇明經世文編卷之五》", 中國哲學書電子化計劃(維基〉皇明經世文編〉皇明經世文編卷之五〉敕建歷代帝王廟碑【歷代帝王廟】), ctext.org/wiki.pl?if=gb&chapter=413040&remap=gb, 2020. 7. 13. 접속.

78 談史說事, 2018. 6. 27, "明朝初年祭祀元世祖, 嘉靖年間撤去, 明朝人正統觀的變化", 搜狐, sohu.com/a/234158208_100130739, 2020. 7. 12. 접속.

교국가 체계를 지향하는 문화정통론의 범주에서 이해할 수 있다.[79]

한인 지식인 관료는 대칸의 통치를 마주하고 몽골을 향한 동화(즉 문명화)와 저항·독립의 이원구도에서 전자를 더욱 강조하고 그러한 정책을 추진했다. 그들의 노력은 중국에서 일부 성공했다. 하지만 몽골 황실에서 중화의 요소는 여전히 다원 문화와 제도의 하나였다. 이는 중국 원대사 연구의 '한화론'에 도전하는 한국 학계의 최근 발견에서 확인된다.[80] 한화론은 13~14세기 몽골 질서에서 한법의 부분적·실용적 현상을 침소봉대한다. 대칸의 한화는 몽골인에게 복무하는 한인 관인에게 아마도 정치적·사상적 안도감을 제공했을 것이다.

앞서 검토한 것처럼 몽골의 한화론과 정통론은 16세기까지 확고하지 않았다. 그러나 그것은 이후 한인의 역사 이해에 중대한 유산을 남겼다. 예컨대 링이(冷宜)는 1936년에, 1934년 9월 국민당 중앙광파무선전태관리처에서 창간한 라디오 방송 신문 『광파주보(廣播周報)』 세계소사(世界小史)에 「14세기 교회의 대분열(十四世紀中敎會的大分裂)」, 「칭기즈칸의 판도와 위대한 발자취(成吉思汗的版圖和偉蹟)」라는 2개의 강연 내용을 게재했다. 이 글은 칭기즈칸부터 뭉케카안까지 몽골인의 정복 과정을 정리하고 있으며 역사적 요체를 담은 해설이 함께 실려있다. 여기에서 링

---

79 Yang Yang, 2019, 앞의 책, 227~231, 235쪽. 두아라(Prasenjit Duara)에 따르면, 문화정통론은 문화(제국의 독특한 문화와 유가 정통)로 집단을 정의하는 표준의 하나이다(Yang Yang, 2019, 위의 책, 2쪽).

80 김호동, 2006, 앞의 글, 221~251쪽; 고명수, 2013, 「쿠빌라이 시기 친킴 아흐마드 갈등의 배경과 성격 - 친킴의 漢化 문제에 대한 재검토」, 『중앙아시아연구』 18-1, 43~67쪽. 칭기즈칸의 한화 및 원조에 대한 중국 학계의 장기 주류 인식은 20세기 초 일제의 수탈과, 독립을 위한 한국인의 저항을 부각하는 한국 사학계의 해석 방식과는 상당히 거리가 있다.

이는 쿠빌라이카안 시대부터 몽골사의 역사 주체를 원조(元朝)와 원인(元人)으로 바꾸었다. 그는 "점차 아시아 동부의 원인이 한인에게 동화되었다"라고 서술한다.[81]

그런데 위르겐 하버마스(Jürgen Habermas)와 하워드 J. 웨슬러(Howard J. Wechsler)의 이론[82]을 적용할 경우, 몽골인이 '중국'의 관료제 등 정복

---

81 冷宜, 1936, 「世界小史: 成吉思汗的版圖和偉蹟」, 『廣播周報』 1936年 第80期, 57~58쪽(《全國報刊索引數據庫》). 쿠빌라이카안 시대부터 렁이의 「세계소사(世界小史)」 내용은 다음과 같다. "1280년 쿠빌라이가 송조 천하를 정복하고, 정식으로 중국 황제가 되고 원조를 건립했다. 원인(元人)은 이집트 정토(征討)가 실패한 이후 그들의 정복 전략은 아시아에 집중했다. 페르시아·시리아·아랍·메소포타미아는 모두 원인의 세력 범위였고 인도 대평원도 원인이 무굴조를 건립해 인도 대부분 지방을 통치했다(18세기에 멸망). 점차 아시아 동부의 원인은 한인에게 동화돼 불교를 믿었다. 서부에서는 이슬람교도(回教徒)가 되었다. 머지않아 이 광대한 판도는 명 태조 주원장에게 재차 정복되었고 그는 새로운 왕조를 세웠다. 그는 한인이 이미 상실한 정권을 부흥시켰다."

82 하버마스의 주장에 따르면 행정 행위(administrative action)와 문화 전통(cultural tradition) 영역 사이의 구조적 차이는 의식적 조작을 통해 정당성(legitimation) 부족을 보충하려는 시도를 체계적으로 제약한다. 위기 논쟁의 관점에서 국가 활동의 팽창은 정통성의 결여를 불균형하게 증대하는 부작용을 낳는다. 이 불균형한 증대는 아마 행정적으로 처리된 문제의 팽창이 국가활동의 새로운 기능을 수행할 다수의 충성을 필요로 할 뿐만 아니라, 이러한 팽창의 결과로 정치체계와 문화체계의 경계가 이동하기 때문에 발생한다. 이 상황에서 당연시되고 과거에 정치체계를 위한 경계 조건인 문화 문제가 행정 기획의 영역으로 들어간다[Jürgen Habermas, 1988, *Legitimation Crisis*(translated by Thomas McCarthy), Polity Press(Heine Educational Books, 1976), p. 71]. 웨슬러는 하버마스의 관점을 토대로 한 정권이 그 자신을 정당화해야 함은 물론, 그것은 또한 이전에 전통 문화체계의 자체적 정당화 요소였던 모든 새로운 활동을 정당화해서 더 이상의 정당화를 필요로 해서는 안 된다고 강조한다. 법령, 소작제, 개병제, 과거제, 관영 종교제도, 관영 전매제도 등 한 왕조에서 당 왕조까지 중국에서 정부 활동의 확장은 전례 없는 규모의 추가적 정당화(additional legitimation)를 필요로 했던 듯하다(Howard J. Wechsler, 1985, *Offerings of Jade and Silk: Ritual and Symbol in the Legitimation of the T'ang Dynasty*, Yale University Press, pp. 233~234; Howard J. Wechsler 저, 임대희 역, 2005, 『비단같고 주옥같은 정치: 의례와 상징으로 본 唐代 정치사』, 고즈윈, 483~484쪽).

지의 제도와 행정체계를 수용한 것은 피정복민의 전통문화를 좇는 동화-이른바 몽골의 한화·이슬람화-가 아니라, 그들이 새로 정복한 영토와 문화를 통치하기 위한 추가적 정당화(additional legitimation)였다고 해석할 수 있다. 푸코의 관점을 빌면,[83] 심지어 그것은 몽골인이 권력의 정당성보다는 "권력의 효과"를 기대한 것이었다.

다른 각도로 보면, 원조의 탄생은 몽골 제국의 시공간을 몽골인으로부터 분리할 근거와 서술 편의를 다수의 전근대 한인 및 현대(중국)인에게 제공했다. 칭기즈칸의 몽골 제국은 뭉케와 쿠빌라이 시기에 몽골 각 부(部)가 서로 통속(統屬)관계에 놓이지 않으면서 원 제국과 4대 칸국으로 분열되었다.[84] 이로써 원조사는 중국사가 되었다.

---

83 푸코에 따르면, 통치권력-공권력의 제한이라는 문제에 대응하는 데 이질적이면서도 서로 접합되어 있는 이 두 방식(통치의 실천과 권력의 제한)은 19세기 이래로 유용성의 방식 쪽으로 무게중심이 옮겨 갔으며, 통치권력의 행사와 그 제한은 이제 단연 '시장에서의 교환'과 '공권력의 유용성'에 의해 규정되기에 이른다. 권력의 의도 내지 인공적 국가 이성보다 사물들의 자연적 상호작용이, 그리고 권력의 정당성보다 권력의 효과가 중요해졌다(임미원, 2016, 「푸코의 통치성 분석에 대한 기초적 고찰」, 『법철학연구』 19-1, 122쪽).

84 葛劍雄, 2018, 앞의 책, 45쪽.

## IV. 칭기즈칸릉과 근대 민족 영웅의 발명

명대 원사 저술의 성취는 그다지 크지 않았다.[85] 명조는 칭기즈칸의 위치를 원의 창시자로 유지했다. 더욱이 주원장 자신은 칭기즈칸의 정당성을 단언했다. 다만 명 후기에 원조는 다르게 상상되었다. 그것은 정당한 왕조의 지위를 유지하는 한편, 많은 학자에 의해 충격적 경험으로 재해석되었다.[86] 청대 몽원사 연구는 강희 연간(1662~1722)에 시작되었다. 몽골 초원과 준가르 지역의 몽골인이 모두 청 제국의 판도에 들어오면서 몽원사 연구는 몽골 및 서역의 지리·종족에 관한 정보를 제공하는 방향으로 성장했다.[87]

19세기 몽원사 연구는 청 지식인들의 위기의식의 발로이자, 서구 학계의 몽골 연구가 유입되어 출현한 지적 자극의 결과였다. 청말민초는 몽원사 연구가 집대성된 시기로 평가된다. 대표적으로 투지(屠寄)와 커사오민(柯劭忞)의 연구는 저술 범위를 중국 경내에 한정하지 않고 몽골 제국의 전 영역을 개괄한 점에서 주목된다. 이러한 인식의 지평 확대는 한 세기 남짓 축적된 몽원사 연구의 성과 위에 페르시아어·아랍어 자료를 바

85 陳得芝, 2012, 『蒙元史研究導論』, 南京大學出版社, 120쪽. 부진한 원사 저술과 별개로, 명대 사인은 전 왕조의 사인을 어떻게 평가할 것인가에 주의를 기울였다. 그 대표적 대상이 문천상(文天祥, 1236~1283)과 문벽(文壁, 1237~?) 형제다. 『칠수류고(七修類稿)』의 「형제이성(兄弟異性)」이 그 예시다. 이 사설은 송·몽골 교체기에 문천상 형제의 충의·심리·윤리를 조명한다. 『七修類稿』 15([明]郎瑛, 「義理類」 兄弟異性, 國學導航, guoxue123.com/zhibu/0201/03qxlg/015.htm, 2019. 4. 15. 접속); 『文天祥詩選』([宋]文天祥), 「寄惠州弟」.

86 Michal Biran, 2007, 앞의 책, p. 146.

87 조원, 2015, 「17-20세기 몽원사 연구에 나타난 청 지식인들의 몽골제국 인식-『元史類編』, 『元史新編』, 『新元史』를 중심으로」, 『중국학보』 74, 383쪽.

그림 4 칭기즈칸의 이름 표기와 설명 변화
왼쪽부터 『시사휘보』(1915), 『민중문학』(1926), 『청년월간(난징)』(1934)

탕으로 진행된 서구의 연구성과를 도입함으로써 가능한 것이었다.[88]

대한제국기(1897~1910) 애국계몽론자들이 국민을 계도하는 구심점으로서 '난세의 영웅'을 필요로 했던 것[89]처럼 20세기 초의 중국 상황도 유사했다. 중국의 한 최신 연구는 중국에서의 칭기즈칸 기념에 관해 새로운 발견을 제시한다. 중국에서 항일전쟁 시기(1931~1945)는 외적에 대항하려는 수요 때문에 민족 영웅의 계보를 구성하는 고조기를 출현시켰다. 신해혁명 시기와 달리, 당시 민족 영웅의 계보는 가능한 최대로 역량을 단결시켜 외적에 저항하고자 지극히 넓은 포용성과 광범성을 갖추었다.[90]

신해혁명 시기에 몽골족 영웅 칭기즈칸은 중화민족의 민족 영웅이 될 수 없었다. 다만 민국(民國) 성립 이후 오족공화(五族共和)의 기치 아래

---

88 조원, 2015, 앞의 글, 380, 400쪽.

89 정환국, 2005, 「대한제국기 계몽지식인들의 '구국주체' 인식의 궤적」, 『사림』 23, 14쪽.

90 郭輝, 2017, 「抗戰時期成吉思汗紀念及其形象塑造」, 『福建論壇』(人文社會科學版), 2017年 第5期, 116쪽.

과거 '비아족류(非我族類)'의 소수종족 인재가 '중화민족'으로 들어올 수 있었다. 항일전쟁 발발 후에 중화민족의 위기가 외적인 원인이었다.[91]

귀훼이(郭輝)는 항일전쟁 시기에 칭기즈칸이 몽골 영웅에서 중화민족 영웅으로 '발견'된 것은 우연이 아니라, 특수한 시대적 배경과 정치 요소, 일본의 침략, 중국 내 정치 세력의 요구 등과 맞물려 일어난 것이라고 밝힌다. 칭기즈칸 기념의 확산은 대부분 시대적 요구였다. 일본 침입의 결과, 몽골자치기구 몽정회(蒙政會, 1935)가 비로소 성립했다. 바꾸어 말하면 국가가 위급하고 어려운 상황에 처했을 때, 또는 민족이 많은 간난(艱難)에 봉착했을 때 비로소 국가와 사회가 칭기즈칸의 중요성을 인식하고 그의 기념을 확대했다.[92]

그런데 귀훼이의 연구와 달리, 항일전쟁기 이전에 일부 중국인은 칭기즈칸을 특별히 인지하기 시작했다. 1915년에 『시사휘보(時事彙報)』에 게재된 지리학자 장샹원(張相文, 1867~1933)의 보고는 칭기즈칸을 다룬 20세기의 기록 중에서 가장 이른 것이다. 여기에는 〈그림 4〉의 첫 번째 도판과 같이 칭기즈칸 석상을 싣고 있다.[93] 석상도의 오른쪽에는 몽골어로 "칭기즈칸 대명궁(大名弓)(Chinggis Qa'an yeke mergen)"이, 왼쪽에는 한자로 "칭기즈칸(成吉斯汗)"이 적혀 있다.

1926년 『민중문학(民衆文學)』은 첫 면에 이 『시사휘보』에 실렸던 칭기즈칸 상을 다시 게재한다.[94] 여기에서는 〈그림 4〉 두 번째 도판과 같이

91 郭輝, 2017, 앞의 글, 116쪽.

92 郭輝, 2017, 위의 글, 117쪽.

93 張相文, 1915, 「發見成吉思汗園寢之記載: 成吉斯汗石像」, 『時事彙報』 1915年 第8期, 12쪽(《全國報刊索引數據庫》).

94 『民衆文學』 1926年 第13卷 第6期, 1쪽(《全國報刊索引數據庫》).

오른쪽에 왼쪽 상단에 각각 몽골어와 한자로 칭기즈칸 칭호를 유지하는 한편, "600여 년 전에 중국을 침략한 자: (1) 원 칭기즈칸. 진실로 당대의 영웅이다(六百餘年前之侵掠中國者: (一)元成吉思汗. 固一世之雄也)"라는 캡션을 달았다. 이 해설문은 칭기즈칸을 중국 침략자로 단정하고 원의 영웅으로 간주한다. 캡션이 새로 덧붙여진 정치·사회적 배경은 알 수 없다. 1915년 『시사휘보』와 달리, 1926년 『민중문학』에서 칭기즈칸은 중국의 침략자인 동시에, 원의 영웅이라는 전혀 다른 두 표상을 지녔다.

1934년 『기병잡지(騎兵雜志)』는 앞선 1915년과 1926년의 칭기즈칸 상과 동일한 칭기즈칸 유상을 게재한다. 다만 그것은 몽골문 칭기즈칸 칭호를 지우고 "동방기병지패왕(東方騎兵之霸王)"이라는 칭호와 "그의 전쟁사와 약전을 참조하라(參照戰史及傳略)"는 문구를 새로 붙였다.[95] 1935년 『청년월간(青年月刊)(난징)』 또한 『기병잡지』와 같은 그림인 칭기즈칸 유상을 싣고 있는데,[96] 〈그림 4〉 세 번째 도판에서 볼 수 있듯이, 하단에 「칭기즈칸 소전(成吉思汗小傳)」을 넣었다.[97] 칸은 약 20년 만에 몽골 문자 이름을 잃고 "원개국지제(元開國之帝)"가 되었다.

『시사휘보』가 보고한 바, 1915년에 장샹원이 오르도스 기(旗) 달라트

95 琳, 1934, 『騎兵雜志』 1934年 第4期, 3쪽.

96 『青年月刊(南京)』 1935年 第1卷 第1期, 1쪽(《全國報刊索引數據庫》).

97 「칭기즈칸 소전」은 다음과 같이 기록한다. "원 개국 황제며 성은 키야트(Qiyad[복수형], Kiyoun, 奇渥溫)씨, 이름은 테무진이다. 대대로 몽골부의 장(長)이었고 요·금에 속했고 아버지 이수게이가 죽었을 때 테무진의 나이는 갓 13살이었고 부족이 여러 차례 반란을 일으켰다. 성장해서 그는 웅대한 모략을 지녔고 군사술이 신과 같았다. 뒤이어 메르키트·타타르·나이만·케레이트 부(部)를 평정했다. 송 개희(開禧) 2년(1206)에 오난강에서 즉위해 칭기즈칸이라 불렀다. 무칼리를 수장으로 삼아 중원을 경략하고 서요 및 호레즘을 평정했으며 서하를 멸망시켰다. 판도가 유럽·아시아 두 대륙에 걸쳐 있었고 무공이 대단히 높았으며 금나라를 22년간 공격했다. 묘호는 태조다."

(Dalat, 達拉特) 왕부에 머무를 때였다. 한 몽골인이 왕부를 찾아와 구걸하며 탁발승을 자칭했다. 그는 자신이 칭기즈칸의 황릉을 지키는 테르칸(特爾罕, 타르칸)이라고 했다. 이를 기이하게 여긴 장상원은 5~6일 여정으로 그곳을 답사했다. 그는 그곳에서 테르칸을 다시 만나 내력을 상세히 청취하고, 귀환 후 문헌을 검토해 그곳이 오랫동안 검증되지 못한 원릉(元陵)이라고 결론했다. 원릉에 대해서는 당시까지 중국·서양 역사가 사이에 쟁론이 분분했으나 정론이 없었다.[98]

『시사휘보』에 따르면, 칭기즈칸 황릉은 이흐조맹(Ikh zuugiin čuulgan, 伊克招盟) 에젠호로(Ejen Khoruu, 埃錦赫牢)[99]의 후지르트(Hujirt, 忽幾爾圖)라는 진흙강(淤泥河)에 위치했다. 그 위에 묘가 있었고 후지르트 조(Hujirt zuu, 忽幾爾圖招)라고 불렸다. 능을 지키는 관리는 거릉장(居陵掌)이라 했고, 능호(陵戶) 500가(家)가 편성돼 있었다. 이들은 타르칸으로 불렸고 몽골 기(旗)에 대해 특권이 있었다.[100] 그들에게 요역이 일절 부과되지 않았으며 그들이 때로 책을 들고 나가 탁발 승려·도사인 것처럼 행동하면 몽골 기에서 소와 양을 그들에게 베풀며 언감히 아까워하지 않았다. 그들은 항상 돌아가면서 외출했고 70~80호에서 황릉을 지켰다. 그들은 실려(室廬) 없이 위장(韋帳)이나 유권(柳圈)에서 생활했다. 칭기즈

---

98 張相文, 1915, 「發見成吉思汗園寢之記載: 成吉斯汗石像」, 『時事彙報』 1915年 第8期, 12쪽(《全國報刊索引數據庫》).

99 성주의 능원이라는 뜻으로, '伊金霍洛'으로도 표기한다.

100 타르칸(tarqan) 혹은 다르칸(darqan)은 ① 특정 지역에서 세부(稅賦) 의무를 면제받고 자유롭게 방목하며 ② 활과 화살을 소지하고 잔으로 마실 수 있는 특권을 향유한다. ③ 범죄를 9차례까지 처벌받지 않는다. ④ 약탈전에서 자신이 얻은 노획품을 자유로이 처리할 수 있다. ⑤ 포위 사냥에서 자신이 포획한 사냥물을 자유로이 처리할 수 있다. 그는 이상의 특권을 세습적으로 향유할 수 있었다(惠穀俊之, 1963, 「荅剌罕考」, 『東洋史研究』 22-2, 75쪽).

그림 5 칭기즈칸릉과 그 무기

칸릉은 보성(寶城)이나 향전(享殿) 없이 흰색 게르(白質毳幕)로 덮여 있었다. 게르 두 채가 서로 접하고 있으며 앞쪽 게르에서 희생을 바쳤다.[101]

〈그림 5〉에서 볼 수 있듯이 칭기즈칸의 능과 툭(tuɣ, 纛) 사진이 1917년 『동방잡지(東方雜志)』에 "칭기즈칸릉과 그 무기(成吉思汗陵及其武器)"라는 제목으로 실렸다.[102] 이후 몽골 역사가 투지가 1917년 칭기즈칸의 죽음과 능침(陵寢) 문제를 각종 문헌 기록으로 고증하며 장샹원의 「장울서 칭기즈칸 능침 변증서(張蔚西成吉思汗陵寢辨證書)」를 반박했다. 그는 기련곡(起輦穀)이 칭기즈칸의 묘지이며 오늘날 투셰트칸(土謝圖汗) 기 동

---

101 張相文, 1915, 앞의 글, 12쪽.

102 「成吉思汗陵及其武器」, 『東方雜志』 1917年 第14卷 第12期, 1쪽.

쪽 쿨룬(庫倫, 현 몽골 울란바타르)이라고 제안한다.[103] 장상원은 투지가 활용한 자료가 근거가 없다며 재반박한다.[104]

1924년에 『내복보(來復報)』 「시사채집(時事采集)」은 칭기즈칸릉의 소재지에 대해 중국 학자 사이에 쟁론이 분분하다고 보고한다. 당시까지 몽골인은 천리를 멀다 않고 그것에 경배했다. 그 무렵 능이 토비(土匪)에게 약탈되고 관병조차 그것을 보호하지 못하는 상황에 놓였다. 몽골인은 그 소식을 듣고 뼈에 사무치듯 개탄했다. 그들은 "칭기즈칸이 세계의 위인으로서 명성을 전 지구에 떨쳤다. 능침이 약탈된 것은 몽골인에게 커다란 수치일 뿐만 아니라, 전국 인사도 동정을 표해야 한다. 그런데 이곳 장관(長官)은 무엇을 해야 할지 모른다"라고 불만을 토로했다.[105]

칸의 능이 약탈을 겪는 가운데 1930년 『동방화보(東方畫報)』는 이곳을 〈그림 6〉과 같이 순례지로 보도하며[106] 대중의 이목을 환기시킨다. 『동방화보』는 능침과 그 유물 관리 책임자 역할을 하는 칭기즈칸의 30대 손인 사왕(沙王) 착다르잡(Чагдаржав, 沙克都尔扎布, 1873~1945)과 대표자들의 사진을 싣는다.

『중화(中華)(상하이)』(1936)는 〈그림 7〉에서처럼 "SACRIFICIAL

103 屠寄, 1917, 「答張蔚西成吉思汗陵寢辨證書」, 『東方雜志』 1917年 第14卷 第1期, 29~33쪽; 屠寄, 1917, 「答張蔚西成吉思汗陵寢辨證書(續前號)」, 『東方雜志』 1917年 第14卷 第2期, 77~84쪽(《全國報刊索引數據庫》). 필자는 장상원의 「張蔚西成吉思汗陵寢辨證書」를 구득하지 못했다.

104 張相文, 1917, 『東方雜志』 1917年 第14卷 第10期, 73~78쪽; 張相文, 1917, 『東方雜志』 1917年 第14卷 第9期, 67~70쪽; 張相文, 1917, 『東方雜志』 1917年 第14卷 第11期, 79~86쪽(《全國報刊索引數據庫》).

105 國內之部, 1924, 「時事采集」, 『來復報』 1924年 第301期, 7쪽(《全國報刊索引數據庫》).

106 楊令德, 1930, 「成吉思汗陵寢巡禮」, 『東方畫報』 第32卷 第12期, 8쪽(《全國報刊索引數據庫》).

그림 6 「칭기즈칸 능침 순례」

그림 7 「칭기즈칸 제전」

RITE OF GAEGHIS KHAN"이라는 부제를 붙여 「칭기즈칸 제전(成吉思汗祭典)」을 보도하면서 몽골군이 유럽인에게 "황화(黃禍)"와 신의 채찍으로 간주되었다고 소개한다.[107] 그의 능침은 몽골 게르 한 채였으며 그 게르 안에 은질의 관이 안치돼 있었다. 내몽골인은 음력 3월 21일을 칸의 생일로 간주하고 매년 성대한 제전을 거행하고 있었다. 1936년 4월 12일에 대제(大祭)를 맞아 중앙과 쑤이위안(綏遠) 지방(현 내몽골 중남부)의 당국에서 고관을 보내 제를 올렸다. 그 주관자는 지농(Jinong, 吉農)이었다. 능침 바깥에 앉거나 서서 대제에 참여한 사람들은 "몽·한의 대표"로 간주되었다. 『중화(상하이)』가 능의 기물을 중문과 영문으로 소개하며

107 「成吉思汗祭典」, 『中華(上海)』 1936年 第43期, 31쪽(《全國報刊索引數據庫》).

그것을 국제적으로 알리고자 한 점이 주목된다.[108] "내·외몽골 각 맹·기의 왕공"이 이틀간 칭기즈칸 대제를 거행한 1930년 상황[109]과 견주어 볼 때, 1936년에 "몽·한의 대표"의 참석은 크게 달라진 것이다.

당시 언론에서 칭기즈칸릉과 제전을 자주 보도한 까닭은 단지 그 상징적 가치[110]만의 문제는 아니었다. 그것은 어느 시점, 아마 1936년부터 보고의 대상이었다. 1936년(민국 25) 5월 27일 몽자(蒙字) 제2565호 지령에 따르면, 5월 16일에 (몽골·한인의) 대표들이 거행한 칭기즈칸 제전과 에젠호로 부근의 여러 정황, 공무를 마친 후 쑤이위안성으로 돌아간 날짜를 위원장 황무송(黃慕松)이 보고했다.[111] 이는 필시 1935년 몽장위원회(蒙藏委員會) 등의 결정에 따른 조처였다. 1935년 『몽장월보(蒙藏月報)』에 따르면, 중화민국 내정부(內政部)의 결의로 몽장위원회에서 파견한 추밍산(楚明善), 사장 루시룽(盧錫榮) 주석, 과장 리안(李安), 왕룽자(王榮佳)가 회의를 열고 칭기즈칸 묘를 수리하기로 결정했다. 매년 제를 올릴 때 몽장위원회에서 인원을 의결했다.[112]

칭기즈칸 능침은 어린 학생을 위한 교육 내용으로도 채택되었다. 『상식화보: 중급아동(常識畫報: 中級兒童)』(1935)은 소학교 중학년생에게 적용할 것을 목표로 그것을 하나의 편목(「칭기즈칸 능침(成吉思汗的陵寢)」)

108 「成吉思汗祭典」, 『中華(上海)』 1936年 第43期, 31쪽(《全國報刊索引數據庫》).

109 「成吉思汗大祭期」, 『軍事雜志(南京)』 1930年 第25期, 205쪽(《全國報刊索引數據庫》).

110 칭기즈칸릉은 전체 몽골인의 정신적 지주였다(馮浩, 2017, 「建國以來成吉思汗陵有關漢文檔案述評—以《成吉思汗陵》爲中心」, 『史料研究』, 155쪽).

111 黃慕松, 1936, 『蒙藏月報』 1936年 第5卷 第2-3期, 70쪽(《全國報刊索引數據庫》).

112 「一月來之邊事: 請修葺成吉思汗墓」 『蒙藏月報』 1935年 第3卷 第5期, 63쪽(《全國報刊索引數據庫》).

으로 구성한다.[113] 이 「칭기즈칸 능침」은 칭기즈칸을 중국사의 인물로 설정하고 원조를 세계 최대 제국이라고 설명한다. 또한 능침과 칭기즈칸의 병기, 수레, 수레를 이용한 순례 행렬을 찍은 사진을 수록하고 있으며 능침이 있는 곳에 사는 몽골인이 모두 단층집에 거주하는 점을 들어 거의 모두 "한화"되었다고 주장한다.

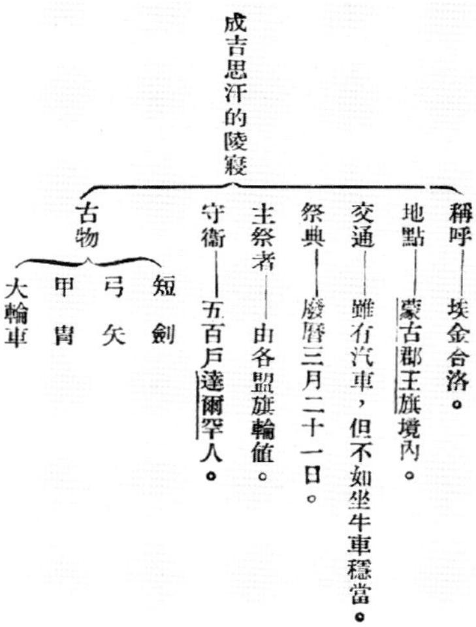

그림 8 「칭기즈칸의 능침」

인상적이게도 본 항목이 첫머리에 "(1) 송조 이후는 어떠한 왕조인가? (2) 원조의 첫째 개국 황제는 누구인가? (3) 칭기즈칸의 무공은 어떠한가?"라는 질문을 설정해 소학생들의 관심을 환기한다. 본편 마지막에는 1. 활동, 2. 정리, 3. 참고자료(일종의 용어 해설)를 설정한다. '1. 활동'은 세 가지의 지도 찾기로 구성돼 있다. "(1) 지도에서 몽골(蒙古)을 찾으시오. (2) 역사지도에서 원조의 국토를 찾으시오. (3) 지도 위에 본향(本鄉)에서 쑤이위안에 이르는 길과 바오터우(包頭)에서 몽골에 이르는 길을 나타내시오." '2. 정리' 항목 또한 간결하게 능침의 정보를 종합한다.[114]

칸릉의 조사·발견은 2000년에 미국의 조사단이 120만 달러를 모금할

---

113 陳汝惠, 1935, 「成吉思汗的陵寢」, 『常識畫報: 中級兒童』 1935年 第10期, 上海兒童書局出版, 4쪽.

114 陳汝惠, 1935, 위의 글, 1~5쪽.

그림 9 이흐조맹 에젠호로 기의 칭기즈칸릉 의관총(衣冠塚)

만큼 여전히 세계적 관심이 높다.[115] 그러나 무덤의 위치는 아직까지 확정되지 못했다. 그 후보지로 다음 네 곳이 거론된다. (1) 몽골 헨티산 남쪽, 케룰렌강 북쪽 지역, (2) 몽골 항가이산, (3) 중국 닝샤(寧夏)의 육반산(六盤山), (4) 중국 내몽골 오르도스 오톡(Otog, 鄂托克) 기(旗) 내 천리산(千里山).[116] 이흐조맹 에젠호로 기의 칭기즈칸릉은 1955년 몽골 게르에서 몽골-중화풍으로 개조된 후 2004년 전면 보수되었다.[117]

중국의 보고와 달리, 몽골인들은 『원사』에 기록된 기련곡(起輦穀)[118]-현 몽골 운두르하안(Öndörkhaan) 서북 바트시레에트(Batshireet)-이나 『집사』에 설명된 부르칸 칼둔이 있었던 헨티산에 칭기즈칸의 무덤이 있으리라 믿고 있다.[119]

---

115 淩子, 2000, 「揭開成吉思汗陵墓之謎」, 『知識經濟』 2000年 09期.

116 馮會英, 2005, 「成吉思汗的陵墓在哪里?」, 『中學歷史教學』 2005年 Z1期, 78쪽. 칭기즈칸 무덤의 소재지를 둘러싼 문헌 기록과 논란에 대해서는 다음을 참조한다. 2014. 10. 22, "成吉思汗陵墓在哪裡? 揭秘成吉思陵墓失蹤之謎", 陽光歷史, suntw.net/2797.html, 2020. 7. 14. 접속.

117 馮會英, 2005, 「成吉思汗的陵墓在哪里?」, 『中學歷史教學』 2005年 Z1期, 78쪽.

118 邱樹森 主編, 2001, 『元史辭典』, 山東教育出版社, 643쪽, "起輦穀".

119 白石典之, 2010, 『チンギス·カンの墓はどこだ?』, くもん出版, 86~93, 109쪽. 칭기즈칸의 사당은 정치 권위를 얻기 위한 장소였다. 예컨대, 1508년 다얀칸의 둘째 아들 울루스 볼로드(Ulus Bolod, 1482~1509?)가 지농에 임명된 후, 그는 오르도스에 있는 칭기즈칸의 사당을 참배하고 지농이 되었음을 고했다(김성수, 「북강항목 연구 정리-北疆 연구와 蒙文 史書연구 경향을 중심으로」(미출간본), 63쪽, 각주 159).

요컨대, 칭기즈칸릉은 칸의 민족 정체성과 원대사 이해의 중심에 있었다. 상징성에 걸맞지 않은 칸릉의 퇴락은 내몽골의 능호 타르칸과 몽골인이 뜻하지 않게 20세기 초에 칸과 능을 한인에게 '헌상'하는 결과를 낳았다.

릉의 위기 못지 않게, 중국의 식민 위기는 칭기즈칸의 몽골 정체성을 흔드는 원인이 되었다. 1923년 비카이시(畢愷西)는 서구 열강의 중국 진출에 분노하며 몽골군의 유럽 정벌을 상기하며 황인종의 자긍심을 높이고자 꾀한다. 그 자극제는 칭기즈칸의 서정(西征), 특히 유럽 정복 활동이었다.

> 우리 황종인(黃種人)이 백종인(白種人)의 위세 아래서 포복하고 신음한 지 오래되었다. 푸른 눈에 구레나룻을 한 그들 아이 가운데 어느 누가 화난 표정으로 눈을 부라리며 우리를 멸시하고 하인처럼 대우하고 말과 소와 같이 취급하지 않겠는가? 그러나 그들 또한 일찍이 800년 전에 그 선조가 우리 말발굽 아래에서 구르고 달아나며 소리치고 전율하던 날을 기억하겠는가? … 지금 내가 위대한 (칭기즈칸의) 서정을 서술하기 전에 하나, "백종인의 기억 속 황화(黃禍)"를 말한다. … 이(몽골의 동유럽 정벌)는 우리 황종인이 백인에 전승한 대기념이다. 우리 또한 어찌 그것을 잊겠는가? … 몽골인이 실제 일찍이 권력으로써 동부 슬라브인을 멍에 아래 굴복시킨 지 300년이나 되었다. 슬프도다! 우리 선조가 또한 일찍이 권력으로써 유럽인을 멍에 아래 굴복시킨 지 이제 300년이나 되었다. 우리는 오늘날 쇠약한 국세에 처하고 열강의 권력 아래 전전긍긍하며 생존을 구하고 있다. 듣자 하니, 고대의 풍속에 대해 부끄러움을 알고 분연히 일어서자.[120]

---

120 畢愷西, 1923, 「記成吉思汗之西征」, 『春花筆記』(畢業紀念刊), 3~5쪽(《全國報刊索引數據庫》).

칭기즈칸은 중국 학생들을 일깨우기 위한 모델로 환기되었다. 1926년에 난징의 진링여자대학(金陵女子大學)을 졸업한 후 역사 연구를 위해 프랑스로 간 리저전(李澤珍)은 1930년에 남편과 함께 파리 기메박물관(Musée Guimet)을 방문했다. 그녀는 그곳에서 프랑스의 저명한 역사가 폴 펠리오(Paul Pelliot, 1878~1945)의 칭기즈칸 사적(事蹟)에 대한 강연을 들은 후 소감을 잡지 『생활(상하이1925A)』로 전송했다. 그에 따르면 강의실은 '동방의 나폴레옹(拿破崙)' 이야기를 들으려는 사람들로 좌석을 다 채우고도 자리가 모자랐다. 펠리오는 칭기즈칸을 매우 많이 변호하고 칭찬했으며 칭기즈칸이 중세에 배우지 못한 무식한 사람이지만 군대를 이끌고 자신의 제국을 확장한 후 무사히 고향으로 돌아왔고 그러한 매력이 사람들을 감동시킨다고 강설했다.

프랑스인들은 당시 리저전에게 매번 "중국이 현재 어떠한 과학가·문학가 혹은 예술가를 배출했는지" 물었다. 그녀는 이에 응답하지 못했고, 매우 부끄러워 하며 중국이 국제 정치·문화 방면에서 일본에 미치지 못하고 낙후돼 있다고 통감했다. 아울러 리저전은 중국의 대학 현실을 비판했다.

> 근래 국내 대학이 점점 많아지고 동서양으로 유학하는 학생도 적지 않은데, 성적은 어디에 있는가? 내가 어떤 칭기즈칸을 제창하고자 하는 것은 아니지만, 우리는 어떠한 사업이나 학문에 대해 오히려 칭기즈칸 같은 강인한 의지와 두려움 없는 모험 정신을 지니고 우리의 영역을 개척할 수 없을까?[121]

---

121 李澤珍, 1930, 「成吉思汗」, 『生活(上海1925A)』 1930年 第5卷 第21期, 331쪽(《全國報刊索引數據庫》).

1935년 베이핑몽장학교(北平蒙藏學校)의 칭기즈칸 기념대회에서 준비회 주석 윈원한(雲文翰)은 왜 칭기즈칸을 기념해야 하는지 다음과 같이 강조한다. "선열의 위업을 표창하며 회한(悔恨)을 알고 각성하기 위해서다", "우리가 당면한 위기에 대해 우리가 분발할 바를 알고 우리의 과거 역사의 영광을 회복하도록 해야 한다." 그의 발언은 칭기즈칸의 기념을 이용해 중국인의 자신감을 고양하려고 한 것이었다. 1936년 베이핑몽장학교에서 칭기즈칸을 기념하는 발화자들은 그의 무공과 재능, 차별을 두지 않는 인재 등용을 본받을 것을 요구했다. 그 학교의 학생 저우중푸(周中孚)는 "칭기즈칸이 우리 중화민족 고대의 위인이라고 동의할 것"을 주장한다.[122]

1935년 『교여학(敎與學)』은 "민족 선현·선열(民族先賢先烈)"로 네 인물을 거론하고 〈그림 10〉과 같이 그 인물의 스케치를 싣는다.[123] 그들은 명 태조(주원장), 당 태종, 척계광, 칭기즈칸으로, 칭기즈칸에 대해서는 "칭기즈칸이 우리 민족(몽골계)의 가장 강건한 자로 무공이 유럽에 이르렀고 고금에 누구도 미치지 못한다"[124]라고 해설한다.

기념사는 칭기즈칸을 알렉산더와 나폴레옹과 견주며 그의 가치와 의의를 세계 대영웅으로 고양했다. 기념사는 또한 칭기즈칸의 긍정적 형상을 구축하기 위해 그와 관련된 논쟁적 내용을 약화하거나 긍정적으로 처리함으로써 현실 정치에 복무했다. 바오나이취엔(暴迺權)은 1936년에 칭기즈칸의 정책은 근대 제국주의와 다르고 그를 기념하는 것은 "결코 원

---

122 郭輝, 2017, 앞의 글, 117쪽.

123 『敎與學』 1935年 第1卷 第4期, 1쪽(《全國報刊索引數據庫》).

124 『敎與學』 1935年 第1卷 第4期, 1쪽(《全國報刊索引數據庫》).

그림 10「민족 선현·선열」

조의 제국에 있지 않고 무공에도 있지 않다"라고 강조한다. 그는 칭기즈칸을 기념하는 이유 중 하나는 다음과 같다고 주장한다. "원 태조의 인격은 대단히 위대하다. 우리는 이미 알고 있다. 원 태조가 유럽을 정복한 것은 강성한 민족이 박약한 소민족을 압박한 것이 결코 아니었고 순수하게 세계상의 공리(公理)를 유지하고 민족의 지위를 보존하기 위한 것이었다. 간난과 고통 속에 불굴의 흔들리지 않은 정신은 동아 민족이 울분을 터뜨린 것이며 동아 민족의 지위를 높이고 황종인의 역사상 광영을 증진했다. … 무릇 이러한 영광은 원 태조가 위대한 인격과 대공무사(大公無私)의 기개를 지녔기 때문이 아니라, (그 영광을) 어떻게 달성해냈는가다. 이것이 우리가 기념하는 의의의 하나다."[125] 곧 칭기즈칸 기념은 그

---

125 暴迺權, 1934,「紀念元太祖成吉思汗之意義」,『新蒙古』1934年 第5期, 36쪽(《全國報

가 '유럽' 정복 – 실제로는 아들 우구데이의 업적 – 을 통해 세계의 공리와 (중화)민족 및 동아시아 민족의 지위를 고양했고 그것을 어떻게 달성했는가를 기리기 위한 것이었다.

한편 뤼즈즈(呂知止)는 1936년에 "역대 명사가 칭기즈칸에 대해 초인(超人)과도 같은 신명(神明)을 존경하지 않았고 오히려 야만의 악마라고 매도했는데, 평심하게 말해서 그의 잔혹과 횡포는 아주 명백한 사실"이라고 말한다. 다만 "각 시대의 침략자와 비교해 특히 흑인 문화를 일깨우며 그들을 보호하면서 비행기를 이용해 무자비하게 무고한 국가를 폭격하는 국가와, 공존공영을 빙자해 침략의 마수를 몰래 뻗는 무뢰한은 중세 마왕(魔王) 또한 구비한 어떤 인성인 것 같다"라며 칭기즈칸의 행적에 대해 이중성을 드러낸다. 칸이 전시에 잔혹한 살인을 이용한 반면, 평시에 그의 통치는 인자와 지혜로 가득 찬 새로운 문화개벽의 길이었다고 뤼즈즈는 평한다.[126]

1936년에 푸핑(伏平)은 칭기즈칸 시대에 제작되었다고 주장하는 몽골의 군가를 『몽장월보』에 게재했다. 이 군가는 같은 해에 『서북향도(西北向導)』에도 실렸다.[127] 그는 몽골의 군가가 지극히 비장하고 아름답다고 찬미한다. 그 첫 두 소절은 다음과 같다.

---

刊索引數據庫》); 郭輝, 2017, 앞의 글, 118쪽. 바오나이취엔은 칭기즈칸 기념의 의의를 네 가지 거론한다. 그것은 첫째 원 태조의 '유럽' 정복의 공적과 그 정복 방식, 둘째 원 태조가 세계문화 및 세계민족의 앞날에 끼친 영향의 위대함, 셋째 쿠릴타이(庫里爾泰) 대회의 공거(公擧)에 담긴 민주공화의 정신, 넷째 인재 임용에서의 대동사상이었다(暴迺權, 1934, 앞의 글, 36~37쪽).

126 呂知止, 1936, 「成吉思汗逝世七百十年祭」, 『西北向導』 1936年 第3期, 12쪽(《全國報刊索引數據庫》); 郭輝, 2017, 위의 글, 118쪽.

127 呂知止, 1936, 위의 글, 14쪽.

| 可汗如太陽, 高高在東方 | 카한이 태양과 같이 동방에 높이 높이 떴도다. |
|---|---|
| 威德之所被, 煜爲天下光 | 위세와 덕망이 미치는바, 빛나더니 하늘의 빛이 되었도다. |
| 部屬如草木, 小醜如氷霜 | 부하는 풀과 나무와 같고 소인배는 얼음과 서리와 같아, |
| 草木日以長, 氷霜日消亡 | 초목이 날로 자라나니 얼음과 서리가 날로 사라져 없어지노라. |
| 太陽有出沒, 可汗壽無疆 | 태양에는 출몰이 있으나 카한은 무한히 수를 누릴세. |

| 惟我大可汗, 手把旌與旗 | 오로지 우리의 대카한께서 손으로 천자의 기와 군기를 쥐고서 |
|---|---|
| 下不見江河, 上不見雲霓 | 아래로는 강하를 보지(가리지) 않고 위로는 구름과 무지개(날씨)를 보지(가리지) 않도다. |
| 天亦無修羅, 地亦無靈祇 | 하늘에도 (귀신의 왕) 아수라가 없고 땅에도 천지의 신이 없도다. |
| 上天與下地, 俯伏肅以齊 | 위로 하늘과 아래로 땅이 모두 한결같이 복종하니 |
| 何物蠢小醜, 而敢當馬蹄 … | 어떤 것이 소인배라고 준동하며 감히 말발굽을 감당하겠는가! …[128] |

푸핑의 몽골 군가는 칭기즈칸을 태양에 비유하고 그 아래 부속을 풀과 나무, 소인배는 얼음과 서리 같은 존재로 간주한다. 군가는 뜨고 지는 태양과 달리 칭기즈칸의 삶이 무한하리라고 기린다. 그리고 대칸의 위엄 아래 소민이 용감하게 진군할 것을 노래한다. 이 군가의 출처는 알 수 없고 현존하는 칭기즈칸 자료에서도 확인되지 않는다.

렁샹(冷香)이 1936년 신문 『성화(星華)』의 사설 「칭기즈칸 자손(成吉思汗子孫)」[129]에서 주장한 바, '몽골민족'이 마침내 사라졌다. 그 무렵 신

128 伏平, 1936, 「成吉思汗時代軍歌抄」, 『蒙藏月报』 1936年 第6卷 第3期, 34쪽.

129 冷香, 1936, 「成吉思汗子孫」, 『星華』 1936年 第1卷 第29期, 4쪽.

小評論

成吉思汗子孫　・冷香・

最近爲了綏遠戰事，大家纔逐漸的注意到長城以北民衆狀況，許多新聞記者，把那方面的消息帶到南方來，也有不少作家，開始埋頭寫述有關塞外的文稿，在這種文字上面，我們常常看到有「成吉思汗子孫」的字樣，這「成吉思汗子孫」字樣，在寫稿者的意思，是表示乃特指蒙古民族而言，記者對於這一點，認爲有一點小意見，要提出來與大家研究研究。

蒙古民族，這一個專門名詞，在今日已經消滅了，是與大漢民族一樣的，業已結束了，中華民國建國以後，五族共和，便無所謂大漢民族，無所謂滿洲民族，無所謂蒙古民族，無所謂纏回民族，無所謂西藏民族，亦凡無所謂苗猺番羌等民族，在一張秋海棠葉般的輿圖之內，一體都是中華民族，所以我們生長在關內的，不應標榜什麼「炎黃子孫」因着關內人好標榜什麼「炎黃子孫」於是某國人利用這一個弱點，把已混爲一氣的五個民族，重又分化起來，他首先的提出滿洲兩個字，表示滿洲民族自有其應該立國之道，現在又提出成吉思汗四個字來，他的用意，是在刺激關外同胞的頭腦，要使他們與關內同胞對立，所以他驅策德王獨立，有什麼大元帝國等名號的醞釀，而以成吉思汗七百三十一年紀歷，這是攻心的分化政策，聰明的同胞，我們如何可以中他們的計呢。

這是大家所不注意的一點，在記者則認爲是急須糾正的，我們要承認國土之內，祇有一個民族，這一個民族，便是中華民族，什麼漢滿蒙回藏等民族，都是混合不可分的，同時我們更得要承認成吉思汗，因不是蒙古前代的偉人，我們要承認成吉思汗是我們中華民族古代的偉人。

그림 11「칭기즈칸 자손」

문기자들이 장성 이북 민중의 상황을 보도하면서 '칭기즈칸 자손'이라는 어휘를 썼다. 이는 특별한 의미를 내포했다. 그 어휘는 어느 나라 사람이 장성 바깥의 동포를 자극해서 '대원 제국'을 중화세계에서 독립시키는 책략이라고 렁샹은 비판한다. 그는 더 이상 '몽골민족'이 존재하지 않고 그것이 오족공화의 중화민족에 병합된 것이며 "칭기즈칸이 중화민족의 고대 위인"이라고 역설한다.

최근 쑤이위안전투(綏遠戰)[130] 때문에 다들 점차 장성 이북 민중의 상황에

130 쑤이위안전투는 1936년 10월 20일에 열하(Jehol) 몽골인, 차하르 몽골인, 한인 용병으로 구성된 일본 괴뢰의 몽골 정부군이 일본인 조언자 20~30명의 지지 아래 쑤이위안성(내몽골자치구 일부)으로 진군해 들어간 사건을 일컫는다. 일본은 30대의

주의를 기울이고 많은 신문기자가 그 방면의 소식을 남방으로 가져오며 또한 적지 않은 작가가 새외(塞外) 관련 원고를 집필하기 시작했다. 이러한 종류의 글에서 우리는 항상 '칭기즈칸 자손(成吉思汗子孫)'이라는 글자를 보며 이 '칭기즈칸 자손'의 글자에서 원고를 쓰는 사람의 뜻은 특별히 몽골민족을 지칭한다. 기자는 이 점에 대해 한 작은 의견을 가지고 있으니 제출해서 여러분과 더불어 검토해 보고자 한다.

몽골민족, 이 전문 명사는 오늘날 이미 소멸했다. 그것은 대한민족(大漢民族)과 똑같은 것이며 이미 끝났다. 중화민국 건국 이후 오족공화는 곧 대한민족이라는 것이 없고 만주민족(滿洲民族)이라는 것이 없으며 몽골민족이라는 것이 없고 전회민족(纏回民族, 위구르족)이라는 것이 없으며 서장민족(西藏民族)이라는 것이 없고 더욱이 묘(苗)·요(獠)·번(番)·강(羌) 등 민족이 없다. 한 장의 베고니아(秋海棠) 잎사귀 같은 지도(輿圖) 안에서 모두 다 중화민족이다. 우리들이 관내(關內)에서 생장하기 때문에 무슨 '염황자손(炎黃子孫)'이라고 표방해서는 안 되며, 관내인이 잘 표방하는 '염황자손'에 근거해서 어떤 나라 사람(某國人)이 이 약점을 이용해 이미 뒤섞여 한 기운(一氣)이 된 5개 민족을 다시 또 분화하고 있는데, 어떤 나라 사람이 처음으로 제기한 만주라는 두 글자는 만주민족 스스로 마땅히 국가를 세운 방향(立國之道)이 있었다는 것을 표시한다. 현재 또 '칭기즈칸' 네 글자를 제출했다. 그 의도는 관외(關外) 동포의 두뇌를 자극해서 그들이 관내 동포와 대립하게 하고 그래서 그는 책사(策士)와 덕사(德士)를 핍박해 독립시키고 칭기즈칸 731년의 연혁으로 무슨 대원 제국 등 명칭을 배양

---

무장 차량과 경전차(輕戰車), 대포, 항공기를 후원했다(2006, "Battle of Suiyuan", Wekipedia, ww2db.com/battle_spec.php?battle_id=170, 2020. 7. 22. 접속).

한다. 이는 마음을 공략하는 문화정책이다. 총명한 동포, 우리는 어떻게 그들의 계략을 받을 것인가?

이는 다들 주의하지 않은 점이고, 기자가 시급히 바로잡아야 한다고 생각하는 점은 우리가 국내 안에서 다만 하나의 민족만 있고 이 하나의 민족이 곧 중화민족이라고 여기는 것에 있다. 한·만·몽·회(回)·장(藏) 등의 어떠한 민족도 모두 혼합돼 나눌 수 없는 것이며 동시에 우리는 즉시 칭기즈칸을 (중화의 위인으로) 인정해서 몽골 전대(前代)의 위인이 아니기 때문에, 우리는 칭기즈칸이 우리 중화민족 고대의 위인이라고 생각해야 한다.[131]

이상과 같이 칭기즈칸은 제국주의 시대를 거치면서 (동)아시아의 패왕, 그리고 중화민족의 영웅이 되었다. 이는 일제에 맞서는 항전 시기에 일본 학계의 중국 침략(學術侵華)과 야노 진이치(矢野仁一)의 만주·몽골은 중국이 아니라는 "만몽비중국론(滿蒙非中國論)"에 대항하는 중국 학계의 "학술 항일"이자 "학술전쟁(學戰)"[132]의 산물이었다. 이는 "몽한동원설(蒙漢同源說)"로 범주화할 수 있다.

"몽한동원설"은 중화민국 이래 "외몽골"이 중국에서 이탈하고 몇몇 해외학자가 몽골족과 중국문화의 이질성을 강조하며 그것이 중화민족의 일원임을 부정한 것에 반발해 일부 중국학자가 몽골족 및 중원의 각 종족이 한족과 혈육 관계에 있다고 주장한 학설이다. 그들은 몽골인이 흉노

---

131 冷香, 1936, 앞의 글, 4쪽.

132 葛兆光, 2016, 「葛兆光再談"從周邊看中國"」, 『殊方未遠－古代中國的疆域·民族與認同』, 中華書局, 25~28쪽. 메이지 중후기에 일본 학계는 만주·몽골·조선·티베트·신강을 연구했다. 그 학술은 현대 학술의 색채와 제국 정치·경제·군사의 의도를 지닌 것이었다(葛兆光, 2016, 위의 글, 26쪽).

의 후예이면서 한족과 같이 황제(黃帝)에게서 나왔다고 간주한다. 이후 쩡호우짜이(曾厚載)는 1944년에 몽·한의 혈통이 같다고까지 인식했다. 이 학설은 증거가 없다고 비판받으면서도 민족 원류와 중국의 민족구조를 이해하는 데 중요한 의의를 지녔다고 중국 학계는 평가한다.[133]

요컨대 칭기즈칸의 중국(인)화는 민족주의의 연장선 위에 있다. 캠브리지대학의 불락(Uradyn E. Bulag, 寶力格)에 따르면, 전통 중국 민족주의 사학은 장성(長城)을 경계로 하는 하나의 중국으로부터 영웅의 기개가 있는 하나의 중화민족을 상상하고 그들이 역사적으로 내륙아시아(내몽골·만주·신강·서장, 때로 독립 이전의 몽골국 포함)로 침입한 만족(蠻族)을 내쫓고 근대에 서방과 일본의 침략자를 몰아낸 것을 칭송한다. '구축(驅逐)'은 이러한 민족주의의 결정적 상징 행위이며 이는 에밀리 마틴(Emily Martin)의 면역학 논술–면역학에서 중국인의 자아는 뚜렷한 경계가 있고 타자와 철저하게 대항하며 타자는 자아가 아니라고 인정된다–과 매우 닮았고 자아와 타자의 대립을 가상(假想)했다.[134]

---

133 劉文遠, 2017, 「蒙古族源流研究綜述」, 『蒙古族源與元朝帝陵綜合研究』 第一輯, 科學出版社, 25쪽.

134 寶力格(Uradyn E. Bulag) 著, 田甜·石含笑 譯, 2019. 4. 9, 「"內亞"爲何對中國如此重要: 世界性帝國的多元遺産」, 『文化縱橫』(mp.weixin.qq.com/s?__biz=MjM5ODA5NTI4Mg==&mid=2656645738&idx=1&sn=005ed576f2936304fdcc4b1fbcffa8f2&chksm=bd6262b78a15eba1cd19c5ec171d0fb4214ad4f89540f7e5240d01225bf9503a416d30171d6d, 2019. 12. 2. 접속). 면역학 맥락에서 중국의 주체는 하나의 '경찰국가(police state)'이며 체내 비법(非法)의 외족(外族)을 감시·제어·식별한다.

## V. 세계사체제 속 원조사의 지속과 대원사 모색

중국 학계에서 '제국사' 개념은 외부로부터의 자극이었다. 최근 세계 학계는 몽골의 '세계성'을 어떻게 이해할 것인가 하는 질문을 던지고 있다. 학계는 몽골 제국의 세계성을 이해하기 위해 다음 두 가지에 주목한다. 첫째는 그 분포 지역이 광범위하다는 것이다. 그리고 둘째는 세계사를 건립했다는 몽골 제국의 특수성이다. 몽골 제국은 최초로 세계사를 개창했다. 이는 일본 학자 오카다 히데히로(岡田英弘)와 스기야마 마사아키(杉山正明)가 주창한 것이다.[135]

일본의 몽골사·중국사·세계사 학계에서 스미야마가 불러온 반향은 뚜렷하다. 일본 학계는 20세기 말 이래로 스기야마 마사아키가 일본·세계 학계에 초래한 몽골사 이해의 혁신을 '스기야마 패러다임'이라고 명명한다. 일본의 몽골시대사 연구는 "전체 구상=스기야마 마사아키", "개별 실증=스기야마 이외의 연구자"라는 구도를 형성하고 있다.[136]

미국 학자 마크 엘리엇(Mark C. Elliot)은 2013년 9월 싱가포르 난양기술대학의 강연[137] 'Was traditional China an empire?(歷史上的中國是個帝國嗎?, 역사상 중국은 제국이었나?)'과 2015년 12월 중국 칭화대학의 강

---

135 烏·額·寶力格(Uradyn E. Bulag), 2017. 2. 3,「寶力格教授的蒙古探究: 我的"民族", 你的"問題"」,『豆瓣douban』(원출처: 倫敦政經中國發展社團).

136 長井千秋, 2001,「中國－五代·宋·元」,『史學雜誌』111-5(2001年の歷史學界－回顧と展望), 227쪽.

137 Mark Elliott, 2013. 10. 5, "Was Traditional China an Empire?", *Centre for Chinese Language and Culture*, Nanyang Technological University, cclc.soh.ntu.edu.sg/Eng/AcadAct/TLSPublicLectures/TLSProf_Lect/Pages/Mark%20Elliott/Lecture2_Empire.aspx, 2019. 8. 19. 접속.

연[138] 'The Imperial Turn and Its Meaning for Chinese History(帝國的轉向及其對中國歷史研究的意義, 중국사에서 제국적 전환과 그 의미)'－실제 제목은 'Was traditional China an empire?(傳統中國是個帝國嗎?, 전통 중국은 제국이었나?)'－에서 서양의 '제국'이 문화·정치적 체제로서, 때로 마르크스·레닌주의에 의해 그 약탈성이 강조되었던 것과 달리, 청 왕조(대청 제국)는 다민족 통일국가로서 제국 내부의 서로 다른 지리환경·종족집단·언어문자·종교신앙의 융합을 실현하는 과정에서 어떠한 전략으로 장기간의 성공적 통치를 실현했는가를 이해할 필요가 있다고 강조했다. '제국'에 대한 새로운 이해는 중국과 기타 제국의 체제를 비교 연구하는 데 유리하며 중국사를 지구사 범주로 융합하여 관찰할 수 있을 것으로 그는 전망했다.

이러한 몽골 제국사 이해의 변화는 중국 학계의 지성을 자극한다. 먼저 몽골의 정체성 문제에 대해 2012년 중국사회과학원은 중앙정치국 상무위원회의 기획에 따라 국가사회과학기금 중대위탁 프로젝트 '몽골 족원과 원조 황제릉 종합연구(蒙古族源與元朝帝陵綜合研究)'를 발족했다. 그 연구성과는 같은 제목의 저서(2책)로 2017년 출간되었다. 이 저서는 (1) 역사·언어 등 방면에서 몽골족 기원과 몽골 민족공동체 형성 과정에 관한 연구, (2) 몽골족 기원의 전설 고사에 관한 연구, (3) 원(原) 몽골인 실위(室韋)-타타르(達怛)에 대한 연구의 세 방면을 포함한다.[139] 그중 한

---

138 清華大學 人文學院, 2015. 12. 15, "哈佛大學副教務長歐立德教授到訪歷史系並發表演講 '帝國的轉向及其對中國歷史研究的意義(The Imperial Turn and Its Meaning for Chinese History)'", 動態新聞, tsinghua.edu.cn/publish/shss/1839/2015/20151216101259105997591/20151216101259105997591_.html, 2019. 8. 22. 접속.

139 王巍·孟松林 主編, 2017, 『蒙古族源與元朝帝陵綜合研究』 第一輯, 科學出版社, i, v쪽.

논문은 동호(東胡)로부터 선비·거란·몽골을 연결하고 훌룬 부이르가 몽골족 탄생의 민족 "요람"이었다고 몽골족의 원류를 정리한다.[140]

중국 학계의 원조사 이해체계도 한층 진화하고 있다. 쿠빌라이가 연호·국호를 편제하고 도읍을 확정하며 조의(朝儀)를 제정하는 등 일련의 행위를 추진한 것은 "대몽골국과 한지(漢地) 전통왕조 모두와 계승관계에 있는 원 제국의 창건을 목표한 것이었다."[141] 리즈안(李治安)의 '원 제국'은 원조의 영토와 사유 범주 안에서 일본 학자 스기야마의 세계사적 관점을 수용한 것[142]으로 판단된다. 그는 쿠빌라이카안이 "부회한법"하여 한법을 좇았다는 중국 학계의 주장을 비판하고 '내몽외한(內蒙外漢)'의 이원모델을 제기한다. '내몽외한'은 초원 전통의 몽골 제도가 쿠빌라이의 정치문화 핵심에 자리하는 가운데, 이따금 한법이 그 외피를 두르거나 종속적 지위에 놓여 있었다는 관점이다.[143] '내몽외한'의 모델은 몽골제국의 구조를 이해하는 데 (특히 중국 학계에서) 진일보한 학술 모형을 제시한 반면, 그 몽골적·다원적 본질을 놓칠 우려가 있다.

중국 학계는 지리 분야에서도 지적 도전을 지속한다. 베이징대학의 실크로드 연구자 린메이춘(林梅村)은 2017년에 대중에 처음 공개된 「몽골산수지도(蒙古山水地圖)」[144]를 심층 분석한 저서를 2011년에 출간했다.

---

140 樊保良, 2017, 「蒙古族源諸說述評」, 『蒙古族源與元朝帝陵綜合研究』 第一輯, 科學出版社, 8~9쪽.

141 李治安, 2004, 『忽必烈傳』, 人民出版社, 110쪽.

142 李治安, 2004, 위의 책, 758쪽.

143 李治安, 2004, 위의 책, 758~791쪽.

144 林梅村, 2011, 『蒙古山水地圖』, 文物出版社, 31, 160~161, 164쪽. 「몽골산수지도」는 명 중기 산수화 지도로 알려져 있다. 현재 그 원명(原名)은 알 수 없다. 다만 청말민초에 유리창(琉璃廠)의 저명한 서점 상우당(尚友堂)에서 "몽골산수지도(蒙古山水地

그림 12 「몽골산수지도」 일부
사마르칸드(Smarkand)에서 자즈발릭(Zazbaliq/Zarbliq)에 이르는 도로와 풍경

그는 그 지도의 제작이 13세기 초에 몽골시대가 개창된 이래로 중국인이 풍부한 세계지리 지식을 갖게 된 사실(史實)과 관계가 있다고 고증한다. 린메이춘은 이 지도가 원대 오문(吳門)의 화가 이택민(李澤民)의 『성교광피도(聲敎廣被圖)』, 홍무 연간(1368~1398)의 『대명혼일도(大明混一圖)』, 명 초 진성(陳誠)의 『서역사정기(西域使程記)』 지도, 부안(傅安)의

---

圖)"라고 명명했다. 그것은 이후 일본 오우미(近江, 현 시가현)의 부상(富商) 후지이 젠스케(藤井善助)에게 매입된 후 후지이유린관(The Museum of Fujii Yurinkan)에 소장되었다. 지도는 2002년 홍콩 스마오그룹(世茂集團) 이사국 주석(主席) 쉬룽마오(許榮茂)의 투자· 기증으로 고궁박물원(故宮博物院)으로 옮겨온다. 그것은 2017년 공개 초기에 "사로(실크로드)산수지도(絲路山水地圖)"로 개명되었다(範之, 2018. 2. 16, "爭鳴|春晚: '蒙古山水地圖"改名"絲路山水地圖', 真的合適嗎?", sohu.com/a/222920469_284433, 2019. 12. 12. 접속). 그러나 2018년 "몽골산수지도"라는 제목으로 돌아갔다. 그 까닭은 '실크로드(絲路)'라는 명칭이 독일인에 의해 19세기 말에 명명된 데다, 이 지도의 범위가 명대 강역을 초월하기 때문이었다(澎湃新聞, 2018. 2. 19, "或非明畫,《絲路山水地圖》從《蒙古山水地圖》更名的背後", 澎湃新聞, baijiahao.baidu.com/s?id=1592801126403108612&wfr=spider&for=pc, 2019. 12. 12. 접속). 이 지도가 명대 작품이 아니라, 청 초의 회화일 가능성이 있다는 견해도 있다.

서역견문록(西域見聞錄)을 바탕으로 그려졌다고 주장한다.[145]

최신 한 연구는 린메이춘의 연구를 보정해 「몽골산수지도」가 거용관에서 메카를 거쳐 이스탄불까지의 노선을 그렸다고 밝힌다. 그것은 명 중기, 곧 15~16세기에 존재한 서역의 국가와 도시를 묘사한다. 지도의 서쪽 끝에 부르사(Brusa, 卜兒思)와 룸(Rūm, 戎地面)이라는 명칭이 등장한다. 이 지도의 제작자는 『명실록』 등 명대 자료와 아랍-페르시아어 자료를 활용했다. 흥미롭게도 이 「몽골산수지도」는 남쪽을 지도의 위쪽으로 설정하고 있는데, 이 방향 설정은 이슬람 세계, 특히 중세 아랍 지도에 근거한 것이다.[146]

20세기 말 중국 학계는 제국 지리를 새롭게 이해하며 몽골의 대일통을 재평가한다. 그에 따르면 원조의 강역은 "조국(중국)의 광활한 판도의 기초"를 이루었다.

> 몽골족이 흥기했을 때 중국에는 남송·서하·서요·대리(大理)·토번 등 정권이 병립해 있었다. 원조의 통일은 500여 년의 민족 분쟁과 혈투를 종식했다. 티베트는 이때부터 조국에서 분할할 수 없는 일부분이 되었고 운남에서는 진일보한 개발이 이루어졌다. 이당(李唐, 당대) 이래 변성(邊城)과 중원의 사타(沙陀)·토욕혼·탕구트(黨項)·키탄(契丹)·발해·주르첸(女眞)과 기타 다종의 색목인은 모두 마르크스가 발견한 "야만의 정복자는 결국 그들에게 정복당한 민족의 비교적 높은 문명에 정복된다"라는 영원하고

145 林梅村, 2011, 앞의 책, 38쪽.

146 Nurlan Kenzheakhmet, 2021, *Eurasian Historical Geography as Reflected in Geographical Literature and in Maps from the 13th to the Mid-17th Centuries*, OSTASIEN Verlag, pp. 114~116, 120~121.

항구적인 역사 법칙에 지배받아 한인·남인과 계속해서 서로 융합하며 생산력이 발전하는 새로운 경지에 진입했다. 원조의 강역은 … 조국의 광활한 판도의 기초가 되었고 국내 각 종족의 인민 사이에 경제·문화적 교류와 변경 지역 건설을 촉진했다.[147]

원조는 최성기 한·당의 강역과 비교해 면적에서 한·당을 크게 넘어섰을 뿐만 아니라, 통제 정도에서도 그들을 압도했다.[148]

일부 중국 학자는 몽골사의 세계화 추세에 반발한다. 베이징대학 사학과 주임이자 중국원사연구회 회장 장판(張帆)은 2017년에 "당시 몽골 군주는 자기들이 행한 사정의 배후에 어떠한 중대한 의의와 가치가 있었는지 명확히 할 수 없었고 그들은 다만 가장 간단하고 통상적인 약탈 정복을 욕망했을 뿐이며 구미 사학가들이 세계사 개창의 첫 출발을 칭기즈칸의 서정(西征)이라고 자리매김하는 것은 완전히 하나의 우연적 사건"이라고 환기한다.[149]

장판은 2018년 8월 31일 '몽·원 문화의 역사적 위상과 특색(蒙元文化的歷史地位和特色)'이라는 강연에서 "몽·원 통치는 결코 중국 전통문화의 주류, 곧 한 문화의 고유 발전 추세를 바꾸지 못했다. 이러한 불변의 부분이 몽·원 문화 범주에 속하며 다만 결코 그 특색이 소재하고 있지 않다"라고 강조한다.[150] 그는 신청사가 "과유불급"을 면하기 어렵다고

---

147 戴文葆, 1988, 「歷代編輯列傳(二十六): 歐陽玄(1283-1357)」, 『出版工作』, 107쪽.

148 葛劍雄, 2018, 앞의 책, 54쪽.

149 2017. 11. 8, "蒙元帝國有「大一統」夢想嗎? 不, 他們只是見誰打誰", sohu.com/a/203053369_664390, 2019. 12. 1. 접속.

150 2018. 8. 31, "北京大學歷史學系主任·中國元史研究會會長張帆: 蒙元文化的歷史地位

평하는 한편, "신청사"의 각도에서 원조를 바라보면 몽골 대칸은 초기에 "대칸" 의식이 강했으나 제국이 각 칸국과 원조로 와해하면서 그 의식이 약화되었다고 말한다. 적어도 문종(툭테무르)과 순제(토곤테무르)는 자신을 중원왕조의 황제로 간주했다고 해석한다.[151]

다른 한편 중국 내부에 자조 섞인 반응도 있다. "그(스기야마)는 대단히 우수한 몽원사 전문가이며, 동시에 한 사람의 성공한 베스트셀러 작가다. 서로 대비했을 때 매우 유감스러운 점은 중국의 몽원사학가가 한 사람 한 사람 주변화된 듯하고 근본적으로 이러한 새로운 몽원 역사 서사의 구축 속으로 참여하지 못하는 듯하다. 이뿐만 아니라, 우리가 수십 년간 몽원사 연구에서 획득한 성과가 이 새로운 몽원 역사 서사의 출현과 함께 암흑 속으로 빛을 잃어가는 듯하다", "그(장판)가 말하길, 이것은 결코 우리가 이러한 일련의 몽원 역사 서사의 구축에 참여하고 싶어 하지 않는 것이 아니다. 이를 눈앞에 두고 우리는 무엇을 말할 수 있단 말인가!-예컨대 몽·원은 중국이 아니며, 그것을 찬성하든 반대하든 말을 꺼내는 순간 한 무리의 사람들로부터 공격을 받고 이 무리가 아니면 다른 무리가 공격하니, 죽도록 고생만 하고 좋은 소리를 못 들을 터이니 그 고충은 무엇 때문인가!"[152]

난카이대학 역사학원 강사이자 베이징대학 중국고대사연구센터 겸직 연구원 마샤오린(馬曉林)은 "그(스기야마)의 관점은 초기 일본 학계의 발전 아래 학술 맥락을 계승한 것이므로 잘못된 것을 바로잡으려다가 오히

和特色", 勁旅網, ctcnn.com/html/2018-08-31/13677438.html, 2020. 4. 4. 접속.

151 張帆, 2016, 「張帆談元朝對中國歷史的影響」, 『殊方未遠-古代中國的疆域·民族與認同』, 中華書局, 197쪽.

152 張帆, 2016, 위의 글, 197쪽.

려 그르친 점이 있다. 걸음걸이가 지나치게 크다고 할 수 있으며 현재 중국 학자가 보편적으로 세세한 점에 대해 평론을 가하려고 하지 않는다. 다만 스기야마 마사아키의 탁월한 점은 구체적 관점과 고증의 정확성 여부가 아니라, 그가 대단히 참신한 시각과 대단히 광대한 시야를 지녔다는 점에 있다. 그의 담론 주제는 실질적으로 몽골시대의 범위를 이미 저 멀리 넘어섰다"라고 평한다.[153]

"제국사"로서 몽골사를 향한 중국 학계의 지적 호기심과 모색은 스기야마 마사아키의 저서를 중국과 타이완에서 중문으로 활발히 번역, 소개하는 출판 동향(10종)을 통해서도 엿볼 수 있다.[154] 그것은 신청사 연구와 맞물려 중국 학계에 소위 "대원사"를 등장시켰다. 선웨이롱(沈衛榮)은 "지구사·유라시아사"의 시야에서 원사를 연구하는 자신의 학술 방향을 "대원사"라고 명명한다. 그는 다언어 문헌 분석, 원조 이외의 여타 몽골 칸국의 역사 연구 그리고 폭넓은 국제학술 시야를 가질 것을 강조한다. 또한 몽원 제국을 하나의 유라시아이자 동·서양 세계 질서를 바꾼 세계

153 2017. 11. 8, "蒙元帝國有「大一統」夢想嗎? 不, 他們只是見誰打誰", sohu.com/a/203053369_664390, 2019. 12. 1. 접속.

154 [日]杉山正明 著, 黃美蓉 譯, 2011, 『大漠: 遊牧民族的世界史』, 廣場出版; 杉山正明 著, 黃美蓉 譯, 2014, 『遊牧民的世界史』, 中華工商聯合出版社; 杉山正明 著, 周俊宇 譯, 2012, 『忽必烈的挑戰: 蒙古與世界史的大轉向』, 廣場出版; 杉山正明 著, 周俊宇 譯, 2013, 『忽必烈的挑戰: 蒙古帝國與世界歷史的大轉向』, 社會科學文獻出版社; 杉山正明 著, 周俊宇 譯, 2014, 『顛覆世界史的蒙古』, 八旗文化·遠足文化事業股份有限公司; 杉山正明 著, 周俊宇 譯, 2016, 『蒙古顛覆世界史』, 生活·讀書·新知三聯書店; 杉山正明 著, 烏蘭 譯, 2014, 『疾馳的草原征服者: 遼·西夏·金·元』(桂林: 廣西師範大學出版社; 杉山正明 著, 郭清華 譯, 2017, 『疾馳的草原征服者: 遼·西夏·金·元』, 台灣商務印書館; 杉山正明 著, 陳心慧 譯, 2019, 『蒙古帝國的漫長遺緒: 後蒙古時代與世界史的重新構圖』, 八旗文化; 杉山正明 著, 烏蘭 譯, 2020, 『蒙古帝國與其漫長的後世』, 北京日報出版社.

대제국으로 간주하며 몽골 제국의 출현이 현대 세계 신질서의 형성과 지구화의 출발이었다고 상정한다. 선웨이룽은 대원사 시각을 티베트와 티베트불교 연구에 적용해 서하·원·명 시대에 정치와 종교체제의 일치성과 지속성을 발견한다.[155]

최근 푸단대학의 추이하오(邱軼皓)는 세계 학계의 학술 변화에 발맞춰 몽골어·튀르크어·티베트어·아랍어·페르시아어·한문·기독교 사료 등을 폭넓게 분석해 세계사 시야에서 몽골사 연구성과를 공표했다. 그의 연구는 칭기즈칸에서 쿠빌라이 즉위 전까지 몽골 제국 전반부를 대상으로 중국 학계에 새로운 성취와 방향을 제시하며 학계와 대중의 이목을 이끈다. 그의 연구는 유목 전통의 "순환"과 유라시아의 한 거대 제국으로서 그 역사 사건과 제도의 "대칭성"을 몽골 제국의 두 중요 특징으로 제시한다. 추이하오는 "튀르크-몽골식 역사 편찬"을 지향하며 특히 칭기즈칸부터 쿠빌라이 즉위 전까지 제국 전반부를 고찰한 후 대몽골국을 "하나의 전체"로 파악한다.[156]

선웨이룽과 추이하오 등의 연구는 리즈안의 "내몽외한" 이원모델을 초월한 것이라 평가할 수 있다. 이들 학술 성과는 새로운 학술 추세에 대해 중국 학계가 "중국은 무엇인가?"라는 근본적 질문을 던지고 다양한

---

155 沈衛榮, 2019,『大元史與新清史: 以元代和清代西藏和藏傳佛教研究爲中心』, 海古籍出版社, 4~10쪽.

156 邱軼皓, 2019,『蒙古帝國視野下的元史與東西文化交流』, 上海古籍出版社, 1, 3, 5~7, 406쪽;「講座｜邱軼皓: 世界史視野下的蒙古史」,『澎湃新聞』(new.qq.com/omn/20191207/20191207A06USC00.html, 2020. 7. 15. 접속); 倪珺, 2019. 12. 12,「邱軼皓: 蒙古帝國視野下的元史與東西文化交流」,『聚焦東方』(jjdf.chinadevelopment.com.cn/xw/2019/12/1592086.shtml, 2020. 7. 15. 접속).

답변을 내놓은 결과물이다.[157]

일부 중국 지식인이 몽골 제국사를 둘러싼 세계 학계의 동향을 인지하고 그에 동행하는 한편, 중국 왕조로서 원조론(元朝論)은 학술·정치계뿐만 아니라 대중적으로도 여전히 많은 지지를 받고 있다. 뤄신(羅新, 베이징대학 중고사센터)은 2014년 「원조는 중국 왕조가 아닌가?」란 논문에서 다음과 같은 논리를 전개했다. 그는 쿠빌라이가 당 태종을 추앙하는 등 중국사 안에 머물렀고 초원제국에서 중원 문명으로 성공적으로 전환했다고 이해한다.

> 듣자 하니 쿠빌라이는 특히 당 태종을 추앙했다. 당 태종은 당조의 개국 군주가 아닌 데도 오히려 최종적으로 당조 역사에서 최고의 지위를 획득했다. 이는 아마도 쿠빌라이가 그를 언급하기를 좋아했던 하나의 원인이었다. 만일 그가 당시 이미 '세계체계'의 시선을 갖추었다면, (스기야마의 저작) 『쿠빌라이의 도전(忽必烈的挑戰)』과 비슷한 웅대한 서사를 제시했을 것이다. 그것은 그가 실제로 자신의 역사 지위에 대해 어떠한 의혹도 품을 필요가 없었으며 이러한 의혹 자체는 그가 여전히 중국의 역사 전통 안에 몸을 두었음을 설명하기 때문이다. 당연하게도 그것은 스기야마의 유라시아 역사관 안의 유감스러운 한계다. 그러나 초원제국으로부터의 성공적 전환으로 말할 것 같으면 오히려 적지 않은 초월이었다.[158]

---

157 葛兆光, 2014, 『何爲中國: 疆域·民族·文化與歷史』, Oxford University Press; Ge Zhaoguang, 2018, *What is China? Territory, Ethnicity, Culture, and History*(translated by Michael Gibbs Hill), The Belknap Press of Harvard University Press; 葛兆光·徐文堪·汪榮祖·姚大力 等, 2016, 『殊方未遠 – 古代中國的疆域·民族與認同』, 中華書局; 張志強, 2016, 『重新講述蒙元史』, 生活·讀書·新知三聯書店.

158 羅新, 2014. 7. 29, "元朝不是中國的王朝嗎?", 觀察者, guancha.cn/LuoXin/2014

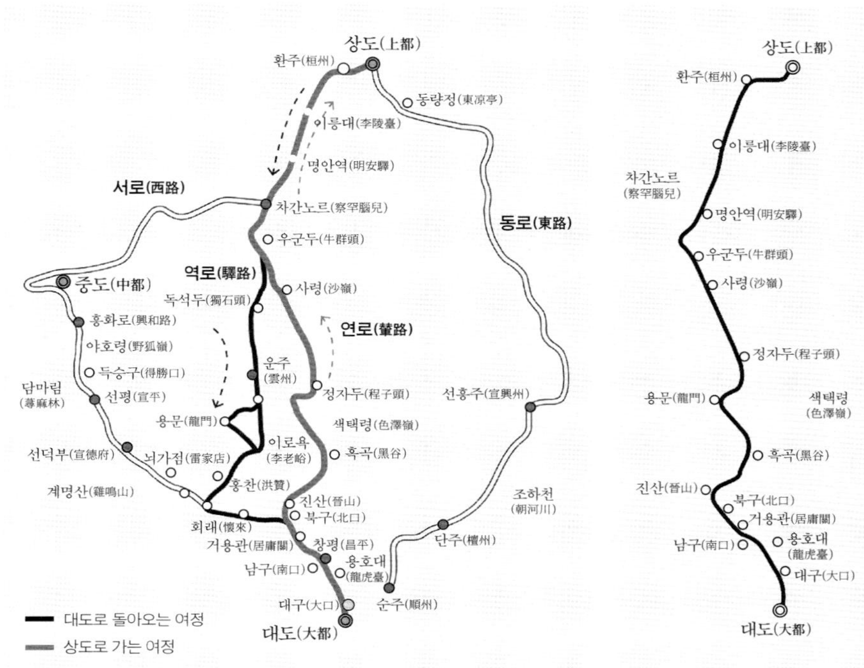


그림 13 원대 교통 표시도(좌)와 뤄신의 여로(우)

뤄신의 학술 시각은 그의 한 특별한 연구 도전에서도 엿보인다. 그는 2016년 6월 24일부터 15일 동안 몽골 제국의 두 수도 대도에서 상도까지 대칸의 옛 순행로인 연로(輦路)의 동도(東道)를 걸어서 탐방했다. 그는 자신의 견문을 원대인의 시문과 사실(史實)에 견주면서 여로를 진행한다. 이러한 그의 연구 방법은 매우 인상적이지만, 그가 발견한 것은 결국 '중국'이었다.[159]

---

_07_29_251294.shtml?XGYD?web, 2019. 11. 18. 접속.

159 羅新, 2018,『從大都到上都: 在古道上重新發現中國』, 新星出版社; 羅新, 2016. 7.

다른 한편 칭기즈칸과 원조의 한화론은 중국 내지의 몽골인을 심리적·역사적으로 분열시켰다. 1865년 몽골 친왕(親王) 생게린친(僧格林沁, 1811~1865)이 산동 조주(曹州, 현 허저)에서 영·프 연합군과 전투에서 전몰했다. 이후 청군의 지휘권이 한인에게 넘어갔다. 당시 중국·청조의 민족 구성(ethnic composition)이 변화하기 시작했다. 무게 중심이 바뀌어 권리가 만·몽에서 한인의 손으로 들어갔다. 이때부터 몽골인은 타격의 대상이 되었고 청 말 신정(新政)의 개혁 세력은 몽골 지역에 대해 한인을 대규모로 이주시켜 변경의 내실을 기하는 정책인 '이민실변(移民實邊)'을 개시했다. 몽골인은 '입주중원(入主中原)'에서 도망으로 방향을 전환했다. 캠브리지 대학의 불락은 그것을 "몽골의 대도망(蒙古大逃亡)"이라고 명명한다. 이 도망은 행동뿐만 아니라, 심리적 도망을 의미하는 것이기도 했다. 초원의 대규모 사막화와 탄광 개발로 인해 몽골인은 전면적으로 도시화를 직면하고 있다. 불락에 따르면, 몽골인들은 '세계정복자'에서 '원주민'으로 전락했다.[160]

## VI. 맺음말

불락은 다음과 같이 지적한다. "오늘날 중국에서 몽·원을 일반적으로 '원조'라고 칭한다. 몽골인은 몽·원을 스스로 '예케몽골울루스'라 불렀다.

---

3, "羅新: 從大都到上都, 走元朝皇帝走過的路", 上海書評, thepaper.cn/newsDetail_forward_1492391, 2020. 8. 19. 접속.

160 烏·額·寶力格(Uradyn E. Bulag), 2017. 2. 3, 앞의 글.

반면 현재 수많은 중국학자는 대몽골국을 습관적으로 '원조'라고 부르는데 그것은 마치 중국의 한 조대(朝代)인 것 같다. 이는 학술적으로 엄격한 표현이 아니다. 중원이 당시 몽골에 정복된 것을 인정해야 하며 그 반대는 아니다."[161]

사실 대칸이 중원의 제도와 행정체계를 채용하여 받아들인 것은 한의 문화를 좇는 동화의 의미로서가 아니었다. 그것은 몽골인이 새로 정복한 영토와 문화를 효과적으로 통치하기 위한 "추가적 정당화"였다. 다시 말해, 몽골인의 입장에서 한의 제도와 행정체계 수용은 "권력의 효과"를 기대한 것이었다. 한인 지식인 또한 '중국'에서 몽골의 보편 통치와 그 효율적 행사에 다양한 층위로 가담했다. 반면 그들은 당대에 대칸과 한인 관료 등이 동시에 추구하였던 보편 통치행위와 그 권력 효과를 감추고, 단지 '야만'의 몽골을 문명화하는 후자의 치적만을 드러냈다. 이에 그치지 않고 그들은 자신들의 언어와 관념을 활용해 제국 행정과 정통성을 한화와 '중화' 정통으로 재해석했다. 원대사는 한인이 그린 몽골 세계였다. 슈르만(H. F. Schurmann)은 몽골 지배층 사이에 "진정한 한화 또는 페르시아화는 일어나지 않았다"[162]고 강조한다.

그러나 중국 현실은 녹록지 않아 보인다. 신화사(新華社)는 2019년

---

161 烏·額·寶力格(Uradyn E. Bulag), 2017. 2. 3, 앞의 글.

162 H. F. Schurmann, 1956, "Mongolian Tributary Practices of the Thirteenth Century", *Harvard Journal of Asiatic Studies* 19-3/4, p. 306. 슈르만은 중국의 경우에 몽골적 요소가 전통 중국의 관료제로 이식돼 후자에 더 많은 영향과 힘을 더했다고 설명한다. 현지의 기초는 중국적이었지만 상층부는 대체로 몽골적(또는 이국적)이었다. 몽골인과 한인은 왕조 말까지 분리되고 구별됐기 때문에 진정한 사회의 융합은 일어나지 않았다. 하지만 중화국가의 본질은 영향을 받고 변화했다. 페르시아에서도 유사한 과정이 일어났다(H. F. Schurmann, 1956, 위의 글, pp. 306~307).

11월 12일 중국공산당중앙위원회·국무원에서 「신시대 애국주의 교육 실시강요(新時代愛國主義教育實施綱要)」를 발간했다고 보도한다. 그 서언은 다음과 같다.

> 애국주의는 중화민족의 민족심·민족혼이며 중화민족의 가장 중요한 정신 재부(財富)이며 중화인민과 중화민족이 민족 독립과 민족 존엄을 지키는 강대한 정신 동력이다. 애국주의 정신은 중화민족의 마음속에 깊이 뿌리 내려 중화의 대지 위에서 각 민족의 단결과 통일을 유지하며 한 세대 또 한 세대를 격려해 중화의 아들·딸이 조국의 발전·번영을 위해 스스로 노력하며 나태하지 않고 분투하도록 한다. 중국 공산당은 애국주의 정신의 가장 견고한 고취자이자 실천자다. 90여 년 동안 중국 공산당이 전국 각 종족의 인민을 단결·영도해 진행한 혁명·건설·개혁의 실천은 애국주의의 위대한 실천이었다. 당은 중화민족 애국주의 정신의 찬란한 문장을 집필했다. 당의 18차 전국대표대회(2012. 11. 8) 이래 시진핑(習近平) 동지를 핵심으로 하는 당 중앙이 고도로 애국주의 교육, 즉 근본을 견고히 하고 전심으로 혼을 빚는 교육을 중시해 일련의 중요 부서를 설립하고 애국주의 교육을 추동한 것이 뚜렷한 성과를 얻고 있다. 목전에 중국특색사회주의(中國特色社會主義)는 신시대로 진입해 중화민족의 위대한 부흥이 가장 중대한 시기에 놓여있다. 신시대는 애국주의 교육을 강화해 민족을 진작시킬 정신과 전 민족을 응집할 역량을 획득해 전면적으로 소강사회(小康社會)를 건설하고 신시대 중국 특색의 사회주의의 위대한 승리를 쟁취하며 중화민족의 위대한 부흥이라는 '중국의 꿈(中國夢)'을 실현하는 중대하고 심원한 의의를 지니고 있다.[163]

중국사에서 '대일통'의 이상이 현대 중국 국경선 안 영토와 사람들을 긴박한 것은 물론, 칭기즈칸과 그의 유산을 중국사 안에 밀착했다. 그것은 역사 사실의 문제를 넘어선 투쟁의 문제였다. 그것이 칭기즈칸의 역사적 사실을 바꾸지는 못한다. 그러나 중국인은 중국사로 들어온 칭기즈칸을 장성 밖으로 추방할 수 없었다. '장성' 안으로 들어온 칭기즈칸은 중국과 중국사의 새로운 상징이 되었다. 그는 중국사를 벗어날 수 없었고 지금도 여전히 거의 그러하다.

불락이 민족성에서 가장 큰 우려를 표한 것은 종족 간 적대(interethnic enmity)가 아니라, 우호다. 특히 종족 간 우호(interethnic friendship)는 소수자 정체성을 부정하고 중화 정체성(Chinese identity, 혹은 한족 정체성)을 형성하기 위한 중요한 근거다.[164] 그렇다면 다원의 공존은 가능한가? 몽골 제국은 다원의 공존을 어떻게 달성했고 그 공존이 어떻게 구성원에게 수용되었는가? 이는 시사적이고 복합적인 탐구 주제다.

칭기즈칸과 쿠빌라이카안, 원대사를 바라보는 중국의 핵심 인식은 한화다. 한화와 원조는 몽골 제국기 이래 한인 지식인이 한자·유가 세계에서 발견한 '상상'이었다. 그 유산은 정치·문화·사유의 실체로 축적, 진화했다. 13~14세기 다수의 한인들은 몽골 세계의 다양한 '조각'들을 서로 다른 시기와 장소에서 서로 다른 방식으로 견문하고 경험했다. 그 '조각'들의 총합은 제국의 실체에 아마 근접할 수 있다. 그러나 그 달성은 거의

---

163 新華社, 2019. 11. 12, "中共中央 國務院印發《新時代愛國主義教育實施綱要》", 中華人民共和國中央人民政府, gov.cn/zhengce/2019-11/12/content_5451352.htm, 2019. 11. 20. 접속.

164 Uradyn E. Bulag, 2010, *Collaborative Nationalism: The Politics of Friendship on China's Mongolian Frontier*, Rowman & Littlefield Publishers, Inc., pp. 243~244, 247.

요원했고 한인 유자가 세조에게서 일부 실현하고 발견한 중화의 '조각'은 칭기즈칸과 몽골 제국(특히 카안울루스)을 종종 중화의 태조와 원조로 가두었다. 한 연구의 비평처럼 몽골·다원 세계의 축소는 "몽골 제국을 중국사로 완전히 녹였다."[165] 이러한 곡해는 페르시아인 역사가와 달리, 한인 역사가가 초원민의 특성을 잘 몰랐고 한어 역사 전통의 영향을 받았던 점[166]과 연관돼 있다.

"원조"와 "원 칭기즈칸"의 '상상'과 계승은 다수 집단 한족의 권력과 문화가 구성한 역사를 공고화했다. 원조의 대일통은 500여 년의 민족 분쟁과 혈투를 종식한 후 "중국의 광활한 판도의 기초"를 이루었다. 야만의 정복자 몽골은 결국 그들에게 정복당한 한족의 비교적 높은 문명에 정복되었다고 믿어졌다.[167] 특히 내몽골에 있던 '칭기즈칸릉'의 상징성과 그 퇴락 속에 20세기 초에 지농과 타르칸, 칭기즈칸의 30대 후손 사왕 착다르잡 등 소수 내몽골인은 의도치 않게 칸과 능을 한족에게 '헌상'했다. 그리고 일부 중국인은 항일전쟁기 이전부터 칸과 능침을 특별히 인지했다.

1930년대에 이르자 능침은 소학교 교육으로부터 언론·정부에 이르기까지 중화의 유물이 되었다. 칸과 그의 능침은 중화 세계에서 화려하게 부흥했다. 칭기즈칸은 "황족(黄族)의 위인"이자, "동방 기병의 패왕"으로 숭앙되었다. 칭기즈칸은 (특히 일본) 제국주의에 대항하는 중국 영웅의 수사이자 저항의 도구가 되었다. 동시대 중국의 역사학자는 메이지 시대 이래 일본 제국 학계의 "중국 무국경론(中國無國境論)"과 "만몽 비중국론

---

165 정재훈, 2019, 「개혁 개방 이후 중국의 신장 실크로드사 연구」, 『동북아역사논총』 65, 77쪽.

166 邱軼皓, 2019, 앞의 책, 7쪽.

167 戴文葆, 1988, 앞의 글, 107쪽.

(滿蒙非中國論)"을 단호히 반대하고 "하나의 중국"과 "하나의 중화민족"을 수호해야 했다.[168]

칭기즈칸의 중국 "대일통"은 현재 중국 및 그 구성원의 중화민족 애국주의와 매우 긴밀히 연결돼 있다. 그 상상은 중국 역사·정치의 실체로 점차 강화되었다. 한화는 다양한 층위와 방식에서 한족·한문화 중심의 배타성과 포용성을 복합적으로 근거 삼고 있다. 몽골인의 중화민족으로의 포용과 동화 논리는 현대 중국에서 다수의 연구자와 대중이 몽골 제국사의 새로운 이해로 나아가는 것을 제약하는 정치·문화적 압박으로 작용한다. 그리고 칭기즈칸은 (누군가에게) 중국인이라고 믿어졌다. 이는 몽골 제국이 원조로 축소됨으로써 가능한 것이었다. 이로써 칭기즈칸은 중화민족의 "정치적 가족"이자 "정치적 조상"이 되었다.[169] 몽골인과 원조의 한화라는 상상은 중국과 그 너머의 세계까지 역사의 '실체'로 비대화되었다. 이로써 몽골이나 여타 다양한 문화와 종족은 '중국' 문명과 한족의 한 부속품으로 전변했다.

한편 중국 학계는 13~14세기 몽골사를 제국사·세계사의 관점으로 설명하는 학술적인 도전을 시도하며 일부 중국인은 몽골사를 중국사로 포

---

168 葛兆光, 2016, 앞의 글, 25쪽.

169 당대사(唐代史) 연구자인 하워드 J. 웨슬러는 당 황제들이 생물학적 혈연과 결혼에 의한 "가족" 개념을 초월하여 보다 포괄적인 정치 집단을 만들었다고 간주하며 그것을 "정치적 가족"이라 명명한다. 정치적 가족은 집단을 분리하는 차별성보다 국가의 다른 엘리트 집단과 황실이 결합되는 유대를 강조하며 배타성을 넘어 포괄성을 나타낸다. 정치적 가족에는 정치적 조상이 있다. 정치적 조상은 왕실과 혈연관계에 있지 않았지만, 왕실과 의례적이며 상징적으로 증명되는 특별한 유대를 구축했다고 여겼다. "정통(正統)"이라는 중국 고유의 정당성 관념은 혈연적 조상이 아니라 정치적 조상을 의미했다. 정통은 당대, 특히 송에 의해 정치적 조상에 대한 관념의 결과가 되었다(Howard J. Wechsler 저, 임대희 역, 2005, 앞의 책, 340, 475~477쪽).

함하는 옹색한 원조사 이해를 비판한다.[170] 몇몇 연구자는 새로운 몽원 제국사를 "대원사"라고 명명하며 원조사 연구에 활력을 불어넣고 있다. 다만 그에 대한 주류 인식의 반감이 적지 않다.

요컨대 칭기즈칸과 원조는 일부 한인에게 한편으로는 저항적이고, 또 다른 한편으로 (중국 고대와 문명의) 이상을 발견하는, 일종의 '유토피아'였다.[171] 한화는 '사실'로서의 역사와는 다른 차원에서 어쩌면 중국의 유토피아 역사를 축적해 오고 있다. 유토피아의 역사가 제국사로 나아갈 수 있을까? 중국의 전통과 문명에 정말 '중화적'인 것이 존재하는가? 상상된 중국이 '중국사'를 구성하는가? 중국의 원대사 연구와 대중의 인식에는 거대한 오랜 억압[172]과 강한 희망이 다층적으로 펼쳐져 있다.

---

170 중국의 소수 네티즌은 원조를 중국사로 포함하는 것에 강하게 반대한다. 예컨대 한 네티즌은 "원대는 칭기즈칸이 중국 영토를 침략한 후 건립한 몽골족의 식민제국이었다! 중국 역사와 근본적으로 관계없다"라고 강하게 성토한다. 이에 반해 한 다른 네티즌은 "자각하세요. 민족 일통과 국가 안전을 유지하기 위해 어쩔 수 없죠. 교육부가 뻔뻔스러운 게 아니에요. 청조를 (원조와 같이 식민제국에) 포함시켜요"라며 원조사를 향한 중국 정부의 속내를 들춘다(FT_Erza·神天別, 2012. 4. 2, "【元朝不属于中國】我的理由!别再说成吉思汗是英雄了!!!!!!!", Baidu貼吧, tieba.baidu.com/p/1489068074?red_tag=0492799181, 2020. 8. 25. 접속). 또 다른 네티즌은 중국인이 몽골사를 중국사라고 간주하고 칭기즈칸을 중국의 민족 영웅으로 간주하는 인식이 국제학계에 웃음거리를 사고 있다고 비판한다. 그는 원조가 몽골 제국의 한 식민지라고 말한다(袁老師·羅慰年, 2016. 12. 20, "中國歷史根本不存在'元朝'", 博客中國, net.blogchina.com/blog/article/748380711#comment, 2020. 8. 25. 접속).

171 농노나 노예는 기존의 신분제도와 분배구조를 상상 속에서 완전히 뒤집는 천년왕국을 꿈꾸었다. 유토피아를 향한 전통적 믿음의 대다수는 피지배 집단들이 당대에 경험하는 착취와 지위 비하에 대한 약간의 체계적 부정이었다(James C. Scott 저, 전상인 역, 2020, 앞의 책, 148, 150쪽).

172 한국에서 학술과 정치가 복잡하게 얽혀 있는 것처럼 중국에서 중국과 그 주변 문제는 민감한 문제이며 강역·민족·종교 등은 토론하기 매우 어렵다고 한다(葛兆光, 2016, 앞의 글, 25~26쪽).

## 참고문헌


자료

『歐揚玄集』(元代別集叢刊)([元]歐陽玄 著, 魏崇武·劉建立 校點, 2009, 吉林文史出版社).

『圭齋文集』([元]歐揚玄 撰, 四部叢刊集部).

『牧庵集』([元]姚燧·王雲五 主編,『叢書集成』, 商務印書館).

『秘書監志』([元]王士點·商企翁 編次, 高榮盛 點校, 1992, 元代史料叢刊, 浙江古籍出版社).

『元朝名臣事略』([元]蘇天爵 輯撰, 姚景安 標校, 2019, 中華書局).

『存復齋文集』([元]朱德潤, 歷代畫家詩文集, 臺灣學生書局印行).

『許魯齋先生集』([元]許衡, 同治正誼堂本).

『元詩選』([淸]顧嗣立 編, 1987, 中華書局).

『金史』(中華書局 標點校勘本).

『元史』(中華書局 標點校勘本).

『漢書』(中華書局 標點校勘本).

『蒙韃備錄校注』(續修四庫全書本).

『全元文』(李修生 主編, 2004, 鳳凰出版社).

『皇明文衡』.

『七修類稿』([明]郎瑛, 國學導航, guoxue123.com/zhibu/0201/03qxlg/015.htm).

『皇明經世文編』(中國哲學書電子化計劃),「敕建歷代帝王廟碑【歷代帝王廟】」(ctext.org/wiki.pl?if=gb&chapter=413040&remap=gb).

단행본

葛兆光 저, 김효민·송정화·정유선·최수경 역, 2019,『전통 시기 중국의 안과 밖』, 소명출판.

유원수 역주, 2004,『몽골비사』, 사계절.

James C. Scott 저, 전상인 역, 2020,『지배, 그리고 저항의 예술: 은닉 대본』, 후마니타스.

Howard J. Wechsler 저, 임대희 역, 2005,『비단같고 주옥같은 정치: 의례와 상징으로 본 唐代 정치사』, 고즈윈.

『敎與學』 1935年 第1卷 第4期(《全國報刊索引數據庫》).

『民衆文學』 1926年 第13卷 第6期(《全國報刊索引數據庫》).

葛劍雄, 2018,『古今之變』, 九州出版社.

葛兆光, 2014,『何爲中國: 疆域·民族·文化與歷史』, Oxford University Press.

葛兆光·徐文堪·汪榮祖·姚大力等, 2016,『殊方未遠－古代中國的疆域·民族與認同』, 中華書局.

邱軼皓, 2019,『蒙古帝國視野下的元史與東西文化交流』, 上海古籍出版社.

羅新, 2018,『從大都到上都: 在古道上重新發現中國』, 新星出版社.

劉浦江, 2017,『正統與華夷－中國傳統政治文化研究』, 中華書局.

李治安, 2004,『忽必烈傳』, 人民出版社.

林梅村, 2011,『蒙古山水地圖』, 文物出版社.

王巍·孟松林 主編, 2017,『蒙古族源與元朝帝陵綜合研究』第一輯·第二輯, 科學出版社.

張志強, 2016,『重新講述蒙元史』, 生活·讀書·新知三聯書店.

陳高華·張帆·劉曉, 2009,『元代文化史』, 廣東教育出版社.

陳得芝, 2012,『蒙元史研究導論』, 南京大學出版社.

陳新會(陳垣), 1989,『元西域人華化考』, 世界書局.

沈衛榮, 2019,『大元史與新淸史: 以元代和淸代西藏和藏傳佛教研究爲中心』, 海古籍出版社.

韓儒林 主編, 1986,『元朝史』, 人民出版社.

黃慕松, 1936,『蒙藏月報』5-2~3(《全國報刊索引數據庫》).

白石典之, 2010,『チンギス·カンの墓はどこだ?』, くもん出版.

Kaplonski, Christopher, 2004, *Truth, History and Politics in Mongolia: The Memory of Heroes*, RoutledgeCurzon

葛兆光(Zhaoguang, Ge), 2018, *What is China? Territory, Ethnicity, Culture, and History*(translated by Michael Gibbs Hill), The Belknap Press of Harvard University Press.

Wechsler, Howard J., 1985, *Offerings of Jade and Silk: Ritual and Symbol in the Legitimation of the T'ang Dynasty*, Yale University Press.

Goff, Jacques Le., 1996, *History and Memory*, Columbia University Press.

Habermas, Jürgen, 1988, *Legitimation Crisis*(translated by Thomas McCarthy), Polity

Press(Heine Educational Books, 1976).
Biran, Michal, 2007, [Makers of the Muslim World] *Chinggis Khan*, One World.
Bulag, Uradyn E., 2010, *Collaborative Nationalism: The Politics of Friendship on China's Mongolian Frontier*, Rowman & Littlefield Publishers, Inc.

논문

고명수, 2013, 「쿠빌라이 시기 친킴 아흐마드 갈등의 배경과 성격 – 친킴의 漢化 문제에 대한 재검토」, 『중앙아시아연구』 18-1.
김호동, 2006, 「몽골제국과 '大元'」, 『역사학보』 192.
______, 2015, 「'변방사'에서 세계사 읽기 – 중앙유라시아사를 위한 변명」, 『역사학보』 228.
설배환, 2014, 「18세기 조선 士人의 異域 인식 – 『欽英』의 『同文廣考』 옮겨 적기를 통한 고찰」, 『한국문화』 65.
______, 2017, 「몽골제국에서 賦稅의 시행과 그 帝國的 체계 이해를 위한 試論」, 『東洋史學研究』 139.
Yang Yang, 2019, 「魏晉南北朝시대 正統論 연구」, 전남대학교 사학과 박사학위논문.
임미원, 2016, 「푸코의 통치성 분석에 대한 기초적 고찰」, 『법철학연구』 19-1.
정환국, 2005, 「대한제국기 계몽지식인들의 '구국주체' 인식의 궤적」, 『사림』 23.
조원, 2015, 「17-20세기 몽원사 연구에 나타난 청 지식인들의 몽골제국 인식 – 『元史類編』, 『元史新編』, 『新元史』를 중심으로」, 『중국학보』 74.

「成吉思汗陵及其武器」, 『東方雜志』 1917年 第14卷 第12期(《全國報刊索引數據庫》).
「成吉思汗大祭期」, 『軍事雜志(南京)』 1930年 第25期(《全國報刊索引數據庫》).
「成吉思汗遺像」, 『青年月刊(南京)』 1935年 第1卷 第1期(《全國報刊索引數據庫》).
「一月來之邊事: 請修葺成吉思汗墓」, 『蒙藏月報』 1935年 第3卷 第5期(《全國報刊索引數據庫》).
「成吉思汗祭典」, 『中華(上海)』 1936年 第43期(《全國報刊索引數據庫》).
郭輝, 2017, 「抗戰時期成吉思汗紀念及其形象塑造」, 『福建論壇』 2017年 第5期, 人文社會科學版.
國內之部, 1924, 「時事采集」, 『來復報』 301(《全國報刊索引數據庫》).
戴文葆, 1988, 「歷代編輯列傳(二十六): 歐陽玄(1283-1357)」, 『出版工作』.
屠寄, 1917, 「答張蔚西成吉思汗陵寢辨證書」(續前號). 『東方雜志』 14-2(《全國報刊索引數據庫》).
____, 1917,「答張蔚西成吉思汗陵寢辨證書」,『東方雜志』 14-1(《全國報刊索引數據庫》).
冷香, 1936,「成吉思汗子孫」,『星華』 1-29(《全國報刊索引數據庫》).
呂知止, 1936,「成吉思汗逝世七百十年祭」,『西北向導』 3(《全國報刊索引數據庫》).
劉文遠, 2017,「蒙古族源流研究綜述」,『蒙古族源與元朝帝陵綜合研究』 第一輯, 科學出版社.
淩子, 2000,「揭開成吉思汗陵墓之謎」,『知識經濟』 2000年 09期.
李逸友, 2003,「"大朝通宝"考辨」,『內蒙古金融研究』 2003年 S3期.
李澤珍, 1930,「成吉思汗」,『生活(上海1925A)』 5-21(《全國報刊索引數據庫》).
樊保良, 2017,「蒙古族源諸說述評」,『蒙古族源與元朝帝陵綜合研究』 第一輯, 科學出版社.
寶力格(Uradyn E. Bulag) 著, 田甜·石含笑 譯, 2019. 4. 9,「"內亞"爲何對中國如此重要: 世界性帝國的多元遺產」,『文化縱橫』.
伏平, 1936,「成吉思汗時代軍歌抄」,『蒙藏月報』 6-3.
申萬里, 2012,「懷舊情結 - 元代江南士人精神世界初探」,『理想·尊嚴與生存掙紮: 元代江南士人與社會綜合研究』, 中華書局.
楊令德, 1930,「成吉思汗陵寢巡禮」,『東方畫報』 32-12(《全國報刊索引數據庫》).
烏·額·寶力格(Uradyn E. Bulag), 2017. 2. 3,「寶力格教授的蒙古探究: 我的"民族", 你的"問題"」,『豆瓣douban』(원출처: 倫敦政經中國發展社團).
張相文, 1915,「發見成吉思汗園寢之記載: 成吉斯汗石像」,『時事彙報』 8(《全國報刊索引數據庫》).
______, 1917,『東方雜志』 14-9~11(《全國報刊索引數據庫》).
朱耀廷, 1992·1998,「論元世祖忽必烈政策的轉變」,『北京聯合大學學報』.
周平尚, 2020. 5,「元儒歐陽玄哲學思想探微」,『大理大學學報』.
陳得芝, 2005,「忽必烈與蒙哥的一場鬬爭 - 試論阿蘭答兒鈎考的前因後果」,『蒙元史研究叢稿』, 人民出版社.
陳汝惠, 1935,「成吉思汗的陵寢」,『常識畫報: 中級兒童』 1935年 第10期(《全國報刊索引數據庫》), 上海兒童書局出版.
馮浩, 2017,「建國以來成吉思汗陵有關漢文檔案述評 - 以《成吉思汗陵》爲中心」,『史料研究』.
馮會英, 2005,「成吉思汗的陵墓在哪里?」,『中學歷史教學』 2005年 Z1期.
畢噎西, 1923,「記成吉思汗之西征」,『春花筆記』(畢業紀念刊)(《全國報刊索引數據庫》).
解國旺, 2014. 9,「元代後期歐陽玄的文學批評觀」,『河南大學學報』(社會科學版).

長井千秋, 2001,「中國－五代·宋·元」,『史學雜誌』111-5(2001年の歷史學界－回顧と展望).

Schurmann, H. F., 1956, "Mongolian Tributary Practices of the Thirteenth Century", *Harvard Journal of Asiatic Studies* 19-3/4.

Kenzheakhmet, Nurlan, 2021, *Eurasian Historical Geography as Reflected in Geographical Literature and in Maps from the 13th to the Mid-17th Centuries*, OSTASIEN Verlag.

周清澍(Qingshu, Zhou), 2012, "A critical examination of the year of birth of Chinggis Khan", *Chinese Scholars on Inner Asia*(edited by 羅新, translated and edited by Roger Covey), Indiana University, Sinor Research Institute of Inner Asian Studies.

웹사이트

"講座丨邱軼皓: 世界史視野下的蒙古史", 澎湃新聞(2019. 12. 07), new.qq.com/omn/20191207/20191207A06USC00.html, 2020. 7. 15. 접속.

"蒙元帝國有「大一統」夢想嗎？不, 他們只是見誰打誰", 搜狐(2017. 11. 8), sohu.com/a/203053369_664390, 2019. 12. 1. 접속.

"北京大學歷史學系主任·中國元史研究會會長張帆: 蒙元文化的歷史地位和特色", 勁旅網(2018. 8. 31), ctcnn.com/html/2018-08-31/13677438.html, 2020. 4. 4. 접속.

"成吉思汗陵墓在哪里？揭秘成吉思陵墓失蹤之謎", 陽光歷史(2014. 10. 22), suntw.net/2797.html, 2020. 7. 14. 접속.

"元朝到底屬於中國不?", zhihu.com/question/68513674, 2019. 12. 12. 접속.

FT_Erza·神天别, "【元朝不属于中國】我的理由!別再说成吉思汗是英雄了!!!!!!!", Baidu(2012. 4. 2), tieba.baidu.com/p/1489068074?red_tag=0492799181, 2020. 8. 25. 접속.

龔應俊, "沈衛榮: 蒙元史研究與蒙元歷史敘事的建構", 澎湃新聞(2018. 5. 30), thepaper.cn/newsDetail_forward_2160534, 2019. 11. 18. 접속.

談史說事, "明朝初年祭祀元世祖, 嘉靖年間撤去, 明朝人正統觀的變化", 搜狐(2018. 6. 27), sohu.com/a/234158208_100130739, 2020. 7. 12. 접속.

對酒對花, "忽必烈儒化: 一次華麗的歷史轉身", 個人圖書館(2015. 7. 24, 來願: 搜狐歷史), 360doc.com/content/15/0724/22/19485026_487198408.shtml, 2020. 7. 12. 접속.

羅新, "羅新: 從大都到上都, 走元朝皇帝走過的路", 澎湃: 上海書評(2016. 7. 3), thepaper.cn/newsDetail_forward_1492391, 2020. 8. 19. 접속.

羅新, "元朝不是中國的王朝嗎?", 觀察者(2014. 7. 29), guancha.cn/LuoXin/2014

_07_29_251294.shtml?XGYD?web, 2019. 11. 18. 접속.

新華社, "中共中央 國務院印發《新時代愛國主義教育實施綱要》", 中華人民共和國中央人民政府(2019. 11. 12), gov.cn/zhengce/2019-11/12/content_5451352.htm, 2019. 11. 20. 접속.

影子摩西·紅軍排長·jokerman(zzz), "爲什麼中國歷史上就成吉思汗一個人打到歐洲?", 豆瓣(2010. 8. 30), douban.com/group/topic/13684657/?start=02010/8/30, 2019. 8. 21. 접속.

倪珺, "邱軼皓: 蒙古帝國視野下的元史與東西文化交流", 聚焦東方(2019. 12. 12), jjdf.chinadevelopment.com.cn/xw/2019/12/1592086.shtml, 2020. 7. 15. 접속.

娛樂圈的新秀, "成吉思汗究竟屬於中國, 還是屬於蒙古國？這三點告訴你答案!", 百家号(18-08-14), baijiahao.baidu.com/s?id=1608751885413564450&wfr=spider&for=pc, 2019. 8. 22. 접속.

袁老師 · 羅慰年, "中國歷史根本不存在"元朝"", 博客中國(2016. 12. 20), net.blogchina.com/blog/article/748380711#comment, 2020. 8. 25. 접속.

精兵堂, "成吉思汗是中國人嗎?五大理由告訴你 成吉思汗是哪國人", 百家好(17. 11. 19), baijiahao.baidu.com/s?id=1584479773379379931&wfr=spider&for=pc, 2019. 8. 22. 접속.

清華大學 人文學院, "哈佛大學副教務長歐立德教授到訪歷史系並發表演講 "帝國的轉向及其對中國歷史研究的意義"(The Imperial Turn and Its Meaning for Chinese History)", 動態新聞(2015. 12. 15), tsinghua.edu.cn/publish/shss/1839/2015/20151216101259105997591/20151216101259105997591_.html, 2019. 8. 22. 접속.

BBC, "Mongolians honour Genghis Khan", BBC News(2006. 7. 11), news.bbc.co.uk/2/hi/asia-pacific/5167718.stm, 2019. 12. 10. 접속.

Centre for Chinese Language and Culture, Nanyang Technological University, "Was Traditional China an Empire?", Public Lecture by Professor Mark Elliott(2013. 9. 5), cclc.soh.ntu.edu.sg/Eng/AcadAct/TLSPublicLectures/TLSProf_Lect/Pages/Mark%20Elliott/Lecture2_Empire.aspx, 2019. 8. 19. 접속.

Sharma, H., "Top 8 Elements that Promote the Feelings of Nationality", Preserve Articles, preservearticles.com/political-science/top-8-elements-that-promote-the-feelings-of-nationality/30555, 2019. 12. 12. 접속.

## 찾아보기

ㄹ



ㅁ



ㅂ

## ㅅ



## ㅇ

### ㅈ

동북아역사재단 연구총서 127

동아시아 근대의 형성과 역사학 ❷
−1930년대 중국 민족주의 역사학의 발흥

**초판 1쇄 발행** 2023년 8월 25일

**지은이** 홍종욱, 김인수, 정상우, 린츠훙, 오병수, 박장배, 전인갑, 설배환
**펴낸이** 이영호
**펴낸곳** 동북아역사재단

**등 록** 제312-2004-050호(2004년 10월 18일)
**주 소** 서울시 서대문구 통일로 81 NH농협생명빌딩
**전 화** 02-2012-6065
**홈페이지** www.nahf.or.kr
**제작·인쇄** 역사공간

**ISBN** 978-89-6187-965-1 94910
978-89-6187-633-9 (세트)



• 책값은 뒤표지에 있습니다. 잘못된 책은 바꾸어 드립니다.